涛石文化

潘石文化

質性研究與評鑑

Qualitative Research
&
Evaluation Methods

3
EDITION

Michanel Quinn Pattion　　原著

吳芝儀、李奉儒　譯

濤石文化事業有限公司
WaterStone Publishers

關於作者

　　Michael Quinn Patton居住於美國Minnesota，依據該州文學桂冠Garrison Keillor的說法，那兒「所有的女人都強壯，所有的男人都好看，所有的孩童都在水準以上」。由於Minnesota州如此缺乏統計上的變異性，使得他深受質性研究的吸引，而將他在University of Wisconsin接受博士教育時的強烈量化傳統擱置一旁。他服務於The Union Institute的研究學院，是一個非傳統、科際整合、且個別化設計的博士學位學程。他在University of Minnesota的這個學院待了十八年之久，包括有五年時間擔任Minnesota Center for Social Research的主任，獲得Morse-Amoco創新教學獎。他也曾贏得University of Minnesota說故事大賽冠軍，相信本書的讀者絕不會感到驚訝。

　　他也是Sage出版社另五本書的作者：《實用焦點的評鑑》（Utilization-Focused Evaluation），《創造性評鑑》（Creative Evaluation），《實務性評鑑》（Practical Evaluation），《如何運用質性方法於評鑑中》（How to use Qualitative Methods in Evaluation），以及《家庭性侵害：第一線研究和評鑑》（Family Sexual Abuse: Frontline Research and Evaluation）。他也曾為《方案評鑑的新方向》（New Direction in Program Evaluation）期刊主編一輯〈文化與評鑑〉Culture and Evaluation。他的另一本書《大峽谷的慶典：父子的發現之旅》（Grand Canyon Celebration: A Father-Son Journey of Discovery）是1999年的推薦好書之一。

　　他是美國評鑑學會（American Evaluation Association）的前任理事長，是唯一榮獲該學會頒贈的傑出卓越獎和終身成就獎兩個獎項的得獎人。應用社會學學會（Society for Applied Sociology）亦於2001年贈予傑出卓越獎。

　　Halcolm在本書第一版（1980）初次露面，作為質性研究的繆思之神，以及蘇非教派一禪宗導師，他總是以故事來引導我們省思較深度的哲學議題，如我們如何知道我們所知道的---或思考我們所知道的。Halcolm的深思冥想，就像是他的名字一般（念慢一點），引導我們去仔細思索「怎麼會這樣？」（how come?）Halcolm受到蘇非故事的主角Mulla Nasrudin和科學小說作家Robert Heinlein（1973）所創造的永垂不朽的主角Lazarus Long所啟發，後者是人類最古老的成員之一，跨越時空旅行，來向我們示現智慧。結合了部分繆思、部分轉變的自我、部分文學主角、以及部分學術探究者，Halcolm不時出現在他的研究和評鑑文本中，提醒我們仔細去思索什麼是我們所認定的真實，質疑我們所以為的知道，以及探究我們「怎麼會」（how come）認為我們知道。

作者序

> 　　這個故事是這樣說的。在一個嚴謹的哲學課程即將結束時，有一位學生悲嘆道：「教授，你在我過去所相信的每件事上都戳破了一個洞，但是你並沒有給我任何東西來替代這些。」
>
> 　　對此，哲學家回答道：「這使我回憶起希臘神話裡，Hercules被要求於一日內引河水清洗乾淨Augean國王三十年未曾清理的牛舍，他並沒有，讓我指出這一點，被要求去填滿它們。」

　　雖然本修正版的任務之一，是要去清理這個質性的Augean國王牛舍，另一項任務則是要去決定該增加些什麼。不像那位教授可以滿足於清理完牛舍就好，作爲本修正版的作者，我有責任重新爲牛舍裝滿新鮮的糧草，並餵養牛隻。而由於最近幾年質性研究史無前例地蓬勃發展，這項任務也格外地深具挑戰性。

　　在撰寫本修正版時，我廣泛檢閱了近十年間出版的上千本有關質性研究方法、方案評鑑、個案研究、專題論文、或相關書籍，以及數以百計的期刊論文，涵蓋相當廣泛的學科和專業領域。兩份重要的新期刊《質性探究》（Qualitative Inquiry）和《實地方法》（Field Methods）也開始出版發行，而多項專業領域（如健康、護理、社會工作、組織發展）亦有其專業化的質性期刊，有些則效忠於特定的取向（如《紮根理論評論》（Grounded Theory Review）。《質性研究手冊》（Handbook of Qualitative Research）一書的出版（1994）和再版（2000），以及《文化人類學方法手冊》（Handbook of Methods in Cultural Anthropology）（1998）亦有相當大的貢獻。精緻複雜的新軟體也推陳出新，以支持質性資料的分析。網路電子郵件服務更催化了學者和實務工作者之間的對話。於是，Herculean的挑戰即是要來分析這成幾何級數增長的質性研究範疇，以判定其基本趨勢、組型和主題。分析的結果則在這新版本各章節中一一反映出來。

　　本書的第一版（1980）書名爲《質性評鑑法》（Qualitative Evaluation Methods），聚焦於如何將質性方法應用於那時仍新興的方案評鑑專業（美國評鑑學會創立於1984年）。那個版本現身於質性-量化論辯正在熱頭上的時節。第二版（1990）書名爲《質性評鑑與研究》（Qualitative Evaluation and

Research Methods），已受到此一論辯已臻成熟所影響。它更爲關注到諸多不同的理論和哲學視角如何影響質性研究，以及更廣泛地應用於已相當興盛的評鑑專業中。最後這一版，仍涉及到書名上的再次變更，《質性研究與評鑑》（Qualitative Research and Evaluation），反映了這十年間質性研究的發展更加日新月異、五花八門，均可見諸於評鑑中。

　　質性-量化的經典論辯已大致上平息了，學者多認知到多樣化的方法論取向是必要的，且可增加信實度，混合方法可能別具價值，而所面臨的挑戰則是要將方法和研究問題加以適配，而非固守狹隘的方法論正統。由於較不必要去和量化和實驗取向者論辯質性研究的價值，質性研究者轉而將注意力放在彼此身上，留意到它們乃奠基於大不相同的視角，來從事各自表述的質性研究。質性方法論者和理論者於是轉而彼此論辯，以至於目前質性研究者之間的異質性，實已凌駕於質性-量化導向學者間的差異。此一新版本的基本目的之一，在於釐清此一論辯中的主要視角，描繪出現有質性研究取向的多樣化，且檢視此一多樣化對於實務應用上的影響。方案評鑑是質性研究的應用之一，該專業領域的日新月異和嘈雜爭論，亦與質性研究的新方向並駕齊驅。

本版的組織結構

　　第一章提供了質性研究發現的廣泛實例，對於質性研究的果實提供了一些甚具重要意義的闡述，以使讀者能夠品嚐到從質性研究中所生產出來的果實，並協助初次接觸到此一研究取向者明白他們所要進入的場域，以及他們可以嘗試去生產些什麼東西。第二章回顧且增加可用以界定質性研究的基本策略性主題。第三章檢視不同的質性取向，包括過去這十年間萌生且勃興的幾個取向。第四章呈現了質性研究的廣泛應用，有些在評鑑領域仍屬新興，如行動研究，以及組織、社區和國際發展。第五、六、七章涵蓋了設計和資料蒐集，在立意取樣、混合方法、實地工作、觀察取向和訪談等方面提供一些有用的指引，並特別關注蒐集高品質資料所需貝備的技巧和職能。第八章提供了分析質性資料的方向和歷程，是質性研究工作最具挑戰性的層面。最後，第九章處理促進質性研究可信性的派典、政治學和方式。本章也羅列出五項各自獨立且彼此抗衡的架構，以瞭解和判斷質性研究的品質：傳統科學研究準則、社會建構和建構論準則、藝術性和表意式準則、批判改變之準則，以及實用性導向評鑑標準和原則。此外，我在本書中增加了數以百計的新故事和實例，也創造出超過五十個嶄新的表例，來摘要和闡述本書的重要論點。

譯者序

　　回溯大約是1992年，初次在英國雷汀大學圖書館書架上驚豔地發現 Michael Quinn Patton《質性研究與評鑑》的第二版(1990)，我簡直如獲至寶。那是我長期接受量化研究薰陶和訓練卻面臨研究上無法突破的瓶頸時，急於尋求解脫桎梏的一把關鍵鎖鑰。尤其每一章開頭像是謎題一般的寓言，總教我反覆思索、再三玩味，執持著這些看似淺顯易懂實則深奧玄妙的語言線索，再從書中文字一點一滴地拼湊出質性研究這幅絢麗斑斕、精緻複雜的織錦地圖。令我讚嘆的是，Patton將他說故事的功力，游刃有餘地應用在這本方法論的學術性著述之上，讓質性研究殿堂散發著引人入勝的眩惑魔力，於是我情不自禁愛上了質性研究，至此不渝。

　　爲了更深入且全面地窺探質性研究的堂奧，我決定將第二版翻譯出來，透過字斟句酌的翻譯過程，以期更能掌握質性研究的精髓，並從而學習模仿質性研究的語言和思維方式，以融入於我博士論文的研究和書寫之中。那也已經是十多年前的陳年往事了！

　　這十多年間，質性研究在各專業領域都如雨後春筍地萌發勃興，質性研究方法論專書更如幾何級數般成倍數增長，優異卓越的著述如汗牛充棟，讓身爲讀者的我都來不及消化，更遑論好好地書寫一本質性研究的書籍了。因此，當2002年看到Patton全新翻修的第三版厚度已比第二版增加不止兩倍，盡其所能地納入這十年間質性研究方法論的重要著述和變遷，涵蓋面向既深且廣，我打從心底讚嘆佩服Patton做學問的功力和堅持不懈的毅力。原來，從1980（第一版）到2002（第三版）這二十多年間質性研究殿堂的物換星移，都已全數濃縮納入Patton這一本厚厚的方法論專書之中，它就像是一個質性研究方法論的時間膠囊，足以藏諸名山、傳諸百世。無論是質性研究的舊雨或新知，都可隨著Patton和Halcolm（Patton所創造的繆思之神和精神導師）的引領，深入遊覽這座浩如煙海、連綿不絕的名山寶地，或至少得以一窺質性研究的堂奧。

　　當然，質性研究的行者得有充分的心理準備，沿途可能處處難以攀爬的奇山峻嶺、難以跨越的急流險壑。那些是本書中俯拾即是的艱澀方法論術語，由於並非讀者日常生活中所常見的用語，亦非一般學科門派的專業術語，初次接觸這些方法論術語的讀者們，難免猶如丈二金剛摸不著頭緒，或困坐愁城，或鎩羽而返。然而，只要讀者能不畏艱難地與之奮戰，將會發現那些看似詰屈聱牙的方法論術語，已一點一滴地融入於從事學術研究者的思維脈絡之中，更爲

絮實穩固地奠定起研究者的方法論認知基模，釐清其據以檢視人類社會生活和實徵經驗世界的世界觀，並擴充從事社會科學研究的工具錦囊，而更能虛心地包容接納這個多元化現象世界的各類差異，尊重且欣賞各自表述的百家爭鳴！

作為本書第二版和第三版的翻譯者之一，我在從事字斟句酌的翻譯過程中，對於諸多方法論術語如何能臻於信、雅、達的境界，著實甚為苦惱。許多術語的翻譯均經過一而再、再而三地檢視和更新，但很有可能仍有疏漏或未能克盡全功之處，細心的讀者不妨指認出來向出版社反映，以求未來再版時能加以修正。由於Patton對於第三版的內容做了大幅度的增補和修正，我們也幾乎重頭閱讀、從新翻譯。慶幸我和李奉儒兩人這十多年來均孜孜不倦於質性研究的教學和學術研究上，對於第三版的中文翻譯也較諸第二版更為得心應手，相信讀者很容易可以發現文字的可讀性和流暢性都比前一版更為成熟洗鍊。即使如此，我們仍投入了前後五年的時間從事這項翻譯工作，最後這半年更幾近閉關修鍊全力以赴，本書中文譯本才得以順利完成付梓，期間過程亦可謂嘔心瀝血了！

感謝Patton從2003年授予本書中文版權即耐心地等待本書的付梓！感謝濤石文化出版社一向以來對於質性研究的支持和成全，也對於我們如龜速的翻譯速度多所包容！期待本書第三版中文譯版，能如第二版般獲得讀者廣泛的指教和討論，開啟中文世界質性研究工作的嶄新紀元！

吳芝儀
謹誌於 2008年8月

CONTENTS

CONTENTS

第一篇　質性研究中的概念性議題

心理測量學家試圖測量之
實驗學家試圖控制之，
訪談者詢問之，
觀察者注視之，
參與觀察者行動之，
統計學家計算之，
評鑑者評價之，
質性研究者發現其中之意義。

當有所疑惑時，觀察且詢問問題
當感到確定時，長期觀察，且詢問更多問題。

Gigo的演繹法則：輸進垃圾，輸出垃圾
Halcolm的歸納法則：若無新經驗，則無新洞察。

質性研究陶冶人類最有用的能力：學習的能力。

革新者會說：「跳出盒子之外思考。」

質性學者告訴學生：「研究這個盒子！觀察其裡裡外外，從裡到外，從外到內。看看它在哪裡？它如何到達那兒？周遭有些什麼？是誰說那是個「盒子」？所指的意義是什麼？為什麼它那麼重要？或者，真的那麼重要嗎？什麼不是「盒子」？詢問那個盒子一些問題。詢問別人有關那個盒子的問題。從裡面看是什麼觀點？從外面看呢？研究關於盒子的圖或表。找出有關盒子的文件。思考究竟跟那個盒子有什麼關係？理解這個盒子！然後，研究另一個盒子，和另一些盒子。理解盒子。理解。然後想想看盒子的裡面和外面。或許要花一些時間去想。直到它改變了。直到你改變了。直到外面變成了裡面，裡面又變成了外面。然後，重新來過一次。研究這個盒子！」

不必在意證據，這個世界只需要去經驗和理解。放下追求證據的擔子，以減輕經驗之旅的負荷。

摘自Halcolm《研究的法則》(*Laws of Inquiry*)

1

質性研究之性質

質性方法之果實

從前有一個人，住在沒有任何果樹的鄉村。作為一位學者，他投入許多時間博覽群書。在他廣泛的閱讀中，經常會看到作者對於水果的描寫。這些描寫非常地鮮活誘人，於是他決定去旅行，以親自體會品嚐這些水果的美味。

他來到一個市場，詢問每一個他所遇見的人，是否知道那裡可以找到水果。幾經探詢之後，他終於遇到一個人知道何處能找到水果。那人畫下精細的方位地圖，讓學者得以按圖索驥遵循前行。

學者手中拿著地圖，小心翼翼地遵行所有的指引。他非常謹慎地在每一個不該轉彎的地方轉彎，並檢視所有地圖上標示應該注意的地標。最後，他來到地圖的盡頭，發現他自己就站在一個大蘋果園的入口。正是春天，蘋果樹開滿了蘋果花。

學者進入果園，毫不遲疑地摘下了一朵蘋果花放進嘴裡，卻發現他一點兒都不喜歡那朵花的味道。於是他很快地走到另一棵蘋果樹前，摘下另一朵蘋果花，一朵又一朵。每一朵花，雖然十分美麗，卻苦澀得難以下嚥。最後，他失望地離開了蘋果園，回到他的家鄉，到處向他的村人訴說水果只是一種被過度美化了的食物。

由於無法體驗到春天的蘋果花與夏天的蘋果果實之間的差異，這位學者不曾明白他從未經驗到他所要尋找的。

—摘自 *Halcolm* 的《研究寓言》〈*Inquiry Parables*〉

認識質性資料

本書稍後的章節將討論如何蒐集、分析並應用質性資料（qualitative data）。首先，讓我們先來討論質性方法之果實。知道質性資料和研究發現像些什麼，我們才能明白所要尋找者為何物。考量到判斷質性資料品質的標準也是很重要的。市場中所販售的蘋果，係以其種類（紅蘋果、

金黃蘋果）、目的（用於烹調或生食）和品質等來分類。同樣地，質性研究也因其種類（type）、目的（purpose）和品質（quality）而有所不同。

　　質性研究之發現，產生於三種資料的蒐集：（1）深度（in-depth）、開放式訪談（open-ended interviews）；（2）直接觀察（direct observation）；以及（3）書面文件（written documents）等。來自訪談的資料，包括從人們的經驗（experiences）、知覺（perceptions）、意見（opinions）、感受（feelings）和知識（knowledge）等的直接引述（direct quotations）。來自觀察的資料，包括對人們之活動（activities）、行為（behaviors）、行動（actions）、會談（conversations），以及廣泛的人際互動（interpersonal interactions）和可觀察的人類經驗之組織歷程（organizational processes）等的詳盡描述和實地札記（filed notes）。文件分析（document analysis）則包括從組織機構、臨床的、或方案紀錄中所擷取的摘錄、引述、或全文紀錄；會議資料和通信函件；官方出版品和報告；私人日記；以及對問卷和調查的開放式題項之書面答覆（詳見表例1.1）。

　　可作為質性分析之資料，典型地來自於實地工作（fieldwork）。在實地工作期間，研究者花費相當時間於研究場域——方案、組織、社區，或任何重要情境能夠觀察的研究，接受訪談的人員，以及文件分析等。研究者對活動及互動進行第一手觀察，有時以參與觀察者（participant observer）的角色從事其所觀察的活動。例如，一位評鑑者可能會參與其研究方案的全部或部分，如同一定期參與的方案成員、受輔者或學生等。質性研究者與人們談論有關其經驗和知覺，帶領較正式的個別或團體訪談，檢驗相關的紀錄和文件等，並在觀察、訪談和文件探討中蒐集廣泛的實地札記。在這些實地札記中，龐雜浩繁的原始資料，被組織成可讀的敘事描述（narrative description），具備由內容分析（content analysis）所擷取的主要主題、類別及闡釋性的個案實例等。這些由實地工作和後續分析中所浮現的主題（themes）、組型（patterns）、理解（understandings）和洞察（insights），即是質性研究之果實。

　　質性研究發現，可單獨呈現或與量化資料（quantitative data）結合。此一研究與評鑑通常應用了多元的方法，包括質性和量化資料的結合。簡單來說，一個同時詢問固定選項（封閉式）問題和開放式問題的問卷或訪談，即是展現量化測量和質性研究如何結合的實例。

表例 1.1 三類質性資料

訪談(interviews)：

詢問開放式問題和探問，可產生對人類經驗、知覺、意見、感受、和知識的深度回應。資料包含口語的引述，以及充分的情境脈絡，以供詮釋。

觀察(observations)：

對活動、行為、行動、會談、人際互動、組織或社區歷程、或任何可觀察的人類經驗之各個層面的實地工作描述。資料包含實地札記：包括對於進行觀察當時的情境脈絡提供豐富而詳盡的描述。

文件(documents)：

書面材料，及其他從組織機構、臨床、或方案記錄中所擷取的文件；會議資料和通信函件；官方出版品和報告；私人日記、信件、藝術創作、照片、和紀念物品；以及對開放性問卷調查的書面答覆等。資料包含從文件中所擷取出的段落，但記錄與保留了其情境脈絡。

質性資料之品質，相當大程度取決於研究者的方法論技巧、敏覺力（sensitivity）和誠實（integrity）。有系統且嚴謹的觀察，所涵蓋者遠比僅是在那兒出現和到處瀏覽為多；有技巧的訪談，亦遠甚於只是詢問問題；內容分析也不僅止於閱讀，以看看那兒有些什麼而已。藉由觀察、訪談和內容分析，以產生有用和可信賴的質性研究發現，更有賴於學科背景、知識、訓練、練習、創造力和努力等。

本章乃質性研究之簡介。稍後各章則描述如何在廣泛的質性研究方法、理論觀點和應用中做出適當的選擇，如何設計質性研究，如何運用觀察法，如何實施深度、開放式訪談，以及如何分析質性資料以產生研究發現等。

質性研究發現：
主題、組型、概念、洞察、理解

> 牛頓和蘋果。弗洛伊德和焦慮。容格和夢。皮亞傑和他的孩子。達爾文和迦拉巴哥烏龜。馬克斯和英格蘭的工廠。懷特和街頭角落。你所著迷的是什麼？
>
> -- *Halcolm*

Mary Field Belenky和她的同事試圖研究女性認知的方式（ways of knowing）。他們與135位來自多樣背景的女性進行長時間的訪談，探問她們對知識、權威、真理、她們自己、生活變化、和生命的想法。她們以團隊方式一起工作，將類似的答覆和故事聚集在一起，資料分析的類別雖有部分受到先前研究的啓發，但主要仍是奠基於他們對於那些敘事資料的共同想法。他們彼此之間爭論哪些答覆應該歸屬於哪些類別。他們建立了也放棄了一些類別。他們尋找共通性和差異性。他們努力去欣賞所有的不同觀點，同時也尋求跨越故事、經驗、和觀點的組型。其中，有一個主題顯得特別有力量：「一次又一次地，女性不斷地說到要『爭取發聲』（gaining voice）（Belenky et al., 1986:16）。「發聲vs.沈默」浮現爲一個核心隱喻，意味著認知方式的變異。在完成了痛苦煎熬的分析之後，他們總結爲五項認知的類別，摘要於表例1.2中，成爲女性研究中一個相當具有影響力的架構，代表了一種質性研究的果實。

在組織發展與管理方面最知名且最具有影響力的書籍之一，是《追求卓越：美國最佳經營之公司》（*In Search of Excellence: Lessons From America's Best-Run Companies*），作者Peters and Waterman （1982）以62家受到高度肯定的公司進行個案研究。他們拜訪公司，進行廣泛的訪談，研究公司的正式文件。從他們所蒐集到的大量資料中，他們歸納出八個卓越的特徵，包括：（1）對行動的重視，（2）親近顧客，（3）自主和企業精神，（4）人員的生產力，（5）操作性經驗和價值導引，（6）堅實的凝聚力，（7）以員工爲重的單純形式，以及（8）同時既鬆又緊的特質。他們的書中分別以一章來說明各個特徵，且提供個案實例和啓示。他們的研究有助於推動品

表例 1.2　女性的認知方式：質性研究發現實例

沈默（Silence）：女性經驗到自身的無知無識和沒有聲音，而且易於受到外界權威所左右。

收受的知識（Received knowledge）：女性認為自己只能接收、或是從外界權威再製知識，但不能自行創造知識。

主觀的知識（Subjective knowledge）：女性認為真理和知識是個人的、私密的、和主觀認知的或是直覺的。

程序性知識（Procedural knowledge）：女性致力於學習，且應用客觀的程序以取得和溝通知識。

建構式知識（Constructed knowledge）：女性將所有知識視為情境脈絡的，經驗到自己本身是知識的創造者，且珍視主觀和客觀的認知策略。

資料來源：Belenky et al. (1986:15)

質運動，而此一品質運動現今已從工商業體系推展至非營利組織和政府機構。這項研究顯示了一個常見的質性取樣策略（sampling strategy）：研究那些相對較為少數、但在某方面具有卓越表現的特定個案，因此提供了值得學習的功課。

　　Stephen Covey（1990）使用同樣的取樣策略，進行「高效能者」（highly effective people）的個案研究。他辨明這些人在實務工作表現上的七大習性：（1）積極主動，（2）一開始就將目的謹記在心，（3）總是先做重要的事，（4）雙贏的思維，（5）先求瞭解，再求被瞭解，（6）協同合作，或參與創造性的同盟，以及（7）自我更新。

　　《追求卓越》和《高效能者的七大習性》（*The 7 Habits of Highly Effective People*）這兩本書係從傑出案例中蒐集大量的資料，再提煉出少數的重要「教誨」（lessons）。這在質性資料分析中是很常見的，將厚厚一疊實地札記和好幾個月的實地工作，縮減成少數幾個「核心主題」（core themes）。重要的是研究所產生的洞察之品質，不是這些洞察的數目。例如，我們在一個針對34個協助貧困者的方案評鑑中，發現到一項足以區分有效方案和無效方案的核心主題，亦即人們是如何被對待的方式，影響其如何對待別人（How people are treated affects how they treat others）。如果方案員工被管理階層以專制且冷酷的方式對待，且態度是猜疑和不尊重的，員工也會以同樣的方式對待顧客。相反地，適時回

早期質性評鑑報告中的發現

應增強適時回應（responsiveness reinforces responsiveness），增能展權培育出增能展權（empowerment breeds empowerment）。這些洞察就成為後續跨方案的、合作的組織和員工發展的重點。

　　Angela Browne的著作《當受虐婦女殺人時》（*When Battered Women Kill, 1987*）所呈現的是另一類型的質性研究發現。Browne對於因殺害或重傷其伴侶而被判刑的15州中的42位婦女進行深度訪談。她常常是第一位願意聆聽這些婦女的故事的人。她用了受訪者中一對夫妻的故事，輔以其他九人的訪談段落，來代表全部的個案，以展現一段暴虐關係是如何從浪漫殷勤的親密戀人，逐步演變成殘暴虐待，而且持續到最後以殺人作為終結。她的研究促成了法律上將「受暴婦女症候群」認可為一種正當防衛，尤其是為局外人（outsiders）常見的疑問提供了洞察：為什麼婦女不一走了之呢？局內人（insiders）對遭受暴虐蹂躪的精神耗弱和萬念俱灰，揭露了問題的本質：一個未曾經歷者常會做出輕率的判斷。Browne小心謹慎、鉅細靡遺且直截了當的描述和引述，帶領我們進入暴虐關係的內在，一探其究竟。提供局內人的觀點，使得質性研究報告更具力量。

人本心理學家和現象學者Clark Moustakas（1995）也提供我們一個局內人的觀點：他自身。作爲對關係—尤其是治療關係—的一位敏銳和專注的觀察者，他對自己的經驗和臨床上的個案依賴甚深，用以界定、區辨、和推衍出三項有助於關係發展的基本歷程：「置身其中」（Being-In）、「爲其設想」（Being-For）、以及「與之同在」（Being-With）。

- 「置身其中」指涉讓自己沈浸於另一個人的世界中：深度且專注地傾聽，以進入他人的經驗和知覺。「我並不做選擇、詮釋、建議或指導……置身於他人的世界中，是讓自己心胸更爲開放的方式，就像是初來乍到一般，聽聽看那兒有些什麼，擺脫自己的想法、感受、理論和偏見……我意圖去瞭解並接納知覺，而不試圖去呈現我自己的觀點或回應……我單純只是希望鼓勵和支持他人去表達：那是什麼？那如何發生？怎麼會這樣？以及那將往何處去？」（Moustakas, 1995: 82-83）

- 「爲其設想」指採取支持他人的立場，在那兒都是爲了他們。「我正在傾聽，我也提供了一個我站在他那邊的立場，對抗所有其他可能會弱化、輕忽、和否定那人在那兒和其成長權利的人。……我成爲那人的擁護者，關切他在和別人相處時的挫折和難題。」（Moustakas, 1995: 83）

- 「與之同在」是以自己的面貌出現在另一個人面前，將自己的知識和經驗帶進此一關係之中。「這可能涉及對另一方用以詮釋、判斷或呈現世界某些層面的方式，並不贊同。與之同在意指傾聽並聽到了對方的感受、想法、目標等，但也同時意指提供我自己的知覺和觀點。也就是說，當與之同在時，會出現同盟感——兩個人充分地投入、奮鬥、探索、分享。」（Moustakas, 1995: 84）。

質性研究發現通常具有單純但平等且充滿洞察的特質。此一看似直接了當卻自有其奧妙的架構，呈現出多年的參與觀察和個人探究的創造性合成（creative synthesis）。透過個案、對話、引述和省思，Moustakas彰顯其從「置身其中」到「爲其設想」、最終轉換成「與之同在」的歷程。他的研究可作爲現象學探究貢獻於人本心理學的例證之一。

表例 1.3　成年禮的派典		
比較面向	部落主導	當代成年禮
對生命歷程的觀點（View of life passages）	從兒童到成人的單一時間轉換	跨越人生全程的多樣歷程
範圍（Territory）	部落範圍	地球：全球社群
祖先（Ancestry）	造物者神話	人類的演化故事
認定（Identity）	成為一個男人或女人	成為一個完整的人
取向（Approach）	標準化	個別化
結果（Outcome）	以部落為基礎的身分認定	人格認定：自我感
訊息（Message）	你首先是也永遠是部落的一員	你首先是也永遠是你自己能力所及的那個人

資料來源：Patton（1999a：333,335）

　　另一個彙整且報告質性研究發現的不同形式，可見諸於本書作者對「成年禮」（coming-of-age）的研究。作者的設計是建構一個理想典型的選替性派典（paradigm），來比較和對照之前所學到的（Patton, 1997a）。表例1.3將傳統部落中心主導的成年慶典，及當代以青年為中心的成年禮，做一比較對照。這些兩極端的對照方式，可能促成了如黑格爾哲學（Hegelian）的「正」（thesis）、「反」（antithesis）辯證，達成新的「合」（synthesis）。在哲學上，此一對照衍生於哲學家的反覆論證，在質性研究上，此一主題式對照則衍生且紮根於實地工作。

　　此一對質性研究果實的瀏覽，就像是品酒一般，只是在說明須品嚐過多種酒色，始得以發展出更為細膩的味覺；也像是開胃小菜，為即將上桌的滿漢全席開啟食慾。下一節要討論的是可能影響質性研究會長出什麼果實，以及如何判斷水果品質的不同研究和評鑑目的。

質性研究的不同目的和讀者：
研究、評鑑、學位論文和個人探究

本書的標題指出，質性方法可被運用於研究（research）和評鑑（evaluation）二者。然而，由於研究和評鑑的目的並不相同，判斷質性研究的準則（criteria）也取決於目的而有所不同。這一點很是重要，意指研究者不能不知道研究的目的、用途、鎖定的讀者群，而對研究方法的適切性或研究發現的品質遽下斷言。一般而言，評鑑和研究具有不同的目的、預期用途、和意圖使用者。學位論文（dissertation）則更增加其他層面的複雜性。讓我們先從評鑑開始。

方案評鑑（program evaluation）是系統性地蒐集有關方案的活動、特色和結果的資訊，以對於方案做出判斷，促進方案的效能，並對未來方案的實施提供決策建議。政策、組織、和人事均可被評鑑。評鑑研究（evaluative research）則廣泛地包括任何以系統性方式蒐集資料，來判斷或促進人類效能的努力。人類竭盡所能讓這個世界成為更美好的居處，這些努力包括：評估需求、形成政策、制訂法律、傳遞方案、管理人們和資源、提供治療、發展社區、改變組織文化、教育學生、調解衝突、以及解決問題等。在這些以淑世為目標的努力中，人們是否達成所想要達成的，一直是個令人關切的問題。當一個人試圖檢驗和判斷成就和效能時，他所從事的就是評鑑。當對效能的檢驗，係以系統性和實徵性（empirical）的方式來小心謹慎地蒐集資料和全面周延地分析資料，他即在進行「研究」。

質性方法常用於方案評鑑，這是因為其可藉由掌握和溝通參與者的故事（participants' stories），來訴說方案的故事（program's story）。評鑑個案研究（evaluation case studies）更具備了一個好故事的所有元素，訴說發生了什麼？何時？對誰？和結果如何？本書所提供的很多實例都擷取自方案評鑑、政策分析和組織發展等。此類研究的目的是蒐集資訊，以產生有用的發現。瞭解方案者和參與者的故事，可為那些必須為方案做出決策的人，提供有關方案歷程和結果的資訊。在《實用焦點的評鑑》（*Utilization-Focused Evaluation*）一書中（Patton, 1997a），我提出一個進行評鑑的綜合性取向，以進行有用的、實務的、倫理的和正確的評鑑。而判斷此類評鑑的基本準則，乃是意圖使用者是否真正應用研究

發現於做出決策和改進方案。此一準則對方法論的啓示，乃意圖使用者必須珍視研究發現，且認爲發現結果是可信賴的。他們必須對方案參與者的故事、經驗和知覺感到有興趣，而不只是單純知道有多少人進入方案、多少人完成方案、多少人在完成之後做了些什麼？在評鑑上的質性研究發現，闡釋的是數字背後的人，而不是數字，讓統計具有清晰的面貌，以深化對方案的理解。

研究，尤其是基本或基礎研究（fundamental or basic research），與評鑑的差異，在於其基本目的是爲了產生或檢驗理論，並對知識有所貢獻，是爲知識而知識。此類知識以及知識所奠基的理論，可能會啓發後續的行動和評鑑，但行動並非基礎研究的基本目的。質性研究作爲紮根理論（grounded theory）的來源，特別具有力量。所謂「紮根理論」，是指理論係歸納性地產生於實地工作中，理論乃崛起於研究者在真實世界中的觀察和訪談，而不是出於實驗室或學術殿堂。研究的基本讀者是其他的研究者和學者，以及政策制訂者和其他有興趣於瞭解某些現象或問題的人。那些使用研究的人之研究訓練、方法論偏好和科學價值等，都會影響質性研究的實徵性和理論性結果，是否能被認爲有價值或可信賴的。

QUALIA

　　神經學家V. S. Ramachandran研究腦部受損的獨特個案，試圖理解何以一個年輕人會將其父母當成騙徒；爲何一位婦女無法控制其中風後的笑容；一位中風的男人如何能夠遺忘其身體有一邊是癱瘓的；何以一位動過截肢手術者對其切掉的肢體仍有強烈的感覺，甚至於痛苦；以及爲何一位癲癇的病人有著強烈的宗教經驗。在能夠測量的腦波和電脈衝之外，他致力於理解「qualia」——指人類在可測量的「經驗」層面之外，主觀地加諸於「經驗」的東西。這涉及到神經科學、社會科學及哲學上所共同面臨的重大挑戰：對於「意識」（consciousness）的理解。Ramachandran假設意識可能包含處理qualia的能力，而這種能力則是來自腦部的一個特定區域（Ramachandran and Blakeslee, 1998）。

　　如果Ramachandran是正確的，質性研究者可能需要那個腦部區域可以更爲活躍、可資運用、且即時回應。

學位論文（dissertations）和畢業論文（graduate theses）更對關注讀者的重要性，提供了特別的洞察。研究生的學習是為了完成一個學位方案，而研究生的審查委員會則必須認可其研究工作。審查委員的特殊理解、價值、偏好、和偏見，都會介入此一認可的過程。本質上，委員會將會評鑑研究生的學術貢獻，包括其所遵循之方法論程序和資料分析的品質。曾經甚為罕見的質性學位論文，也因為用以判斷質性方法對知識之貢獻的準則更為人所瞭解和接納，而變得日益常見。然而，這些準則並不是絕對的，也尚未被普遍同意。我們將會看到質性研究有許多不同的變異，有其判斷研究品質的多樣性準則，且其中多數仍有許多爭議。

雖然，上述對於評鑑、研究和學位論文的討論，都強調要考慮到外界讀者和質性研究的消費者，但也同樣重要的是要體認到你也可能是你研究工作的基本讀者。你可能研究一些東西，只因為你想要瞭解它們。當我的孩子長大進入成年期時，我發現自己不斷詢問一些關於現代社會「成年禮」的問題，所以我著手進行個人探究（personal inquiry），並寫成一本書（Patton, 1997a）。但我並不是一開始就想寫一本書。我一開始是嘗試去瞭解我自己本身的經驗，以及我的孩子們的經驗。這是一種質性研究的形式。當我和夕克阿瑟基金會（MacArthur Foundation Fellowships）學術獎勵方案（通常稱為「天才獎」）的得獎人訪談時，一位社會科學家告訴我，她的實地工作是受到她自己尋求理解的企圖所導引的，而且在她從事訪談和觀察時，她不斷警惕自己不要想到發表論文，因為她不希望她的研究會受到其關注外界讀者所影響。她想要知道，因為她想要知道（She wanted to know because she wanted to know）。而且她做出一系列的生涯和專業決定，使她能夠專注於個人探究，而不受傳統學術告誡「發表或者離職」所驅使。她不希望讓自己或其研究工作受到任何外在準則和判斷的左右。

要言之，所有的研究設計都受到其意圖之目的和標的讀者所影響，但在質性研究中，更有必要特別強調目的和讀者，因為即使是質性研究方法學者之間，用以判斷研究品質的準則也常不被瞭解，或者仍有爭議。本書無法解決這些爭論，但它將闡釋方法論可能的選項及其蘊義（第九章將討論判斷質性研究品質的其他可能準則）。

方法之選擇：
質性和量化研究重點的對照

不是每一件可被計算的事都有意義，也不是每一件有意義的事都可被計算。

-- Albert Einstein

考量研究設計的選替性和方法的選擇，會直接導致對質性和量化資料之優缺點的考量。此處的取向是相當實用的。某些問題會有許多種不同答案；某些則沒有答案。如果你想要知道一個人有多重，你可以用磅秤。如果你想要知道他們是否過胖，測量身高、體重及其體脂肪，並將此結果和人口常模加以比較。如果你想要知道體重對他們的「意義」、如何影響他們、他們有何想法、他們因此做了些什麼，那麼你必須詢問他們一些問題，找出他們的經驗，並且聽聽他們的故事。對於體重在人們生活中的意義獲致綜合性和多面性的理解，有賴數字和故事。如果醫生只看病人的檢驗結果，而不聽病人的故事，他是以不充分的知識來做判斷。反之亦然。

質性方法促使研究者深度並仔細地研究所選擇的議題，不受先前決定之分析類別所侷限的實地工作，有助於使質性研究更具深度、開放性，且詳盡周密。另一方面，量化方法有賴標準化測量的運用，使人類的許多不同觀點和經驗，能符合幾個有限的且先決的回應類別，並以數字來表示。

量化方法之優點，在於它能夠測量許多人對一些有限問題之回應，並能促進資料的比較和統計集合。這使得廣泛而可類推的研究結果，得以簡潔和精要地呈現。相反地，質性方法典型上會產生關於較少數人和個案的豐富又詳盡的資訊，可增進我們對所研究個案和情境的深度理解，但會減低其可類推性。

量化研究之效度（validity），取決於謹慎的研究工具結構，以確保該工具所實際測量的是研究所欲測量的。研究工具必須根據先前規劃的程序，以適切且標準化的方式來施測，研究重點在於測量工具本身——測驗的項目、調查的問題，或其他測量工具等。

在質性研究中，研究者即是工具（the researcher is the instrument）。質性方法之可靠性（credibility），則甚大程度取決於從事實地工作者之技巧（skill）、職能（competence）和嚴謹性（rigor）；以及在研究者生命中發生而可能分散其注意力的事件。Guba and Lincoln（1981）對此一質性研究層面作出如下的評論：

　　疲憊、知識的轉變和人的選派，以及不同「工具」之間因訓練、技巧和經驗有別所導致的差異，都會輕易地發生。然而，此一人類工具所獨有的彈性、洞察與心領神會的能力，均足以彌補嚴謹性上的缺失。（Guba and Lincoln, 1981: 113）

由於質性和量化方法有其不同的優缺點，它們是可供選擇而非互斥的研究策略。質性和量化資料二者，均可在同一項研究中蒐集。為了進一步闡述這些相對的研究取向且提供質性研究果實之具體實例，本章其餘段落將呈現實際研究的節錄。

比較兩類資料：一例

位於Minnesota的「識字科技中心」（The Technology for Literacy Center），發展出一個以電腦為基礎的成人識字能力方案，在該城市的較低社經區域，操作無店面式的設施。歷經三年的前置作業之後，該中心必須要做個重要的決定，即是否繼續資助該方案的實施。地方財政單位和公立學校皆支持一項總結性評鑑（summative evaluation），以確定該識字中心的全面性成果和效能。此一評鑑設計包括量化和質性資料二者。

量化測驗資料顯示了很大的變異性。在平均成就上的統計顯示，參與者之間具有很大的差異。該報告的結論為：雖然處理組與控制組在測驗上均顯示有所成就，但最重要的發現乃學生進步情況的高度個別性。即「在學習成就和教學時間上所顯現的差異，產生一項非常關鍵、重要、且有意義的發現：在識字科技中心，沒有中等的學生。」（Patton & Stockdill, 1987: 33）

表例 1.4 一些決定方法的指引性問題和選項

---

1. **研究的目的是什麼？**
   研究：對知識有所貢獻
   評鑑：改進方案和做決定
   學位論文：證明具有博士程度的學術能力
   個人探究：為自己去探尋

2. **研究發現的基本讀者是誰？**
   學者、研究者、學術界人士
   方案贊助者、行政人員、工作人員、參與者
   博士學位審查委員會
   自己、朋友、家人、戀人

3. **指引研究的問題是什麼？**
   理論引發、理論檢驗、理論導向的問題
   實務性、應用性、行動導向的問題和議題
   學術學位，或學科/專門領域的優先選擇
   個人感興趣、關注、能激起熱情的事務

4. **什麼資料能回答或闡明研究問題？**
   質性：訪談、實地觀察、文件
   量化：調查、測驗、實驗、次級資料
   混和方法：何種混和？以哪一種方法為主？

5. **有哪些可用以支持研究的資源？**
   財務資源
   時間
   人力資源
   進入管道、接觸聯繫

6. **什麼準則可用以判斷研究發現的品質？**
   傳統研究準則：嚴謹性、效度、信度、可類推性
   評鑑標準：實用性、可行性、適切性、正確性
   非傳統準則：可信賴度、觀點的多樣性、語式的釐清、研究者的可靠性

這項發現強調了在某些方案或處理情境中，質性資料特別有用且適當。因此，識字科技中心提出了高度個別性的方案，使學習者得以依據其特定的需求和興趣，以其自己的速度來學習。參與方案的學生，程度上有很大的差異，目標廣泛，且各依其不同的方式參與，故其收穫也迥然有別。平均的成就分數和平均的教學時間，只提供了對總體進步情況的一個簡單的概覽，但此類統計資料很少有助於主辦者瞭解個別差異的意義。為了使個別參與者均能瞭解方案的意義，評鑑應包括個案研究和訪談者所蒐集的質性資料。

個別個案實例

個案之一是一位六十五歲的黑人老奶奶芭芭拉的故事。她很小的時候從她家鄉非洲來到Minnesota，擔任管家和清理房屋的工作。她對從不曾領取社會救助金感到驕傲。她是一個家庭的主要經濟來源，養育前後三代共五個孩子，包括她大女兒的十幾歲小孩。從週一至週五她每晚睡眠時間不超過三小時。在我們進行個案研究的時候，她已經花了十五個月參與該方案，且從完全文盲（二年級階段）進步到成為一位圖書館的定期使用者（每次測驗都比先前階段還要進步一集）。她已發展出對黑人歷史的興趣，且很高興能自行閱讀聖經。她描述尚不能閱讀時的光景：

你要去那裡找工作？你根本無法填寫申請函。你要去找醫生，但無法填寫掛號單，實在很令人尷尬。你必須依賴其他人去為你做一些像這類的瑣事。有時候，你甚至不想去問你自己的子女，因為這似乎顯示你太過依賴人家，而且有時候他們願意做，有時候你得去求人家幫忙才行……

所有的進步都讓我感到自己比以前更好，因為我可以做一些我一直想做卻不能做的事。它讓我感到更加獨立，可以自己處理事情，而非依賴他人來為我做事。

第二個個案，則是莎拉的故事。她是一個四十二歲的白種女人，高中時期輟學，目前擔任事務經理。她是以十二級的測驗成績進入該方案，在經過十七天五十六個小時的學習之後，她獲得相當於高中畢業的文憑（GED），使她成為高中畢業生。然後，她立即進入大學就讀。她說她回頭來取得GED的決定是：

一種肯定，因為沒有文憑已傷害我很長一段時間……我一直很害怕去臆測，如果有人發現我沒有高中畢業學歷，他們會開除我或不再接納我。最困難的事莫過於要告訴我的老闆。他受過很高的教育，而且我們的公司是相當高教育取向，所以我必須做的一件最困難的事，就是告訴他我是個高中輟學生。但是，我必須要告訴他，因為我需要時間進修和考試。沒想到他十分諒解，這實在太棒了。我原本以為他會對我感到失望，而他卻認為我能回到學校是一件很好的事，他甚至還來參加我的畢業典禮。

以上摘錄自兩個相對照個案的簡短敘述，說明詳細的、描述性的資料，在加深我們對個別差異的瞭解方面之價值。然而，參與此一方案的學生超過500人，對於資金提供者和決策者而言，勢必難以試圖瞭解500個詳細的個案研究（大約是5000頁的報告）。此時，統計資料即提供了簡潔、經濟的主要類型摘要；而選擇性的個案研究，可提供深度的、詳細的和個別的意義。

開放式訪談

另一項有益的對比，是比較封閉式問卷結果，與對開放式團體訪談的回應。對量化、標準化項目的問卷回應，指出77%的成人學生對識字科技中心的方案感到「非常滿意」；74%報告他們學到甚多。這些結果顯示出滿意和進步的一般型態，但這個方案若以學生自己的語彙來看，有什麼特別意義呢？

為了獲知學生們的看法，我進行了團體訪談（group interviews）。「團體不僅僅是累積成員個別知識的簡便方式，它們更有助於對問題的洞察和解決」（Brown, Collins & Duguiid, 1989: 40）。在團體訪談中，我要求學生以其個人語彙描述方案的成果。我問道：「你所學習的使你的生活有何不同？」，下列是一些答覆：

- 我現在很喜愛報紙，且每天讀報。
- 是的，我現在較喜歡閱讀報紙。過去我曾經很討厭報紙，但現在我真是愛它。
- 我能夠讀懂縫紉書上的指導說明了。現在我也自己開列貨物採購單，所以我是一個更好的採購者了。我不會忘記要買什麼。
- 是的，你不知道去購物卻無法讀懂太太的貨物採購單，是一件多令人難為情的事。我所學習的對我在商店裡採購，幫助好大。

- 它在醫藥方面對我有所幫助。現在我能夠讀懂藥瓶上的說明和用藥指示了！我以前很怕讓孩子們吃藥，因為我不能確定那是什麼藥。
- 我不會再迷路了。我能夠在附近找到要走的路，能夠看地圖找到方向。我在建築業工作，總是經常換地點。現在我能夠找到路，不會再迷路了。
- 只要能考取駕照就太棒了。我已經五十歲了。如果我沒有獲得GED...，但如果我能夠考取駕照......！我能把車開得很好，但我很害怕筆試被死當。只要能考取駕照.....一張駕照。
- 現在我會讀戶外雜誌了。以前我只是讀書名而已，現在我是讀整本書了哪！
- 我一直害怕學校和教堂的閱讀課，但現在我在聖經課堂中已不再害怕讀經了。能夠閱讀聖經，對我真的很重要。
- 我現在能夠填寫申請書了。在這個世界上，你必須知道如何填寫一份申請書。我也能看電話簿黃頁了。以前既不會填寫申請書，也不會在電話簿黃頁中找到要找的事項，真是令人難堪。但現在我覺得好太多了。至少，我的申請書填寫得很正確，即使我仍未找到工作，但至少我的申請書是填對的。
- 我所學的只要保持領先我的孩子就夠了。我的家庭是我學習的動機。一旦你能夠為你的孩子讀一些故事，這會讓世界完全不同以往。它使我想要讀書，且讀更多的書。當我能夠自己閱讀時，我也能協助孩子們閱讀，這會使他們能擁有更美好的生活。當我讀書給孩子們聽時，他們喜歡極了。

　　這些團體訪談摘錄，對於成人學習閱讀的個別的、個人的經驗，提供了一些質性洞察。問卷結果（77%滿意）提供統計上可類推的類型資料，然而這些標準化問題只接觸到方案之影響的表面意義。少數的開放式訪談樣本，可在相當個人的經驗層次上，增加些深度、詳細和意義。另一個例子將顯示質性資料不僅產生較深度的理解，同時也會產生政治上的行動，因為它顯露參與者的深層感受。

質性資料的力量

　　1970年代初期，Michigan的Kalamazoo地區之學校體系，實行一項新的教師「績效責任制」（accountability system）。這一個複雜的系統，包括在秋季和春季實施標準化成就測驗、由教師發展的標準參照測驗、教師同儕評量、學生對教師的評量、家長對教師的評量、校長對教師的評量，以及教師的自我評量等。

　　Kalamazoo的教師績效責任制，吸引了全國的注意。例如，《美國

教育委員會期刊》（*American School Board Journal*）於1974年4月份報告，指出「Kalamazoo的學校很可能擁有了迄今設計出最具綜合性的人事評鑑和績效責任之電腦化系統」（p40）。而且在其對Kalamazoo的三階段系列的第一階段報告中，《美國教育委員會期刊》即給予肯定：「試看Kalamazoo：一項綜合性的、以成就表現為基礎的評鑑和績效責任制，的確能夠有效運作。」（1974: 32）

然而，並非每個人都同意這個正面的評量。Kalamazoo教育協會即質疑，教師將會被此項績效責任制挫折了士氣。另一方面，一些學校行政人員則抗議，認為教師並不想擔負這些績效責任。1976年春季，Kalamazoo教育協會聯合Michigan教育協會以及全國教育協會，進行一項對教師的調查，以發現教師對此項績效責任方案的看法（Perrone and Patton, 1976）。

教育協會的主事者，基本上是對一份包含標準化題項的問卷感興趣。這份封閉式問卷的其中一部分，提供予教師一組他們可表達同意或不同意的陳述。問卷結果顯示，教師們感到此一績效責任制大部分是無效且不適當的。例如，90％的教師不同意學校行政單位所出版的說帖，即「Kalamazoo教師績效責任制是一項使能夠個別化和人性化的教育設計」；88％報告該系統並沒有幫助教師變得更有效能；90％認為該績效責任制並未改進Kalamazoo的教育計畫；93％相信「Kalamazoo所實施的教師績效責任制，在教師之間產生一種不可欲的焦慮氣氛」。同時，90％斷言「此項教師績效責任制大多是一種公共關係之努力」。教師們亦不曾感覺到該績效責任制公平地回應了他們在教師職份上的工作，因為97％的教師同意下列敘述：「Kalamazoo所實施的教師績效責任制，太過於強調能被量化的事項，以致其忽略了並不容易測量到的教學結果」。

從以上一些陳述，相對清楚地顯示出大部分接受問卷調查的教師對績效責任制的回應是負面的。然而，當學校行政人員和教育委員會的成員評論此一問卷結果時，許多人立即撇開這些結果，反駁說他們從不期待教師喜歡這個系統，教師並不真的想負起績效責任，而且教師工會已告訴教師們要作負面的回應了。簡言之，許多學校行政人員和教育委員會的成員駁回了此項問卷結果，視之為偏見、不正確，且教師工會的領導者已告訴教師如何回應以詆毀學校當局。

同一問卷也包括兩個開放式問題，第一個問題置於問卷中段，第二

個問題置於問卷末尾。

1. 請使用本欄，對教師績效責任制的任何單元，作進一步的評論或建議。
2. 最後，我們希望你使用本欄，對有關Kalamazoo教師績效責任制的任何部分，提供一些額外的評論。

　　總計有373位教師（接受問卷調查教師中的70%）對這兩個開放式問題之一有所回應。教師們所作的所有評論，皆逐字逐句呈現於報告中，這些開放式資料共涵蓋了101頁。當學校行政人員和教育委員會成員拒絕問卷資料時，我們要求他們將報告翻到開放式的教師評論部分，隨意略讀教師們所說的話。我們於下列摘述六個具代表性的回應，這幾個例子幾乎可在報告中的任何一頁讀到。

　　284號教師的回應：「我不覺得在績效責任的情境中，恐懼是必要的。在學校體系前頭的人，必須是人類，不是機器。你不應該視人如同機器一般！」
　　「州教育廳長將恐懼感瀰漫於這個系統中，以獲取他們想要的。這很難在這麼短的欄位中解釋，有些事你必須親身體驗才能瞭解。很多地方他都在欺騙人，且很容易讓人信以為真。教師需要一個讓他感到舒服的情境。我並不是說績效責任不好，我是說現在實施的這一個實在令人深惡痛絕。它正在傷害學生——那些我們理應為其努力的學生。」
　　257號教師的回應：「這個系統已產生了一種恐懼和威脅的氣氛。我只能代表我所在的學校來說，人們是緊張的、敵意的，且失去他們的人性。善意已經不見，行政人員和教師的團隊精神已經消失。而我相信這筆因於上頭的主管。一個人在這樣惡劣的情況中當然還是能夠工作，但是何苦來哉，如果這一切只是要凸顯少數幾個差勁的教師的話，整個教育組織將蒙受很大的災難。」
　　244號教師的回應：「為了充分瞭解在Kalamazoo的這種壓抑的、鬱悶的氣氛，你必須置身於現場—教室中。」「在十年的教學經驗中，我從未像今年這樣，在學期結束時對『教育』感到憂鬱。假如在往後兩年內，一切仍未能改善，我將會離開教育崗位。Kalamazoo教師績效責任制，必須從其整體性來檢視，而非僅是注意到其個別的部分。總之，它是具有壓迫感且令人鬱悶的。」
　　「在教政府和歷史課時，學生經常會問說生活於獨裁統治下的世界像什麼呢？——現在我親身知道了！」

「州教育廳長以其教師績效責任模式和看似紆尊降貴的態度，已在短短三年內戕害了教師的士氣與有效能的創造性教室教學。」

「昨天晚上，我和太太參加了學期末校內聚會。那兒的氣氛真是奇怪——人人面無表情、鮮少笑聲或情緒緊繃不安。前幾年會縱情談笑、高歌歡唱和跳舞的人，變得不自然地安靜和憂鬱。大部分的人很早就回家了。談話的主題圍繞在州教育廳長、教育委員會的選舉。但出席的人仍然十分緊張和不自在。」

「雖然教育委員會不用使我們感到快樂，但它確實必須體認到情緒的穩定是有效能的教學所必須。在Kalamazoo目前的非志願性調職、脅迫、高壓統治和由上到下的渠道式溝通，必定會使得這個學校體系，成為本國內最不受歡迎的學校體系之一。」

233號教師的回應：「我已經在Kalamazoo教了十五年書了，共歷經五任的州教育廳長。直到現任的州教育廳長之前，我感到工作情況都相當令人愉悅，而且教師、學校行政單位和教育委員會之間維持一個很好的工作關係。過去四年——在現任州教育廳長的指揮下，我發現學校氣氛已日趨惡化到教師們彼此不信任，更毫不信任學校行政人員。我們瞭解行政人員有不得不然的苦衷，也為他們感到同情，然而，我們仍然無法信賴他們。每天早上到學校去，已不再是個令人愉快的經驗。」

261號教師的回應：「一位教師需要某些檢驗和平衡，以有效地運作。但認為不這樣的話會怎樣，實在荒謬！——如果你是涉身其中的教師的話。在教學中，你不是要使嚴密包裝的機械成品變得一模一樣，且賦予相同的品質。我們現在所接受的這個荒誕不經的教師績效責任方案，使社區人士認為州教育廳長相當不錯。但對於在課室中處理各類學生——那些無法閱讀、很少到校、在監獄或剛出監獄之學生——的教師而言，這項嚴格的績效責任模式，實在忽略了上述的問題，真是混帳！」

251號教師的回應：「恐懼是這個教師績效責任制的同義字。在績效責任制實施之前，我的教學也和現在一樣。它只不過是維持權力的政治詭計。無論開始時多麼冠冕堂皇，也會因知覺到每一個新的教育系統背後都有其政治動機，而破壞了原本的美好。學生受到了壓抑——學校中的難堪和憎恨，真是令人難以置信。高貴的開端已遭破壞殆盡，你無法相信新產生的行政階層只是為了讓這個怪物有繼續運作的空間。」

「我們對本州最好的祝福，是但願其他學校體系知道什麼毀滅正在進行，且千萬不要落入這個陷阱。幸運的人們，有空就來拜訪這個地獄吧！」

表面效度和可靠性

蒐集自Kalamazoo地區教師的質性資料，帶來什麼衝擊呢？你將記起許多教育委員會成員起初反駁此一標準化問卷回應是偏見、詐欺，以及

教師工會詆毀學校行政人員的可預期結果。然而，在讀過幾頁教師的個人評論、聽到教師以他們自己的話語描述其身受教師績效責任制之害的經驗後，關於這份評鑑報告的討論重點改變了。教育委員會成員可能輕易拒絕了他們視之為「摻雜異議」的問卷，他們卻無法如此輕易駁回這些痛苦、恐懼和宣洩於教師個人反思中的深度關注。教師們的話語有表面效度（face validity）和可靠性（credibility）。對於評鑑結果的討論，已從攻擊其使用的測量工具，轉變為一個問題：「你認為我們應該做什麼？」

在1976年夏季，於評鑑報告的討論之後，那位州教育廳長辭職了。新任的州教育廳長和教育委員會利用評鑑報告為基礎，於1976至1977年間給予教師們新的工作情境和氣氛。一年之後，教師協會的主事者報告了一項教師與行政人員合作發展可相互接納之績效責任制的新環境。評鑑報告本身並未直接導致這些改變，許多其他因素均有所作用，不過，評鑑報告中的質性訊息，完整地顯露教師對身處於績效責任制所產生之惡劣氣氛中的惑受。這些教師以自己的話來表達的深層感受，成為改變Kalamazoo學校體系的部分動因。

從孩子眼裡看世界

我知道一位八歲大的小男孩，每天都獨自在一個公園的長椅上坐了五、六個小時，持續了幾乎有一個星期之久。他有時候和鴿子玩，有時候注視著路過的人們，有時候用腳在空中劃圈圈，有時候就只是茫然地望向前方。在他獨坐那張長椅的第四天，我的一個朋友忍不住詢問這位男孩，為什麼他每天都坐在那裡？他回答他的媽媽每天早上帶他到那裡，告訴他要在那裡等她，而她要去找工作和一個可以讓他們居住的地方。他沒有其他地方可去。當詢問他整天在那兒做些什麼？他說他只是一直看、也一直等待。他看著鴿子和人們，猜猜他們會去哪裡。而大部分的時間，他就只是等待媽媽回來，然後和媽媽一起等到晚上的收容所開門。（Boxill, 1990:1）

© 2002 Michael Quinn Patton and Michael cochran

某些真正區分質性量化差異的人喜歡輕鬆地躺在沙灘上,閱讀美好的、深度的和詳盡的質性研究報告。

開放式回應的目的

前述的例子,說明以對開放式問題做出回應為基礎的質性探究,與以包含標準化問卷題項為基礎的量化測量之間的差異。量化測量是簡要、經濟的,且易於集合資料以進行分析;量化資料是系統的、標準化的,且易於在簡短的欄位中呈現。相反地,質性研究發現較為冗長、詳細,且內容上甚多變化;由於回應既非系統性、亦非標準化,分析起來相當困難。然而,開放式回應允許吾人瞭解回應者所見的世界。蒐集開放式回應的目的,乃使研究者得以瞭解和掌握其他人的看法,而不以預先設定的問卷類別來決定這些看法。如同Lofland解釋道「*為了以參與者自己的語彙來瞭解參與者,研究者必須學習他們所表述的類別,以對未假修飾之現實產生可解釋的且一致的說法。事實上,那是質性分析之首要原則。*」(Lofland,1971: 7)

直接引述（direct quotations）是質性研究中原始資料的基本來源，顯露回應者的情緒深度、其組織世界的方式、他們對於正在發生之事的想法、他們的經驗，以及他們的基本知覺。質性研究者之任務，乃提供一個架構，在其中，人們得以正確和完整地表現其對世界的觀點，或對其正在談論之部分世界--例如，他們對於正受評鑑之特殊方案的經驗。如同Denzin（1978b: 10）提及，社會科學家經常「以先前概念進入一個領域，這使得他們無法讓其研究者『說之如其所見之』（tell it as they see it）。」

我以Kalamazoo評鑑的發現來作為質性研究之說明，乃因在問卷上的開放式回應，代表質性資料最基本的形式。在問卷上以書面蒐集的開放式資料有嚴重的限制，受限於回應者的書寫技巧、詳細調查或延伸回應的不可能性，以及個人完成問卷所需的努力。然而，即使在研究的最基本層次，Kalamazoo教師顯露於開放式評論中的感受深度與周密性，仍說明了質性方法之果實。

雖然Kalamazoo的例子說明質性研究的最基本形式，亦即，對開放式問卷題項作出回應；質性研究者尋求瞭解人類之知覺、感受和知識的最主要方式，乃經由深度的、密集的訪談。敘述訪談的一章，將會討論到從人們蒐集高品質資訊的方法—能顯露人們對方案活動的經驗，以及參與者、工作人員和其他有關人士對方案結果的看法，與其對方案歷程的知識等等之資料。

藉由觀察來研究

人們所說的話是質性資料的一項重要來源，無論他們所說的是經由訪談而獲得的口頭上資料，或經由文件分析或調查回應的書面形式資料。然而，我們能從人們所說的話中學習到多少，仍有其限制。為了充分瞭解許多情境的複雜性，直接地參與和觀察有興趣的現象，可能是最好的研究方法。Howard S. Becker是社會科學研究領域中應用質性方法之領導性實務工作者之一，認為參與觀察（participant observation）是所有研究策略型態中，最綜合性的一種。

社會學資料的最完整形式，是參與觀察者蒐集資料的形式：一些對社會事件的觀察，對前置和後續事件的觀察，以及在事件發生之前、之中和之後，參與者和旁觀目擊者對其意義的解釋。此類資料，比之任何其他社會學方法所蒐集之資料，給予我們更多關於研究事件之訊息。（Becker and Geer, 1970: 133）

　　觀察的資料，特別是參與觀察的資料，使得研究者能充分理解一項方案或處遇，是僅從訪談中獲得洞察所無法企及的。當然，並非每一件事都能被直接觀察或經驗，且參與觀察是高度勞力密集的，因此相對上是一項耗資甚鉅的研究策略。在稍後章節中，將更深入地探討應用觀察法的策略，包括參與式和非參與式。此處的目的，僅是使讀者能品嚐到另一項質性方法之果實的滋味。在討論如何蒐集觀察資料之前，知道這些資料的形貌，應是有助益的。

　　觀察分析（observational analysis）的目的，是帶領讀者進入所被觀察的場域，意指觀察資料必須深入而詳實。這些資料必須是描述性（descriptive）的——充分地描述，使讀者得以瞭解發生了什麼，以及如何發生。觀察者的紀錄，變成讀者的眼睛、耳朵等知覺器官。描述必須是事實的、正確的，及徹底的，不被不相干的繁雜瑣事弄得雜亂無章。應用於紀錄觀察的一項基本標準，是觀察應使讀者得以進入研究之情境。

　　下述之觀察，係用來說明此類描述性資料的形貌。這些觀察資料摘錄自一項為時兩小時的觀察，內容主要是一群媽媽們在一項父母親職教育方案中討論其教養子女的經驗。此方案的目的，是增進父母的親職技巧、知識和信心，以為父母提供一支持性團體為目標。在提出此項方案時，主辦者強調他們並不希望告訴父母如何教育他們的子女；方案目的是要增進父母可作的選擇，使其能對自己的親職型態作出有意識的選擇，並增進其對自己所選擇之親職型態的信心。方案中的處理，亦在於使父母體認到他們是其子女最初的教育者。換句話說，方案中的兒童教育家並不將其專家的意見強行加諸於父母；相反地，他們力圖澄清父母才是教育其子女的真正專家。

　　評鑑研究者對所有的方案均進行「現場訪視」（site visits），在每一次現場訪視時，觀察父母對親職的討論。對這些單元的描述，成為該方案評鑑的基本資料。簡言之，評鑑研究者是主辦者和方案行政人員的眼睛和耳朵，使他們得以瞭解在各個父母親職教育方案單元中發生了什麼事。對於單元的描述性資料，也為單元的帶領者提供了一面鏡子，一項可省視其所進行之工作的方式，以瞭解所進行的是否符合他們想要做的。

　　下文是擷取自其中一個單元的描述。你在閱讀此一描述時，可用以

衡量的準則，乃其是否提供充分的資料以帶領你－讀者－進入方案場域中，允許你對父母親職教育的性質和品質，作出自己的判斷。

觀察資料實例：兩歲孩子的媽媽們之討論

這個父母親職教育方案的團體討論單元，是在教堂的地下室進行。地下室上頭的一樓，正好是一個幼兒中心，孩子們的喧鬧聲在整個討論過程中均清晰可聞。房間正夠容納十二位媽媽、一位工作人員，以及我，坐在房間的三面，第四面則用作為電影螢光幕。有些媽媽正在抽煙（領導員後來告訴我抽煙是媽媽們彼此協調同意的）。座位是有軟墊的摺疊椅，加上兩張長沙發。幾張畫有孩子們遊戲圖的彩色畫報裝飾著牆面。有幾張小桌子可用來放置咖啡杯和煙灰皿。後面的牆上則擺放著一排關於兒童關懷和兒童發展的小冊子，以及一座放置方案材料的鐵櫃。

單元開始時，媽媽們首先觀賞一卷關於幼稚園兒童的二十分鐘影片。以此影片作為討論的基礎，並以「兩歲孩子們做些什麼？」這個討論問題開端。討論由Louise所帶領，她是一位三十歲出頭的兼職工作人員，她自己有兩個小孩子，其中之一正好兩歲。Louise要媽媽們從影片中找一些話題，談談他們自己的孩子做些什麼，以及影片中處理一些幼兒問題的方式。大部分時間，媽媽們分享喜悅，扮演他們的孩子喜歡的活動。諸如：「我們家小強很喜歡遊樂場，就像影片中的小孩子一般。」、「是啊！我的小孩簡直可住在遊樂場裡。」

討論的焦點很快地轉移到當孩子們長大時會發些什麼事，他們如何改變和發展。Louise評論道：「不要擔心孩子們在某一特別的年紀時會做些什麼，就像不要擔心你的孩子在兩歲這個年紀要做一些特定的事，或發展得較慢或較快等。每個年齡層的孩子們所做的事，都會有許多差異。」

討論自由地進行，且除了開頭之外，Louise就很少介入指導。媽媽們前後彼此熱烈交談，分享關於孩子們的經驗。若有一位媽媽提出個特別的觀點，其他媽媽就隨心所欲地談論他們自身的體驗。例如，話題之一是一位媽媽談到她的孩子在浴缸中撒尿的問題，其他媽媽也隨之分享他們對於這個問題的經驗、處理的方法，以及是否擔心這個問題。討論的要點似乎集中於這並不算是個大問題，也不是媽媽應該嚴重關切的。不

讓孩子們感到這是個嚴重的問題，相當重要；孩子自然會因長大而革除這個惡習。

討論繼而轉移至兩歲孩子們在家中可以幫忙媽媽做的事……隨後討論到兩歲孩子不能做的事，以及他們試圖去做某些事時所遭遇的挫折。這時笑聲頻傳，分享孩子們的有趣故事，而且也分享了孩子們的挫折。整個團體氣氛是非正式的，且多專心地聆聽他人的發言。媽媽們似乎特別提出一些他們可以共同分享的有關孩子們的問題。

另一位媽媽開始談起另一項話題，是她的孩子總是倒掉牛奶的問題。她問道：「這意謂著什麼呢？」這個問題引發一些建議，如使用不會使牛奶溢潑出來的水杯和水袋，以及其他媽媽們類似的問題。但討論並未聚焦於此，也沒有真正切中問題核心。上述水袋的建議立即又引發另一項問題，即使用塑膠袋是否可行。討論轉移至各類不同塑膠袋的安全問題，持續了大約二十分鐘。（此時，有一位媽媽聽到樓上她小孩的哭聲，離開了團體。）

討論回到幫孩子洗澡上頭。Louise插話道：「兩歲孩子不應該單獨被留在浴缸裡。」一位媽媽想到先前關於在浴缸中便溺的討論，插話道浴缸中尿過的水可能還比她孩子們游泳的湖水乾淨些。提出在浴缸中便溺問題的媽媽又說：「當他在浴缸中撒尿時，那真是臭死了！」Louise於是回答：「這其實是妳的問題，不是他的，如果妳能讓自己冷靜下來，他會沒事的。」

在討論暫停的空檔，Louise問道：「妳同意影片中的每一件事嗎？」媽媽們談了一些，此時重點集中在影片中一位小孩咬了另一位小孩的事件，媽媽們分享了他們的孩子咬人的故事。

Louise插話道：「咬人可能是相當危險的，對孩子咬人做一些處理，應該是重要的。」討論轉移到做些什麼來處理這類事件才好。一位媽媽建議反咬那個孩子一口，另一位媽媽認為孩子們會因彼此咬來咬去而自行處理。媽媽們十分熱烈地討論，幾個媽媽同時發言，於是Louise不得不要求大家「冷靜」，以使一次只有一個人談話。（剛才離開的媽媽回來了。）

此時咬人的討論，逐漸導致關於一般性兒童衝突和打架的討論，例如，孩子們互相攻擊或攻擊媽媽的問題。這個問題再一次引發媽媽該做些什麼來處理孩子行為的討論。一位媽媽建議，當她小孩打她時，她也

會打他回來；或者當小孩咬她時，她也咬他回來。Louise插話說：「不要向孩子示範妳不喜歡的行為。」且繼續解釋她的哲學，那妳不希望孩子做某些事時，妳就不應該向孩子示範做那些事。她說這原則對她非常有用，然而，其他媽媽可能發現其他事對他們比較有用。Louise評論，Dreikurs所建議打回來或咬回來的技術，她並不同意，「但妳們必須決定什麼對妳最有用」。〈從放映影片之後至今，大約經過了四十分鐘，十一位媽媽中有七位參與了討論，他們大多很主動積極。四位媽媽尚未參與討論。〉

　　另一位媽媽提出一個新問題。她的小孩破壞了她的花木，他將它們摘下來並撕毀它們。「我真是氣極了！」她說她用來懲罰小孩的方法是孤立他，然後她問：「在一個兩歲小孩改過自新之前，妳必須要懲罰他多少？」這個問題引發密集的討論，有幾個媽媽相繼發表他們的意見。（以下詳細呈現這些討論，以說明這類討論型態。）

2號媽媽：「也許他需要擁有自己的花木。有時候讓孩子擁有自己的花木可以自行照顧，是很有幫助的，他才能學會欣賞花木。」

3號媽媽：「也許他喜歡在泥地裡打滾。在房子四周，他有自己的沙地或泥土可以玩嗎？」

4號媽媽：「麥片粥是另一項可以玩的好東西。」

Louise說：「米是另一項孩子喜歡玩的東西，它很乾淨，很好用於室內遊戲。」

5號媽媽說：「有些孩子們玩的東西很不好或有危險性。例如，肥皂粉就不是可以讓孩子們玩的好東西。」

2號媽媽說：「妳能把花木放在他拿不到的地方嗎？」

提出問題的媽媽說：「我有太多花木了，我不可能把它放在他拿不到的地方。」

Louise說：「妳能把花木放在其他地方，或者提供小孩一處可以玩沙土或米粒的地方？」（提問題的媽媽搖搖頭，Louise繼續說。）「另一件事是告訴孩子花木是有生命的，幫助他學習尊重生命。告訴他那些花木是有生命的，且他的破壞行為會傷害了它們。給他自己的花木，讓他能有投注心力的對象。」

提出問題的媽媽說：「我會試試看。」

2號媽媽：「對於一個兩歲大的小孩，妳必須要公平。要求他們不碰任何東西，這是不公平的。我試著將我所有花木懸掛起來。」

Louise說：「有時候僅是將孩子的身體從妳不希望他去做的事情上移開，即是最好的方法。」

4號媽媽說：「無論如何，他們長大了自然會改掉壞習慣的。」

提出問題的媽媽：「但現在他是故意要弄壞它們，我真是生氣。」

Louise說：「也許妳有太多花木了，他感到他是和花木競爭妳的關心。也許他正試圖和它們比賽哩！」

3號媽媽說：「讓他幫忙照顧這些花木吧！妳曾經讓他幫妳照顧花木嗎？」

6號媽媽說：「但是，有些花木讓他幫忙照顧是相當危險的。」

Louise說：「有些危險的室內植物，確實是有毒的。」

Louise伸手從鐵櫃中拿下一本有關危險植物的小冊子，並說她會發給每人一本小冊子。有幾個人說他們想看這本小冊子，於是她又從鐵櫃中為他們拿來一些。一位到目前為止都未參與討論的媽媽，特別索取一本。接下來的討論，是有關利用特別為兒童設計以防護兒童碰撞的房子，來作為養育兒童的方法，或是訓練孩子不去碰東西；移開任何誘惑或是教導兒童抗拒誘惑。一位媽媽建議，在這種背景脈絡下應該要教導兒童去認識一些有價值的東西。幾位媽媽則提出他們的看法。

Louise說：「擁有房子的父母應該建立規則。兩歲的孩子能夠學習小心行事，但千萬不要整天不停的說：『不行，不可以！』。」

時間到了該結束討論的時候，媽媽們仍留下來隨意地彼此交談約十五分鐘，然後走上樓去帶他們的孩子，幫孩子們穿上外套。有些人帶著孩子回到地下室討論現場，他們似乎很愉快，且繼續非正式地交談。那位認為當孩子咬人或打人時應反咬一口或反擊，而Louise並不同意其看法的媽媽，則未再參加討論。Louise說：我希望妳知道我尊重妳對事情有自己觀點的權利。我並不是試著要告訴妳該做些什麼才是對的。我僅是不同意，但我確實覺得每個人有權利擁有自己的意見。這個團體的部分目的，是使每個人能夠聚在一起，欣賞其他人的觀點，且瞭解什麼作法對不同的人有用。

這位媽媽說她當然不會對Louise的不同意感到難受，她知道有些對他人有用的事，對她並不具效用。她有自己的方式，但她真的喜歡這個團體。

Louise清理房間，這個單元就此結束。

質性研究之原始資料

這個親職教育單元的描述，目的是讓讀者瞭解在單元中發生了什麼。這些資料是描述性的。純粹描述（pure description）和引述（quotations），是質性研究之原始資料。

描述的目的，是將讀者帶進研究場域中。資料本身並不包括對場域中所發生之事是好是壞、正確或不正確的判斷，或任何詮釋式的判斷。資料僅單純地描述所發生的事。行政主管、工作人員、父母和其他使用

該描述以討論他們希望方案如何進行的人，該描述將有助於他們弄清楚自己用於判斷的準則。

在稍後章節中，將會詳細說明如何深度地詮釋質性資料的論題。

以人為導向的研究

迄今，本章所舉出的觀察和訪談實例，已分別單獨地呈現。在實務工作中，它們經常是完全統整的方法。即使你基本上係專心致力於訪談，但成為一位有技巧的觀察員仍是相當重要的，因為每一項面對面的訪談均包含且需要觀察。所以，有技巧的訪談者也應是一位有技巧的觀察員，有能力讀出非語文的訊息，敏銳察覺到訪談場域如何影響訪談的內容，以及小心地使訪談者—受訪者的互動和關係調和一致。

繪製經驗地圖：我們自己的和他人的

質性研究提供機會，不僅是學習他人的經驗，而且也是檢視研究者帶進研究中的經驗，在某些程度下，這些經驗將會影響所研究的對象，以及不論好或壞，有助於形塑所要發現的。質性研究的取向，像是自傳俗民誌（autoethnography）、啓思性探究（heuristic inquiry）以及批判反思（critical reflexivity）等均強調，在實地工作和後續的分析中，要檢視與理解我們是如何能夠形塑我們所要看的、聽的、認知的和學習的。質性研究在此意涵下可以視為是繪製經驗地圖（mapping experiences），我們自己的和他人的經驗。

想像你有一張地圖……根據你的記憶而非地圖冊來繪製。這張地圖上呈現著由轉化的旅程中清晰的線條所連結而成的一些處所，包含你從這塊土地所學習到的全部事物，且顯示你從何處學習到的這些。

把這張地圖想像成一個活動的物件，不是一個圖表，而是由意識層次中每一個經驗交織而成的故事。它會告訴你身在地球的何處和你是誰，在承受壓力或茫然失所的時刻，給予你繼續向前移動的力量。我們作為敏知的和具省思能力的存在，我們都隨身攜帶著這樣的地圖，不假思索地依賴著它們，如同依賴語言和思維……。而且它是智慧的一部份，係為吾人身份認定的生態學面向。（Tallmadge, 1997:ix）

同樣地，訪談技巧對於觀察員亦甚為緊要，因為在其實地工作中，觀察員需要且希望與人們作正式或非正式的會談。參與觀察者藉由非正式的、自然發生的會談，可以蒐集到大量的訊息。瞭解到訪談和觀察是互相增強的質性技術，是瞭解基本上以人為導向（people-oriented）的質性研究性質之橋樑。

社會學家John Lofland建議在蒐集質性資料時，有四項以人為導向的要求。首先，質性方法論者必須很接近被研究的人和情境，以個人地深入瞭解正在進行的詳情。第二，質性方法論者必須掌握實際上發生的事，以及人們所說的話等這些被知覺的事實。第三，質性資料必須包括大量對人們、活動、互動研究場域的純粹描述。第四，質性資料必須包括從人們所說的話和書面文字的直接引述。

　　願意去接近的、事實的、描述的和引述的，構成一項有意義的承諾，以參與者自己的語彙來呈現。這並非意指研究者須作為參與者的辯護者，而是，研究者應信實地描繪正進行於參與者生活中的事項，以及他們的生活面貌。以此方式，其讀者至少能部分地將自己投入於被描繪者的觀點中。他們能「設身處地」，因為報告者已給予他們對日常談話、日常活動、日常關注和問題等的栩栩如生的情景……

　　這些承諾在方法論上所產生的主要結果，是對人們所進行的質性研究的一項發現的歷程（a process of discovery）。它必然是學習一切正在發生之事的歷程。由於人們以其語彙為正在發生之事提供了主要的描述，研究者必須找出這些語彙，而非加諸一個預設的或局外人的認知基模。觀察者的任務，是找出什麼是所觀察人們或世界的根本或中心。（Lofland, 1971: 4）

再次造訪質性方法之果實

本章開頭時的寓言，提到一位學者旅行到很遠的地方，找尋一種廣為詩人所津津樂道的食物，稱為「水果」。當他終於來到蘋果樹前，他卻將春天滿樹綻開的蘋果花誤以為是蘋果樹的果實，由於發現那些花朵味如嚼蠟，他將一切他聽到關於水果的傳言，都批駁為誇大不實的誑言，失望地踏上歸程。本章即在於描述什麼是質性資料，以使尋求質性方法之果實的人，能知道他們所尋找的是什麼--而且知道何時可以獲得真正的質性資料。在本章結束之前，讓我們再來想想兩個其他有關尋找水果的簡短寓言。

雖然第一位尋找水果的人到達得太早，以致未能體驗到成熟果實的美味，只嚐到味如嚼蠟的花蕊；第二位尋找水果的人找到的卻是一株未受到妥善栽植的果樹，以致其果實瘦小乾癟、且味道苦澀，只好任其腐爛。由於不知道好果實像什麼，他將這些壞果實等同於他所要尋找的水果。他說，「現在，我已經看到且嚐過水果了。」「而且我可以確切地告訴你，那真是恐怖！忘記水果吧！這種東西真是糟透了。」這趟旅行也是白走了一遭。

現在，我們已經能夠期許這種愚笨的錯誤較不可能發生，因為學校中的學生很早就被教導從有限個案來類推的危險性。然而，謠言使得某些人一直排拒所有質性資料，並視之為毫無價值（而且「腐敗不堪」），因為他們所經驗的只是由一些差勁方法所產生的壞樣本而已。

第三位尋找水果的人，也來到那一片被視為只生產乾癟而苦澀水果的果樹之前。他從地上撿拾起一些腐爛的果實，而且細細地端詳。他將這些水果拿給一位曾種植過許多株果樹的農夫檢視。農夫剝下水果腐爛的外皮，露出石頭般堅硬的核心，然後告訴他如何種植這顆石頭般的果核，以栽培出成熟的果樹，以及收穫時可期待的美味。農夫也給了他一些成熟的水果品嚐。一旦這位尋找水果的人知道什麼是真正的水果，而且一旦他知道他掌握在手中的這顆貌似石頭的東西即是顆水果種子，他所必須做的事是種植這顆種子，妥善地照料這株果樹，以待其成長茁壯，努力耕耘以獲取最終的收成——水果。雖然，這兒有許多的工作要做，有許多事要學，但是當高品質的水果結實纍纍時，這些努力就都是值得的。

表例 1.5 質性研究方法的網際網路討論團體

1. QUALRS-L@listserv.edu：人文科學的質性研究 (Qualitative Research for the Human Sciences)；如要參與，請將訊息送至listserv@listserv.uga.edu: subscribe QUALRS-L 你的名字

2. QUALNET@listserv.bc.edu：管理與組織研究的質性研究(Qualitative Research in Management and Organization Studies) 如要參與，請將訊息送至majordomo@listserv.bc.edu: subscribe qualnet

3. QUAL-L@scu.edu.au：質性研究清單 (Qualitative Research List)；由賓州設立，但立即吸引了許多的讀者；如要參與，請將訊息送至listproc@scu.edu.au: subscribe QUAL-L你的名姓

其他質性研究與評鑑的資源

4. EVALTALK@bama.ua.edu：美國評鑑學會(American Evaluation Association (AEA)討論名單；如要參與，請將訊息送至listserv@bama.ua.edu: subscribe evaltalk ourname

5. METHODS@cios.org 社會科學研究方法教導者的名單，如有興趣，請將訊息送至comserve@cios.org: join methods yourname

備註：感謝University of Georgia之Judith Preissle教授，提供上述網站的詳細資訊。這些網站和訂閱的細節可能會有改變，本清單亦不是窮盡的。這份清單只是對於透過網際網路可以獲得質性研究資源的建議。其餘可從網際網路獲得的質性資源，請參見第三章的表例3.7.，第四章的表例4.9，以及第八章的表例8.3。

篇章之間：給研究生的十大忠告

下文是張貼在一個質性研究線上討論網站的詢問函

我是一個研究所新生，正在考慮是否以質性研究來進行我的論文。我知道你們都非常忙碌，但是如果有人能回答我的一個問題，真是感激不盡。

對於一位考慮從事質性研究的學生，如果你只要提供一個忠告，那會是什麼呢？

以下所列舉的答覆，是由不同的人所提供。我將一些答覆加以整合（同時試著維持貼文的調調），但重新組織得更具連貫性。

十大忠告

1. 確定質性研究法適合你的研究問題：有關人類經驗的問題，詢問人們為其經驗賦予之意義，在被研究者所處的社會/人際環境背景之下來研究他，研究現有標準化工具所無法獲知的現象。

2. 學習質性研究。質性研究有許多不同的取向，有許多要學的。仔細閱讀幾本對不同質性研究取向提供概覽的書。在決定你所要採用的取向後，去閱讀原始書籍，瞭解該取向在研究設計和資料分析上的細節。

3. 找到一位能支持你進行質性研究學位論文的指導教授。否則，研究會變得冗長且難熬。進行學位論文是一個相當大的誓諾。有其他較為實務性的作法可以結合質性研究的方法，但不必受到學位論文的侷限。例如方案評鑑、行動研究和組織發展等。除了學位論文之外，你還是可以做很多很好的質性研究。但如果你能找到一位支持的指導教授和審查委員，那就勇往直前吧！

4. 真的好好進行研究設計。質性研究設計和量化研究遵循完全不同的思考邏輯。完全不同。你聽到了嗎？完全不同。特別是取樣方法。不同於問卷、測驗或實驗。你可以結合量化和質性的設計，但那會非常複雜。無論如何，你必須確實明瞭質性研究有些什麼獨特的地方。

5. 練習訪談和觀察。練習、練習、練習。進行多次訪談，多花一些時間去

練習實地工作觀察。從相當擅長訪談和觀察的人那兒獲得一些建議。從事質性研究需要技巧。你有非常多要學習的，不應只是憑空想像。不要誤以為質性研究是一件輕而易舉的事。我愈有經驗，愈明白我剛開始進行研究時是多麼差勁。

6. 在你開始蒐集資料之前，先弄明白資料如何分析。許多研究生在還不懂資料分析之前，就匆促投入資料蒐集，然後就生活在懊悔之中，浪費了許多時間。也許對統計資料和量化資料來說，你確實可以先完成資料蒐集。一般人常以為質性資料很容易分析，其實不然。絕非如此。也不要以為新的電腦分析程式會解決這個問題，這是不可能的。是你，只有你，必須要去分析資料。

7. 確定你已準備好來應付進行質性研究的一些爭論。這個網站上的人常會分享他們被無法接受質性研究的人所攻訐的故事。所以，不要對質性研究天真無知。需瞭解質性研究的派典和策略。

8. 你這麼做，是因為你想要這麼做，而且確信這決定對你是正確的。不要只是因為有些人告訴你質性研究可能較容易一些，你就去做。並非如此。盡可能找到在你的研究生涯中會有熱情和興趣堅持去探究的研究問題。質性研究非常耗時費事，且須要全神貫注。如果你想要在研究過程中始終保持清醒的頭腦，你必須感覺到你的研究問題是有趣的。

9. 找到一個好的督導或支持團體，或兩者皆有。如果你能夠和一小群同一條船上的同伴，定期一起討論你的研究，你們能在輕鬆無壓力的環境下分享知識、腦力激盪、解決問題，分享彼此的成功經驗，將對你的研究有極大的助益。自己好好保重。

10. 準備做些改變。深度地省視其他人的生活，將會迫使你深度地省視你自己的生活。

2

質性研究之策略主題

      大型策略應該引導戰術的決定。在一個大型策略中，可能會無可避免地犯下一些戰術上的錯誤，但只要策略的願景是真實無虛且焦點明確的，這些戰術上的錯誤是可加以修正的。至少，在理論上如此。至於實際上……就試試看吧！

-- Halcolm

一般性原則

      策略（strategos）是一個希臘字，意指「一位將士的思考和行動」。希臘最偉大的將士Alexander曾對什麼是策略，提出其精闢的見解。Alexander於16歲時在Northern Macedonia領導首次獨立軍事行動。當他父親Philip於西元前336年遭到暗殺之後，他繼承父親成為Macedonia的領袖。兩年之後他展開對Persia的侵略，並征服了這個當時極富盛名的王國。在一次戰役中，他以一比五的軍隊人數（少於50,000個希臘人對抗Persia的250,000大軍）挫敗了Darius三世--Persia王國的國王。

      Alexander的軍事征服，是個遠近皆知的英雄傳說。然而，較罕為人知但倍受稱道的是，他在戰役上的勝利取決於他對敵方陣營中一般人民和軍事領導者之心理與文化所擁有的深度知識。他將敵對者的信念、世界觀、動機和行為組型，包含進他的軍事情報中。甚至，他對被征服者的後續統治，比其敵方更具有經濟性和政治性，因為他應用了我們現在所瞭解為心理的、社會的和人類學上的洞察。他瞭解持久的勝利取決於被征服者的欣然接受統治和道德支持。他小心地研究被征服者的風俗習慣和人文條件，並調整其政策--政治上的、經濟上的和文化上的--以促進每一征服地區發展更良好條件，使人們對其統治有合理的好感（Garcia，1984）。

      在此一方法中，Alexander必須克服其教養、文化和希臘哲學的驕傲和民族優越感。歷史學家C. A. Robinson解釋Alexander係成長於柏拉圖（Plato）理論的教化中--所有非希臘人均是未開化的野蠻人，是希臘人的天敵；且亞里斯多德（Aristotle）教導他們所有的野蠻人（非希臘人）都是天生的奴隸。然而，

      Alexander經由實際與這些野蠻人接觸，已能夠明白希臘人的自以為是，……而且經驗顯然使他相信所有的人類基本上是相同的（Robinson, 1949: 136）。

      Alexander並不僅是一位偉大的軍事家，而且是先進的統治者。他顯然是位傑出的俗民誌學者、一位優秀的質性方法論者，應用觀察和直接經驗，以系統地研究和瞭解他所遇到的人們。

超過二千年以前，偉大的Alexander即已知道質性的瞭解不僅是學術上研究的事。質性研究方法是為了研究和瞭解處在任何場域之中，以及研究者在任何情況之下遇到的人們。由於他敞開心胸，開放性地自其觀察和新經驗中學習，Alexander可能比他的導師們更加瞭解希臘人維持有教養和文明生活的理想。

當Halcolm說完Alexander的故事，他提醒那些和質性研究相似之處，即觀察和訪談的技巧是體驗世界的生活技巧。「質性研究可以Marcel Proust對藝術的說法來形容：『感謝此，使我們不會只看到單一的世界及我們自己而已，我們得以多元化地觀察世界.....。如此豐富而多樣的世界，盡在我們的眼中。』」

—摘自Halcolm 《歷史傳記》（*Historical Biographies*）

策略性架構的目的

> 知覺是強而有力的，但視力則否。對策略而言，重要的是要看到遠方的事物，就像它們近在咫尺；而對眼前的事物，則具有相當遠見。
>
> -- *Miyamoto Musashi*（1584-1645）
>
> 日本武士，策略家

> 不要被眼前所見的事物所蒙蔽。
>
> --美國大峽谷徒步旅行忠告

> 受到重擊之前，每個人都應計畫如何擊敗對手。
>
> --古老的拳擊賽傳說

一項構想甚佳的策略，可作為決策和行動的架構，為決策和行動提供了整體性的指引。它使得看似孤立的任務和活動可以結合在一起；促使各別的努力可以統整起來，以達成一個共通的目的。特定的研究設計和方法之決定，最好在整體的策略架構之下來進行。本章說明了質性研究的十二項重要主題或原則，為質性研究構建了一個綜合性且協調一致的策略架構（strategic framework），包括基本假定（fundamental assumptions）和認識論觀念（epistemological ideals）。表例2.1將這些主題依據三個基本類別加以摘錄：設計策略（design strategies）、資料蒐集和實地工作策略（data collection and fieldwork strategies），以及分析策略（analysis strategies）。

表例 2.1 質性研究之主題

研究設計策略

1. 自然式探究
研究真實世界情境，如其自然地開展；不做操弄，非控制式；對所有可能顯現的抱持開放性（對研究發現不做預先設定的限制）

2. 逐漸顯明的設計彈性
當瞭解更為深入，或/且情境改變時，對所採取的探究策略抱持開放性；研究者避免被侷限於嚴格的研究設計中，而減弱對情境的回應力，而無法探查逐漸顯現的新發現。

3. 立意取樣
研究個案（即，人們、組織機構、社區、文化、事件、關鍵事例等）的選取，係因為他們是「資訊豐富」且具有說明力的。意即，他們對研究者感到有興趣的現象提供有用的例證；取樣是以能提供對現象的洞察為目的，而不是從一組樣本類推到母群體。

資料蒐集和實地工作策略

4. 質性資料
觀察，以產生詳盡的、厚實的描述；深度的探究；訪談，以捕捉對人們個人觀點和經驗的直接引述；個案研究；謹慎的文件回顧和探討。

5. 個人經驗和置身其中
研究者和所研究的人們、情境和現象有直接且密切的接觸，研究者的個人經驗和洞察，亦是探究的重要部分，是瞭解現象的關鍵。

6. 同理的中立和全神貫注
在訪談中採取同理的立場，乃顯現研究者的開放性、敏覺力、尊重、覺察和回應力，以尋求設身處地的瞭解，而不做判斷（中立）。在觀察中，則意指完全地參與其中（全神貫注）。

7. 動態系統
注意歷程；假定改變是持續不斷地發生，無論焦點在個人、組織、社區、或整個文化。所以，專注於系統和情境的動力性。

資料分析策略

8. 獨特個案導向
假定每一個個案都是特別和獨特的；分析的首要層次，是真實地面對、尊重、和捕捉研究個案的細節；跨個案分析在個案研究之後進行，並取決於個別個案研究的品質。

9. 歸納分析和創造性合成
沈浸於資料的細節和具體特定處，以發現重要的組型、主題和相互關係；由探索開始，才進行驗證；受分析原則所引導，而不是不可變的法則；以創造性的合成作結束。

10. 完形視角
研究的整體現象應被瞭解為一個複雜的系統，而不只是部分的總和；聚焦於複雜的相互依存關係，和系統的動力性，此一動態系統不能被簡化為少數區隔的變項，及線性的因果關係。

11. 背景脈絡敏覺力
將研究發現置於社會、文化和具時間脈絡的背景情境中；對跨時間、空間的類推之可能性和意義，需抱持謹慎、甚至質疑的態度；強調個案分析的比較，推斷可能轉移和應用於新的場域的組型。

12. 語式、視角和反思
質性分析者擁有、且省察其個人語式和視角；一個可靠的語式，傳達真確性和可信賴度；完全客觀是不可能的，全然主觀則減損其可信性，研究者的焦點應是平衡的--真確地瞭解和描繪這個世界的複雜性，同時也能有意識地自我分析、覺察和反思。

質性研究的設計策略

自然式探究

人類學家（anthropologist）研究西部非洲的Gourma族人之間發動攻勢的儀式。社會學家（sociologist）觀察保齡球員在其每星期聯賽時的互動。評鑑者（evaluator）參與一個領導技巧訓練方案，蒐集文件資料。自然研究者（naturalist）研究美國大峽谷波威爾高原山腳下的大角羊。政策分析者（policy analyst）訪談居住於公立照護中心的人們。農藝學家（agronomist）觀察密蘇里州鄉間農夫的春耕。這些研究者有些什麼共通點呢？他們都是在實地中研究這個真實世界（the real world）的開展和演變。

質性研究設計是自然式的（naturalistic），在於研究發生於真實世界的場域中，且研究者並不企圖操弄有興趣的研究現象（如：團體、事件、方案、社區、關係或互動）。現象自然地開展，這其中沒有像在實驗室或其他控制場域中，由研究者所建立的、或為研究者而建立的預先設定的程序。觀察發生於真實世界中，並在其所熟悉或感到舒適的情況下，以開放式問題來訪談真實世界的人們。

Egon Guba（1978）在其對自然式探究（naturalistic inquiry）所寫下的典籍中，界定兩項可用於描述科學研究型態的向度：（1）科學家預先操弄（manipulate）某些現象以利研究之程度，及（2）在輸出結果（outputs）上作限制的程度，即以預先設定的類別（predetermined categories）或變項（variables）來描述研究現象的程度。他將自然式研究法定義為一種「發現導向」（discovery-oriented）的方法，將研究者對研究場域的操弄減至最少，且對研究可能出現的結果不作任何預先的限制。自然式探究與控制式實驗設計（controlled experimental designs）之對比，乃在於實驗研究者藉由操弄、改變或經常性的外部影響，來試圖控制研究情境條件，且在實驗研究中僅測量非常有限的結果變項。自然式探究的形式主要是開放式的、會話式的訪談，不同於有預先設定反應類別的問卷。詢問「請告訴我關於你在方案中的經驗」，與「你對方案有多麼滿意？非常、有些、一點點、完全不」，是完全不同的方式。

控制式實驗研究的最簡化形式，是研究者在時間上的兩點--前測

（pretest）和後測（posttest）--介入方案，並在有限的標準化測量上比較處理組（treatment group）和控制組（control group）。此類設計假定一種單一的、可檢定的、分離的，且可測量的處理。進而言之，此類設計假定，一旦處理開始之後，該處理將維持相對的經常性和不變性。

雖然有一些較聚焦的、小心控制的和標準化的處理符合此一描述，然而在實務上，人類對方案的介入（interventions）常是相當綜合的、可變的，且動態--當實務工作者從方案中學到什麼有效及什麼無效時，方案本身即有所改變，發展出新的策略，重新編排優先序列。當然，這對於控制式實驗設計造成了相當的困難，因爲實驗設計需要可界定的、不變的處理，以產生可界定的、預先設定的結果。據此，控制式實驗設計唯有對方案之調整和改善做出限制，使之不致對研究設計之嚴格執行造成阻礙時，始能獲得最佳之效果。

然而，在真實世界之情境下，方案不可避免地會受到改變且重新導向，因此自然式探究以其動力的歷程導向（dynamic process orientation），記錄實際的運作程序，及歷程、方案、介入在持續進行一段時間之後的影響，以取代控制式實驗所強調的固定式處理／結果。研究者企圖瞭解並記錄參與者在方案中所經歷的現實生活，接受改變中的方案現實及其複雜性；不試圖做出任何的操弄或控制，或排除情境變項或方案的發展性等。研究資料包括任何在研究中所顯現出的、對於瞭解參與者的經驗具有重要性的事項。

自然實驗（natural experiments）是指觀察者現身於真實世界的變化之中，並記錄現象的改變歷程。Durrenberger and Erem（1999）記錄「思考與結構的一個自然實驗」（a natural experiment in thought and structure），由於在他們所研究的醫院中發生了一個改變，使他們有機會去對比在該工作組織之中的兩種不同領導結構。在該改變發生之前，他們已經記錄了「組織意識」（union consciousness）的程度和性質，所以在醫院結構改變之後，他們又重新進行同樣的觀察，以利用此一自然發生的實驗。自然實驗可比較兩個團體，其中之一經驗了一些改變，另一個則否。使之成爲自然式探究的關鍵，是真實世界參與者主導了此一改變，而不是研究者。

然而，在實地和在實驗室的區別並非如此單純，而是，一個研究設計是否爲自然式的，是一個連續向度上的程度問題，從一端是完全開放

式的實地工作，到另一端是完全控制式的實驗室，而研究者控制和操弄的程度也介在兩端之間。例如，研究者的出現、詢問問題、進行方案評鑑、提供回饋，都可能成為一種介入（interventions），減低事件的自然開展性。當研究者希望能將資料蒐集的介入程度減至最低時，非干擾性的觀察（unobtrusive observations）是必要的研究策略。實驗情境也不會只出現於建築物內；在農業的農作物施肥研究中，當研究者想要引介某種程度的控制、降低外來變項的變異性、且聚焦於預先設定的有限測量項目時，實地實驗（field experiment）則是常見的。

讓我以兩個實例來說明研究設計策略上的變異，以總結對自然式探究的討論。在我評鑑一個在荒野舉辦的領導訓練方案時，我完全參與了這十天的方案，「領導」（leadership）此一既知概念指引了我的觀察。唯一「非自然」的元素是：（1）每個人都知道我在做筆記，以記錄所有發生的事，同時（2）在每一天活動結束時，我與工作人員進行開放式的會話訪談。即使這是一個相對純粹的自然式探究策略，但是我的出現、做筆記、訪談，必然在某種程度上改變了方案開展的情況。例如，我知道我在傍晚詢問工作人員的一些問題，使得他們去思考有關他們所做的事，也促使他們在進行訓練的方式上產生了一些變化。

第二個例子是Becerly Strassmann在西部非洲的一個Sangui村落對Dogon族人進行的實地工作（Gladwell, 2000）。她的研究聚焦於Dogon婦女在月事期間須居留在村落外的狹小的、被隔離的木造小屋中的傳統。她觀察這些婦女的來來去去，取得她們的尿液樣本以確定她們確實在月事期間。這些婦女只在小木屋中過夜，白天她們還是要從事日常的活動。連續736個晚上，Strassmann追蹤記錄這些在小木屋中過夜的婦女，使她能蒐集到當地婦女月事的頻率和期間長度的統計資料，但卻是以完全自然式的探究策略來進行。此一實例說明了自然式研究設計可同時蒐集量化和質性的資料。然而，我們並沒有任何理由相信，她這麼長時間的出現可能改變了當地婦女的月事型態。

逐漸顯明的設計彈性

在我所評鑑的荒野領導訓練方案中，十天過了一半的時候，我所參與的團體突然間分裂成兩個次團體。我必須立刻在實地中、在現場中做

出決定：究竟跟著哪一個團體、以及在稍後如何和另一個團體的人進行
訪談。

　　自然式研究設計經常無法在實地工作之前就完全確定。設計雖然可
界定一個初步的焦點、觀察的計畫、以及初步引導訪談的問題，研究本
身的自然式和歸納性質，使得界定操作性變項、陳述可考驗的假設、或
標準化研究工具，變得既不可能也不適當。唯有當實地工作開展之後，
自然式研究設計始得以開展或逐漸顯明。

　　Lincoln and Guba（1985）比較質性/自然式探究與量化/實驗方法二者
在研究設計上的特徵，他們的結論如下：

　　這些考量最重要的一點是，自然式探究（無論是研究、評鑑、或政策
分析）的設計不可能事先進行；它必須是逐漸顯明、漸次發展、且自然開
展…。自然式研究者對逐漸顯明的設計（emergent design）之要求，並不單
純只是努力避開研究之前所須的「努力思考」（hard thinking）；讓事件自
然開展，也不只是將草率的研究加以合理化的方式。傳統派典對設計的明確
界定，無異建造了一座古希臘強盜的刑床，是自然式研究者所無法躺臥的--
不只是不舒服，而是根本躺不下去（p.225）。

43

　　設計的彈性（design flexibility）源自於質性研究的開放式性質，以及實用上的考量。開放和實用，有賴於對曖昧不明情況和不確定性的高容忍度，以及對歸納分析（inductive analysis）所產生之終極價值的信賴度。容忍度（tolerance）、開放性（openness）和信賴度（trust），為論文審查委員和評鑑或研究贊助者帶來一些特別的難題。如果設計僅是部分地被明確界定，他們將要如何知道研究會產生什麼結果呢？答案是：他們一點兒也不知道。他們所能做的是省視類似的質性研究之結果，檢閱計畫中所提出之研究設計的整體策略之合理性，以及考量研究者是否具備有效進行此項研究計畫的能力。

　　如同自然式探究的其他策略主題一般，設計被事前界定的情形，是一個「程度上的問題」。進行質性學位論文的博士研究生，經常會被要求要提出相當詳細的實地工作計畫和訪談程序，以使學位論文審查委員能指導研究生，且確定其研究計畫會導致令人滿意的學位程度要求。許多經費贊助者也只補助詳細的研究計畫。然而理想上，質性研究者必須要保持彈性和開放性。人類學家Brackette F. Williams所採用的實地工作策略，表徵了自然式探究逐漸顯明的研究設計之理想。

　　Williams的研究聚焦於文化認定（cultural identity）和社會關係（social relationships）的議題，包含對Guyana國家認定之儀式和象徵符號的深度研究（1991），以及種族和階級在美國國家意識上的功能。在1997年，她榮獲五年的麥克阿瑟研究獎勵助金（MacArthur Fellowship），容許她能夠以一個真正逐漸顯明的、自然式的研究設計，對美國的殺人現象進行實地工作。我曾經有機會訪談她，談到她的研究工作，我從那次訪談中擷取出一些片段，來闡示一位學者如何實踐其自然式探究的理想。此處，她描述對她的實地工作而言，一個開放性的策略是必須的，因為她的研究主題相當廣泛，且她必須順著現象的帶領來發展。

　　我蒐集一些事—殺人（killing）--在這個文化中變動得相當快速。每一次我和某些人談話時，也會有其他的資料、其他的事等我去看。任何在美國發生的事都可能有所關連，真是令人疲於奔命。從來不會終止。你聽收音機、你看電視、你走過布告欄，都會聽到或看到。當你研究一些像這樣的事，或者是研究你所在的社會，沒有什麼事是無關的。你不會總是知道那有何關連，但那就是會讓你感到有些震撼，你會對自己說：我得記錄下我所看到的日期、地點、以及內容，因為這些都是資料。

　　我不會遵循著人們給我的每一個指引。但一般而言，我做的是機會取樣（opportunity sampling），或是發現意外之寶，不管你打算如何稱呼它。我記錄一些事情，可能在六個月後變得非常重要。

　　我進行即興式訪談（impromptu interviews）。我並沒有想過要訪談幾次，或是預先設定一些問題，完全取決於我所遇見的人和情境。例如，機場就是一個和人們做即興訪談的好地方。所以，有時候我寧可不將時間花在寫作上，我訪談人們關於死刑、關於殺人、或關於其生命中的死亡事件。我稱之為「機會取樣」。我常以一般性的描述開始，你幾歲、來自哪裡，你對於這些殺人事件有何看法？我將午餐時間變成會話時間。有時候，訪談會持續進行一、兩個小時，有時候可能只有十至十五分鐘。我會說，「你不會在意我錄音吧？」如果他們不同意，我就做筆記。在我研究的第一年，我做了相當多這類即興訪談，才形成一個問題流程和想要繼續探詢的議題。我的取樣就是為了獲得我想要知道的。有時候，訪談只是要獲知一般大眾對一個問題的普遍意見，也許是我已得知官方的說法，但想知道一般人是怎麼想的。在機場，我有機會和五到十個人談話。如果我在多一些地方停留，在回到家之前我可能會訪問到十五或二十個人。

　　我順著研究的步調進展，是以我在這個星期的思考作為基礎，而不是我在上個星期的想法。我不遵循計畫，也不會去想這會不會被寫成一本書，如果那樣就必須要有一些確定的方式。我只是順著資料和我的問題的帶領來走。

　　很少質性研究會像Williams的實地工作那麼完全地逐漸顯明和開放式。她的研究工作可作為逐漸顯明之設計彈性的理想典型。

立意取樣

　　1940年，一位傑出的社會學家Kingsley Davis出版了一本個案研究的典籍，Anna的故事，一位從出生之後就幾乎被完全隔離，直到她六歲才被人發現的女孩。她被剝奪了和人類的接觸，完全沒學會語言技巧，所獲得的照顧只能讓她活著。這個單一的個案所受到的令人驚懼的虐待和疏忽，也提供了一個研究社會化效應（socialization effects）、和自然（nature）與養育（nurture）對人類發展之相對貢獻的自然實驗。在1947年，Davis出版了關於Anna的最新狀況，同時提出一個有關社會化孤立的比較個案，Isabelle的故事。這兩個個案對於人類在其「文化習得能力」受到永久性損傷之前，能維持多長時間的孤立狀態，提供了一個極佳的洞察（Davis, 1940, 1947）。Anna和Isabelle的例子，是立意個案取樣

（purposeful case sampling）的極端實例。

在醫療和心理學上，不尋常的臨床個案具有極佳的教導性，為立意取樣提供了許多實例。神經學家Oliver Sacks（1985）在他普受好評的書籍《戴錯帽子的男人》（*The Man Who Mistook His Wife for a Hat*）中提供了許多這類的個案，書的標題即點出了這些個案的獨特性。雖然研究者無法從單一個案或相當少數的樣本做任何類推，但可以從他們學習到非常多，經常可為未來研究開拓出新的範疇，就像Piaget對他的兩個孩子所做的詳盡的和具有洞察的觀察。

區辨出統計機率取樣（statistical probability sampling）和質性立意取樣（qualitative purposeful sampling）所蘊含的不同策略、邏輯和目的，也許是瞭解量化和質性方法之間差異的最好方法。質性研究典型上聚焦於相當少數的樣本，甚至是如Anna和Isabelle的單一個案（N= 1），被有目的地（purposefully）選取出來，以對所研究的現象提供深度（in depth）的探究和瞭解。量化研究典型上依賴隨機抽取出的大量樣本，以使研究者能有信心地從這些樣本類推到其所代表的母群體。不只是樣本選取技術上的差別，而是由於每一項策略的目的不同，其思考邏輯亦有所區別。

機率取樣的邏輯和力量，來自於它的目的：類推（generalization）。立意取樣的邏輯和力量，來自於它對深度瞭解（in-depth understanding）的強調，以致須選出資訊豐富的個案（information-rich cases）以進行深度的研究。資訊豐富的個案是指研究者可從這些個案身上學到非常多關於研究目的的知識，所以立意取樣是有目的的。例如，如果一個評鑑研究的目的，是為了增加方案對於協助低社經群體的效能，研究者可從少數幾個謹慎選出的貧困家庭中，深度瞭解其需求、興趣和誘因，所學到的會比從大量可統計的樣本中蒐集標準化的資訊來得多。個案樣本可以是個人、家庭、組織、文化、事件、或活動等等。無論是哪一種分析單元（如一位運動員或一個運動團隊，一位教師或一個班級），立意取樣的目的都是選出資訊豐富的個案，以闡明所研究的問題。

第五章會介紹幾個立意取樣的不同策略。在我與Brackette F. Williams的訪談中，她從她在美國對殺人的持續性研究中，提供了一個資訊豐富的個案。

　　我蒐集一位連續殺人犯的資訊，他是在路易斯安那州被認定為「連續殺人犯」（serial killer），他殺害年輕黑人，以藥物迷昏後槍擊他們，然後拿走一隻運動鞋，有時是兩隻。現在，我有興趣的是，當社會愈來愈將年輕黑人認定為壞人，這個連續殺人犯殺的是壞人。為了比較，我注意到大約十五至二十年前以殺害婦女為主的連續殺人犯，因為他們的身材大多是13號。現在，我得探討我們對過胖身材的強迫式觀念。一個連續殺人犯如何選取他的受害者，有時候會告訴我們一些關於這個社會現狀的重要訊息。

資料蒐集和實地工作：質性研究策略

質性資料

　　質性資料包含引述（quotations）、觀察（observations）和文件的摘錄（excerpts from documents）。第一章已提供了一些質性資料的實例。決定是否要運用自然式探究或實驗法，是一項設計上的議題。這不同於決定要蒐集哪一種資料（質性、量化、或二者的結合），雖然研究設計和資料蒐集有相當密切的關連。質性資料可在參與者已被隨機分派為實驗組和控制組的實驗設計中蒐集；相同地，某些量化資料也可在自然式探究取向中蒐集到。然而，控制式實驗設計預先設定的目標，就是爲了對量化資料進行統計分析；而質性資料則是自然式探究的主要焦點。有關設計和測量之間的關係，我們將在討論設計的那一章詳加探討。

　　質性資料用以描述。它們帶領我們－讀者－進入觀察發生的時間和空間，讓我們知道如果我們在那裡，我們會看到些什麼。它們也以某些人自己的話語來瞭解和溝通他們對世界的經驗。質性資料訴說故事（tell a story）。下列從我和Williams訪談所摘錄的片段中，Williams告訴我們關於檢核童年記憶內容的故事。這個故事讓我們得以明白她所進行的自然式探究和開放式訪談之性質，顯示一個關鍵事例（a critical incident）如何能被立意取樣出來，而故事的本身則提供了質性資料的實例。

　　去年三月間，我到德州去訪談，一路上我一直思考著我的研究和我所訪談的人。我腦海裡也浮現一個童年的記憶，那是有關一個住在離我家不遠處的女人的兒子受到電擊死刑的記憶。一些有關這件事的謠傳，也一直潛藏在腦海中。這幾年，無論我在什麼時候聽到被判死刑的個案，我都會想到那個被電擊致死的男人。我想，他被電擊致死，是因為他強暴了一位白人女性。

所以，當我在與其他婦女訪談過之後，正坐在我姪子的廚房喝茶，一位較年老的女人走進來和我聊天—那是她的一個親戚，我正好提到我的這個記憶。我問到：「是不是有些事是被我調製出來的，因為我可能讀了一些書或什麼，但其實那些事從來沒發生過？」她回答道：「喔不，它的確發生過。你只有弄錯了故事的一小部分，他並沒有強暴她，他只是看著她。」

你知道，你在歷史書籍中讀到一些事，然後，突然間，那就像你曾經存在過的世界一般。這些事在你周遭發生，但因有著遙遠的距離，你無法真正觸及到。我認識這個男人一輩子了，卻只是在閱讀和歷史書籍中，實際上我並沒有真正接觸過。以我現在進行的方式來從事研究，使我能真正接觸到一些過去不曾接觸到的事情。

直接的個人經驗和投入其中：進入實地

上述從Williams訪談所引述的段落，對質性實地工作的個人性質（personal nature）提供極佳的實例。接近她的被研究者，包括使用自身的經驗－來自於童年記憶和現在的日常生活－說明了深度質性研究的個人性質。傳統上，社會科學家被告誡須與他們的研究對象保持距離，以維持「客觀性」（objectivity）。然而，這種超然（detachment），也可能限制了研究者對所研究現象知性質的開放性和瞭解，尤其是當意義和情緒是現象的一部份時。仔細省視Williams所說，關於將自己沈浸在實地工作中所產生的效應：「以我現在進行的方式來從事研究，使我能真正接觸到一些過去不曾接觸到的事情。」

實地工作（fieldwork）是質性研究之中心活動。「進入實地」（going into the field）意指與被研究的人們在其環境下作直接而個人的接觸。質性方法強調接近所研究之人們和情境的重要性，以便能個人地瞭解日常生活的實況和細節。例如，我參與一項「從社會福利到工作」（welfare-to-work）方案所經驗到的生活。研究者藉由肢體上的親近，以及彼此分享經驗、表達同理、分享隱私的社會親密度之發展，來接近所研究的人們。許多量化方法論者無法將其發現結果植基於個人的質性瞭解，就是社會學家John Lofland所謂的：在他們公開地堅持須對其他人做出充分的統計描繪，與他們在日常生活中與其他人有著個人交往和判斷，二者之間存在著一項重要的扞格。

在日常生活中，統計社會學家就像其他每個人一般，假定他們不充分知道或十分瞭解他們未曾見過的或未密切接觸的人們。他們假定，一個人要認識和瞭解其他人，有賴於在許多不同情境中能經常看到他們。而且，統計社會學家也像其他人一般，假定為了要認識或瞭解其他人，一個人最好能有意識地和其他人做面對面的接觸。他們也假定，社會學--或任何其他社會世界--的內在世界，是無法被瞭解的，除非一個人能長時間親身參與其中。然而非常矛盾地，這些人一轉身，卻對他們從未曾面對面接觸的人作出完全相反的宣稱--那些人似乎成為他們表格中的數字，以及矩陣中的相關係數！（Lofland，1971：3）

質性研究意指進入實地─進入方案、組織、鄰里、街頭的真實世界─以及接近那裡的人們和情境，以掌握瞭解正在發生的事。將自身沈浸於自然發生的複雜性中，即是質性方法論學者Norman Denzin（1978a）所說的：「研究的誓約係主動地進入彼此互動之人們的世界」（pp. 8-9）。這使得對外在可觀察行為以及內在狀態（世界觀、意見、價值、態度、符號建構等）二者的描述和瞭解，成為可能。由於質性研究強調在背景脈絡之下獲致瞭解的深度，態度調查、心理測驗均不足以顯露此一內在視角（inner perspectives）。「內在視角假定，唯有主動積極地參與於所觀察的生活中，始能有所瞭解；唯有藉由內省，始能獲致洞察」（Bruyn, 1963: 226）。

主動積極地參與所觀察的生活中，意指順著行動的方向前進，親自著手去做、盡可能參與實際的方案活動，並且在個人層次上認識方案工作人員和參與成員--換句話說，將個人置身其中，始能運用所有個人的感官和能力，包括經驗的能力（capacity to experience）。此一投入其中（engagement）迥然對比於許多客觀研究者的專業態度，他們常故意地表現出一種冷靜的、沈著的、外部的、且超然的形象。此類超然和不作個人涉入，被認為可減少偏見。然而，質性方法論學者質疑保持距離和超然獨立的必要性與實用性，主張若無來自個人接觸（personal contact）所引發的同理（empathy）和內省（introspection），觀察者將不可能充分瞭解人類行為。瞭解來自於嘗試將自己置身於他人的立場，來自於試圖去辨識他人如何思考、行動和感受。

教育評鑑者Edna Shapiro（1973）在一項全國性的「跟進」（Follow Through）方案中，應用量化和質性方法二者，研究班級教室中的兒童。由於她相當接近那些班級中的兒童，使她得以看到一些在班級中發生，

卻無法被標準化測驗所捕捉到的事件。她能夠看到兒童間的差異，觀察他們對不同情境的反應，並且能夠瞭解他們對共通事件所賦予的不同意義。她能夠感受到他們在測驗情境中的緊張情緒，以及他們在自然班級情境中的自發性活動。在她花了一些時間處理其他人所蒐集的資料之後，她並不曾發現如她所研究的班級場域中的重大差異─這些差異實際上促使她以一種有意義的方式來評鑑這個革新方案。在標準化測驗顯示並無差異之處，她的直接觀察則記錄到重要且有意義的方案影響。

值得注意的是，「接近資料」（get close to the data）的忠告並不意指否認量化方法之有用性。而是，它意指統計的描繪必須加以詮釋，且賦予人性的意義。我曾經訪談過一位聯邦健康方案的評鑑者，他對於那項評鑑因現場訪視費用被削除、以致須試圖瞭解超過八十項計畫案的統計資料，感到相當挫折：「你沒有方法可以評鑑一些只是資料的東西。你知道的，你必須親自去看看。」

進入實地且與方案參與者做個人接觸，並非瞭解人類行為的唯一適當方式。對於特定的問題，及大型團體情境而言，距離是無可避免的，甚至是有用的；但對於獲致較為深度的意義和瞭解情境背景而言，面對面的互動（face-to-face interaction）是必要且被期待的。這使我們回到本書一再出現的主題：研究方法須適合於研究的目的，所詢問的問題，和可利用的資源。

在思考接近於所研究的人們和情境之議題時，我們須謹記：我們能瞭解這個世界，許多重要的貢獻係來自於科學家的個人經驗。我們可以發現許多事例，均是因接近於資料來源，而產生關鍵性的洞察--皮亞傑（Piaget）接近其子女，佛洛依德（Freud）接近且同理其患者，達爾文（Darwin）接近自然，而牛頓（Newton）則親身遭遇到一顆蘋果的撞擊。簡言之，接近並不會造成無可避免的偏見，距離亦非客觀性的保證。

同理的中立

如前所述，自然式探究涵蓋實地工作，在實地中，研究者與人們和其問題密切地接觸；那麼，研究者對這些人們和問題採取了什麼認知和情緒的立場呢？沒有放諸四海皆準的法則可涵蓋所有的可能性，答案應

取決於研究情境、研究的性質、以及研究者的視角。然而，從策略上思考，我提出「同理的中立」（empathetic neutrality）一詞，作為一個出發點。它意味著在過於涉入以致可能使判斷受到蒙蔽，以及過於疏離以致減低瞭解的可能性之間，仍有一個中介點。什麼是同理的中立呢？想想看下列所舉出的軼事。

實用主義哲學家（pragmatist philosopher） William James 也是一位解剖學和心理學者，非常具有同理的能力，展現於他的典籍《宗教經驗的多樣性》（*The Varieties of Religious Experience*, 1902, 1999）一書中。編輯者Clifton Fadiman（1985:305）在其任教於Radcliffe時，重述了這個故事。Gertrude Stein修了他的這一門課，她在考試的前一晚上，觀賞一齣歌劇並參加一場舞會直到半夜，於是她寫道：「親愛的James教授，我很抱歉，但我今天並不覺得想寫考試卷。」James也立刻回復她：「親愛的Stein小姐，我完全瞭解。我自己也經常如此。」接著，他加上一句，考試卷仍須如期繳交。除了尋常的同情之外，他也展現了非比尋常的同理的中立。

研究者面對所研究人們的立場，是方法論學者與科學哲學家之間一項重大的論辯。對質性研究之批評，多責備此一取向太過於「主觀」（subjective），大部分係因為研究者本身即是資料蒐集和資料詮釋時的研究工具，而且質性策略包括與被研究的人們和情境作個人的、密切的接觸。從主張價值中立（value-free）的社會科學之觀點來看，主觀性（subjectivity）是科學探究的反面，是科學所撻伐的。

客觀性（objectivity）則始終被視為科學方法的長處。獲致科學客觀性的首要方法，是實施盲實驗（blind experiments）和量化。「客觀性測驗」（objective tests）透過研究工具來蒐集資料，原則上並不仰賴人類的技巧、覺察、甚或出現。然而，顯而易見地，測驗和問卷無一不由人類所設計，因此，在測驗和問卷中所詢問的問題也會受到研究者偏見之干擾。在藉由有技巧的統計操弄以證明研究者所相信之假設的過程中，無意識的偏見（unconscious bias）實難以從此一假設-演繹探究（hypothetical-deductive inquiry）中消弭無形。

思考質性研究者在實地工作中的立場，困難之一是「客觀性」和「主觀性」二詞已被賦予許多負面的意涵，遭到激烈嚴苛的論辯（如Scriven, 1972b; Borman & Goetz, 1986; Krenz & Sax, 1986; Guba, 1991），以致於客觀性和主觀性二詞均已無法對研究提供有用的指引，甚至已被政

治化。在此一後現代時期（the postmodern age），宣稱研究的「客觀性」會讓自己被視爲可笑地天真無知。絕對客觀和價值中立科學的理想，在實務上幾乎是不可能達成的，也是令人質疑的期望，因爲他們忽略了研究的社會性質和人性目的。另一方面，在大眾心目中「主觀性」仍有著負面意涵，承認自己是主觀的，可能會減損研究者的可靠性，因爲讀者並不熟知現象學的假定和意旨。簡言之，客觀性和主觀性二詞，在方法論的派典論辯中，已成爲意識形態的彈藥，隨時有引爆的危機。因此，作爲一位實用主義者，我的解決方式是避免使用任一字眼，袖手旁觀此類主觀性與客觀性之無益論辯。

最近幾年來，質性研究的發展朝向偏好使用「可信賴度」（trustworthiness）和「真確性」（authenticity）等詞。評鑑研究者則以「平衡」（balance）、「持平性」（fairness）、和「完整性」（completeness）爲目標（Patton, 1997a:282）。第九章將更深入地討論這些名詞，以及它們所指涉的立場。此處，我只是想要提醒注意研究者所採取之立場的策略性質，並提出「同理的中立」以替代客觀和主觀二者。

任何研究策略最終都需要可信性（credibility），以證其有用。不可靠的研究策略對資料進行偏誤的扭曲，以迎合研究者的興趣和成見。質性/自然式探究以及量化/實驗式探究二者，均要求誠實的、有意義的、可信的和實徵上可被支持的研究發現。任何可信的研究策略，均賴研究者對所研究的現象採取中立（neutrality）的立場。這單純意指研究者不設定立場以證明其特別的視角，或不操弄資料以獲致預先假定的事實。中立的研究者進入研究的競技場，不會磨刀霍霍，沒有要去證明的理論（檢驗，但非證明），也沒有要去支持的預先設定的結果。而是，研究者之誓約，乃在於瞭解世界如其所是；當事件自然顯現時，真實地面對其複雜性和多元觀點；以及在驗證和不驗證的證據間作出平衡的報告和結論。

中立並非一易於臻就的立場，所有可靠的研究策略都會包含一些協助研究者覺察且處理選擇性知覺、個人偏見和理論命題的技術。在質性研究中，由於人類即是資料蒐集之研究工具，更端賴研究者謹慎小心地反省、處理和報告其偏見和錯誤的可能來源。本書中所討論的系統性資料蒐集程序、嚴謹的訓練、多元化資料來源、三角檢證（triangulation）、外部評論（external reviews）和其他技術等，均以爲

所研究之現象締造可信的、可信賴的、真確的且平衡的高品質資料為目標。

　　評鑑者和研究者的生計均仰賴其誠實和信用可靠。所以，獨立和中立是很嚴肅的議題。

　　然而，中立並不意指超然獨立。這一點使質性研究可做出特殊的貢獻。質性研究仰賴、應用且促進研究者在世界中的直接經驗，以及對那些經驗的洞察。這須透過同理（empathy）來學習。

同理和洞察

　　獲得「內部理解」（inside understanding）的想法—行動者對情境的界定--是一項強而有力的中心概念，有助於理解質性研究的目的。

　　　　　　　　　　　　-- Thomas A. Schwandt　（2000:102）

　　同理（empathy）係由在實地工作期間與所訪談和所觀察的人們進行個人接觸而發展得來。同理包括能夠考量和瞭解他人的立場、地位、感受、經驗和世界觀。比喻來說，同理就像是「能夠想像蜘蛛的生活，以其寬闊的腹部和精巧的吐絲器維生，所以你會用紙杯將它移至戶外，而不是踩扁它。」（Dunn, 2000:62）。同理將認知的瞭解和情感的連結加以結合，不同於基本上以情緒性為主的「同情」（sympathy）（Wispe, 1986）。

　　同理的價值，乃現象學義理中所強調的「深思博見」（Verstehen），為許多質性研究所依恃。深思博見意指「理解」（understanding），係為人類瞭解世界之意義的一項獨特能力。此一能力對吾人如何探究人類，具有深遠的涵義。深思博見之義理假定，由於人類具有一獨特型態的意識（consciousness），迥異於其他生命形式，因此對人類的研究亦應不同於對其他生命形式和非人類現象的研究。同理的能力，不啻為人類研究人類事務的一項重要資產。深思博見的前提堅信，人類能夠且必須以个同於其他研究客體的方式來被瞭解，因為人類具有目的和情緒，能夠作計畫、建構文化，並擁有可影響行為的價值觀等。人的感受和行為，乃受意識、慎思及思考未來的能力所影響。人類生活在一個對他們具有特殊意義的世界中，而且因為其行為具有意義，「人類的行動是可獲知的，而非人類客體的行動則否」（Strike, 1972:

28）。人文和社會科學所需要的方法，不同於農業實驗和物理科學中所使用的方法，因為人類迥異於植物和原子核粒子，不能相提並論。深思博見傳統所強調的瞭解，乃聚焦於人類行為的意義、社會互動的脈絡情境、對個人經驗之同理的瞭解，以及心理狀態和行為之間的連結；並強調人類具有可透過對人的直接觀察和互動，以產生同理的內省和反思，而明白和瞭解他人的能力。「深思博見因此涵蓋對行動者同理的認同，是一種在心理上重新演出的行動—進入行動者的腦海之中，以瞭解其動機、信念、渴望、思想…等等。」（Schwandt, 2000:192）

Max Weber將「同理」一詞引進社會科學中，藉以強調在一社會文化之脈絡情境中瞭解人們動機和感受的重要性。

深思博見和同理二者，絕大部分仰賴於質性資料。深思博見乃試圖開啟文化的符碼，意即，偵測某一文化用於將行動和思想加以編碼的類別。……在評鑑研究中的同理，乃偵測到方案參與者和工作人員所顯現的情緒，而其達成則有賴評鑑研究者能覺察到自身類似或互補的情緒」（Meyers, 1981: 180）。

質性研究策略為社會科學家們提出了一個主動的、涉入的角色。「所以，洞察可被視為社會知識的核心。它存在於被觀察現象的內部。……它係參與一項活動，由此產生興趣、目的、看法、價值、意義和知識，以及偏見等」（Wirth, 1949: xxii）。這是與古典的、實驗的科學方法截然不同的科學化歷程，但它仍然是實徵性的（empirical，即以資料為基礎的）、科學化的視角。此一質性的視角，「並不認為研究者在蒐集資料時，缺乏使之科學化的能力。相反地，它僅指明對於效度和信度而言，重要的是試圖去描繪實徵的社會世界，如其真實存在一般，而非如研究者所想像的存在。」（Filstead, 1970: 4）因此，此類質性研究取向的重要策略，是參與觀察、深度訪談、詳細描述，以及個案研究等。

深思博見

以下的故事在企管諮詢顧問之間流傳著。一位跨國企業財團的總裁，深夜時分獨自站在一部碎紙機前，試著找出如何啟動它。整棟大樓除了清潔工之外，僻靜無人。有一位清潔工正好經過，總裁攔住他，請他幫忙，並向他解釋這是一件非常重要的事，沒法等到隔天早上。清潔工很高興他可以幫得上忙，啟動了機器，從總裁手中拿起這張紙，放進碎紙機中。就在這時，總裁驚呼：「我只是需要你幫我影印一張而已。」

　　這些質性研究方法可促進同理，並給予研究者在描述他人的觀點時有一個實徵的基礎。第一章引述人本心理學者Clark Moustakas的架構，他描述此一不帶判斷的同理立場為「置身於」另一個人的世界中--藉由深度和專注地傾聽，將自己沈浸於另一個人的世界，以進入其他人的經驗和覺察。

　　我並不做選擇、詮釋、建議或指導….置身於他人的世界中，是讓自己心胸更為開放的方法，就像是初來乍到一般，聽聽看那兒有些什麼，擺脫自己的想法、感受、理論和偏見…..我意圖去瞭解並接納覺察，而不試圖去呈現我自己的觀點或反應….我單純只是希望鼓勵和支持他人去表達：那是什麼？那如何發生？怎麼會這樣？以及那將往何處去？（Moustakas, 1995:82-83）

　　初次看到「同理的中立」一詞，可能會認為這似乎是一個複合性的矛盾對立的概念。然而，同理是指研究者對於所面對之人們所採取的立場--溝通和瞭解、興趣和關心；而中立則是對於他們的想法、情緒和行為所採取的立場--意指不作判斷。中立要求研究者對其他人保持開放且不作判斷，可實際地促進共融關係（rapport），且有助於建立起一種支持同理的關係。共融和同理不能被視為理所當然，如同Radhika Parameswaran（2001）對年輕、中上階層的印度城市婦女閱讀西方愛情小說的實地工作。

　　即使她們最終願意分享其對性別分化的社會壓力感到害怕和抱怨，我仍然揣測：這些年輕的女孩如果面對的是一位西方人，看起來較不會以印度社會對女性行為之文化期待來判斷他們，是否她們會對性議題更為開放？即使我是個局內人，對於那個經常被用於指涉資訊提供者和研究者之間接納和溫暖的關係的名言「共融」，我也不能將之視為理所當然。我所能宣稱的只是一個有瑕疵的共融關係。（Parameswaran, 2001:69）

　　評鑑工作對共融和中立更是一項特殊的挑戰。在實地工作之後，評鑑者可能會被要求對方案作出好壞良窳之判斷，以作為資料詮釋的一部分，並提出建議；但是在實地工作期間，其焦點仍應在於嚴謹的觀察和訪談，以充分瞭解所研究的人們和情境。中立和同理之間的關係，將在資料蒐集和分析二章中作進一步的討論。

動態的、發展性的視角

> *除了改變之外，沒什麼是永遠不變的。（唯一不變的，就是變。）*
>
> *-- Heraclitus （古希臘諺語）*

問卷就像是照片（photograph）。質性研究則像是記錄影片（documentary film）。照片捕捉且凍結時間上的瞬間，就像問卷可記錄受試者當下對調查問題的回答。記錄影片則對發展、移動和改變，提供了流動的情景。

例如，質性評鑑研究者認為方案是動態的（dynamic）和發展的（developing），當工作人員學習到什麼有效和什麼無效時，當當事人進進出出，當方案傳遞的條件有所調整，方案的「處理」也以微妙但重要的方式改變。於是，質性評鑑研究最基本的挑戰，在於描述和瞭解這些動態的方案歷程，及其對參與者所產生的整體影響，始能提供重要資訊，以促進方案的改善。相反地，評鑑研究的實驗設計，典型上將方案視為一固定不變的事物，像是測量農作物所需肥料的數量--一個處理或是一個介入--具有預先設定的、可測量的結果。然而，處理的不一致性、介入的不穩定性、方案的改變、方案歷程的變異性，以及參與者經驗的多樣性等，減弱了實驗設計的邏輯--全都是在真實世界中自然發生的、甚至是無可避免的--令人不禁要質疑：處理或實驗實際上做了什麼。

自然式探究假定了一個不斷改變中的世界。正如古老中國諺語所觀察到的：一個人絕不會重覆踩進相同的河水。改變是人類經驗中自然的、可預期的、且不可避免的一部分。而記錄改變，則是實地工作中自然的、可預期的部分。不試圖去控制、限制、主導改變的方向，自然式探究期待改變，預期一切非預期事件發生的可能性，且準備與改變之潮流並進。

在本章稍早所引述人類學家Williams的評論中，我們可明白如何追隨改變：「我蒐集一些事─殺人（killing）--在這個文化中變動得相當快速。」她的部分研究任務即是在追蹤文化上的改變，如同流行病學家追蹤疾病一般 。以致於閱讀一篇好的質性個案研究，就像是閱讀一篇好故事一般，具有開頭、中段和結語─或者並不必然會有結語。

質性研究的分析策略

獨特的個案導向

「尊重的六扇窗」（Six windows on respect）是哈佛社會學家Sara Lawrence- Lightfoot（2000:13）在她的書《尊重》（*Respect*）中，用來描述六個詳盡的個案研究，每一個個案都佔完整的一章。這些由一位助產士、一位小兒科醫師、一位教師、一位藝術家、一位法學院教授、和一位教牧心理治療師/AIDS帶原者所闡釋的個案，對現代社會中「尊重」的意義和經驗，提供了相當不同的觀點。在她呈現其從這些少數個案所歸納的主題和對照比較之前，在她為他們所代表的六個角度命名之前，Lawrence- Lightfoot先建構出這些獨特的個案，以訴說其不同的故事。她的首要任務，是運用「人像描繪的藝術和科學」（Lawrence- Lightfoot & Davis, 1997）。從這些各自獨立的人物圖像中，她拼湊了一個有瑕疵的馬賽克，以描繪和闡明「尊重」之意涵。

我曾經對一個已有二十年歷史的全國性獎學金授予方案進行評鑑研究。工作人員曾對超過600位得獎人實施問卷調查，想知道他們對一些議題的意見，但工作人員還想獲得更深入、豐富和詳盡的資料，以真正瞭解獎學金運用的型態及其影響。於是，我們研究團隊共進行了40次深度的、面對面的訪談，撰寫個案研究報告。透過歸納分析，我們接著界定不同的授予程序及其影響，並建立了一個架構來闡明獲獎當時的職位、授予程序和影響之間的關係。研究的重心仍是這40個個案。如果僅是閱讀該架構分析而沒有詳讀個案研究，可能就會失去質性研究和評鑑的豐富性、深度、意義和貢獻。這是質性研究所謂的「獨特個案導向」（unique case orientation）。

當方案本身相當個別化，在方案評鑑中運用個案研究，特別具有價值。使得研究者能專注於掌握參與者間的個別差異、方案的多樣化經驗、或從一項方案場域到另一項方案場域的獨特變異性。如前所述，個案可以是一個人（a person）、一個事件（an event）、一項方案（a program）、一個組織機構（an organization）、一段時間（a time period）、一件關鍵事例（a critical incident），或一個社區（a community）等。無論分析的單元為何，質性個案研究均致力於深度地、詳盡地、脈絡連貫地且完形全面地來描述該單元。

歸納分析與創造性合成

　　Benjamin Whorf提出有名的「Whorf假設」（Whorf hypothesis）--主張塑造我們環境經驗的語言，以及塑造知覺和行動的文字，具有語言學上的相互關連（Schultz, 1991）--提供歸納分析的指導性實例。Whorf 是一位保險研究人員，被指派去瞭解一件倉庫的爆炸案。他發現貨車司機在進入「空的」倉庫時，會抽著香菸或雪茄，因此倉庫中充滿了看不見卻高度易燃的氣體。他訪談那些貨車司機，發現他們將「空的」倉庫聯想成「無害的」，也跟著那樣行動。從這些具體的觀察和發現，他歸納提出他對於語言和知覺的一般性理論（general theory about language and perception），對半世紀以來的傳播學者影響甚鉅（Lee, 1996）。

　　質性研究特別以探索（exploration）、發現（discovery）和歸納邏輯（inductive logic）為導向。歸納分析（inductive analysis）開始於特定的觀察，並建立一般性組型。當研究者試圖瞭解研究現象中所存在的組型（patterns），分析的類別（categories）或面向（dimensions）也從開放式觀察中逐漸顯現。

　　歸納分析與實驗設計之假設演繹法（hypothetical-deductive approach）的不同，在於後者需要在開始蒐集資料之前，即明確界定主要研究變項，陳述特定的研究假設。以一個明顯的理論架構為基礎所提出的研究假設，意指該架構對於瞭解特定的觀察或個案，提供了一般性構念（general constructs）。於是，研究者必須事先決定什麼變項是重要的，以及變項間的什麼關係可被預測。

　　歸納設計的策略，允許重要的分析面向可以從研究個案所發現的組型中顯現出來，而不預先假設什麼是重要的面向。質性分析者試圖瞭解從資料所顯現的面向之間的多元交互關係（multiple interrelationships），而不對狹隘定義的操作性變項間之線性或因果關係作出特定的假設。例如，方案評鑑的歸納法，意指從直接觀察方案中的活動、訪談參與者等，瞭解逐漸顯現的「介入」之性質。一般而言，對於在場域中發生什麼的理論，係紮根於直接的實地經驗，且逐漸在實地經驗中顯現出來；

而不是如同正式的假設和理論考驗，理論在先前即加諸於研究之上。

第一章中所提出的封閉式問卷和開放式訪談的對比，簡單地說明了演繹法和歸納法的差異。一份結構完整的、具有多重選項的問卷，須要以演繹法來分析，因為問卷中的題項均是以某些理論或準則為基礎而預先設定好的。相對來說，一份開放式的訪談，則允許受訪者可以去描述什麼是有意義的、什麼是重要的，而不會將這些經驗鴿子籠化（pigeonholed）成為標準化的類別。

在實務上，這些方法經常是相結合的。某些評鑑或研究問題被以演繹的方式來設定；然而其他的問題則得以充分地開放，以允許奠基於直接觀察的歸納分析。雖然量化-實驗取向大多是假設-演繹的，而質性-自然取向則大多是歸納的，一項研究實則可能同時包括兩項策略的元素。事實上，在經過一段時間的探究之後，研究經常會從歸納法--以找出重要的問題和變項（探索性研究）--演變成為以驗證或類推探索性發現為目的的演繹式假設考驗或結果測量；然後再回到歸納分析，以尋找對立假設和非預期或非測量的因素。

質性比較分析

研究者可以藉由比較分析來加深對於獨特的個案的瞭解。事實上，持續比較分析（constant comparative analysis）是質性研究主要學派之一紮根理論的核心分析策略（詳見第三章和第八章的討論）。對於闡述接受評鑑之方案間的差異而言，比較也是相當重要的。事實上，Michael Scriven（1993）的評鑑理論在其方案評鑑的課程中主張，「未經比較的評鑑，在相較之下是毫無用處的。」（p.58）

Leonardo da Vinci 對於顏色對比的洞察，為質性比較分析提供了一個隱喻：「為了獲得最完美的色彩，我們必須將一個顏色直接放在其對比色之旁，使黑與白相鄰，黃與藍相鄰，綠與紅相鄰」（引自Boring, 1942）

　　歸納分析的精確性質，部分取決於分析的目的，以及研究個案的數量和類型。研究須蒐集數個可以比較和對照的個案，歸納分析則從建構個別性個案出發，而不是鴿子籠化或分類這些個案。也就是說，歸納分析的首要工作，在於分別寫下每一個個案的資料，之後，才開始進行跨個案分析（cross-case analysis），以尋找貫串個別經驗的組型（patterns）和主題（themes）。在將個案加以組合或進行主題式的聚合之前，初步的分析焦點乃在於對個別個案的充分瞭解。這有助於確保逐漸顯明的類別和被發現的組型，係縈根於（grounded in）特定的個案及其背景脈絡中（Glaser & Strauss, 1967）。

　　就像許多作家會進行不同的創造性歷程，質性分析也有許多不同的作法。雖然，目前已有電腦程式軟體可快速處理大量的敘事資料，對內容分析的步驟和歷程提供實質的指導；但是真正要理解多份訪談逐字稿和厚厚一疊實地札記的意義，仍不可能縮減成為一個公式，或甚至一系列的標準步驟。並沒有統計上的因素分數，可告知分析者結果在什麼時候是重要的，或是哪一段引述符合相同的主題。找出一個方式以創造性地合成（creatively synthesize）及呈現研究發現，是質性分析的一項挑戰。本書第三篇將深入探討此一挑戰。此刻，我先以我訪談人類學家Williams的另一段摘錄，呈現此一挑戰的氣味。這兒，她描述了她自己獨特的分析歷程。

　　我現在的研究計畫是繼續探究我已經做過的研究，瞭解類別、分類方式及其應用。如我所說的，我現在研究的焦點在於殺人，和殺人的想望，以及人們所建立和殺人有關的類別。部分聚焦於死刑，但主要仍是殺人。我想知道的是，不同類別的殺人和殺人想望之間的連結。那是我的研究重心。

　　我蒐集像是「連續殺人犯」或「死刑犯」的類別。不斷地將人們轉化為行動，再將行動轉化為人們，是忠誠、誓約、憎恨等得以產生的方式。所以，我是個分類員，我研究分類方式（classification）--分類的理論。許多類別所處理的是非常抽象的事，其他則必須處理非常具體的事，像膚色等。然而最終，對殺人的分類方式是我現在研究的焦點。例如，我最近一直在問自己：「我們分類殺人的方式，是否有根本上的不同？」思考有多少百分比的人會被分類為「該死」（death worthy）--這是我們用以證立死刑的分類方式之一。

當我書寫時，我在錄音帶和訪談之間來來回回，我並不覺得我必須遵循某種固定的綱要，或者必須以特定的方式來編碼。有時候我聆聽著錄音帶，我會開始去想我應該重寫這部分，因為我竟然完全忘記這卷錄音帶。這訪談完成於98年初或97年底，也許我有很長一段時間沒有去聽這卷錄音帶或去看逐字稿了，而我已經寫完了一些章節。我將錄音帶從書架上取下來，開始聆聽。我回顧逐字稿，開始重寫那一章。我聽從錄音帶的要求，開始修正我的寫作。

當Williams描述她的分析和寫作歷程，她也讓我們領悟到質性研究者所常說的：他們是「致力於真正面對資料」（working to be true to the data），或是他們的分析歷程是「受資料驅使的」（data driven）；而Williams則說，「我聽從錄音帶的要求，開始修正我的寫作。」經常會聽到質性研究者說起，當他們撰寫結論時，他們會不斷回顧個案，重讀實地札記，或重聽訪談錄音。歸納分析即是建立在特定具體且詳盡的觀察、引述、文件和個案的堅實基礎之上。當主題結構和重要概念在分析中逐漸顯現出來，質性研究者也會持續回顧其實地工作觀察和訪談逐字稿，由下往上，奠基於個案書寫的基礎上，並依此檢驗逐漸顯明的主題和構念，使其能闡釋個案之描述。這就是歸納分析。

完形視角

全景攝影（holography）是一種照相技術，被一個物體所分散的光波，被捕捉爲一個整體的組型。而全景攝影紀錄--全景圖（hologram）--則是以雷射光所呈現的三向度立體影像。此一全景圖即重新建構了全部的影像。這已經成爲用來思考部分與整體關係的隱喻。在一個生態系統（ecological systems）中，植物群和動物群以及物理環境的相互依存關係，爲完形地思考和分析提供了另一個隱喻。

研究者在分析質性資料時，係致力於瞭解現象或方案的全貌。這意味著，對於個人之社會環境和組織之外部情境的描述和詮釋，對於實地工作中所觀察和所訪談的資料獲致整體性地瞭解，是相當必要的。此一完形取向（holistic approach）假定整體（the whole）需被瞭解爲一個複雜的體系，且整體大於部分的總和。研究者致力於探求每一特殊場域的全貌或統一性--即格式塔（the gestalt）。心理治療師Fritz Perls（1973）將格式塔一詞等同於心理學中的完形視角。他譬喻三根竹筷子就只是三根竹筷子，除非有人將它們放在一起形成一個三角形的空間。於是，它們就不再是三根竹筷子放在一起而已，它們形成了一個新的整體。

格式塔可能是一個可觸知的實體，如三角形，也可能是一種情境。像是兩個人的聚會，他們的會談、以及他們的離別，均構成一個完整的情境。如果兩人會談之中受到干擾阻斷，則將是一個不完整的格式塔。（Brown, 1996:36）

在質性資料分析中尋找格式塔單元和完形瞭解的策略，相較於傳統研究分析的邏輯和程序-「讓我們將之區分開來，看看它能做什麼」-截然不同。量化-實驗的研究取向，有賴於對自變項和依變項加以操作，以探討其統計上的共變關係。結果也必須作爲特定變項，加以明確界定和測量。處遇和方案也必須被概念化爲分離的、獨立的自變項，方案參與者的特徵則以標準化、量化的向度來加以描述。有時候，研究者有興趣加以探究的變項，係來自於方案的目標，例如，學生的成就測驗分數、犯罪少年的再犯率統計，或是藥物依賴處遇方案中參與者的清醒率等。另些時候，測量變項是一較大構念的指標，例如社區生活狀態的良窳可用一些特定的指標來加以測量，如少年犯罪率、胎兒死亡率、離婚率、失

業率、自殺率和貧窮指數等（Brock et al.,1985）。這些變項在統計上被當作線性關係來操弄或聚合，以考驗假設，並推論這些分離指標間關係，或不同團體之間有關變項的差異顯著性。此類研究取向的主要邏輯是：（1）方案的成果和歷程，可以分離的自變項來表徵，（2）這些變項可以被量化，（3）這些變項間的關係最好以統計來描繪。

遺傳學上的完形理解

　　諾貝爾獎得主、遺傳學家Barbara McClintock的工作，可以用來闡述完形式的探究。她致力於瞭解基因與其他細胞間的關係，在整個有機體之內的組織和作用。

　　　她尋找一種整體感。她並不將例外案例視為與一般化理論毫不相干，而是聚焦於個別植物的不規則染色組合。她揚棄由假設來推斷可能結果或形成待答問題—如同許多控制式的實驗那樣，她感覺到需要「讓實驗來告訴你它想要做什麼」，而且「傾聽素材的聲音」。

　　　她追蹤每一株籽苗，記錄其在田野中的生活．．．有時候，她全神貫注於透過顯微鏡來檢視玉米粒的單一細胞，她感覺到就像是她也在顯微鏡下與細胞同在，與染色體同一尺寸，可以看清楚它們之間是如何互動著。依此方式，她發展出「成為有機體之感受」。

　　　她的獨特理解帶領她質疑Waston 和Crick的基因理論：DNA承載著細胞的重要資訊，複製到RNA，表現出基因特質。她認為此一「主導分子理論」宣稱要解釋的太多，但並未能識別小型簡單有機體和大型複雜多細胞體之間的差異。更重要的是，它將DNA視為是核心且獨立自主的行動者，透過基因組織的階層結構，以單向方式送出訊息。McClintock的研究顯示，基因組織更為複雜且彼此相互依存。DNA本身需適應外在因素，且可經由環境訊號來重新組成，以符應有機體的生存需求。本質上，訊息是以雙向度流動著。（Schmidt, 1993:528）

質性-自然式研究者對此類邏輯的主要批評，乃量化研究取向（1）過度簡化了真實世界中方案和參與者經驗的複雜性，（2）忽視不易量化的重要因素，（3）無法整體地描繪方案及其影響的全貌。為了支持完形分析，質性研究者蒐集有關研究場域之多元面向的資料，以匯聚成一綜合性且完整的圖像，瞭解關於特殊情境的社會動力歷程。這意指，在資料蒐集的同時，每一項所研究的個案、事件或場域，均被視為一個獨特的實體，具有其特殊的意義，以及與其所存在之背景脈絡相關連的關係網絡圖，是洞見整體的一扇窗。因此，捕捉和記錄歷史、相互關連性和系統關係，即是實地工作的一部分。

使用量化的變項和指標的優點，在於資料分析的簡約性（parsimony）、精密性（precision）和容易度（ease）。一旦主要元素在合於信度、效度的原則下可以被量化，且符合必要的統計假定（如，線性、常態，以及測量的獨立性），其做出的統計描繪即可是相當有力且簡潔。

對全面性的場域進行質性描繪的優點，在於其更為關注歷程中的細微變化（nuance）、場域（setting）、相互依存性（interdependencies）、複雜性（complexities）、個殊性（idiosyncrasies），和背景脈絡（context）等。杜威（John Dewey, 1956）主張若是要對兒童的世界有所洞察和理解，則應採取完形取向來進行教學和研究。

兒童的生活是統整的、全部的生活。他很快地會從一個話題轉換到另一個話題，迅速地從一個地點移動到另外一個地點，但並沒有特別想要去轉換的意識。他不會有意識地孤離，也甚少作有意識的區分。盤踞在他心中的是他個人興趣和社會興趣的整體，是他生活的全部……（他的）宇宙是流動的，是暢快的，但其內涵則非常迅速地消散或變形。畢竟，這是兒童自己的世界，有其自己生活的統一性和完整性。（pp. 5-6）

質性社會學家Irwin Deutscher（1970）說道，社會科學家多將研究重點置於部分，幾乎完全將整體排除在外，無視於我們人類經驗的全部面向：

我們知道，人類行為很少直接受到某一孤立變項的影響，或可由單一孤立的變項來解釋；我們不可能假定任何此類變項是可加的（無論是否加權）；我們知道，在任何一組變項之間進行有關其交互作用的複雜算術，是

我們所無法瞭解的。事實上，雖然我們知道它們並不存在，我們卻仍要界定它們存在。（p. 33）

雖然大部分人會將此一對變項分析的嚴峻批評視為太過極端，但許多方案工作人員對科學化研究的反應，確如哥白尼對他那時代天文學家的反應一般：「對他們來說，就像一位藝術家要從不同模特兒身上聚集手、腳、頭和其他肢體，來描繪形象。每一部分都畫得極為傳神，卻與單一的身體沒有關聯，而且由於它們彼此無法配合，其畫作的結果，將是怪獸而非人類。」（摘自Kuhn, 1970: 83）有多少方案工作人員抱怨過這隻研究怪獸呢？

進行完形的分析並不是一件容易的事。主要的挑戰是「尋找所觀察之生活的本質，企圖總結，並發現一項核心的統一性原則」（Bruyn, 1966: 316）。Shapiro（1973）對一項創新的「跟進」（Follow Through）教室所進行的評鑑研究，即相當具有教育性。她發現標準化測驗的結果，在不瞭解個別兒童所處的較大文化和機構情境的情況下，是無法加以詮釋說明的。認真地看待背景脈絡，乃完形分析的重要元素。

我從一位葡萄牙籍同事那兒獲得了一個完形思考的好例子。他說有一回他開車行駛在他國家的一個偏僻村落，正好遇到一大群綿羊，被牧羊人驅趕著沿路蹣跚前行。想到在這群羊群轉到別的岔路之前，他必然動彈不得，於是他走出車子和牧羊人聊了起來。

「你有多少隻綿羊呢？」他問道。

「不知道」，年輕的牧羊人回答。

他對牧羊人的答案很是驚訝，就又問道：「如果你不知道你有多少隻羊，你如何追蹤這批羊群呢？萬一有一隻走丟了，你怎麼知道？」

牧羊人似乎對這個問題感到困惑。然後他解釋道：「我不必去數牠們有幾隻，我知道每一隻羊。我知道這整群羊，而且只要牠們不是完整的一群，我一定會知道。」

完形視角

背景脈絡的敏覺力

我們現在要從羊，談到大象。一個用來闡釋部分和整體之關係的經典故事，是九個瞎子和大象。由於每一個瞎子都只能碰觸大象身體的一部份，他也只知道這部分而已。摸到大象耳朵的瞎子，就想像大象應該像一個大型、扁薄的電扇。摸到尾巴的瞎子，想的是大象像是一條水管。摸到鼻子的瞎子，認為大象就像是一條蛇。象的四隻腳像是樹幹，象的側身像是一堵大牆。完形的觀點是研究者必須將所有的這些視角全部兜攏在一起，才能獲得一個大象的全貌。

然而，如果一個人看到大象的所在，是在動物園中或是在馬戲團裡，此一圖像仍然是有限的，甚至是扭曲的。瞭解大象--牠如何發展、如何運用牠的象鼻子、為什麼鼻子會那麼大--一個人必須在非洲大草原上或在亞洲的叢林裡去觀察大象。簡而言之，一個人必須在其背景脈絡（in context）中去看牠，在其生長的生態體系（as part of ecological system）中去看牠，瞭解其在自然環境中與其他動物群和植物群之間的關係。

當我們向某人說：「你將我的說法斷章取義（You've taken my

comment out of context）」說的是你排除了背景脈絡來曲解我所說的話，由於忽略了最關鍵的背景脈絡，意義就改變了。

在Victor Hugo的偉大經典戲碼《孤雛淚》（Les Miserables）中，我們先是看到Jean Valjean是一個偷竊累犯，然後，我們瞭解到他最初只因偷了一條麵包去給他姊姊飢餓的孩子，就被判刑五年。這個對其「犯罪」的背景脈絡補述，改變了我們的瞭解。這個刑事司法體系的標準化量刑規則即受到質疑，我們可能會爭論法官在量刑時該如何將背景脈絡和其個人情況納入考量。

自然式探究保有自然的背景脈絡。社會心理學在實驗室中進行實驗，使得所觀察的行動缺乏背景脈絡。然而，這是實驗室實驗研究的重點--產生不受背景脈絡影響的研究發現。研究發現應跨越時間和空間的科學理想，是找出不依賴背景脈絡的原則。相對而言，質性研究則將背景脈絡視為促進瞭解的重要關鍵。人像藝術家Sara Lawrence-Lightfoot（1997）解釋為什麼她認為背景脈絡對於「記錄人類經驗和組織文化，是相當重要的」：

背景脈絡一詞，我指的是場域--物理的、地理的、時序上的、歷史文化的、美學的一行動發生於其間。背景脈絡成為架構、參考點、地圖、生態範疇，用於將人們和其行動置入時間和空間，可作為瞭解人類所言和所行的資源。背景脈絡具有豐富的線索，可藉以詮釋行動者在場域中的經驗。我們可能不知如何描繪或理解一項行動、一個手勢、一段會談、或一聲嘆息，除非我們看到了它們所產出的背景脈絡（p.41）。

語式和視角：反思

學校成就研究之摘要

本研究將指陳影響學校成就的主要因素。工具的選擇係基於效度和信度的準則，用以評量成就。有關實施測驗及施測者的決定，係將時間和資源的限制納入考量。一個迴歸模式被建構來考驗不同背景變項和成就間的關係。學校的紀錄被加以檢視，並加以編碼，以探查學生的背景特性。資料的取得，係來自於4個班級的120位學生。抽取出顯著的預測變項，是本研究最後分析的目的。與教師和校長所進行的訪談，是為了推斷出測驗分數如何加以運用。分析結果係以研究者的詮釋來做成結論。研究者要感謝所有協助完成這項研究的人。

This study will delineate the major factors that affect school achievement. Instruments were selected to measure achievement based on validity and reliability criteria. Decisions were made about administering the tests in conjunction with administrators taking into account time and resource constraints. A regression model was constructed to test relationships between various background variables and demonstrated achievement. School records were reviewed and coded to ascertain students' background characteristics. Data were obtained on 120 students from four classrooms. The extraction of significant predictor variables is the purpose of the final analysis. Interviews were conducted with teachers and principals to determine how test scores were used. The analysis concludes with the researcher's interpretations. The researcher wishes to thank those who cooperated in this study.

這份期刊論文摘要具現了學術書寫風格，我在念研究所時即被教導應該要如此書寫論文。迄今，此一書寫風格仍然在學術期刊和書籍中屢見不鮮。在此一充斥著被動語式（passive voice）的書寫中，看不見任何人類。研究工具是被選擇的，設計是被做出來的，模式是被建構的，紀錄被檢視和編碼。最後則由「研究者」的角色提出致謝。此種第三人稱、被動語式傳達了一項訊息：這項研究工作是關於程序，而非關人們。此種學術風格意圖表現一種客觀、控制和權威感，整體印象是機械式的、像機器人般、保持距離、超然獨立、有系統且井然有序。研究是注意的焦點。任何真實的、活生生的人、具有所有人類常見弱點的人，通常被偽裝且隱身於背景之中。

與此一學術語式相對的，是我分析我與兒子在大峽谷共度的十天成年禮經驗（我在第一章的表例1.3呈現對於該經驗的部分分析）。以下節錄於我描述這項分析的過程：

我不確定這個想法是何時出現在我腦海，我想透過描述不同的成年禮派典，可能有助於闡釋我們在大峽谷的經驗。在正式將相對照的派典概念化之前，我經驗到衝突感，它來自於我掙扎著想要釐清我究竟想要我兒子做些什麼，以及界定我在這個歷程中要扮演什麼角色。多個不同派典的想法，在我來到大峽谷的第二個晚上逐漸浮現出來，不時思量著「巨大不整合」（Great Unconformity）（一個地質學上的名詞）的隱喻，表徵部落主導取向和當代青年成年禮之間的鴻溝。在我們大峽谷經驗的數月之後，遠超過我原本所預期的逐漸淡忘，相對照的派典一直流存在我腦中，如同大峽谷的經驗一般。我開始列表呈現主題，將這一路上所發生的事件和轉折點歸諸於各項

主題之下。事件的時間序成就了這本書，相對照的主題成為最後這一章的基礎，以用來說明一個最初始的行動如何演變成一個以人為本的成年禮慶典。（Patton, 1999a:332）

　　傳統學術語式（academic voice）和質性分析的個人語式（personal voice）之間的對照，讓我想起哲學家和理論學家Martine Buber（1923）對於「我-它」（I-It）及「我-你」（I-Thou）關係的有力區分。「我-它」關係乃從權威者所立足的較遠距離、較優越位置，來看待其他人類，將之視為「客體」或「研究對象」，是在環境中要被檢視的東西，並被放在一個抽象的因果鏈中來加以檢視。而相反地，「我-你」的視角（perspective）體認到自我和他人的人性，且涉及關係、互惠、和真正的對話。

　　研究者帶入質性研究的視角，亦是研究發現的背景脈絡之一。人類即質性研究的工具。一個真實的、活生生的人要去觀察、撰寫實地札記、詢問訪談問題、而且詮釋受訪者的回應。自我覺察（self-awareness）是實地工作和分析的重要資產，發展出適切的自我覺察，是「磨利研究工具」的方式之一（Brown, 1996:42）。質性研究論文的研究方法一章，須報告研究者的訓練、準備情形、實地工作程序、以及分析歷程。這是質性方法的長處，也是弱點：長處是一位訓練有素且機敏的觀察者，會增加研究的價值和可信性；然而，一位缺乏訓練、毫無經驗且未能敏銳覺察的觀察者，會使得其研究結果更加令人質疑。對於研究發現之意義的判斷，無可避免地與研究者的可信性、職能、透徹思考和誠實等息息相關。由於體認到在某種程度上，任何判斷均依賴於個人化的視角，它們會引發進一步的回應和對話，而非僅止於接納或拒絕。

　　反思（reflexivity）在質性研究詞彙中，即在於強調自我覺察、政治／文化意識和擁有個人視角的重要性。

　　過去15年來學者對於質性研究的興趣遽增，但甚少如「反思」一詞獲得如此廣泛的共識。大多數學者認為，反思是一項解構的練習，以定位出作者、他人、文本和世界之間的相互關連性，而且也貫串了這個表徵性練習的本身。（MacBeth, 2001:35）

　　反思涉及自我質問（self-questioning）和自我瞭解（self-understanding），而「所有的瞭解都是自我瞭解」（Schwandt, 1997a:

xvi）。爲了反思，研究者須持續不斷檢視我知道什麼（what I know）和我如何知道（how I know），「在自發地活在當下之時，能持續地與經驗交談」（Hertz, 1997:viii）。反思提醒質性研究者要有意識地注意到自身的視角和語式，以及受訪者和讀者的視角和語式，探查其所根源的文化、政治、社會、語言學、和意識型態等。表例2.2描繪此一反思性三角檢證（reflexive triangulation）。

以第一人稱、主動語式來書寫，傳達研究者在研究中的自我覺察之角色：「我開始列表呈現主題，將這一路上所發生的事件和轉折點歸諸於各項主題之下。」而被動語式則否。Judith Brown（1996）在其專書《我在科學中：主體性研究中的應用》（*The I in Science: Training to Utilize Subjectivity in Research*）說明第一人稱語式的重要性。藉由「主體性」一詞，她意指「經驗的自我知識之範疇」（p.1）。語式透漏且傳達此一範疇。

然而，語式不僅止於文法。一個可靠的、信實的、真確的和值得信賴的語式，能透過豐富的描述、深思熟慮的呈現文序、適切地運用引述和背景脈絡的釐清等，使讀者全神貫注其間，和研究者一同探尋其間的意義。以下提供幾種語式的選擇：教師的教誨語式（didactic voice）；偵探的搜尋、邏輯語式（logical voice）；故事敘說者的敘事語式（narrative voice）；自傳者的個人化語式（personal voice）；懷疑論者的質疑語式（doubting voice）；局內人語式（insider's voice）的親密性；局外人語式（outsider's voice）的超然疏離；不確定的探尋語式（searching voice）；發現的興奮語式（excited voice）。正如觀點和語式已成爲書寫好小說和非文學的重點，如Nancy Mairs（1997）在其著作《語式的功課：成爲一位（女性）作者》（*Voice Lessons: On Becoming a（Woman）Writer*）中所言，質性分析者也必須要學習、運用且傳達其視角和語式。在批判性和創造性分析之間、描述和詮釋之間、直接引述和一覽表之間取得平衡，涉及到視角、讀者、目的和語式等議題。並無任何規則或公式可用以教導質性研究者什麼樣的平衡才是正確的、要運用哪一種語式，找出平衡和語式即是質性研究的工作與挑戰，這是Lewis（2001）所體認到的「試圖在敘事研究中安放『我』的位置是相當困難的」（p.109）。

表例 2.2　反思性問題：三角檢證的探究

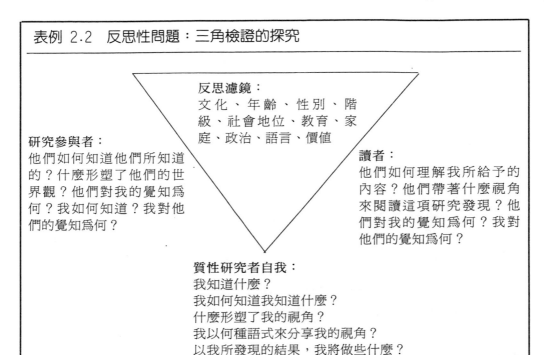

反思濾鏡：
文化、年齡、性別、階
級、社會地位、教育、家
庭、政治、語言、價值

研究參與者：
他們如何知道他們所知道
的？什麼形塑了他們的世
界觀？他們對我的覺知為
何？我如何知道？我對他
們的覺知為何？

讀者：
他們如何理解我所給予的
內容？他們帶著什麼視角
來閱讀這項研究發現？他
們對我的覺知為何？我對
他們的覺知為何？

質性研究者自我：
我知道什麼？
我如何知道我知道什麼？
什麼形塑了我的視角？
我以何種語式來分享我的視角？
以我所發現的結果，我將做些什麼？

　　在尋找語式之外，質性分析在批判性和創造性的書寫上的挑戰，
包括研究者須挑戰自身的語式和視角。此處，我們要感謝女性主義理論
強化且深化我們對於語言、語式和意識之間錯綜複雜關係的理解（如
Gilligan, 1982; Minnich, 1990）。後現代主義對於知識的批判，也挑戰著我
們，當我們「將懷疑視為後現代主義對於所有說明自我的行動的典型回
應」（Schwandt, 1989, 2000）的同時，也必須明白我們對於所提出的見解
具有主權，要能自我省察、體認到偏見和限制，且能欣賞且尊重多元的
視角（Greene, 1998a; 1998b; Mabry, 1997）。一旦體認到任何評價性判斷無
可避免具有政治和道德性質，接下來的挑戰是要連結語式和視角以力行
實踐（praxis）--以欣賞和認知到行動所底涵的社會、政治和道德價值來
據以在世界中行動（Schwandt, 1989, 2000），以及個別化評鑑（Kushner,
2000），二者均藉由擁有自身視角並為此視角負責，來真確地傳達出研
究過程中參與者的視角。這些具現了較為顯著的背景脈絡勢力，增強了
在質性研究與分析中擁有語式和視角的重要性。
　　報告一項具有統計上顯著性且可複製和驗證的t考驗結果，並不需要
研究者的自我覺察或自信心。但研究者確實需要自我覺察和信心來做如

下的報告：我將這40份訪談資料加以編碼，我發現了一些主題…，我認為它們的意義是…，我所採取的分析程序是…。後者的描述即是以研究者為主體的語式和視角。

從策略上的理想到實務上的選擇

本章所探討的十二項質性研究的主題，均是策略上的理想（strategic ideals）：透過自然式探究進行真實世界的觀察；透過逐漸顯明的設計，保持開放性、回應性、及彈性；透過立意取樣來聚焦；透過質性資料的蒐集，增進豐富性和深度；透過個人經驗和涉入，運用所有個人感官能力；透過同理的中立維持批判性和創造性的平衡；敏銳覺察到動力歷程和體系；透過獨特個案導向以彰顯個殊性；透過歸納分析、背景脈絡敏覺力及完形視角，促成洞察和理解；以及透過聲音和視角的呈現，達成真確性和可信賴度。質性研究並無絕對的和普遍性的特徵，僅有策略上的理想，以提供發展特定設計和具體的資料蒐集作法時，可遵循的指導和架構。

理想上，純粹的質性研究策略，包括本章所述之所有主題和面向。例如，在一項理想的自然／歸納研究中，研究者既不操弄研究場域，也不預先決定測量哪些變項或類別。然而，實務上，研究者宜體認到實際進行完形-歸納分析和實施自然研究，始終是一「程度上的問題」。為支持此一看法，Guba（1978）將自然研究之實務描述為一股浪潮，研究者從不同程度之「發現模式」（discovery mode），向不同重點之「驗證模式」（verification mode）移動，以試圖瞭解這個真實世界。當展開實地工作之時，研究者對任何從資料中所顯現之事項，保持開放，此乃一發現或歸納的取向；然後，當研究顯露了研究者感興趣的組型和主要面向時，研究者將會開始將焦點集中於辯證和闡明所顯現的事項--一個較為演繹取向的資料蒐集和分析。

質性方法既可被用來發現（discover）正在發生之事，亦可被用來驗證（verify）已經發現之事。本質上，藉由回到所研究的真實世界，並檢驗所顯現的分析是否符合（fit）現象，並能有效（work）解釋所被觀察到的事項，我們得以驗證我們所發現到的。Glaser 和Strauss（1967）在其紮

根理論的經典著作中，描述研究結果符合和有效所指涉的意涵：「藉著『符合』，我們意指類別必須易於（而非勉強地）應用於資料，且被資料所指述；藉著『有效』，我們意指它們必須與所研究之行為具有意義的關聯，且能夠解釋所研究的行為。」（p.3） 發現和驗證，意指在歸納和演繹之間，在經驗與反思經驗之間，及在較大或較小程度的自然研究之間，來回移動。

在方案評鑑研究歷程中，研究者可能透過參與者和工作人員的回饋，開始對方案產生相當直接且有意圖的影響（如，有助於改善方案），以致於逐漸遠離純粹的自然取向。當評鑑回饋被使用於改善方案時，研究者亦可回到一個較為自然取向的立場，以觀察此類回饋如何在方案開展的歷程中喚起改變。

同樣地，試圖將一項方案或處遇作為一個整體來加以瞭解，並非意謂著研究者不能進行其內涵元素的分析，或省視其特殊的變項、面向及研究現象的部分。而是，它意指質性研究者須有意識地在部分和整體之間、在分離的變項和複雜交織的變項網絡之間，來來回回地工作，這是一個將之分類、再加以統合的歷程。雖然質性策略強調描繪出方案之完形面貌的重要性，但質性研究者亦已體認到在實地工作的特定階段，工作重點可能會聚焦於內涵元素、變項和部分的分析。

實地工作在實務運用上，亦顯示「接近」所研究之人們和場域的策略指令，並不是絕對且固定不變的。接近且投入於所要研究的人們之中，宜被視為一可變動的面向。因為研究者的個人風格和能力，使得這些面向上的變異成為必然的結果。方案型態和評鑑或研究目的上的差異，亦影響了評鑑研究者能夠或必須接近方案工作人員和參與者的程度；甚且，接近程度也很可能隨整個研究過程之變化而改變。有時候，研究者可能會非常投入於方案的經驗之中，一段時間之後則會退出來且與之保持距離（因為個人和方法論上的理由），隨後則又關注投入於方案的嶄新和直接經驗。

沒有必要做一位質性方法之純粹主義者。質性資料可結合量化資料，來加以蒐集和運用。今日的研究者必須要瞭然於胸的是，使研究方法適合特殊之研究問題，以及特定參與者的個別化需求。如此則研究者需要廣泛可用的研究方法和技術，以運用於處理多樣化的研究問題。所以今日的研究者可能被要求運用任何或所有社會科學研究方法，包括量化資料的分析、問卷、次級資料分析、成本-效益分析、標準化測驗、

實驗設計、非干擾性測量、參與觀察，以及深度訪談等。研究者宜與研究結果之預期使用者共同合作，在有限的資源和時間限制之下，設計出一項能涵括任何有助於闡明重要研究問題的研究。此一研究設計，即是有關聯的、有意義的、可瞭解的，且能產生有效、可信賴之有用結果的研究設計。在許多情況下，多樣化的資料蒐集技術和設計方法，可能被統合運用於一項研究中。多元化的方法和多樣化的資料類型，均能促進方法論上的嚴謹性。研究設計的理想，即在於方法論的適切性（methodological appropriateness）、設計的彈性（design flexibility），以及對情境的回應性（situational responsiveness）--並不絕對忠貞於一些派典純粹論的理想標準和方法論上的正統。

相抗衡的研究派典之外

我們已在本章中討論了質性研究策略上的理念，以及實際執行上會有的變異情形，在結束本章之前，我想要對質性方法常見的一些爭議提出看法。由於某些博士學位論文審查委員，將博士層級的研究工作界定為嚴格的假設考驗，使得試圖從事質性研究論文的學生常會受到阻撓，或必須在哲學上或方法論上為其使用質性研究辯護。評鑑研究者也常會遭遇到一些將質性資料視為僅是軼事記錄的政策制訂者和資金提供者。對統計成癮者常戲謔地將質性資料稱為「軟性」資料（在西方社會中，任何事都可以被性別化，「硬性」資料和「軟性」資料之間的區分，有其微妙的意義和譏諷）。這樣的遭遇是衍生自長期存在的方法論戰爭。雖然，已有許多學者宣布此一戰爭或論辯已經結束了（參見Cook, 1995; Greene, 1998a: 36; Patton, 1997a: 290-95），但並不是每個人都在方法論上採取豁達和容忍的立場，亦即認為方法論正統性、優越性、和純粹性都應讓位給方法論的適切性、實用主義，和相互尊重。所以，對方法論派典論辯（methodological paradigms debate）的簡要回顧仍是必要的。

科學哲學家和方法論學者對於「實在」（reality）和「知識」（knowledge）的性質，已進行了長期的認識論論辯（epistemological debate）。哲學論辯對於研究和評鑑的啟示是，對實徵性研究（empirical studies）之目標有所爭論，以及對什麼可構成「好的」研究有相當不同的見解。在最簡單和最刺耳的形式上，此一論辯集中於兩項不同且相抗衡

派典的相對價值：（1）使用量化和實驗性方法，以產生和考驗假設-演繹之類推性，相對於（2）使用質性和自然取向，以歸納地和完形地瞭解人類經驗，並在具有背景脈絡特定性的場域中建構意義。例如，Taylor和Bogdan（1984）將根基於現象學（phenomenology）的深思博見傳統（Verstehen tradition），對立於測量導向的實證論（positivism），提出下列論述：

> 　　兩項主要的理論視角長期主導了社會科學研究。首先，實證論，在社會科學中的源頭可追溯自十九世紀和二十世紀初期的偉大理論家Auguste Comte和Emile Durkheim（涂爾幹）。實證論探尋事實（facts）和社會現象的原因（causes），而不論個人的主觀狀態。Durkheim告訴社會科學家，要去考慮社會事實或社會現象，那些對人們產生外部影響的事項。
>
> 　　第二個理論視角是由Deutscher所倡導，稱為現象學視角，在哲學和社會學中也有長遠的歷史。現象學家致力於從行動者自身的視角來瞭解社會現象。研究者檢驗此一經驗之世界，重要的實在是人們所知覺到的實在。（pp.1-2）

　　關於這些相對立或相抗衡之理論視角的論辯，已是研究歷史中的重要部分了，但如同第三、第四、和第九章所將顯示的，研究取向的變異性實則超越了量化和質性派典的簡化二分。不同於這兩個相對立的方法論正統，本書提供了一個實用策略，使具體的方法可適配於特定的問題，包括在必要或適當情形下，混和方法的選擇。我的務實的（和爭議性的）觀點是，一個人可以學習到如何成為一位好的訪談員或觀察員，並學習到理解所蒐集到資料的意涵，而不必一開始就置身於較深的認識論省思和哲學探究中。此類省思和探究對於傾向於質性研究者是十分有用的，但並不是從事實地工作的先決條件。事實上，甚至可能造成阻礙。我的建議是，先具備一些實地經驗，然後研讀科學的哲學。否則，會顯得過於抽象。派典論辯已經是方法論遺產的一部份了，所以必須知道一些，可能會深化我們對於方法決定之策略取向的瞭解。

現在…冷靜一點…我不會批評你在這兒做些什麼…我只是要問你…在你進來從事評鑑的過程中，你是依據質性派典或是量化派典來工作呢？

人死後還有派典嗎？

　　一個派典（paradigm）即是一種世界觀（worldview）──一項思考和理解真實世界之複雜性的方式。識此，派典實深植於其支持者和實務工作者的社會化歷程。派典告訴我們什麼是重要的、具正當性的、且是合理的。派典也是一種規範，告訴實務工作者該做些什麼，而不必然涉及哲學上認識論的考量。然而，派典也有其利弊和得失──優點是它使得行動更顯得容易，缺點是行動的理由常隱藏在派典無法被質疑的假定中。

　　科學家賴以運作的模式，乃從教育和其後續的文獻探討而來，他們經常不清楚或不必要去知道是什麼特徵賦予這些模式這樣普遍被認可的地位…。科學家們並不常詢問或論辯是什麼使得一項特殊難題或解決方法具有其正當性，這使我們以為，至少在直覺上，他們知道答案。然而，這可能僅僅指出，他們的研究所關心的，既不是問題也不是答案。派典可能優先於從中衍生的任何研究規則，且比任何研究規則更具有約束力，且更具完整性。（Kuhn, 1970:46）

　　然而，這些對有興趣探討一些研究問題的學生，有什麼重要性呢？當然重要！因爲受派典所驅使的偏見是區分「硬性」資料和「軟性」料，實徵性研究相對於「只是軼事記錄」（mere anecdotes），以及「客觀的」（objective）研究相對於「主觀的」（subjective）研究。這些標籤對於什麼可對知識提供可信賴的和有價值的貢獻，洩漏了負載著價值判斷的成見。此類成見，以及派典上的文盲，限制了方法論的選擇、彈性和創造性。固守方法論派典，會使研究者陷入一種無意識的知覺和行爲組型，掩飾了偏見，限制其方法的決定。方法的決定（methods decisions）衍生自不同學科的規約、對科學地位的考量、陳舊的方法論習慣，以及研究者感到使用上的舒適便利。學術訓練和學術上的社會化，會使得研究者形成支持或反對特定研究取向的偏見。

　　雖然我們仍然會遇到一些研究者宣誓只對量化或質性方法效忠，大部分的實務工作者顯然是折衷的和實用主義的。回首過往，我們現在可以看到質性-量化論辯實是過度簡化了、且經常混淆了方法論上和哲學上的議題。例如，對於方法和哲學的結合會產生一致的、連貫的和穩定的派典的想法，現在看來卻是有問題的。Shadish（1995c）曾介紹一些論文，旨在「去孔恩化」（de-Kuhnifying）此一論辯，其結論說道：「只有一小部分的實徵證據支持孔恩對派典的描繪。…有關的概念性和哲學性議題，比之簡單的量化-質性二分法所指涉的，要更爲複雜得多。」（p.48）第九章中，當我們檢視可能影響質性方法之品質和可信賴度的一些議題時，我們將再次且更深入地探討量化-質性的派典論辯。

實用主義

　　雖然派典提供了一個連貫一致的世界觀，在充滿渾沌的真實世界汪洋中，由任何單一派典所操作的定位船錨（a anchor of stability and certainty），可能是十分有限的。作爲一位實用主義者（pragmatist），我並不一面倒地擁護Lincoln 和Guba（1985），他們相信自然式探究是研究人類唯一有效且有意義的方法；也不贊同Boruch和Rindskopf（1984）等人狹隘的、缺乏包容度的立場，他們堅信隨機化的實驗是「判斷研究設計或其結果的標準」（p.21）。我的實用主義立場，旨在藉由爲研究者和評鑑者增加其可選用的具體的和實用的方法論選項，超越對單一面向派典的忠貞不貳。實用主義意指在一個特定背景脈絡之中，藉由研究

目的、可取得的資源、遵循的研究程序、和獲得的研究結果,來判斷一項研究的品質。在一個新的藥物要在大眾流通之前,使用雙盲隨機實驗（double-blind randomized experiment）來判斷其效能,是可選擇的設計,並謹慎地注意對劑量和結果的控制和測量,包括副作用等。然而,如果研究者關心的是人們是否適切地選用這項新藥（如,抗憂鬱劑）,想知道某一個團體的人對這項新藥的看法,他們對於是否使用這項藥物如何解釋？他們是否相信自己經驗到這項藥物的結果,以及周遭的親朋好友如何看待？則深度訪談和觀察即是適當的出發點。瞭解選替性研究派典的重要性,是使研究者能夠敏銳覺察到他們方法論上的成見,及其如何衍生自其學科訓練的社會化經驗,可能會減低其方法論上的彈性。

我再說一次,實用主義讓研究者得以避開方法論的正統,而支持以方法論的適切性（methodological appropriateness）作為判斷方法論品質的基本準則,體認到不同的方法適用於不同的情境。情境的回應性（situational responsiveness）意指研究設計須適用於特定的研究情境或研究興趣。本書的主要目的之一,以及第四章的焦點,在於界定質性研究可作為適切研究方法的研究問題和研究情境。

派典實際上是關於認識論（epistemology）、本體論（ontology）、和科學的哲學（philosophy of science）。識此,派典是重要的理論構念,可用於闡述對實在的本質之基本假定。然而,在做出具體的方法決定的實用層次上,本章的重點在於策略的選擇,我希望此一重點所傳達的想法是,有在選擇方法時,有相當廣泛的可能性。其重點是去做有意義的事,充分地報告所進行的事、為什麼這樣做,以及對研究發現有何啟示。第五章致力於說明研究設計的議題,包括設計的彈性、應用多元化方法,以及做出務實的決定。

回教Sufi教派一個有關聰明的愚者Mulla Nasrudin的故事,說明了瞭解策略上的理想與實際運用於真實世界情境的手段之間差異的重要性。真實世界的情境,很少會像教室中所教的理論那般理想。

研究的理想條件：一個令人警惕的故事

Nasrudin年輕時曾在一座小道院中接受訓練,這所道院在武功的教學方面極為優異。於是Nasrudin學得高超的自我防衛技巧,並且在兩年的訓

練之後，他優異的能力已受到同儕和老師們的高度肯定。

每一天，有一位學生須負責到村子裡的市場，去乞求施捨和食物。但是事情發生了。有一夥三人為伍的強盜集團遷移到這個地區裡來，且每一晚都躲在學生回道院必經的小路上某處。回道院的學生行囊中多滿載著食物和獻金，於是強盜們就伺機將學生洗劫一空。

在連續損失了三天之後，道院已消耗殆盡飲食物資，幾乎是糧斷援絕了。現在輪到Nasrudin必須到村子裡的市楊去。他的長老和同學們都對Nasrudin的武功技藝深具信心，認為他的武藝足以制伏這一小夥強盜。

這天結束時，Nasrudin卻衣衫襤褸、遍體鱗傷，且空著兩手回來。每個人都非常訝異。Nasrudin立刻被帶到師父面前。「Nasrudin，」他問道，「這到底是怎麼回事？你擁有我們古代所流傳下來最好的防衛功夫和技藝，你還是被打敗了嗎？」

「但是我並沒有使用這些古代流傳下來的功夫」Nasrudin回答。

所有在場的人都啞然失聲。師父要求他作一個解釋。

「我們的一切競賽，都必須先經過鄭重且合禮節的儀式」Nasrudin解釋。「我們學習到是一開始的祈禱、講究淨身的儀式、向東方鞠躬－這些都是必要儀式。但是強盜們似乎不瞭解這些必須要做的事。我並沒有發現理想的時機來使用你教給我們的方法，師父！」

在許多場合，研究者常會告訴我，他們相信質性方法可能很有用，但他們也說：「我只是還沒有發現使用它們的理想時機。」

理想的情境如鳳毛麟爪，但透過這本書，我們將考慮一些質性策略和方法可能會適用的問題和條件。第四章中，我會呈現許多特別適於以質性研究來探討的研究情境和問題。第五章將更詳盡地討論一些方法論上的權衡妥協，使質性研究的策略理想可適用於在實地進行研究的現實。在討論設計的一章之後，我們也會說明觀察、訪談、分析、和促進質性研究之品質和可信賴性的章節。下一章將檢驗與質性研究密切相關且引導質性研究之進行的一些理論架構。

3

質性研究之理論導向

特別的禮物

「請再次告訴我吧！師父！在混沌初開時，究竟是如何呢？」

「在混沌初開時，特別的禮物被贈給不同群體的人們。那些要付出關懷的人，被賦予對不幸者的憐憫和慈悲；工程師被賦予對事物的敏銳觀察力；木匠被給予耐心，以畫出直線和完美的角度；工業技術人員被贈予勤勉，以使其能努力不懈地遵循藍圖和他人的詳細指導；實驗科學家們則被贈予特定的信仰，相信世界可以依照他們的想像加以操控。質性研究者的禮物，則是對深度、詳實、和理解意義的熱情。終於，剩下最後一個群體和最後一份禮物。這是探險家們，他們被賜予好奇心的天賦，使他們得以永遠探索這個世界，發現這世界上的許多奇蹟。」

「但是，評鑑者所擁有的是什麼呢？」孩子們好奇地問道，「你還沒有提到他們的特別禮物。」

Halcolm微笑著。「親愛的孩子們，評鑑者散布在所有的群體中，每一位評鑑者都被賜予屬於他們群體的特別禮物，而且每一位都以特別的方式來運用其天賦。」

「但是這難道不會造成評鑑者間的許多爭論：到底誰擁有了最特別的禮物？」

Halcolm微笑不語。

 摘自*Halcolm*的《人種的起源》（*Origins of Human Species*）

從核心策略到豐富的多樣性

前一章陳述了由12種基本絲線交織而成的質性研究織錦畫。該章的重點在於不同的目的（purposes）、情境（situations）、問題（questions）和資源（resources），將會影響自然式探究、完形視角和歸納分析等質性理想策略在實務工作中被實現的程度。然而，儘管質性研究在數個向度上均會有所變異（variation），仍有一些核心的策略和方向，使質性/自

然式探究不同於量化/實驗策略,以及在何處兩者可以有用地結合以截長補短(如,Tashakkori & Teddlie, 1998)。本章將藉由聚焦於與質性方法有密切關連的幾個不同的理論視角(theoretical perspectives),呈現質性研究之範疇內具有豐富多樣化的可能性。

質性研究不是研究與評鑑之單一或唯一的方法。第二章的討論著眼於區辨基本的質性/自然式探究與量化/實驗方法,容易讓人以為只有這兩種方法論上或派典上的選擇。事實上,當我們「轉進質性研究的內部」,我們會發現,「在質性派典之內有著廣泛多樣且不斷繁衍的類型」(Page, 2000:3)

當我們更仔細地審視……,質性研究明顯的統一性消失了,取而代之的是可看到相當的多樣性。所謂「質性研究」,實對不同的人傳達了不同的意義。無庸置疑地,這已造成了相當程度的困惑……。困惑的一項主要的來源,在於討論質性研究時,就好像它只是一種研究取向。(Jacob, 1988: 16)

所有主要的社會科學均對質性方法有所貢獻,但每一項社會科學均有其不同的貢獻方式,取決於每一項特殊學科中理論學者與方法論學者的興趣所在(見Brizuela等人,2000;Kuhns & Martorana, 1982)。論述的語言也有所不同。正如Schwandt(1997a)在其所編纂的、非常有用的質性術語辭典中所說:

質性研究……是一組多元的實務,不論是在方法論上或哲學上的用詞,在其特定言說行動用以說明實務上的意義時,均有不同的涵義。這些不同的言說方式,較像是實際上具爭議性的星象網絡,而沒有統整的、可立即調查的次序。雖然存在著許多不同來源和種類的爭論,一般而言,都含括了從不同學派思想傳統中衍生而來的對質性研究目的之不同覺知方式。(p. xiv)

那些新近接觸質性研究的人,其混淆困惑是很容易可以理解的;質性研究所使用的多樣術語和所指涉的爭議性實務,甚至令人無所適從。現象學(phenomenology)、詮釋學(hermeneutics)、俗民方法論(ethnomethodology)、符號語意學(semiotics)、啟思法(heuristics)、現象俗民誌(phenomenography)等,這麼多的說法!表例3.1是我在本書第一版出版之後(第一版並沒有包含本一章)所收到的一封悲歎的信。

表例 3.1　哪一種取向是對的？

求救！

親愛的Patton博士：

　　我急切地需要你的幫助。我目前是教育學的研究生，我的學位論文計畫要觀察被認可為具有創新性和效能的教室和教師。我想知道這些教師們是否有任何共同的取向或智慧，可被視為「最佳實務」(best practice)。我把這個想法與一位教授討論，而他詢問我是否準備要做現象學或是紮根理論的研究。而當我詢問他關於這兩者有什麼差別時，他卻要我自己去找出答案來。我讀過了這兩種取向，但仍然感到相當困惑。另一位教授告訴我說可以進行質性研究，但他說我企圖要探尋「最佳實務」時，意味著我是實證論者而非現象學者。另一位研究所同學則被要求使用詮釋學架構，不過她是外所的，而且研究主題也不同。我以前是一名學校教師，而且自認為是一名優秀的觀察員與訪談員。當我閱讀您的著作時，十分著迷於您所提到的深度觀察和訪談，且從其中找到關於學位論文的想法。但是我現在卻被要求必須符合這些類別的其中之一。請您告訴我，對於我的學位論文而言，哪一種方法是最正確的呢？我並不介意哪一種方法，我只是想開始進行創新性教室的研究。我感到十分無助，而且想要乾脆做問卷算了，因為使用問卷就好像不用去回答這些哲學問題。如果您能告訴我哪一種方法是對的，我想我還是會照著我想做的去做。救救我！

親愛的某某：

　　你的困境是很常見的。你所詢問的區別，的確是非常難以區別的，而且並非每個人都同意這些術語與傳統的意義。我沒有把這些放入我的書中，是希望深度訪談或觀察等方法可以有它們自己的立足點。正如你所發現的，你不需要哲學的課程來設計一份好的問卷，雖然許多人認為採用問卷與統計方法的人最好也能反思他們在認識論(epistemological)(探討知識的本質和證立過程)與本體論(ontological)（探討實在的本質）上的假定。不幸的是，許多質性課程似乎花了很多時間在認識論上，而不是方法的本身，使得學生們較像是一位好的哲學家，而不是訪談者。這需要一些平衡。你的教授幫了你一個大忙，讓你致力於了解不同的質性思想派別有何區別，因為你所採用的不同取向的確會造成差異。使用質性研究的學生至少需要了解主要的相互抗衡和彼此爭輝的傳統，正如那些作統計考驗的學生需要了解不同的考驗方法是在做什麼。我在本書的下一版中，會包括一章來探討這些主要的哲學與方法論傳統。但這對現在的你幫助不大。

　　直接回答你的問題，沒有一種「正確」的取向，就好比沒有一種「正確」的水果－蘋果、橘子、百香果等等。你所品嚐的取決於個人的口味、可取得性、價格、經歷與個人偏好等。由於你也接受其他人的指導（你的口試委員），你也知道會受到他們的偏好所影響。每一種質性研究傳統都有其不同的強調重點、架構或焦點。我不願推薦哪一種傳統是最適合你的研究，但由於我下一版本的書裡將包含新的章節，也羅列了各種傳統取向，我覺得我有責任提供你一些建議。而以下是三點你可以考慮的方向。

首先，你描述了自己是一名重實用的、有經驗的實務工作者。你可以將你的研究架構成一個質性、以實用性爲焦點的評鑑研究（Patton, 1997a）。你必須確定你預期之研究使用者（例如創新的教師和課程設計者）與使用目的（如促進關於「有效能實務」的討論）。這將使你進入省思實務的傳統（tradition of reflective practice），產生有助於行動的實務和有用的知識（Schon, 1983）。你的焦點將會著眼於所被覺知到之有效能的組型。

如果上一點不可行，而你的口試委員們堅持你的研究應有更明確的哲學或理論架構，你可以考慮「社會建構論」（social constructionism）或是「實在論」（realism），這兩種是最常見（且是相對立的）的質性研究傳統。我必須警告你，社會建構論與實在論本身也有許多相抗衡的學派觀點（學術缺少了論證，就好比遊行者缺少了裝扮，或者運動團隊缺少了制服等，這使演出者可以自我區隔，且找出誰該鼓掌的方式）。這些傳統之一會指引你思考人們如何在特定的背景脈絡（以你的研究而言，是學校）中，個別地和集體地建構出意義與知識（以你的研究而言，有效能或最佳實務）。

第三種可能性涉及研究主題的改變，這聽起來有點像是壞消息。而好消息則是你已經蒐集到大量的資料了。你可以做有關質性派典之社會建構，並以你的教授們作爲論文的研究對象。顯然，你已經在這個主題上做了許多參與觀察（participant observation）。或者，你也可以針對質性術語進行詮釋學研究。或者是針對那些試圖進行質性研究的研究生之經驗，進行現象學探究。或者，針對你自己從事質性研究設計的經驗，進行啓思性研究。或者……，不過，這些都是你可以開始出發的地方，不是嗎？

無論你的決定如何，衷心祝福你

Michael Quinn Patton

本章整理了一些主要的視角和傳統，讓讀者明白質性研究的豐富性和多樣化。我們將看到這些五花八門的理論傳統如何強調不同的研究問題，以及這些不同的研究問題如何影響分析架構，進而導引了實地工作與詮釋。在研究設計階段，了解影響質性研究之多樣的理論與哲學傳統特別重要，有助於決定實地工作和訪談的焦點。以理論爲基礎的探究傳統結合質性方法，將顯露出一幅五彩繽紛的織錦畫，由許多不同質料、顏色、長度、用途的錦線交織而成。

本章對於正進行基礎或應用研究的社會科學家，及做學位論文的學生而言，將會特別有趣，因爲他們工作的典型目標係立足在理論上，並

對理論有所貢獻。相對地，下一章將聚焦於質性研究中相當實務和具體的評鑑及行動研究問題。不過，對於實務工作者與政策分析者來說，理論的理解仍是相當重要的，因為「理論的概念化塑造了公眾的議論內容，提供人們所能運用的概念，並形塑了他們可考慮的選擇」（Nussbaum, 2001: 35）。綜合本章和下一章，提供了質性研究中廣泛的目標和取向。第五章則將介紹研究目的之類型學，整合理論和實務上考量，以闡釋不同研究目的對於研究設計、方法、和分析等之蘊義。

區別質性傳統的其他方式

　　沒有一種明確的方式可以將那些影響且區分質性研究類型的不同哲學或理論視角加以分類。Lincoln and Guba（2000）指出了五個「不同的研究派典」：實證論（positivism）、後實證論（post-positivism）、批判理論（critical theory）、建構論（constructivism）、與參與式（participatory）理論。Schwandt（2000）提到「質性研究的三個知識論立場：詮釋主義（interpretivism）、詮釋學（hermeneutics），與社會建構論（social constructionsim）。」Crotty（1998）也提供了三個主要的知識論影響：客觀論（objectivism）、建構論（constructionism），與主觀論（subjectivism）。他假設這些知識論在不同程度上影響了各個理論的視角：實證論（及後實證論）、詮釋主義（符號互動、現象學、詮釋學）、批判探究（critical inquiry）、女性主義（feminism），與後現代主義（postmodernism）。Creswell（1988）則區別了「質性研究的五類傳統」：傳記學（biography）、現象學、紮根理論（grounded theory）、俗民誌（ethnography），與個案研究（case study）。

　　這些分類架構雖然有些重疊的地方，然而它們之間的重要差異則反映了質性研究歷史發展上所強調的不同重點。Denzin and Lincoln（2000b）在其《質性研究手冊》（*Handbook of Qualitative Research*）一書中追溯了質性研究歷史發展的六個時期，有助於解釋構成質性研究之相當不同的概念。

1. 殖民研究的「傳統時期」（traditional period）（直到二次世界大戰止），受到實證論所影響的俗民誌學者，致力於尋求其實地研究及報告中的客觀性（objectivity）。

2. 「現代主義階段」（modernist phase）（到1970年代），質性研究學者強調方法論上的嚴謹性與程序上的形式主義，以尋求在社會科學領域中受到接納認可，並反對後實證論所逐漸強調的詮釋主義。

3. 「繽紛模糊階段」（blurred genres phase）（1970-1986），各式各樣的研究取向紛紛崛起，形成了彼此競爭和混亂的局面，代表質性研究視角的術語和標籤主要包括：結構論（structuralism）、符號互動論（symbolic interactionism）、現象學、俗民方法論（ethnomethodology）、批判理論、符號語義學、新實證論（neopositivism）、微觀-巨觀描述論（micro-macro descriptivism）、新馬克思主義（neo-Marxism）、後結構論（poststructuralism）、自然論（naturalism）、建構論，與解構論（deconstructionism）等。

4. 「再現危機」（crisis of representation）階段，此階段的重點在於研究者的反思性（reflexivity）、權力（power）、特權（privilege）、種族（race）、性別（gender），與社經階級（socioeconomic class）等方面的議題，這些都損害了研究傳統上所注重的效度（validity）與中立性（neutrality）觀念。

5. 「第五時期」（the fifth moment），描述了晚近的質性研究發展歷史，而其特徵則是「再現、合法化與實踐的三元危機」（a triple of representation, legitimation, and praxis）。在此時，質性研究書寫的創造性與詮釋性，也被置於顯微鏡下審視，包括質性書寫者的視角，以及有關如何評估質性研究與評鑑之品質的問題皆被一一提出探討。在此時期，更多的行動主義者、政治意圖明顯者及參與式取向研究者，在「增能展權評鑑」（empowerment evaluation）中尋求合法性（Fetterman, Kaftarian and Wandersman, 1996），並運用質性/詮釋書寫方式以「促進後公民權利、墨裔與黑人藝術運動中所宣揚的激進民主種族正義」（Denzin, 2000a: 256）。

6. 第六階段，Denzin與Lincoln稱之為「後實驗」（postexperimental）階段，質性研究的範圍向外擴展延伸，涵蓋具創作性的非小說類的文學作品、自傳俗民誌（autobiographical ethnography）、詩文形式的再現（poetic representations），與多媒體的呈現（multimedia presentations）。

　　Denzin等人也相當期待質性研究能夠持續朝新的方向來發展出所謂的「第七時期」，但這也可能是一個休止時期，質性研究者們停止爭論他們之間的差異，開始欣賞彼此五花八門且多采多姿的研究創作。

基礎問題

　　這一章，與上述所提的質性理論學者及歷史學者不同的是，欲藉由他們所提出的基礎問題（foundational questions）來區辨其各自的理論視角。一個基礎或關鍵問題，如同Moses所居住的神秘燠熱的叢林，微風吹送來熱（爭論）和光（智慧），從不止息（從不曾有完全地回答）。各學科均是由所有學科之母—哲學所孕育而生，但均可由其核心關鍵問題來加以區辨。對社會學（sociology）來說，關鍵問題是Hobbes的秩序問題：是什麼使得社會與社會團體聚合在一起？是什麼使得它們免於瓦解？心理學（psychology）所問的問題是：為什麼個體的思考、感覺、與行動如其所是？政治科學（political science）則要探討：權力的本質為何，如何分配，其結果又為何？經濟學（economics）則研究：資源如何生產與分配。

　　每一個學科及其次屬學科均探討問題的不同層級。生物學者（biologist）探究生命的本質與變異性。植物學者（botanist）研究植物的生長，農業學者（agriculturist）探討食物的生產和製造，而農業經濟學家（agronomist）則將研究焦點縮小在如何增加田地更多的收穫量。

　　可以確定的是，將任何複雜及多面向的學科化約成一個單一的關鍵問題，是過度簡化。然而這有助於釐清問題，並聚焦於可區分之研究系譜的重點。正是為了釐清和聚焦，促使我去界定這些主要研究系譜的關鍵問題。這樣的作為，那些偏好將派典、哲學、理論導向與設計策略等分別闡述的研究者，應該會對我感到不快。例如，社會建構論可能被視為是一種派典，俗民誌可能被認為是一種研究策略，而符號互動論可視為是一種理論架構。無論如何，要將任何一個特定的研究取向區分出是派典、策略、或理論面向等，都是有爭議且多少是武斷的。因此，為了避開這些歧見，我將焦點放在基礎問題及其區辨上，作為基礎來理解與比較長期存續及新近崛起的質性研究取向。

理論傳統與導向

俗民誌

基礎問題：
這個人類群體的文化是什麼？

俗民誌（ethnography）是人類學的主要研究方法，同時也是質性研究最早的獨特傳統。文化（culture）的概念是俗民誌的中心。Ethnos一詞在希臘語中意指「一群人」或一個文化群體。對ethnos的研究，或說是俗民誌，是「*致力於描述人類的生活方式……，是對一群人及其族群之文化基礎的一種社會科學描述*」（Vidich & Lyman, 2000: 38）。俗民誌研究的主導思想和假定是，一個人類群體經過一段時間互動之後將演化出一種文化。文化是行為組型（behavioral patterns）與信念（beliefs）的集合體，構成了「決定什麼是什麼的標準，決定將能是什麼的標準，決定個體如何去感受的標準，決定該做些什麼的標準，以及決定如何去做的標準。」（Goodenough, 1971: 21-22）。在傳統的人類學中，俗民誌學者的主要研究方法是參與觀察（participant observation）。藉由深入的實地工作（intensive fieldwork），研究者是將自己沈浸在所要研究的文化中。雖然俗民誌學者均對文化感興趣，但對文化的本質卻有所爭議（Douglass, 2000），而有不同的俗民誌類型，包括Benedict與Mead的古典完形類型（the classic holistic style），Boas與Geertz的符號語意學類型（the semiotic style），以及Whitings的行為主義類型（the behaviorist style）（Sanday, 1983）。

傳統上人類學學者的研究範圍是在偏遠未受教育的文化地區，即所謂的「原始的」（primitive）或「異族的」（exotic）文化。結果，人類學學者與俗民誌學者演變成和西方殖民主義糾纏不清，有時是致力於支持本土文化以抵抗帝國主義的侵襲；有時又像為征服者服務的僕役，其研究發現常被用於壓制抗拒改變者及統治受征服的族群。

現代的人類學學者則將俗民誌方法應用於當代社會與社會問題的研究上，例如科技的普及、全球化、環境品質的惡化、貧窮、貧富差距，以及社會的瓦解（Scudder, 1999）；教育（Spindler & Hammond, 2000）；成癮（Agar, 1986; Agar & Reisinger, 1999）；童工（Kenny, 1999）；學校中的文化間理解（Jervis, 1999）；國際間的邊界衝突（Hart, 1999）等，

RESEARCH METHODS

事實上，教授，我正好對
於西方科學並不那麼相信

UNION INSTITUTE

跨文化的視角

以上僅只是少數的例子而已。當「應用俗民誌」（applied ethnography）
在現代社會中崛起時，理解文化及各種文化變遷的努力，其重要性即成
為應用俗民誌的重要基石（Chambers, 2000）。自從「應用人類學學會」
（Society for Applied Anthropology）在1941年成立以來，應用俗民誌即常
見於其成員的年會報告中。例如，Whyte（1984）曾收集了大量的俗民誌
實地研究應用於解決工業民主國家之社會問題的經典實例。

自從1980年代以來，文化理解成為組織研究（organizational studies）
（Morgan, 1986, 1989; Pettigrew, 1983）及許多組織發展工作（Raia and
Margulies, 1985; Louis, 1983）的核心，其中包括致力於改變一個組織的文
化（Schein, 1985; Silverzweig & Allen, 1976）。組織俗民誌（organizational
ethnography）的發展歷史，可被追溯到1927年具影響力的Hawthorne電
力工廠研究（Schwartzman, 1993）。俗民誌取向也曾被使用於方案評鑑
（program evaluation）（Fetterman 1984, 1989）與應用的教育研究之上

（Dobbert, 1982）。方案發展出文化，如同組織發展出文化一般，方案的文化（program's culture）可被視爲是方案處理的一部分。渠此，方案的文化影響了方案的歷程與成果，故改善一個方案即可能包含改變方案的文化。一項俗民誌的評鑑研究將可同時促進與評量方案文化的改變。

諷刺的是，現今對文化重要性的覺察，充斥於大眾流行文化及傳播媒體上，就像是文化一詞幾乎可以解釋所有種類的社會問題和現象，如表例3.2所示一般。

當新的研究取向漸次出現，俗民誌方法也持續地發展，例如《從事團隊俗民誌》（*Doing Team Ethnography*）（Erickson & Stull, 1998）；而且新的議題也浮上台面，如《俗民誌決定樹模型》（*Ethnographic Decision Tree Modeling*）（Gladwin, 1989）或是《書寫新俗民誌》（*Writing the New Ethnography*）（Goodall, 2000）。其他俗民誌方法論學者也持續深入地探究古典的議題，如思索俗民誌研究的派典（LeCompte and Schensul, 1999），《過著俗民誌生活》（*Living the Ethnographic Life*）（Rose, 1990），《選擇俗民誌資訊提供者》（*Selecting Ethnographic Informants*）（Johnson, 1990），以及如何書寫俗民誌（Atkinson, 1992），或是在俗民誌報告中撰寫俗民誌方法一節（Stewart, 1998）等。《俗民誌學者的百寶箱》（*Ethnographer's Toolkit*）也已出版了（Schensul & LeCompte, 1999）。

傳統上，俗民誌學者應用參與觀察和深入的實地工作等方法來研究每一件事，從小團體到國家，但在網際網路興起之後，所謂「在實地中」或「參與」、甚或「團體」的意義均有所改變，於是出現了「虛擬俗民誌」（virtual ethnography），研究透過e化（電子化）環境彼此溝通聯絡的人們（Ruhleder, 2000）。然而，無論是在虛擬空間、未受教育社群、多國企業、或內城學校中進行俗民誌研究，其獨特之處均是其從「文化視角」（cultural perspective）來詮釋和應用其研究發現（Wolcott, 1980; Chambers, 2000: 852）。

表例 3.2　文化，到處是文化：以媒體頭條為例

＊「停止暴力文化」（大多應用在幫派、家庭、鄰居、電視秀、曲棍球遊戲，甚至是政治上）

＊「在運動文化之中」（耐吉文化、小同盟文化，「足球媽媽」文化）

＊「學習每日股市交易的文化「（虛擬的交易文化，線上商業文化）

＊「女孩和芭比娃娃文化」（或者男孩和G.I. Joe行動角色文化，小孩和星際戰爭文化）

＊「吃得正確：速食文化」（「全世界的金色拱門文化」）

＊「負面的政治競選活動文化：為什麼它會贏？」

＊ 音樂、舞蹈或藝術文化

＊ 後現代文化

＊ 虛擬文化（網際網路或網路文化）

表例 3.3 自傳俗民誌的多樣性： 局部的辭典學

　　David Hayano（1979）被認爲是原創「自傳俗民誌」(autoethnography)一詞來描述由人類學者對自己文化所從事的研究。Ellis & Bochner（2000）在其廣泛的評論中，則是聚焦於研究一個人自身的文化或作爲文化一部分的個人自身，以理解和闡釋一種生活方式。他們引註了許多新近出現、但也令人困惑究竟所指爲何的詞彙，以支持此一質性研究上新開拓的疆土。他們的結論是：「逐漸地，自傳俗民誌已經成爲被選擇來用以描述連結個人和文化之研究的詞彙。」(p.740)

其他詞彙包括：

自傳式俗民誌(autobiographical ethnography)	生活經驗(lived experience)
自我觀察(auto-observation)	文學俗民誌(literary ethnography)
俗民誌詩詞(ethnographic poetics)	敘事俗民誌(narrative ethnography)
創造性分析實務俗民誌 (creative analytic practice ethnography)	在地俗民誌(native ethnography)
批判性自傳(critical autobiography)	自我敘事(narratives of the self)
種族性自傳(ethnic autobiography)	新俗民誌(new ethnography)
俗民誌回憶錄(ethnographic memoir)	個人俗民誌(personal ethnograpy)
俗民傳記(ethnobiography)	個人經驗敘事(personal experience narratives)
俗民誌自傳(ethographic autobiography)	個人敘事(personal narratives)
俗民誌故事(ethnographic stories)	後現代俗民誌(postmodern ethnography)
表意式敘事(evocative narratives)	反思俗民誌(reflexive ethnography)
實驗性俗民誌(experimental ethnography)	自我俗民誌(self-ethnography)
第一人稱論述(first-person accounts)	自我故事(self-stories)
本土俗民誌(indigenous ethnography)	社會自傳(socioautobiography)
詮釋性傳記(interpretive biography)	社會詩詞(sociopoetics)

自傳俗民誌及探究的表意形式

基礎問題：

　　我自己的文化經驗如何和這個文化、情境、事件和生活方式相連結，或提供對於這個文化、情境、事件和生活方式之洞察？

　　現在，讓我們從俗民誌這個最早期的質性研究傳統，轉進最晚近且持續崛起中的研究取向：自傳俗民誌（autoethnography）。俗民誌和自傳俗民誌可被視爲質性研究連續向度的兩極端，架構出本章中所要檢視的許多獨特的質性研究取向。本章將逐一探討它們，是希望讀者能明白區辨不同質性研究的議題範圍。

　　俗民誌的崛起，最早是作爲研究與理解「他者」（the other）的一種方法，尤其熱衷於「異族他者」（exotic otherness），吸引歐洲學者投入於對非洲、亞洲、南海島嶼和美洲原住民的研究。「原始部落的生活世界，被視為可以觀見、描述、和理解史前時代的一扇窗」（Vidich and Lyman, 2000: 46）。在美國，對於受過教育者、白人、大學學位的美國人而言，「他者」即是黑人、美國印地安人、新近移民、工作階級家庭、和城市中的窮人（以及任何未受教育、非白人、非大學學位者）。近年來，當俗民誌開始被用於方案評鑑時，「他者」就成了方案參與者、學生、領福利金者、病患、酒癮者、無家可歸遊民、犯罪受害者、犯罪加害者、或累再犯。在組織研究中，「他者」則是工作者、經理、領導者、跟隨者、或董事會等。在這類研究中，他者被觀察、訪談、描述，而其文化則被概念化、分析和詮釋。捕捉這些被研究者的視角，即被稱之爲「主位視角」（emic perspective）或「局內人視角」（insider's perspective）；相對地，俗民誌學者的視角，則被稱之爲「客位」（etic）或「局外人觀點」（outsider's view）。俗民誌學者的客位觀點，意味著研究者須保持某種程度的「超然獨立」（detachment），或進行「較高」層次的概念性分析和抽象化。俗民誌學者對自己身爲參與觀察者經驗的報告，基本上是方法論的報告，有關他們如何蒐集資料，以及他們如何維持超然獨立，獨立的程度爲何。「在地化」（to go native）即喪失了研究者的視角。

　　在此二十一世紀初期新的後殖民或後現代世界中，被觀察者和觀察者之間的關係，在各個方面受到質疑。後殖民敏覺力（postcolonial sensitivities）質疑在俗民誌學者和被研究對象之間充斥著權力、財富、和特權的不平衡狀態，包括對於研究發現將如何使用的批判的、政治的問題。對古典俗民誌的後現代批判和解構，亦對觀察者的價值觀和文化背景如何對被觀察者造成影響，提出基本的質疑，同時也質疑觀察者超然獨立的可欲性和可能性，提出俗民誌學者如何研究其自身文化的問題。如果沒有「他者」作為研究之焦點，但我想要研究的文化是我自己的團體、我自己的社區、我自己的組織，以及像我一般的人或我經常接觸的人的生活方式，或是我自己的文化經驗，該如何進行呢？

　　這些議題促成了「自傳俗民誌」的崛起—研究個人自身的文化，或個人作為文化中的一部分—及其許多的變種。Goodall（2000）稱之為「新俗民誌」（new ethnography）：「一種創造性的敘事，形諸於書寫者在其文化中的個人經驗，向學術和公眾讀者發表」（p.9）。表例3.3提供了許多名詞，即使不是全部，用於描述此一研究取向中的變異性。Carolyn Ellis（Ellis and Bochner, 2000）有如下的描述：

　　　自傳俗民誌是一種書寫及研究的自傳式風格，顯示多重的意識層次，將個人和文化相連結。自傳俗民誌學者來來回回地凝視，首先透過俗民誌的廣角鏡，向外聚焦於其個人經驗的社會及文化層面；接著向內觀視，揭露一個敏感脆弱的自己，易受文化詮釋所影響，同時也折射和抗拒此一文化詮釋的影響。當他們將研究焦點來回調整、向內向外地放大、縮小時，在個人和文化間的差異會逐漸模糊，有時甚至無法明確辨識。自傳俗民誌文本通常以第一人稱書寫，但仍有相當多樣的形式--短篇故事、詩詞、散文、長篇小說、攝影作品、個人隨筆、報導文學，零碎與分層書寫，及社會科學論文等。在這些文本中，具體的行動、對話、情緒、形體、精神及自我意識都會突顯出來，顯現出受到歷史、社會結構、和文化所影響的關係性或機構性故事，而它們又透過行動、感受、思想及語言來辯證地自我彰顯。（p.739）

　　在自傳俗民誌中，研究者運用自己的經驗，以蓄積對其所在之文化或次文化的洞察。其變異性可見諸於：自傳俗民誌學者將自身作為分析焦點的程度、是否維持自己是社會科學家角色的程度、明顯地運用文化中現有概念以引導其分析的程度，以及書寫時是多麼個人化的程度。然而，不同於俗民誌的是，自傳俗民誌將研究者對於自身經驗和內省的自我覺察和報告，視為主要的資料來源。Ellis將此一歷程描述如下：

　　我從自己個人的生活出發，留意我的生理感受、想法和情緒。我應用系統化的社會學內省和情緒喚起，以試圖理解我曾生活過的經驗。然後，我將我的經驗書寫成故事。藉著探索一段特殊的生活，我希望能理解生活方式（Ellis and Bochner, 2000:737）

　　當Bruner（1996）書寫其在賓州的新世紀聚會所中的經驗時，他遭遇到俗民誌式書寫和個人式書寫的交錯：

　　一開始是我個人生活中的部分，隨即轉化為我專業生活中的部分。此處的重點是，對於一位俗民誌者而言，任何經驗--無論在家或外地，與自我有關或與他人有關--都有可能演變成實地工作……對我來說，我的個人和我的俗民誌角色密切交織，終至無法區分，即使我很想區分開來（p.317）

　　人類學者Mary Catherine Bateson（2000）曾對她在喬治亞州Atlanta的Spelman 學院教學做了自傳俗民誌的描述，詳細描述她在試著要決定如何歸類當代美國大學中不同年齡的學生時（例如，稱呼年齡較長的參與者為「年長者」（elders）），個人所經驗到的挑戰。在英國Brunel大學的Araon Turner（2000），則探索俗民誌研究中如何運用自己的身體作為資料來源，他稱之為「形體俗民誌」（embodied ethnography）。

　　此類個人書寫（personal writing）在質性研究學者之間也是頻受爭議的，因為其「濃烈的主觀主義」（rampant subjectivism）（Crotty, 1998:48）。許多社會科學學者反對的理由是它已模糊了社會科學和文學書寫的軫域。有一位社會學家甚至曾氣急敗壞地告訴我，那些想要書寫創造性文學或詩詞的人應該要就讀大學的英文系，將社會學留給社會學家們。相反地，Richardson（2000b）則主張藝術、文學、和社會科學的整合，連結了研究的創造性層面和批判性層面，同時認為這類相異的、新的研究取向所共享的是「它們透過創造性分析實務所獲致的」，於是她將此類俗民誌稱為「創造性分析實務俗民誌」（creative analytic practice ethnography）（Richardson, 2000b:929）。此一研究工作的俗民誌層面，是奠基於謹慎的研究和實地工作所建構而來，而其創造性元素基本上是注入於書寫中，她強調書寫本身就是「一種探究的方法，一項發現有關自己和自己主題的方式」（p.923）。

　　然而，研究者如何去判斷此類支持個人性和創造性俗民誌書寫之非傳統社會科學取向的品質呢？Richardson（2000b）回應這項挑戰，主張

創造性分析實務俗民誌應該堅持「高度且難度的標準，光只是新奇是不夠的」（p.937）。她從科學與創造性藝術中提出五項評估此類研究的準則：

1. **實質貢獻**（Substantive contribution）：這個作品能否有助於吾人對社會生活的理解？作者能否顯示研究係深入紮根於社會科學的視角？此一視角如何影響文本的建構？

2. **美學價值**（Aesthetic merit）：這個研究在美學上是否成功？創造分析實務的運用能否開啟文本，以產生詮釋性的回應？文本是否具有藝術性、令人滿意、內容豐富、且不令人厭煩的？

3. **反省思考**（Reflexivity）：作者的主體性是否有助於生產文本，且同時是文本的產物？是否有適當的自我覺察（self-awareness）及自我揭露（self-exposure），能使讀者對其觀點做出判斷？

4. **影響層面**（Impact）：這作品是否對我產生情緒上或智識上的影響？是否會引發新的問題？是否促使我去書寫？是否促使我去嘗試新的研究實務，並採取行動？

5. **實在的表述**（Expression of a reality）：這文本能否具體地呈現出有血有肉的生活經驗？它對於文化、社會、個人或社群的「真實感」（sense of the "real"）的論述，是否為真且可信？（Richardson, 2000a:254; 2000b:937）

這些準則開啟了嶄新書寫格式的可能性。「美國教育研究協會」（AERA）前任主席Elliot Eisner（1996）也曾說明，小說作為一種新的質性報告形式，可以是社會科學或教育領域博士論文的合法形式。他建議「此一質性研究方法論的新疆域」，一個藝術的質性社會科學所具有的貢獻，可由「此類研究所提出的問題的數量和品質」，以及其所提供的結論來評量（Eisner, 1997:268）。因此，傑出的評鑑者Ernie House（1991）提醒我們，就評鑑報告而言，小說式作品可作為替代文本（subtext）：「我們的評鑑報告具有相當的可讀性，讓許多人深為著迷；有些人說它讀起來像一本小說，其他人則說它就是小說」（p.113）。

詩詞（poetry）則是另一種藝術表現風格，也逐漸顯現於俗民誌報告中。Glesne（1997）將其和Puerto Rico一位86歲老教授的訪談逐字稿轉化為詩詞，因為她發現詩詞最能夠捕捉到她訪談對象所欲傳達的意念。

Richardson（1998）亦出版了許多奠基於實地工作的詩詞，以反應其觀點，詩詞所提供的語言形式，特別適於闡述那些「特別的、陌生的、甚至是突然迸發的神秘片刻……。當遠離家園置身於陌生文化中的俗民誌學者，對於人性弱點特別敏感。此時，詩詞即是一種溝通方式，能讓人們感覺其呈現真實的一面」（p.451）。Travisano（1998）將詩詞納入其「種族認定之自傳」（autobiography of an ethnic identity）中，探索自己成為義大利裔美國人的生活經驗。

這些質性研究和報告的新疆域，結合了文學與科學，並在單一作品中整合了多元形式。Denzin（2000b）將其「Rock Greek History」描述成「一項實驗性的、混和風格的敘事，結合自傳俗民誌和其他表意性書寫形式，包括對於自我的敘事。運用小說的技術，我訴說關於自我以及我在小Montana River名為神聖的Rock Greek流域中體驗自然的故事」（p.71）。他也稱此一書寫為「一種表演式作品」（a performance-based project），容納多元化的書寫形式和傳統，除了先前所提及的形式之外，還包括：「俗民誌故事、自然書寫、非小說的文學、個人回憶錄和文化批判等」（p.79）。

Ellis（Ellis and Bochner, 2000）警告自傳俗民誌的書寫是相當困難的：

它出奇地困難，顯然不是大多數人可以做得很好的事。大部分的社會科學家沒有辦法將其研究心得流暢地書寫出來，或者他們無法充分地內省其感受或動機，或是他們所經驗到的衝突矛盾。諷刺的是，大多數人並無法充分地觀察其周遭的世界。此一自我質疑的自傳俗民誌要求，非常難以達成。對於自我的當面質疑，更不是一件愉快的事。相信我，誠實無偽的自傳俗民誌探索，會激起許多恐懼害怕和疑惑，以及情緒上的傷痛。正當你認為再也無法承受此種痛苦時，真實的研究才從這裡開始而已。揭露自己是脆弱易受傷害的，你無法取回你已經書寫的東西，更無法控制讀者會如何詮釋你的書寫。很難不感覺到你的生命和你的作品都受到嚴屬的批判，這可能會令你感到相當屈辱。而將你的家庭成員和親密愛人寫進你的故事中，也要考量倫理上的議題。（p.738）

榮耀個人的經驗

一個人只書寫出一件事情而已，亦即一個人的自身經驗。任何事情都依賴一個人從這個經驗當中，是如何溫和地強迫出它可能給予的最後一滴，不論是甘甜或苦澀。從失序的生活中重新創造出藝術的秩序，才是藝術家唯一真正關注的。
(Baldwin, 1990: introduction)

　　自傳俗民誌書寫的挑戰之一，則是發現和擁有自己的聲音或語式（voice）。在前一章中，我將傳統以第三人稱被動語式爲主的學術書寫，與質性研究之第一人稱主動語式加以對照。自傳俗民誌增加了語式的重要性，因爲真實無僞的語式會促進研究作品的真確性（authenticity），而不真實的語式則減損之。語式顯露研究者的身分認定（identity）（Ivanic, 1998）。而語調可以是表達性、省思性、探索性、學術性、或批判性，正如Church（1995）所稱，在社會科學領域中「批判性自傳的禁忌性敘事」（forbidden narratives of critical autobiography）。此即前述Richardson（2000b）所提出的判斷研究品質的第五項準則「實在的表述」：「這文本能否具體地呈現出有血有肉的生活經驗？它對於文化、社會、個人或社群的『真實感』的論述，是否爲真且可信？」（P.937）

　　這些議題也同時出現於許多學門的風格中。如歷史學者Edmund Morris曾以他對美國第二十六任總統Theodore Roosevelt所撰寫的傳記榮獲普立茲獎，於是被選爲前總統Ronald Reagan「官方版」的傳記者。結果，他爲Reagan所寫的傳記（Morris, 2000）卻引起高度爭議，因爲他感覺到訴說的必要而根據自己來創造了一個虛構的人物，並在多處杜撰了自己和Reagan的接觸，使他得以第一人稱訴說故事的方式來呈現Reagan的生活經驗，就像他真的目擊且參與了這些事件和遭遇一般。因此，一位傳統的且受到高度敬重的歷史學者，將準自傳俗民誌的文學小說形式引介入標準化的傳記寫作上，以從自己的觀點來重述其傳主的生活。

　　我自己在自傳俗民誌研究上的努力（Patton, 1999a），即是要力圖找出真實無僞的語式--首先要對自己真實無僞，次而對認識我的他人真實無僞，最後是對那些不認識我的人真實無僞。使得我原先以爲只需花一年時間即可完成的工作，延宕成爲期七年且經常痛苦不堪、令人沮喪的書寫。而我僅是想寫下在十天之中，和我的兒子攀登大峽谷的經歷，在那次經歷中，我們一同探索「成年禮」（coming of age）或「進入成年階段」在現代社會中之意涵。當我正在學習如何敘說有關我們共同經驗之故事時，我的兒子正好從大學畢業。爲了使故事作品像故事，且將相互關連的片段組合爲一連貫的整體，我必須將我們在好幾天中發生的會話，重寫爲只像是一個傍晚所發生的對話，我必須將一些會話的順序加以重新排列，來增強情節張力，而且我也必須學會小說家所奉行的規臬：「顯露，而非明說」（show don't tell），這個勸告對經常須向他人

不，媽，我沒有講過妳是不好的媽媽，我知道「錯誤意識」聽起來像是負面的，但這是無關個人的。那一章剛好是「解構」的，在下一章我會進行重構和創造性的合成。我認為妳將會對於母親形象的原型在後現代世紀中角色衝突的描繪，產生真正的共鳴。妳就是必須進入自傳俗民誌的心思當中。

面對關於自傳俗民誌的批評

敘說生活經驗的我們，尤其是特別地困難的。最困難的，仍是揭露自己的情緒、怪癖、疑惑、弱點和不確定性。然而，一旦故事被說了出來，書中最後一章所提出的對不同成年禮派典的對比（如第一章的表例1.1所示）就比較輕鬆容易了。在本章之後的附錄3.1中，我從該書節錄一個段落，作為自傳俗民誌書寫的實例。

　　Johnstone（2000）曾論證說，在人類學領域中，對「個人語式的關注」是可以理解的，至少有一部份乃是「在一個對語言採取較為現象學取向的較大轉變脈絡中」（p. 405）。自傳俗民誌整合了俗民誌和個人故事，以自傳格式更為一般地展現「社會科學領域中對傳記方法的轉向」，

致力於「連結分析的鉅觀和微觀層次，……而且，提供一個精緻的詮釋歷程，以使個人和社會產生關連」（Chamberlayne, Bornat, and Wengraf, 2000: 2-3）。Art Bochner （Ellis and Bochner, 2000）對此意涵有所省思：

> 什麼是故事化的生活（a storied life）呢？敘事式真實（narrative truth）尋求將過去活生生地帶進現在。故事讓我們看到過去的意義與重要性是不完整的、暫時性的，且可依照我們現在生活情境、或敘事當下情境的偶然性來加以修正。難道這不是意味著，我們所敘說的故事總是冒著扭曲過去的風險？當然是的。故事終將重新組織、重新描述、汰舊換新、略而不表且一再修正。在許多層面上，他們可能是錯誤的--語調、細節、實質等等。此一故事敘說的特性，是否對個人敘事的作品造成威脅？一點也不。因為故事本來就不是中立的嘗試，並不是要映照出個人生活中的事實面向。
>
> 生活和敘事緊密交織。生活預測了敘說，且指明其意義。敘事既是關於生活，也是生活中的一部分。（pp.745-46）

本章一開始就將俗民誌和自傳俗民誌加以對照比較，我們得以從一世紀以前由人類學實地工作所開展的質性研究方法，其中在異族未受教化人們之間，俗民誌學者是局外人；而轉向到大量資訊流通的後現代世紀中之最晚近發展的質性研究，自傳俗民誌學者在其中藉由記錄自己在日益無所不包與商業化全球文化中的自身經驗，掙扎於找到自己獨特的聲音或語式。為了更進一步凸顯各種質性研究取向中的對比，下兩節將藉著對照實在導向研究與評鑑（後實證論的實在論）的基礎問題，以及後現代的建構論和社會建構論的基礎問題，來闡釋一些形塑質性研究方法（包括俗民誌與自傳俗民誌）的哲學根基。

真相與實在導向的符應理論：
實證論，實在論，和分析歸納取向

基礎問題：

　　在真實世界中真正發生的是什麼？我們要如何才能建立一些確定性的程度？對於可檢證的組型，什麼是似真的解釋？到目前為止，我們所能獲得的真相是什麼？我們能夠如何研究一個現象，才能使我們的研究發現盡可能地符應這個真實世界？

　　這些問題的共通點，是其先前假定了一個具有可檢證組型且可被觀察和預測的真實世界（the real world）--實在界（reality）是真的存在，真相（truth）值得我們去努力探尋。實在界可能難以理解，真相可能甚難判定，但描述實在界和判定真相則是科學探究的適切目標。由此一視角來觀之，研究者和評鑑者均要尋找能產生符應「真實世界」的方法，因此這有時候稱之為「符應的視角」（correspondence perspective）。

　　實在導向探究（reality-oriented inquiry）和真相的探尋，在懷疑的後現代世紀已顯得無比困難。後現代頌揚多元化視角和多樣化觀點，以別於經常宣稱已發現「真相」的壓迫制性威權主義和教條主義。然而，許多人，尤其是政策制訂者和評鑑研究者，發現很難接受所有解釋和觀點均有同等優點的想法。在方案中，有些人似乎比其他人更能從方案獲益，有些學生似乎比其他學生學得更多更好。有些研究所宣稱的效能比其他研究更有似真性和更多的優點。對效能宣稱的考驗，我們可將資料聚攏在一起，包括質性資料，從事一種實在考驗（reality testing）的形式，進而使用證據來檢驗其斷言和確證的宣稱。在本節中，我們將探討如何辨識和從事實在考驗，或實在導向的質性探究取向。如此，我會盡可能減少哲學性論述，並將主要討論焦點置於此一導向的實務應用。不過，對哲學基礎的扼要說明仍是必要的，以提供實務的脈絡。

　　對真相和實在的哲學探究，涉及探討知識本身的性質，如何形塑而成，且如何透過語言來傳遞。奠基於Auguste Comte觀點的實證論（positivism），主張：只有以直接經驗為基礎的可檢證宣稱，才能被視為真正的知識。Comte特別關心如何將以實徵經驗為基礎的「實證知識」，從依賴人類容易犯錯的理性和信仰的「神學」和「玄學」中區辨出來。二十世紀早期由奧地利的維也納學圈（Vienna Circle）和德國的

柏林學派（Berlin School）所發展的邏輯實證論（logical positivism），則「使用嚴謹的程序語言如符號邏輯來發展理論。知識是來自於直接經驗，或透過程序語言間接地從經驗中產生推論而來。」（Shadish, 1995b: 64）。邏輯實證論進而伴隨著哲學上的努力，以明確界定哪些可被視為科學知識（scientific knowledge）的基本要件，包括對主要概念和操作型定義的變項，和小心地提出可加以複製和否證的形式陳述，對邏輯演繹假設（logically deduced hypotheses）進行實徵性的檢證，尋求可放諸四海皆準的普遍法則。這樣，真實的知識（相對於只是信念）即專指那些可從理論中進行邏輯地演繹、可被操作型測量、及可經實徵性複製的東西。此一嚴格的、狹隘的、和嚴謹的要求，嚴重地限制了可被提出的知識，其所要求的更多確定性遠超過社會現象世界的複雜性所能產生的。雖然邏輯實證論在二十世紀前半葉甚具影響力，但現今已「幾乎被普遍拒斥」作為社會科學探究的基礎（Campbell, 1999a:132）。邏輯實證論之浮光掠影，所遺留的影響，就是作為派典論辯時經常被使用的標籤，雖然其用法常是不正確的。 Shadish（1995b）認為，吾人很難找到任何一位當代社會科學家、哲學家、或評鑑研究者，真的執著於邏輯實證論的教義。相反地，這個語詞已經變成「差勁的」一字之同義詞，該修辭學設計的目的在於以如此指稱，來打擊對手的可信度。這在量化─質性論辯中更是如此，有些質性理論學者很喜歡將所有量化研究對手標誌為「邏輯實證論者」，這其實是一個基本的但又共通的「錯誤」（p.64）。

邏輯實徵論（logical empiricism）和後實證論（postpositivism）則將僵化的實證論的弱點和對其產生的批判納入考量，影響許多當代的社會科學研究，包括實在導向的質性研究。邏輯實徵論，是邏輯實證論的溫和版（Schwandt, 2001），透過理論形成和方法論探究，尋求科學上的統一性，主張自然科學和社會科學之間並無方法論上的根本差異。由傑出方法論學者Donald T. Campbell在其論文集中所論述的，並以之省視「實

建構的、不斷改變中的實在

在我們生活中的每一時刻，我們所說的每一件事情都同時是真和假。它是真的，因為在我們說話的那個時刻，它是唯一的實在；而它是假的，因為在下一個時刻，其他的實在將會取代它。（Simic, 2000: 11）

驗中社會」（experimenting society）的後實證論（Campbell & Russo, 1999），則體認到在科學中任意的判斷是不可避免的；證明以相當確定的因果關係來解釋社會現象是有問題的；知識原本就是植根於歷史上的特定派典，因此是相對的，而非絕對的；所有方法都不是完美無缺，因此需要多元化方法（量化和質性二者）來產生和考驗理論，促進吾人理解到世界如何運作，並支持政策制定與社會方案的決定。雖然對於什麼是可明確獲知者有較為溫和的主張，後實證論者認定，只要蒐集實徵性證據，區分出較趨近真實的宣稱，就可能考驗和選擇對立的假設（rival hypotheses），並可以區辨出「信念和有效的信念」（Campbell, 1999b: 151）。

這些簡要的哲學與認識論探討，對於從實在導向的視角來從事質性研究，具有什麼實務上的啟示呢？其意義是運用主流科學的語言和概念來設計自然式探究，進行實地中的資料蒐集、分析結果、及判斷質性研究發現的品質。所以，如果你是從實在導向立場來運作的研究者或評鑑者，你會掛慮效度（validity）、信度（reliability）、及客觀性（objectivity）等議題（例如，Perakyla, 1997）。你雖明白完全價值中立（value-free）的研究是不可能達成的，但你會擔憂你的價值觀與先前概念可能會影響你在實地中所看到、聽到及所紀錄的，所以你需要全力解決你的價值觀，嘗試公開任何的偏見，一步一步地透過嚴格的實地研究程序去減少它們的影響，並在研究報告中討論這些可能的影響。你可能建立「稽核程序」（audit trail）去檢證實地工作的嚴謹性，和資料蒐集的確實性，因為你試圖要減少偏見，增加正確性，並提出不偏頗的報告，你相信「在任何個案研究中，不正確與偏見是不可接受的」（U.S. General Accounting Office [GAO], 1987: 51）。在研究報告中，你強調實徵性的研究發現--好的、具體的描述和分析--而不是你個人視角或語式，即使你承認某些主觀性與判斷可能介入其中。你會採用資料來源和分析的視角之三角檢證（triangulation），以增加研究發現的正確性與可信性（Partton, 1999b）。你對品質的判準，包括研究發現的「真實價值」（true value）與擬真性（plausibility）；判斷的可信性（credibility）、公正性（impartiality）、和獨立性（independence）；資料的確證性（comfirmability）、一致性（consistency）、和可依賴性（dependability）；及可加以解釋的不一致或不穩定（GAO, 1987: 53）。

你甚至可能類推（generalize）個案研究的發現，以產生或考驗理論（Yin, 1989:44, 1999b），建立因果關係（Ragin, 1987, 2000），或由所建立的組型和所學到的教訓，促進方案的改善和政策的決定（GAO, 1987: 51）。簡言之，你將二十一世紀科學所使用的語言和原則，整合進入自然式探究與質性分析之中，以傳達你專心致志於盡可能地獲知真實發生的事，無論你的研究場域為何。明白純粹實證論學者所堅持的完全客觀性是不可能達到的，你準備好要承認並處理現象學上的紛雜和方法論上的不完美世界，但你仍然相信客觀性是值得追求的。正如 Kirk and Miller（1986）所主張的，

　　客觀性，雖然這名詞常被用來指涉粗野實證論者的天真無知與缺乏人性的觀點，但這是所有良好研究的本質基石。缺少了它，這研究的讀者接受此一探究者的結論之唯一理由，可能只是對於作者個人權威的尊重。客觀性同時意味著盡可能具備信度和效度。信度是研究發現可獨立於研究的偶發情境之程度，而效度是研究發現可以用正確方式加以詮釋的程度。（p. 20）

　　在一本被廣泛引用且深具影響力的《質性資料分析》（*Qualitative Data Analysis*）一書中，Miles and Huberman（1984）謙虛地陳述：「我們認為自己是邏輯實證論者，體認並試圖去補償此一取向中的限制。也許應該說是軟調的邏輯實證論者」（p.19）。他們繼續解釋其所指意涵，並為實在導向的質性研究取向提供簡潔的摘要：

　　我們相信社會現象不只存在於心靈中，也同時存在於客觀世界中——而且在其中有些法則化的、合理而穩定的關係是可以發現的……。由於我們相信社會的規律性，我們認為：我們的任務就是儘可能精確地表達它們，注意其範圍和類推性，也注意其發生當時的地理區位和歷史脈絡的偶然性。
　　因此，不像社會現象學中的某些學派，我們認為提出一套有效和可檢證的方法，以捕捉社會關係和其肇因，是相當重要的。我們想要去詮釋與解釋這些現象，並且深信只要他人利用這些相同的工具，將可達成類似的結論（Miles & Huberman, 1984: 19-20）。

　　十年之後，在其修正和擴充的質性資源一書中，Mile and Huberman 稱自己為「實在論者」（realists），而不再是邏輯實證論者，更佐證了對邏輯實證論的「批判重度已導致其內部瓦解」（Schwandt, 2001: 150）。以實在論作為質性研究立場，顯然是實在導向的，且以上所引述的文字

在該修正版中大部分仍維持相同。他們體認到知識是社會與歷史建構的
（socially and historically constructed），而且他們「堅持主觀的、現象學
的、與意義建構乃生活的中心，確實存在且相當重要」。然後他們回到其
核心的實在導向的立場：

　　我們的目的是顯示且「超越」（transcend）這些歷程，藉由建立理論以
說明一個受知覺所侷限和負載的真實世界，並在各種不同學科中考驗這些理
論。
　　我們的考驗不是利用「總括性的法則」（covering laws）或古典實證論
的演繹邏輯。相反地，我們的解釋係衍生於說明不同的結構如何產生我們所
觀察到的事件。我們的目的在於說明事件，而不只是記錄其發生的次序。我
們探尋並捕捉事件核心的個人的或社會的歷程、機制和結構，以提供對運行
中力量的因果描述。
　　先驗實在論（transcendental realism）探求因果關係的解釋，以及可證
明每一個實體或事件都可作為因果解釋之實例的證據。所以我們並不只是需
要一個解釋性結構，而且必須能充分捕捉此一特殊的組成結構。這就是為什
麼我們比較傾向在研究中使用更多歸納法的原因（Milles & Huberman, 1994:
4）。

　　分析歸納法（analytic induction）是歸納分析的特定形式，開始於演
繹分析，藉以形成命題或假設，然後深度地檢驗特殊的個案，以決定此
一個案之事實是否支持假設。如該個案符合假設，則研究另一個個案，
以此類推，以尋求類推性。如個案並不支持假設，即是「負面個案」（a
negative case），則是修正假設。研究目的在於運用質性的、以個案為基
礎的研究，以充分地解釋一個現象（Schwandt, 2001; Vidich & Lyman, 2000:
57-58; Ryan & Bernard, 2000: 786-787; Gilgun, 1995; Taylor & Bogdan, 1984:
127-128）。第八章討論分析時，我們會更詳盡地討論分析歸納法的分析
策略，並提供實例。
　　分析歸納法聚焦於方法，實在論則著重於哲學。實在論哲學（realist
philosophy）（Baert, 1998; Putnam, 1987, 1990）最近則被Mark、Henry和
Julnes（2000）以及 Pawson和 Tilley（1997）等人採用為實在導向取向的
理論基礎，以評鑑包括質性探究在內的研究。

　　實在論假定外在世界是存在的，事件和經驗均由該外在世界底蘊的（且
經常是無法觀察的）機制和結構所觸發（Bhaskar, 1975）。常識實在論也關

心日常生活經驗。它是反形式主義的，對真相的性質等令人傷腦筋的問題，不尋求邏輯的、形式化的解決。它優先強調實務，及從實務中所學到的課題……作為實在論者，我們看到在質性和量化研究方法上，並無顯著的知識論差異。反而，我們看到二者均可作為輔助性的意義建構技術，均有其特定的益處和限制。作為常識唯實論者，我們相信雖然有一個外在世界，就在那兒等待著被理解，個人所做的特定建構仍是關鍵的，且需要被審慎考量」（Mark et al., 2000:15-16）。

在本節中，我使用「實在導向的質性研究」一詞來描述此一視角，係因為諸如邏輯實證論、後實證論、邏輯實徵論、實在論、先驗實在論和客觀主義等術語，均有易生爭議的定義，且對許多人而言帶有相當負面的意涵，以致背負了沈重的負擔。我試圖以描述性的方式來呈現實在導向的符應理論之視角，聚焦於其核心、基礎的問題，如本節一開始所陳述的。雖然，如下一節所要呈現的，許多質性方法論學者堅稱質性研究的視角在本質上是建構論（constructionist）或現象學的（phenomenological），但在許多重視科學可信性的研究實務領域上，實在導向的視角仍然廣被引用，甚至具有主導性的地位。這些領域包括許多才剛開始接納質性研究的傳統學科中的博士論文審查委員會、貶抑「軼事化」（anecdotal）證據的形成性評鑑和政策研究，以及仍是強調雙盲實驗作為黃金標準的醫學研究領域等。為了強調上一個論點，我將引述一段從醫學期刊所摘錄的文字，來總結此節對實在導向質性研究的探討。此段引文是健康研究者對於那些抱持懷疑態度的讀者來辯護質性研究的價值，他們將質性研究與可接受的和可靠的實驗研究形式加以緊密連結。此一視角可作為實在考驗導向的縮影：

一旦質性研究者對個別人類的語言和行為獲致了小心謹慎的且可信賴的理解，他接著會做什麼呢？此處是我們依賴實證論的技巧和方法……。一旦我們小心謹慎地檢驗和清楚地說明我們理解一個人會做些什麼，我們會試圖去核對許多人的語言和行為，譬如說，使我們能夠考驗場域和行為之間的關係，或年齡和希望之間的關係。在質性研究科學或敘事研究的範疇中，也包括了對於類推、預測、將原初狀態和後果加以連結的努力。這些努力有賴與考驗任何假設中所使用相同的、以證據為基礎的活動。（Charon, Greene, & Adelman, 1998:68）

社會建構和建構論

基礎問題：
　　在此一場域中的人們如何建構實在？他們所報告的覺知、「真相」、解釋、信念及世界觀是什麼？他們對自身行為與互動他人的建構，有什麼結果？

　　建構論（constructivism）的前提：人類世界不同於自然、物理的世界，因此必須用不同方式來研究（Guba & Lincoln, 1990）。因為人類的演進，具備了詮釋（interpret）和建構實在（construct reality）的能力，人類所覺知的世界並沒有絕對的真實。例如太陽是真實存在的，但也是由文化和語言學構念所「製造」（made up）和形塑而成。我們說，對於人類世界的社會建構在物理上並不是像太陽般真實存在，並不表示它不能被真實的人來覺知和經驗為真實存在的。一位傑出的社會學者和符號互動論的創始者W. I. Thomas提出了「Thomas's理論」來呼應上述說法：「被人們定義或覺知為真實存在的，其結果就是真實的」（Thomas & Thomas, 1928:572）。因此，建構論研究被人們所建構的多元實在（multiple realities），以及這些建構對其生活和對其與他人互動的影響。

　　Shadish（1995b）提醒我們，社會建構論（social constructionism）「指涉到建構有關實在的知識，而不是建構實在的本身」（p.67）。建構論學者通常假定，人們「並沒有直接的管道，可以接觸單一的、穩定的且可完全獲知的外部實在。我們所有能理解的是，深植於背景脈絡、人際之間的互動、且必然是有限的。」（Neimeyer, 1993:1-2）。任何有關「真相」的觀念，都是一種「在博學的和精緻的建構者之間所達成的共識，並非符應客觀的實在。」同樣地，一個客觀「事實」（fact）的觀念，「除非是在特定的價值框架中」，否則是沒有意義的。也就是「任何命題都不可能進行『客觀的』評量」（Guba & Lincoln, 1989:44）。社會建構（social construction）或建構論哲學（constructivist philosophy）均奠基於本體論的相對性（ontological relativity），主張所有對存在的陳述如要站得住腳，均取決於一種世界觀，而世界觀並不是受到對於這個世界的經驗性或感覺性資料所獨特地決定。因此，兩個人可生活於相同的實徵經驗世界，但一個人的世界經常有鬼魅出沒，另一個人的世界則充滿著原子微粒。表例3.4試圖凸顯社會建構論和建構論的世界觀，但二者經常交互使用。

表例 3.4　建構論vs社會建構論

Michael Crotty（1988）對建構論（constructivism）和社會建構論（construc-tionism）做出重要且實用的區分，說明在學者之間是如何開展對於社會建構歷程的討論。因為這兩個字詞實在是很難區分且容易混淆，此一區分是否能被廣泛運用，

仍有待時間證明。

「將建構論一詞保留給認識論的考量，完全聚焦於『個人心智之意義創造的活動』，而社會建構論應用於聚焦在『意義的集體產生（和轉移）』。」（p.58）

「無論這兩個語詞的用法為何，此一區分本身就是重要的。建構論指出每一個人的獨特經驗，主張每一個人理解世界的方式，均如任何他人一般有效且值得尊重，可據此追索任何具有批判性的心靈。另一方面，社會建構論強調文化對我們的支配，形塑我們觀看事物的方式（甚至於我們感受事物的方式），賦予我們對世界的一個相當明確的觀點。」（p.58）

建構論觀點為何？Michael Crotty（1998）聲稱：

　　並不只是我們的想法是被建構出來的，我們必須探討情緒的社會建構。甚至，建構論含括有意義實在的全部範疇。一切實在，當其是有意義的實在，均是社會建構的。沒有任何的例外。……椅子可作為一個現象物體而存在，無論吾人的意識狀態是否覺察其存在。然而，它存在為一把椅子，只是因為有意識的人們將其建構為一把椅子。作為一把椅子，它係透過社會生活而被建構、維繫、和再製。（pp.54-55）

　　Crotty又以一棵樹為例，

　　「常識」提供給我們的觀點是，聳立在我們面前的樹是一棵樹，它就有我們賦予樹的所有意義。它就是一棵樹，無論任何人是否知道它的存在，具有相同的意義。我們必須提醒自己，是人類將其建構為樹，賦予其樹的名稱，將與樹相關連的一切都加諸於它身上。但即使在同一個文化之中，我們所賦加上的相關事物，也可能有某種程度上的差異。在伐木城鎮中、在藝術家住所、在無樹的陋巷中，「樹」很可能有著非常不同的意涵。（p.43）

　　從建構論者的視角，如何確實影響質性研究之進行呢？讓我們看看它在方案評鑑上的衝擊。一位建構論的評鑑者會預期一個福利方案中的不同利害關係人（如工作人員、當事人、當事人家屬、行政人員、資

助者等）對方案會有不同的經驗與看法，這一切都應該受到注意，且被經驗爲實在。建構論評鑑者將會試圖透過開放式訪談和觀察，捕捉這些不同的視角，然後檢驗這些不同覺知（perceptions）（或多元實在）的蘊義，但並不像實在導向（後實證論）評鑑者一般宣告哪些覺知是「對的」或較爲「真實的」。建構論評鑑者會去比較當事人與資助者或方案工作人員的覺知和社會建構，且可比較其對方案目標如何達成的差異效果之詮釋，但他們不會評價工作人員的覺知較爲真實或有意義。在建構論評鑑中，「利益關係人的宣稱、關注和議題將作爲組織的焦點（判斷什麼資訊是需要的基礎）（Guba & Lincoln, 1989:50）。

事實上，如果建構論評鑑者從社會正義的架構中操作，將會更重視較少權力者的視角，以讓權力受剝奪者、受特權宰制者、窮人和其他主流外的人「發聲」（give voice）（Weiss & Greene, 1992:145）。在明尼蘇達州聖保羅學區中有一個多種族方案之評鑑，設計的主要部分包括紀錄和報告有色人種的經驗，讓非裔美人、土著美人、和墨裔父母向大多數的白人經費贊助者說出他們的故事。最後的成果報告被撰寫成一個「多語式、多元文化的」報告，呈現出他們在方案中的不同經驗和覺知，而不是獲致單一的結論。報告文本中所傳達的訊息是，多元聲音是需要被聽到和被重視的，以彰顯出多樣性（Stockdill et al., 1992）。此一評鑑結果具有形成性和總結性的目的，但家長和其他工作人員最有興趣的是，利用評鑑歷程讓那些有權力者能夠聽見他們的聲音。「被聽到」（being heard）本身就是一個目的，有別於研究發現如何去運用。

Guba和Lincoln（1989）說明建構論的基本假定，不論是爲了評論或一般的研究，有下列數種：

- 「真相」（Truth）是博通的與精緻的建構者之間所達成的共識，並非與客觀真實相符應。
- 「事實」（Facts）若非在某些價值架構之內，即沒有意義。所以，對任何命題都沒有「客觀的」評量。
- 「原因」（Causes）和結果（effects）若非藉由歸因……，則是不存在的。
- 「現象」（Phenomena）只能在其被研究的背景脈絡中來理解；在某一背景脈絡下所獲致的研究發現，不能被類推到其他背景脈絡中；無論

是難題或解決方案，均不可從一個場域類推到其他場域之中……。

● 「資料」（Data）如從建構論研究所取得，並無特定的地位或正當性；它們單純只代表達成共識過程中可納入考量的另一項建構。

　　Guba and Lincoln（1990:148）對建構論觀點的摘要是，它們在本體論上是相對主義的（relativist）、在認識論上是主觀論的（subjectivist），而在方法論上則是詮釋學的（hermeneutic）和辯證的（dialectic）。其思維重點在於實在界的社會建構本質，將對於人類的研究和對自然現象的研究區分開來。

　　社會團體諸如街頭幫派、宗教狂熱份子如何建構其自所信仰的實在，在社會學中已有很長遠的歷史了，特別是知識社會學（the sociology of knowledge）（如Berger and Luckmann, 1967）。直到知識是由社會所建構的想法被科學家所採納，建構論才搖身一變成為深具影響力的方法論派典。在這方面尤其是以Tomas Kuhn（1970）的經典著作《科學革命的結構》（*The Structure of Scientific Revolutions*）一書最為影響深遠。在 Kuhn之前，大部份的人都認為科學進步係仰賴個人英雄式的發現，有助於知識體系的累積，使得愈來愈接近世界的真實運作方式。相反地，Kuhn主張緊密組織的專業社群才是科學發展的核心。那些似乎是由卓越的科學心智所產出的理念，實際上是由知識的派典所塑造而成，其依賴的知識派典則是被社會建構出來的，且係透過科學社群的共識而強化。與其將科學研究視如穩定地逐步接近自然界的真相，Kuhn建議，科學最好被視為是在不同科學世界觀信仰者之間一系列權力爭鬥的結果。

　　Kuhn強調由先前覺知的和社會建構的理念所產生的力量，控制著科學家所做的觀察。他堅持，若無大家都同意的構念之集中式效應，研究者實際上將無法投入於研究之中。一個完全「開放」的心靈，將無法全神貫注於「常態」科學所需要的細節，換言之，考驗從一個理論或「科學派典」（scientific paradigm）所推衍出的特定命題。使得這個貢獻如此重要的是一項眾所周知的先前假定：科學家並非被先前概念所束縛的，都是心靈開放、價值中立的，而且不被固有的想法所阻礙。Kuhn將通常用於描述相對立的政治和意識型態社群之爭議的語言，用於描述科學。他主張（並舉自然科學為例）科學家社群就如同意識型態或宗教社群一般，其組成係遵循特定的傳統，且定期會遭遇到舊有信念已無法解釋新出現之問題的緊張拉拒狀態。新的解釋和理念將競爭到舊有的理念

被捨棄、修正或淘汰。然而，此一競爭並非只是智識上的，權力也涉入其中。科學社群的領導者運用權力來支持其地位，正如同政治領導者所做的。對Kuhn貢獻的評量一直要到其作品出版三十年之後，由歷史學者David Hollinger正視其分析的重要性：「《科學革命的結構》一書強而有力地突顯出長期以來有效的科學實仰賴於明確組成的且是歷史上特定的人類社群。」（Hollinger, 2000:23）

科學家是社會建構論的重要案例。如果科學知識是被社會建構出來，且由共識所證立的，而不是由自然所證立有效的經驗性事實，那麼，所有知識當然都是社會建構的。「**據此而言，不僅是社會科學家，自然科學家同樣地均必須處理由社會所建構的實在。從這個層面看來，社會科學家和自然科學家站在同等立足點之上。**」（Crotty, 1998:55）

Kuhn的分析即使仍有爭議且受到強烈抨擊（如Fuller, 2000），但已成為後現代懷疑論（postmodern skepticism）看待科學真相的里程碑。後現代主義（postmodernism），如同Radavich（2001）所言，已成為「**我們這個時代最流行的思想模式……後現代論述正是否定本體論立場的可能性**」（p.6）。換句話說，存在的任何層面，沒有真相或「真實的意義」是可能獲知的，至少不會是絕對可能的，它只能被建構出來而已。為了理解建構論及其對質性研究的啟示，簡要地回顧後現代主義應是有助益的，因為無論在科學上或在藝術上，後現代主義均形塑了當代的智識論述（intellectual discourse）。

對於科學產生真相的信仰，是從啟蒙以來的現代主義思潮的基石。後現代主義則質疑科學是否具有產生真相的能力，藉此攻擊此一對科學的信仰，因為，就像是所有人類社群一般，科學亦部分取決於語言，而語言是由社會建構的，可能對實在界產生某種程度的扭曲。後現代主義堅稱，沒有任何語言，即使是科學語言，能夠提供一扇直接觀見實在界的窗。語言無可避免地建立在建構出該類語言之社會群體的假定和世界觀之上，也反映此一社會群體之文化，包括語言也是其中的一部份。因此，語言既不會也無法完全捕捉或再現實在，這種態度稱為「再現的危機」（crisis of representation）（Denzin & Lincoln, 2000b; Turner, 1998:598）。轉譯成Kuhn的架構，科學語言和構念均奠基和依賴派典。

從這一論述來看，知識在時間遞演和跨文化之持續性，均受到質疑。現代主義對科學的信仰，尚假定了知識隨著時間不斷增加和持續累積，進而促成更為深度之真相的成長。「**後現代主義者主張，由於沒**

有真相可獨立於人類之意識型態旨趣而存在，知識的斷裂才是常態，而文化永久的多元性才是人類必須持續面對的唯一真相。」（Turner, 1998:599）。建構論和後現代主義一致的是，均採取相對主義立場，意指將知識視為具有時間和空間的相對性，並無可跨越時空的絕對性，因此不願去類推，也懷疑由其他人所斷言的可類推性。

權力進入此一圖像之中，因為，如同將實在界視為社會建構和文化植被的觀點，在任何時空中具有主導勢力的觀點，將為該特定文化中最具有權力者的利益來服務。藉著控制語言，和控制對於實在界的分類方式，有權力者即可主導對於實在界的建構。

科學知識是社會建構的，如同所有其他的知識體系一般，是相對的和偶然的，且受其產生的派典和方法所規範。「科學，如同任何知識體系，係奠基於一些難以令人信服的假定，是從物理實在界產出抽象概念，透過制度化和情緒投入的歷程使其具體化且具有穩定性，並有系統地壓抑其他知識體系，以斷言其自身之實在。」（Turner, 1998:614）有些後現代主義者和建構論者質疑發現和表達真正實在界的可能性，即使是在物理世界中亦然，因為語言已在人類和物理實在之間建立了一道屏障。「語彙是有用的或無用的、好的或壞的、有幫助的或誤導的、敏感的或粗糙的等，但它們不是『較客觀』或『較不客觀』，也不會是較『科學』或較不『科學』（Rorty, 1994:57）這是因為發現「實在之真正本質」並不是語言的真正目的，語言的目的是讓使用該語言的團體中的優勢成員來溝通其社會建構。

後現代的視角，及其許多的變異—因為後現代主義並無統一的視角（Pillow, 2000; Constas, 1998）--已更為強調「解構」（deconstruction），意指將語言從其文本中分離開來，以揭露其關鍵性的假定，及其所服務的意識型態旨趣。後現代所批判的視角及權力，就如同戴著白手套的雙手。社會建構被認為是為了服務那些擁有權力者的利益和關注。如同Denzin（1991）曾試圖解構大眾傳播媒體所傳遞的訊息，一項批判性分析應「使噤若無聲者能發聲，以解構那些重複再製無權力者之刻板印象的流行文化文本。」（p.153）所以，解構即成為建構論者的主要分析工具。

在解構社會建構論和建構論時，我們發現了許多假定和主張，從激進的「絕對沒有實在可言」，到較溫和的「讓我們理解和尊重實在的相異視角」。這些主張共通之處均在於關注人類知覺的主觀性質，並懷疑客觀性的可能性。實在導向的研究者則質疑建構論的主觀知識。這些論

辯究竟有多大的爭議呢？我們可藉由Rutgers哲學家Norman Levitt（1998）在其論文〈爲什麼教授總是相信一些怪事？〉（Why Professors Believe Weird Things?）中對於後現代主義和建構論的評論，來理解這些不同的觀點：「科學證據—即所謂唯一有意義的證據—不能藉由『主觀知識』使其中立化，這無異廢話連篇」（p.34）。他繼續評論建構論是後現代主義的一種特殊表現形式：「是一種特殊的技術，以沈醉於自己的語言之中」（p.35）

　　Thomas Schwandt（1997a）在其非常卓越的質性研究辭典中，則以較爲溫和的語調敲醒了我們，使我們體認到建構論的修辭如果太過於照字面解釋的話，可能聽起來非常激進（而且愚蠢）。

　　雖然有些建構論的說法確實否定了實在，許多（我懷疑應該不是大多數）質性研究者則仍有共通的實在論的本體論，亦即，他們認真地看待事物、事件、結構、人們、意義等在環境中的實存，視爲獨立於其內在經驗之外的實在。而且，他們認爲社會、制度、感受、智慧、貧窮、殘障等都是「真實的」，就像是腳掌前的腳指頭，和在天空中閃耀的太陽一般真實。（p.134）

　　若進一步解構「社會建構」一詞，我們可能會發現其「具有無可避免的製造之蘊義」，就像是人們坐在那兒，然後製造了一些東西出來。然而，

　　說人們創造了世界，並不同於說他們是唯我論者（solipsists），亦即他們有能力依據其天馬行空的想像來主導世界。我們通常並不能尋常地製造一個想像的或無法感知的現象，且期待它被認真地看待。這種誤解，是以爲製造的歷程是毫不受限制的，而事實上，它就是一種限制的結構（Watson and Goulet, 1998:97）。

從啓蒙到後現代

　　所有的運動都傾向於相當地極端，這幾乎就是我們今日的處境。從浪漫主義到現代主義所洋溢的自我實現，現在已經產生了哲學的後現代主義（經常被稱爲後結構主義，特別是在更爲政治的和社會學的表達當中）。後現代主義跟啓蒙是極端的對立。兩者之間的差異大致上可以如此表明：啓蒙的思想家相信我們可以知道任何事情，而激進的後現代主義者相信我們一無所知。（哈佛社會學家E. O. Wilson, 1998: 21）

對於實在的社會建構，不只提醒我們注意所建構的是什麼，更要去注意它是如何被建構的，以及說它是被建構的究竟意義為何等等問題。有關這些議題在社會科學和自然科學中的探討，請詳見Hacking（2000）的論述。

二元論和一元論的建構論

區分社會建構論之二元論（dualist）和一元論的（monist）研究取向，是本小節對於解構歷程的最後濾網。

二元建構論區分事件的實際狀態，和對這些事件的覺知、詮釋或反映。當Berger and Luckman（1967）說知識社會學「必須關注任何在社會中流動的『知識』」（p.3）時，他們將「知識」放在引號之內，彰顯其秉持二元論的立場。到處都有知識，然後才有「知識」。後者是由某些社會團體視為是知識，但是對於這類團體宣稱的最終有效性必須加以判斷，然後，決定該「知識」是否是真的知識……。

如果探究領域的取向是二元論的，這意味著分析者必須區分這領域的客觀特質和其成員對於這些特質的再現，二元論者準備判斷這些成員的再現（信念、詮釋）之適當性。如果探究領域的取向是一元論的，那麼將只有成員的再現，這種再現的適當性與否將不會成為一個議題；這個領域將沒有所謂的客觀特質作為判斷適當性的基礎，例如，種族主義的宣稱。該領域只會存有特質的再現，例如，種族主義的再現／宣稱。

解構的實例：企業精神的概念

Ogbor(2000)曾檢視過「企業論述中的神秘化和具體化」。他討論了「傳統企業論述與實踐中意識型態控制的結果」。依循後現代主義者、解構主義者和批判理論傳統，有關表達企業精神(entrepreneurship)現象的理念被解構，以顯露「意識型態控制在研究與實踐中的反功能的效果」。Ogbor主張企業精神這一概念是「歧視的、性別偏見的、我族中心決定的，以及意識型態控制的，不僅維繫廣為流傳的社會偏見，也為那些關於企業實在界的未經檢視的和矛盾對立的假定及知識服務。」(p. 605)

年輕的小姐，法庭不需要再聽到任何有關質性研究方法中效度與信度的困難，各類後現代認識論當中的差別，或是所謂「偉大的派典的論辯」。請直接告訴我們妳看到了什麼。

　　我們可以藉由強調社會建構論和建構論觀點對質性研究的基木貢獻，來作一個結束。那就是，強調掌握和榮耀多元化的視角；注意到語言如同一種社會與文化的建構，其形塑、扭曲和建構理解的方式；方法如何決定發現；思考研究者與被研究者之間關係的重要性，特別是不公平權力的動力所產生的效果，以及這樣的效果如何影響所發現的。

現象學

基礎問題：

對於這個人或這一群體的人們而言，其生活（過的）經驗現象之意義、結構與本質究竟是什麼？

「現象學在探求一個現象之最根本的本質，因為這是使其如其所是的本質，缺少這個本質，它就不再是如其所是」（Van Manen, 1990:10）。這原本非常清楚的定義卻可能迅速地模糊消褪，原因是現象學（phenomenology）這名詞已被使用得相當廣泛，受到極大的擁護，以致其定義已多所混淆。有時候現象學指涉一種哲學（Husserl, 1967），一種探究的派典（Lincoln, 1990），一種詮釋的理論（Denzin and Lincoln, 2000b:14），一種社會科學分析的視角或導向（Harper, 2000:727; Schutz, 1967, 1970），一種主要的質性研究傳統（Creswell, 1998），或是一種研究方法架構（Moustakas, 1994）。這些由定義現象學到底為何而衍生之各種形式，使得現象學這一圖像變得更加錯綜複雜；先驗的（transcendental）、存在的（existential）與詮釋的（hermeneutic）現象學提供了不同焦點的意義——分別指向個人經驗的存在意義，團體實在的社會建構，以及溝通的語言與結構（Schwandt, 2001:191-94）。在社會學與心理學中的現象學傳統，其分析單位也是多樣的，分成團體的或個別的（Creswell, 1998:53）。而在這些混合意含之外，Ulrich Sonnemann（1954）又進一步增添了混淆，提出「現象學誌」（phenomenograhy）一詞，強調「一種立即性主觀經驗報導之描述性記錄」（p.344）（對於現象學誌研究加以註釋的參考文獻，可參見Bruce & Gerber, 1997）。

這些不同的現象學與現象學誌的研究取向，都共同集中在探索人類如何使經驗具有意義，並且將經驗轉換成個人的意識（consciousness），且彼此都能理解的意義。這便需要有方法論地、小心謹慎地且完全徹底地捕捉與描述人們是如何經驗某些現象——他們是如何覺察它、描述它、感受它、判斷它、記憶它、使它具有意義，並與他人談論它。為了蒐集這些資料，我們必須深入訪談那些對某些現象感興趣而有「直接」經驗的人們；也就是說，他們擁有「生活（過的）經驗」（lived experience），而不是第二手的經驗。

現象學的目的是對於我們日常經驗的本質或意義獲得較深入的理解……。

任何可意識到的事物，無論此一研究客體是真實的或想像的，可在實徵上加以測量的，或可在主觀上感受到，皆是現象學所感興趣的探究焦點。意識是人類所擁有唯一通往世界的途徑。也就是說，藉由意識，我們早已和世界產生關連。因此，我們所有能夠知道的，必須是已具現於意識上者。一旦未能為意識所掌握，亦將遠離生活過的經驗之範疇……。任何人都不可能在活出經驗的當下，對此生活過的經驗進行省察。舉例來說，當一個人在其憤怒之時，試著省察自己的憤怒，他將會發現這個憤怒已經改變了，或是煙消雲散了。因此，現象學的省察並不是內省的（introspective），而是回溯的（retrospective）。對於生活過的經驗之省察總是回憶式的；是對已成過去的或曾經生活過的經驗進行省察（Van Manen, 1990:9-10）。

這個探究焦點的現象或許是一種情緒——寂寞、嫉妒或憤怒。這個現象可能是一種關係、一段婚姻或一項工作。這個現象也可能是一項方案、一個組織或一種文化。

作為哲學傳統之現象學，首先由德國哲學家Edmund H. Husserl（1859-1938）在發展嚴謹科學時所使用。Alfred Schutz（1899-1959）的作品則對應用和建立現象學作為一主要之社會科學視角，具有重要的影響力（Schutz, 1977）。其他如Merleau-Ponty（1962）、Whitehead（1958）、Giorgi（1971）和Zaner（1970）等人，亦都功不可沒。最近，現象學對於某些心理治療學派的研究也有重大的影響（Moustakas, 1988, 1995）。

Husserl（1913）指出現象學的意義為：對於人們如何描述事物，且透過其感覺來經驗事物之研究。他最基本的哲學假定，「我們僅能知道我們所經驗的事物」（we can only know what we experience），藉由留意那些喚醒吾人意識覺察的覺知和意義。起初，我們所有的理解均來自於我們對現象的感官經驗，但經驗必須被描述、說明和詮釋。然而對經驗的描述和詮釋，經常是複雜交織地成為不可割離的一體。詮釋對經驗的理解而言是必要的，而且經驗的本身亦包含詮釋在內。現象學者之研究重點，在於我們如何將所經驗到的現象結合在一起，用以理解這個世界，並發展出我們的世界觀（worldview）。對人們而言，這其中並無分離的（或客觀的）實在界，他們所知道的僅是其經驗為何與有何意義。主觀的經驗統合了客觀的事物，並變成「一個人的實在」（a person's reality），因此，聚焦在意義的建構（meaning making），即為人類經驗的本質（essences）。

現象學綁架

從現象學的觀點來看，我們對某些特定情形的事實狀態較不感興趣：無論是發生什麼事、多常發生、或經驗如何發生，均與其他情況或事件的普及性有關。舉例來說，現象學不會去問：「這些學童如何學習此一特定的教材？」而是去問：「學習經驗的性質或本質是什麼？」（據此，我比較能了解，對這些學童而言，此一特定的學習經驗像什麼？）（Van Manen, 1990:10）。

當討論質性方法時，現象學視角的兩項涵義經常是混淆不清的。第一個涵義是，知道人們經驗了什麼和他們如何詮釋這個世界，才是最為重要的，這是現象學探究的主題和重點。第二個涵義是方法論的。我們想要真正知道他人經驗了什麼，唯一的方法是我們盡可能地自己直接去經驗這個現象。這使得參與觀察和深度訪談具有莫大的重要性。不論是上述哪一種情形，在報告現象學的發現時，「一個經驗的本質或本性是適當地以語言來描述的，

如果這個描述能夠以一種更為完全的和更為深層的方式，再啟動覺察或向我們顯示活過的經驗之特質與意義」（Van Manen, 1990:10）。

區別現象學取向的最後一個面向是，假定「共享的經驗（shared experience）具有一種本質或一些本質」。這些本質是透過一個為人所共同經驗到的現象，並被相互理解的核心意義，將不同人們的經驗放入括弧、加以分析和比較，以確認為這個現象的本質。例如，寂寞的本質，成為一位母親的本質，或在一項特殊方案中成為參與者的本質。對於本質的假定，如同俗民誌學者假定文化存在且相當重要，成為一項純粹現象學研究之定義性特徵。因此，「現象學研究是一種本質的研究」（Van Manen, 1990:10）。現象學家

對經驗的分析是嚴謹的，所以經驗的基本元素——普遍存在於一特定社會之成員或所有人類——可以被確認。上面這一點對於了解現象學的哲學基礎非常切要，但也經常被誤解。另一方面，每一個人都擁有其獨特的經驗，這些獨特經驗被視如真實，且決定個人的行為。就此而言，真實（及其關聯的行為）對每一個個人完全是獨特的。某些研究者被誤導，以為當他們研究四位教師且描述其四項獨特的看法時，所使用的是現象學的視角。實則現象學者假定這些人類經驗中具有一共通性（commonality），且必須嚴謹地運用放入括弧（breaking）的方法來找出這些共通性。從現象學研究中所獲得的結果，因此可與其他現象學者對相同經驗或現象的研究有所關連，或加以統整（Eichelberger, 1989:6）。

簡單地說，以現象學的焦點從事研究（亦即獲得某些現象經驗的本質），不同於哲理上使用現象學來證立質性研究於社會科學研究中的合理適切。兩者的貢獻都很重要。但一個現象學的研究（相對於一個現象學的視角）是著重於描述人們所經驗的，以及當他們經驗了所經驗到的時，它會是什麼樣的情形。研究者可以採用一般現象學的視角，以闡釋應用現象學方法去捕捉人們所經驗的世界之重要性，而不必進行以共享的經驗本質為焦點的現象學研究（至少這是我對現象學這個現象的經驗與詮釋）。

啟思研究

....
基礎問題：

我對這個現象的經驗是什麼？以及其他也曾深刻經驗這個現象的人，他們的本質經驗又是什麼？
....

啟思法（Heuristics）是現象學研究的一種形式，著重於研究者的個人經驗（personal experience）和洞察（insights）。

當我在尋找一個字詞，它能有意義地涵蓋那些據信為探究人類經驗的重要歷程，「啟思法」研究便進入了我的生命。啟思法的根本意義來自於希臘字中的heuriskein，意指去揭發（to discover）或發現（to find）。它指涉到內在搜尋的歷程，藉此，個人發現經驗的性質和意義，以及發展出方法與過程，以更進一步的研究與分析。研究者本身當下經歷了這樣的過程，以及隨著現象深度增加而來的理解，研究者也經驗到了自我覺察與自我知識的成長。啟思的過程結合了創造性的自我歷程以及自我發現（Moustakas, 1990b:9）

在龐大的現象學架構裡，啟思研究有兩個重要或精細的要素。第一，研究者必須對於研究的現象具有個人的經驗和熱切的興趣。第二，作為研究一部份的其他人（協同研究者），必須分享其對於現象所感受的經驗強度。啟思法並不在於探索因果關係的經驗，而是聚焦於研究者與協同研究者觀點所覺察的深度人類經驗。它是結合了個人的經驗，以及對現象本質產生理解的強度。「啟思法關注的是意義，而非測量；是本質，而非表象；是質性而非數量；是經驗，而非行為」（Douglass & Moustakas, 1985:42）。

啟思研究者的報告是充滿發現、個人的洞察以及研究者的省思。發現來自於對事物本身的開放態度，體認到一個人必須放棄掌控以及隨著所尋求焦點的新奇和戲劇性而流動，「針對干擾的或挑戰性的經驗，詢問一些問題」（Douglass & Moustakas, 1985:47）。

啟思研究的獨特性在於它對於研究者的這些個人經驗、省思與洞察所合理化與重視的程度。然後，研究者藉由與協同研究者共享的省思與探究，他們也強烈地經驗與省思此一被探究的現象，研究者便會理解到現象的性質。在相互努力闡明具有重要意涵的人類經驗之性質、意義以

及本質時，研究者與研究參與者之間的一種連繫感便會油然而生。

啓思研究的基礎的方法文本，是根據這個取向的主要發展者Clark Moustakas（1990b）而來。他在這個傳統裡的經典作品包括了孤獨的研究（1961, 1972, 1975）與人本治療（1995）。其他範例有Bernthal（1990）、Clark（1988）、Hawka（1986）、Weidman（1985）、Katz（1987）、Cheyne（1988）、Marino（1985）以及Craig（1978）。啓思研究根植於人本心理學（humanistic psychology）（Maslow, 1956, 1966; Rogers, 1961, 1969, 1977）以及Polanyi（1962）所強調的個人知識（personal knowledge）、內在（indwelling）與默會的面向（1967）。「默會之知」（tacit knowing）是在帷幕之後運作，產生直覺、不明確、無形式的洞察，而成為啓思發現的特徵」（Douglass and Moustakas, 1985:49）。Polanyi解釋「默會之知」是人類理解的內在本質，我們知道但無法清楚表達的。

> 默會之知，似為一項心理內在的行動，我們藉此獲得一嶄新的意義。當練習一種技巧時，我們須做出無數的肌肉動作，以達成其目的，據以構成聯合的意義。因此，由於所有的理解都是默會之知，所有的理解都是藉由心理內在來達成。（Polanyi, 1967:160）

啓思研究的嚴謹度，來自於對自我與他人做有系統的觀察與對話，以及和協同研究者進行深度訪談。這樣的探究模式「確立了個人在當下可以深入且熱情去生活的可能性，可以沈浸在神祕與奇蹟之中，而且仍然可以致力於有意義的研究經驗」（Craig, 1978:20）。

> 啟思研究的力量在於其揭露真相的潛能。藉由徹底的自我追尋、與他人的對話、以及對於經驗的創造性描述，一種充分理解的知識就此產生，始於一系列的主體性，進而發展成一個有系統與限定性的揭露。（Douglass & Moustakas, 1985:40）

啓思研究源自於現象學，但父在四個主要方式上與現象學有所不同（Douglass and Moustakas, 1985）：

1. 啓思法強調連結（connectedness）與關係（relationship）；然而現象學在分析一個經驗時更爲強調立場超然（detachment）。
2. 啓思法導向「本質意義的詳細描述，以及對於劇情結構和個人意義的描

繪，以鼓吹求知」；而現象學強調對於經驗之結構做出限定性的描述。

3. 啟思法是以「創造性合成」來做出結論，包含研究者的直覺與默會的理解；而現象學旨在呈現經驗之結構的精髓。

4. 「現象學在描述性分析的過程中，失去了研究參與者的位置；在啟思研究中，研究參與者在資料檢驗時仍顯而易見，且持續被描繪為完整的人。現象學止於經驗的本質，啟思法則保留了人的本質於其經驗之中」（p.43）。

在啟思研究過程中的系統性步驟，可導致對經驗的本質之「限定性揭露」（definitive exposition）：沈浸（immersion）、醞釀（incubation）、闡釋（illumination）、說明（explication）、以及創造性的合成（creative synthesis）（Moustakas, 1990a）。

就此處的目的而言，亦即描述質性研究之變異，啟思研究法的重要性在於：啟思研究擷取了現象學上對於意義和經由個人經驗而知的重視；它例舉說明且強調研究者是質性研究中最主要的工具；而且它挑戰了傳統科學主張研究者必須客觀和立場超然的看法，正如自傳俗民誌（本章之前有描述過）。本質上，它將研究個人化，並且將研究者的經驗（和聲音）從頭至尾放在核心之中來強調。

倘若我正在研究「喜悅」的意義，那麼喜悅便會在我身邊徘徊留連。它使我全然走入自信中，而且我接受喜悅成為自己的。喜悅逗留且顯現；過一陣子就只有喜悅了。它開啟了我對這個世界的快樂之路，而且使我進入豐富、樂趣與孩童般的天真，自由與輕鬆地前進。我已經準備好去觀看、感受、觸摸或聆聽任何能向我開啟喜悅經驗的任何事物之更豐富的知識與理解。（Moustakas, 1990b:11）

質性啟思法：一個德國的另類傳統

既然沒有權威存在來監控與揀選學術專用名詞，在使用上便常而發生了衝突、導致混亂，以及需要重申警告，對於定義術語的重要性。啟思研究、Clark Moustakas以及先前所討論的，有個相匹敵的學術用語—「質性啟思法」（qualitative heuristics），一個由德國漢堡大學所發展的取向，目的在「將有系統的探索與發現的品質，帶進心理學與社會學的研究中」（Kleining & Witt, 2000:1）。這是基於四個規則：

規則一：如果資料與先前的概念不一致時，研究者應該對新的概念開放，並且改變先前的概念。

規則二：在研究的歷程中，研究的主題只是初步的，且可能會有所改變。只有在成功地探索之後，才能完全的知道。

規則三：資料的蒐集應該要基於其能擴展視角之最大結構變異性（structural variation）。樣本的變異與研究方法的變異，能避免對主題單方面的再現；研究問題的變異能避免只有一個答案。如果研究者假定一個變項會影響到資料，則他們應該進行變異性的探討。結構變異性意指與主題相關聯情形的抽樣，例如當研究情緒時，資料的蒐集可包括過去與現在，情緒發生之前與之後，在不同的情境之中，來自不同的回應者，而如果可能的話，從不同的時間與文化、藉由不同的方法等等來蒐集。

規則四：資料分析是直接導致相似性的發現。在這些非常多樣且變異的資料中定位出相似性、一致性、類比性或同質性。它試圖克服差異性。在Simmel著名的討論「方法」一章之後，這個規則指出「從複雜的現象中提取同質性……且不相似的將被排除」。
（Kleining and Witt, 2000:online）

　　這個取向強調「內省」（introspection）作為分析過程的關鍵部份，也是人本心理學傳統中「啓思研究法」的一個核心要素。字典對於「啓思」（heuristics）一詞的定義，是協助學習的技術或是探索性問題解決的技術。然而，無論是Moustakas（1990b）所主張的啓思研究法，或是德國另類傳統所標誌的「質性啓思法」，都不能直接從字典對於「啓思」的定義來推衍出其研究方法；雖然，兩者亦不至於和字典的定義產生明顯的衝突。那些哀嘆字詞在其意義、外延之義、內蘊之義有如此變異情形的人，或許可以從Ambrose Bierce（【1906】1999）《惡魔的字典》（*Devil's Dictionary*）對於字典編纂者的定義中感到較爲舒坦：

　　一個令人討厭的人，在紀錄一個語言發展的一些特別時期的藉口下，盡其所能地捕捉該語言的成長，讓它的彈性變成一成不變，並使它的方法更為機械化。一位字典編纂者，當已經寫過字典時，會被認為「如同一位具有權威者」，但是他的功能卻只是在做一個紀錄，而不是給予一個法則……要認知到的真相是，如果語言要有所成長，則必須藉由創新來成長，製造新的字

詞，以不熟悉的方式來使用舊的字詞，不需要蕭規曹隨，或被尖銳地提醒：「它並不存在字典中」。－即使追溯到第一位字典編纂者（請神原諒他吧！）的時代，沒有任何一位作者曾經使用在字典中的任何一個字。在英語的繁榮年代和全盛時期，當偉大的Elizabeth時代的人，從他們的嘴唇中說出了一些字詞，並在這些聲音中帶有自身的意義時；當Shakespeare和Bacon也是如此言說時，這些語言在當時充滿活力地成長且堅實地延續著，比蜜還甜、比獅子更勇猛的維持著－現在卻是一方面快速地消失，另一方面緩慢地更新－這位字典編纂者是一個不知其名的人，字典本身是一種創造，但他的創造者（Creator）並沒有創造他來創造（字典）。（p. 110）

俗民方法論

基礎問題：
　　人們如何使其日常活動具有意義，以便以社會上可接受的方式來表現行為？

　　啓思研究法以個人具強烈興趣的議題爲焦點，俗民方法論（ethnomethodology）則聚焦於慣常的例行公事，以及日常生活中的瑣事。Harold Garfinkel（1976）發明「俗民方法論」一詞。當他翻閱著耶魯（Yale）大學跨文化的檔案時，Garfinkel無意中發現了「俗民植物學」（ethnobotany）、「俗民生理學」（ethnophysiology）、「俗民物理學」（ethnophysics）等詞。那個時候，他正在研究陪審制。他認爲陪審團或任何負責類似事務的團體所使用的愼思明辨的方法，構成一種「俗民方法論」，該詞中的「俗民」（ethno）意指「社會中具有一般常識的成員，對於『任何事物』所能獲得的一般常識」（Turner, 1974:16）。對於陪審團成員而言，愼思明辨方法的意義，是他們尋常性、日常的理解，此一理解使得陪審員可以克盡其職。

　　俗民方法論「藉由結合現象學的敏覺力和對於日常社會實務的極度關心」來研究社會秩序（Gubrium & Holstein, 2000:490）。Wallace and Wolf（1980）將俗民方法論定義如下：「如果我們將該詞的『俗民』轉譯為（團體的）『成員』或『人們』；則該詞的意義可被描述為：成員使其社會世界具有意義的方法。」（p. 263）。俗民方法論係某一場域中的人們視爲理所當然的規範、理解和假定，因爲這些是那麼深刻地被理解，人們並不去思考爲什麼他們要做他們所做。俗民方法論是研究「尋常人們實現他們的日常行動所使用的尋常方法」（Coulon, 1995:2）。根植於現象學，俗民方法論在社會學中顯得特別地重要。

　　俗民方法論，就像它的名字所建議的，是一種方法的研究。它不問爲什麼，而是如何。它問人們如何去完成事情--他們如何轉化情境或他們如何堅持情境，一步一步的，時時刻刻的，「不加以改變」。正如它的名字也暗示著，它是對於尋常方法有興趣，對人們的方法比對他們的理論更感興趣。（Watson and Goulet, 1998: 97）

　　俗民方法論學者說明一個完全的陌生人必須要學些什麼，以成爲一

個團體、方案或文化中發揮例行作用的成員。為此,俗民方法論學者進行深度訪談和參與觀察。然而,跟大多數質性研究之非操控與非干擾的策略不同的是,它應用了「俗民方法論的實驗」(ethnomethodological experiments)。在此類實驗的期間,研究者「侵入現場」(violates the scene),且做一些不尋常的行動來干擾日常的活動。一個簡單而知名的實驗,是在一座密閉的電梯中,轉身面對其他人,而非面向門。當他們進行此類質性實驗時,「研究者所感興趣的是,研究對象會做些什麼,以及他們會注意什麼,以讓該情境出現一種秩序的表象,或去使該情境具有意義」(Wallace & Wolf, 1980:278)。Garfinkel(1967)也提供了許多諸如此類的實驗(請特別參閱該書的頁38、42、47、79、和85)

俗民方法論學者也特別感興趣於觀察自然發生的實驗,如人們進入新的或非預期的情境,他們必須去理解發生了什麼事,而「意義在其中是相當有問題的情境」(Wallace & Wolf, 1980:280)。這類情境包括一項方案的新進人員,移民交流中心,在一所新學校或一項新工作的最初幾個星期,以及人們、方案、和機構生活中的主要轉捩點或關鍵事件。

在某些方面,俗民方法論學者試圖明白團體中的「默會之知」為何,將Polanyi(1967)默會之知的概念從個人擴展至團體。啟思研究藉著內省,以及和協同研究者互為主體的研究,來顯露默會之知。俗民方法論者則藉由干擾式地侵入日常經驗,迫使默會之知浮現出表面,而獲得團體的默會之知,因為日常之例行事務會使得默會之知維持在一種無意識和心照不宣的層次。

簡言之,俗民方法論者「將其自身對實在的信念放入括弧或加以懸置,以研究日常生活的實在」(Taylor & Bogdan, 1984:11)。在一項方案或組織中去闡明日常生活中早已被視為理所當然的實在,會成為一種力量,以理解、改變和建立一個以研究場域中的人們所欲之日常環境為基礎的新實在。俗民方法論的評鑑研究之發現,會創造一種方案的自我覺察,至少在原則上將促進方案的改變和改善。

符號互動論

基礎問題：
　　何種共通的符號和理解已經顯現出來，以對人們的互動賦予意義？

　　符號互動論（Symbolic interaction）是一種社會心理學的取向，與 George Herbert Mead（1934）和 Herbert Blumer（1969）具有密切的關係。它是一種視角，強調意義（meaning）和詮釋（interpretation）的重要性，視意義和詮釋為本質的人類歷程，拒斥行為主義和機械性的刺激-反應之心理學。人們藉由彼此間的互動，創造彼此共享的意義，使意義成為他們的實在。Blumer 說明三項主要的前提，作為符號互動論的基本原理：

1. 人類的行動，在事物對他們所具之意義的基礎上，朝向著事物而行動。
2. 事物的意義呈現在一個人與其他人的社會互動中。
3. 事物的意義，是透過個人於因應其所面臨之事物時所使用的詮釋歷程，來加以處理和修正。

　　上述前提使Blumer傾向質性研究，並以之作為理解人們如何覺知、理解並詮釋其世界的唯一真實的方法。唯有藉由心胸開放的、自然式探究與歸納分析，來與人們保持密切的接觸和直接的互動，符號互動論者才能理解被研究者的符號世界。Blumer亦首倡對於關鍵報導者（key informants）應用團體討論和訪談法。他認為經由謹慎篩選過之天生敏銳的觀察者和博通者，會是對一個現場或情境作深入理解的一組真正的專家小組，這些專家將可帶領研究者進入其感興趣的現象，例如藥物使用。我們將會在討論訪談法之章節中看到，團體訪談（group interview）和焦點團體（focus groups）現已成為具有高度價值和廣泛應用的質性方法。

　　標籤理論（labeling theory）的命題是：人們被稱為什麼（what people are called），將影響其社會互動的後果。這一直是符號互動論中的一個主要探究焦點。例如，Hayes（2000）在一個「匿名債務人」（Debtors Anonymous）團體中，其樣本有46位參與者，研究那些不能負責任地管理財務的人們是如何感覺到羞愧。在方案的評鑑中，標籤理論能夠應用於諸如中輟生（dropouts）和危機邊緣青少年（at-risk youth）的研究，探討

教師和參與者的語言，及其如何影響他們去達成其欲求的結果。

符號互動論雖然崛起於1930年代，符號互動論學者藉由應用此一視角於網際網路上的「虛擬性交」（cybersex），來彰顯他們能夠跟得上時代。Waskul、 Douglass and Edgley（2000）曾經建議研究電腦媒體這個嶄新的傳輸科技，

容許我們檢視在一個獨特的脫離現實環境中的人類互動的性質，潛在地轉化自我、身體與情境的性質。性愛，基本上是一種身體的活動，現在提供一個理想的情境去檢視這類的潛在轉化。在線上互動這個脫離現實的背景脈絡中，身體和自我兩者都是在傳輸過程中所浮顯的一種流動的符號結構，並且受到社會文化的標準所定義。類似這樣的情境暗示了一些議題，關連到身體這一經驗軀殼的現代犯罪，潛在地再型塑了「身體-到-自我-到-社會世界」的關係。（p. 375）

對於我們此處的目的而言，符號互動論對質性研究之重要性，在於它明顯強調符號和詮釋歷程的重要性，認為兩者所植基的互動係理解人類行為的基礎。對於方案評鑑、組織發展和其他的應用性研究而言，原始意義、符號的影響、和共享意義的研究，可以闡明何者對人們最具有重要性，何者最會抗拒改變，以及如果方案或組織要轉向新的方向時，何者最有必要改變。符號互動論的主題和方法，也強調必須注意特別的互動如何產生符號的理解，尤其當一個人致力於改變符號，以作為方案改善或組織發展歷程的部分時。

一個啓發一些質性研究之相關的理論傳統是「符號語意學」（semiotics），融合了語言學與社會科學，聚焦在符號的分析，藉由研究語言的規則或符號，甚至是語言和人類行為之間的關係（Manning, 1987）。「一個語言研究的重要性，相對於時空事件如日蝕或老鼠行為之科學研究」，Walker Percy（1990:150）解釋著：「就是一旦對於熟悉的只做表面的功夫，將立即面對語言的性質」，也會發現自己直接面對身為人類的天性與本質。之所以如此，是因為符號語意學在努力「連結邏輯分析與科學的解釋力時」（p.243），展現相當豐富的洞察，亦即人類是獨特地語言使用與符號生產的動物。因此，符號語意學為了「分析談話與文本」（Silverman, 2000:826）或「研究組織的符號象徵」（Jones, 1996），提供了一個架構。符號語意學的基礎問題是：符號（文字、象徵）在特殊的脈絡中如何承載和傳遞意義？

詮釋學

基礎問題：

　　什麼是人類行動得以發生，或作品得以產生的條件，使對其意義的詮釋成為可能？

　　經過上述簡要（或者不是那麼簡要，這全憑你的視角）的質性研究變異的旅途，現在我們要告別現象學與其衍生的取向：啓思研究、俗民方法論和符號互動論。詮釋學（hermeneutics）是另外一種不同的理論取向，對於質性研究有所指引，也有助於將本章中所有其他的理論導向作一個總結，因爲詮釋學提醒我們某些事物的意義端賴於其原初被創造出來的文化脈絡，正如同這個文化脈絡也要被進一步地詮釋。這提醒我們，在本章呈現的每一種理論視角，都是從一個特殊的脈絡崛起來解決當時所特定關注的議題。而當我們採納與調整這些理論視角來進行眼前的研究時，我們是在一個不同的歷史、學術和文化的背景脈絡中來進行的。

　　詮釋哲學是由Frederich Schleiermacher（1768-1834）首先發展的，然後由Wilhelm Dilthey（1833-1911）和其他德國哲學家將其應用到人文科學研究，研究的焦點是詮釋（interpretation）之難題。詮釋學提供一個理論架構，來詮釋理解或意義，並特別注意背景脈絡與原初的目的。「詮釋學」一詞是從希臘文hermeneuein演變而來，意指理解或詮釋。

　　Hermeneuein與Hermes神之間有明顯的連結。Hermes是一個跑得很快的神的使者（他的腳上長了翅膀！）。作爲一個使者，祂是知識與理解的信差。祂的任務便是向人類解釋神的決定。究竟hermeneuein這個字是起源於Hermes，或是相反，則是不能確定。（Crotty, 1998: 88）

　　詮釋學在現代的用法中提供了一個視角來詮釋傳說、故事和其他文本，特別是聖經與法律文本。爲了理解並詮釋一篇文本，相當重要的是，詮釋者必須知道作者想要表達的是什麼，理解其所要意指的意義，並將文獻置於歷史和文化的脈絡中（Palmer, 1969）。依據這個原則，詮釋學本身必須被理解爲十九世紀和二十世紀廣泛的運動之一部分，「這運動是要遠離對於意義與知識之實徵論的、邏輯原子論的、指涉的、和

再現的說明。……邏輯實徵論對於知識的觀念是如同正確的再現一個獨立的實在，並幾乎完全專注於建立科學知識宣稱的有效性的議題。換句話說，詮釋學挑戰一個詮釋能夠是絕對地正確或真實的斷言。詮釋就只是而且總是一個詮釋。因此，一個文本的意義，是經由詮釋者社群彼此之間的協商，在一個特定的時間和地點，而獲得對於意義之某種程度的同意，意義的有效性只能奠基在有共識的社群之上。所以，文本必須「置放」（situated）於某些文字的背景脈絡中。

Kvale（1987）曾經建議：

在詮釋學的傳統中發展有效性邏輯，與在質性研究訪談中澄清詮釋的效度，具有密切的相干性。

對意義的詮釋，其主要特徵是一種詮釋學循環 （hermeneutical circle）或螺旋（spiral）。對一篇文本的理解是透過一種歷程，其中分離部分的意義是受文本整體意義所決定。雖然，當實務上獲得一可感知的意義、一致性的理解、且沒有內部的矛盾時，詮釋即可結束；但原則上對此文本的詮釋分析，是一個永無止境的歷程。（p.62）

Kneller （1984）提出詮釋研究和分析之四項原則，可被廣泛應用在傳說、文學和歷史文件之外的各類文件之詮釋。

1. 理解一項人類行動或產物，因此所有的學習，就像是詮釋一份文本。
2. 所有的詮釋均發生於某一傳統之中。
3. 詮釋包含將自己向一份文本（或其類比物）開放，並對它提出詢問。
4. 我必須依據我的處境來詮釋一份文本。（p.68）

詮釋學研究者應用質性方法，為人們所做的事情建立脈絡和意義。詮釋學者「非常清楚於一項事實，他們正在建構「實在」，藉由在研究中提供資料的參與者之協助，並以他們對資料的詮釋為基礎。……假如其他研究者具有不同的背景，應用不同的方法，或擁有不同的目的，他們很可能會發展出不同的反應類型，聚焦於這個場域的不同層面，且發展出不同的劇情」（Eichelberger, 1989: 9）。有關心理學中詮釋學探究的具體例子，可參見Packer and Addison（1989）。

因此，一個人必須要同時知道有關研究者和被研究者，以便將質性研究置於一個適當的、詮釋學的脈絡中。詮釋學理論主張，無論是正

在報告自己的發現，或被研究者的視角（也就是報告他們的立場和視角），一個人只能從某些視角、特定的立足點、一項實踐或一個背景脈絡，來詮釋某些事物的意義。這些理念在許多當代的社會科學中已變得司空見慣，在質性研究中也是基礎的，甚至是基本的理念；但是，事情並不總是如此。兩個世紀以來的哲學對話，提供我們現在的基礎，來理解詮釋主義在質性研究中的核心性。當Crotty（1998）在檢視完詮釋學的歷史發展，以及它對質性理論的影響之後，歸結說：「我們欠詮釋學傳統的債，還真是龐大」（p. 111）。

敘事學或敘事分析

基礎問題：
　　這個敘事或故事所透露出的有關於這個人和所屬世界的什麼？這個敘事要如何詮釋，才能提供對於生活本身和創造生活的文化之理解與闡釋？

　　詮釋學源自對於書寫的文本之研究。敘事學（narratology）或敘事分析（narrative analysis）擴展了文本的概念，包括了深度訪談謄本或逐字稿、生命史敘事（life history narratives）、歷史傳記（historical biography），以及創造性的非小說文學。詮釋學的視角，強調詮釋和背景脈絡，指引了敘事研究，其他還有詮釋主義的社會科學、文學的散文和文學評論等。敘事研究也受到現象學影響，尤其是現象學強調的對於活過的經驗與經驗的覺知之理解。「Todorov在1969年鑄造敘事學這個詞，藉以將這個形式提升到『成為一門新科學之知識對象的地位』」（Riessman, 1993:1）。

　　個人敘事、家族故事、自殺札記、刻在牆上或岩石上的畫或文字、非小說文學，以及生活史等，透過個人經驗的鏡片顯露了文化和社會的型式。所有類型的修辭都能成為敘事分析的糧草，例如：政治家或教師的修辭（Graham, 1993）。社會科學中「傳記式轉向」（biographical turn）（Chamberlayne et al., 2000）或質性研究中的「敘事式轉向」（narrative turn）（Bochner, 2001），都將人們的故事視為資料，這些資料本身即是經驗的純粹描述，其價值如同經驗（現象學的核心）的敘事性文件，可據以分析，以探究人類經驗中心理的、社會的、文化的、政策的和戲劇性的面向。哈佛大學精神治療與醫學人文主義教授Robert Coles（他的頭銜賦予了有趣的敘事學糧草），寫下《故事的召喚》（*The Call of Stories*,1989）一書，作為教學、學習及道德省思的基礎。Michael White和David Epston在《從（敘事）到治療》（*Narrative Means to Therapeutic Ends, 1990*）一書中，審視故事在個人與家庭生活中的力量，以及說故事和治療之間的關連。他們認為人們之所以適應不良是因為他們的生活故事（由他們或其他人所創造的），並不符合他們活過的經驗。他們提議心理治療師能夠藉由引導病人重新書寫其故事來幫助病人。

　　「故事」，亦即個人敘事的概念，跟前述的自傳俗民誌有相通之

處，在其中，研究者的故事變成了探究一個感興趣的文化現象之一部分。故事的語言帶有內蘊之意，使其不同於個案研究。例如，在方案評鑑中，人們可能被邀請來分享他們的故事，而不像個案研究只是被要求來參與。敘事分析的核心概念，是故事與敘事兩者提供了半透明的窗戶，得以省視其所蘊含的文化與社會意義。

許多敘事研究方法論的焦點關注於詮釋的性質，正如Norman Denzin的質性研究著作，《詮釋式傳記》（*Interpretive Biography, 1989a*）、《詮釋互動論》（*Interpretive Interactionism, 1989b*），以及《詮釋俗民誌》（*Interpretive Ethnography, 1997b*）等。對於敘事的詮釋，呈顯出如何分析「言談與文本」（talk and text）的問題（Silverman, 2000）。Tom Barone（2000）藉由散文文學來彰顯他的詮釋性美學：

> 我認為所有偉大的文學都誘惑那些閱讀它的人，遠離文學真相的海岸，進入未知的海域，意義在此海域則更為曖昧不清的……
> 對於目的是要給予唯一事實的文本領域，以及負載著隱喻的故事並膽敢（Sartre曾經如此的用）為了說明真相而說謊的領域，終極地，我抹除了這兩者之間的疆界。但我這樣做時，其實是蠻躊躇猶豫的，也並不是很清楚或有自信的。真的，我的洞察是在對抗一種寫作形式之後才慢慢地出現的，這個形式的目的是要分出真實與虛擬的兩個世界，並將各一隻腳分別穩穩地踩在這兩個分離的疆界之中。這些作品是各類文本的雜種，書寫成文學型態的論文/故事，但又（令人好奇地）收置在圖書館的散文文學館藏中。（pp.61-62）

上述引文是個人敘事的一個例子，以一種敘事研究者之報告的形式出現，說明他進入文本詮釋之性質的跨類型探究旅程。在這之後，他使用敘事作為一種方法，藉以探究成為一位專業的教育研究者之意義是什麼，探究敘事研究者對於他們自身的建構，以及這樣的敘事對於他們跟非研究者的關係有何蘊義（Barone, 2000:201-228）。

相對地，Tierney（2000）檢視歷史傳記與紀念文集，以探索在後現代的年代中使用生活史的詮釋性挑戰。他的敘事分析是觀看一份文本所詮釋的目的，一份文本所建構的與詮釋的「真相」，以及創造文本的作者這個面具人格（persona），特別注意這三者的交錯，但在後現代的年代中，這三者都受到詮釋的質疑。

草創期的敘事論者

　　Tedlock（2000）檢視不同類型的俗民誌，將它們當成組合敘事的各種變異形式。她區別了生活史（life histories）與回憶錄（memories）跟「敘事俗民誌」（narrative ethnography）的差異，後者是一個雜種的形式，它之所以被創造出來，是爲了正確地描述那些處於被研究的文化中之人們的傳記，但在他們的文本中也包括了俗民誌學者自己的經驗。她認爲這是「俗民誌再現中一個驚濤駭浪的變遷」，因爲它動搖了「長久以來的疆界，其核心觀念是一個自我致力於研究一個他者」，並以在單一文本中的自我與他者之「俗民誌式交換」（ethnographic interchange）來加以取代（pp. 460-461）。

敘事分析現在已經崛起成爲一種研究組織的特定取向。作爲組織究，敘事分析至少可以採取以下的四種形式：

1. 以類似故事的風潮（來自實地的故事）來書寫之組織的研究；
2. 蒐集組織中的故事（這個實地的故事）之組織的研究；
3. 將組織的生活概念化爲故事的生產，將組織的理論概念化爲故事的閱讀（詮釋的取向）之組織的研究；以及
4. 一種學科的反省，採取文學批判的形式（Czarniawska, 1998:13-14）。

　　故事是敘事分析的中心，不論它們是教學的故事 （Preskill & Jacobvitz, 2000）、學生的故事和由學生創造的故事（Barone, 2000:119-131），方案中參與者的故事（Kushner, 2000）、實地工作的故事（Van Maanen, 1988）、關係的故事（Bochner, Ellis, & Tillman-Healy, 1997），或是疾病的故事（Frank, 1995, 2000）。如何去詮釋故事，特別說故事的文本，都是敘事分析的核心。

生態心理學

基礎問題：
　　人類行為和環境之間的關係是什麼？

　　有一些指引質性研究的理論視角可連結到特定的學科。例如，詮釋學起源於語言學與哲學。俗民誌是人類學的主要方法，而俗民方法論與符號互動論則是從社會學發展出來的。啟思研究法根植於人文心理學。另一個以心理學為基礎的不同的視角是生態心理學（ecological psychology），代表一種不同的傳統與理論導向，因為它對於理解人們經驗的重要性有著不同的假定。

　　Roger Baker（1968）和Herbert Wrigh（1967）於Kansas大學發展出生態心理學，著重在自然歷史實地的研究。他們將個人及環境視為相互依存的（Baker & Wright, 1955; Barker, et al., 1978; Schoggen, 1978）。他們從對於一個環境的個人作純粹的、詳細的描述來開始。他們觀察（如旁觀者，而不是參與觀察者）「行為之流」（streams of behavior），繼而以預設的目標導向行動（goal-directed actions）來加以分析。「編碼者憑恃其日常的知識和覺知，來推斷行動者所欲達成的目標，標示敘事描述之片段，使之成為導向特定目標的片段。」（Jocob, 1988:17）這個生態的隱喻也能夠指引臨床心理學研究，藉由尋找「理解病人在其脈絡中所關注的，這個脈絡是指他或她的生活世界——病人個人的、家庭的、社區的、和生態的故事」（Miller & Crabtree, 2000:617）

　　生態心理學中的分析單元基本上是「個人」（individual），但Barker and Schoggen（1973）也應用此取向來處理《社區生活的品質》（*Qualities of Community Life*）。使得這個取向在方案評鑑及組織或社區發展中具有潛在應用性的，是其聚焦在目標導向的行為。

　　他們假定行為具有主觀的層面，對此，他們以人類行為的目標來加以檢驗。他們也假定環境具有一個主觀的層面，對此，他們經常以個人對環境的情緒反應來加以討論。例如，他們可能會關心一位小男孩在進行一項活動時是否是不願意或是不快樂地。（Jacob, 1988:17）

　　生態心理學家也著重於描繪行為場域（behavior settings）的中心特

徵，由地點、事物、時間所交織而成的型態結構，構成一個明確的環境。此一研究取向有助於使方案參與者或組織成員所經驗的各種環境較為明確可識。

　　生態心理學家以觀察自然環境為基礎之詳盡的、質性描述來開始，然而，他們的編碼基模和分析程序是量化的。目標導向的行為和行為場域的特徵等片段，被數量地編碼和統計地分析。這說明了我們稍後會再討論的一點：一個人可能始於對質性資料作厚實的描述，以迄量化的分析；但反之則不然，一個人無法從原始的量化資料來產生厚實的描述和質性的敘事。

　　生態心理學對於人類行為和環境之間關係的聚焦，為下一個視角，亦即系統理論（systems theory），提供了良好的轉移，系統理論檢視方案、組織和社區中的人類行動之脈絡，是更為綜合性且是科際整合的。

一種系統化視角和系統理論

相應於實證主義者與建構主義者之間歷史哲學的與方法論派典的論辯，是另一項相通的派典論辯，即有關機械的/線性的世界建構觀，相對於有機的/系統的建構觀。這項論辯在組織理論學者之間尤其激烈（Burns & Stalker, 1972; Azumi & Hage, 1972; Lincoln, 1985; Gharajedaghi, 1985; Morgan, 1986, 1989）。它包含了關注封閉系統相對於開放系統的定義，以及此類界限的定義對於研究、理論和實務等，在理解方案、組織、整個社會、甚至整個世界的涵義（Wallerstein, 1980）。

首先須注意的是系統（system）一詞，有許多不同的和變異的意義。在今日數位的年代中，系統分析通常指注意到硬體與軟體的連接面，或是各種不同網絡的連結。「系統化思考」（systems thinking）這個理念，在Peter Senge（1990）有關組織學習的暢銷書中被視為重要的「第五項修練」。有一部分的管理諮詢者把系統思考和分析視為是他們的組織發展工作之中心點（例如，Ackoff, 1987, 1999a, 1999b; Kim, 1993, 1994, 1999; Anderson and Johnson. 1997）。確實地，在過去三十年，自從Ludwig Von Bertalanffy出版了經典的《一般系統理論》（*General System Theory, 1976*）以來，許多文獻已對系統理論和應用的系統研究有所探討（例如，Checkland, 1999）。有些文獻是高度的量化研究，且包含複雜的電腦應用和模擬，在此一廣泛而多面向的脈絡中，我的目的其實相當中庸。我想喚起讀者注意下列三點：（1）一個系統化視角在因應及理解真實世界之複雜性方面益形重要，視事物為一深植於脈絡中的整個實體，且是在更大的整體之中；（2）某些系統研究的取向，直接導向且相當依賴質性研究；以及（3）一個系統導向在形成問題、進而理解質性資料之意義時，相當有助益。

完形思考（holistic thinking）乃是系統化視角的核心。一個系統是一個整體，較諸其部分的總和為大，且不同於各個部分。事實上，一個系統無法有效地被分割成獨立的部分，以作為分離的實體來研究，因為部分之行為對於整體的影響，取決於其他部分所發生的作用。部分之間是相互連結且彼此依存，以致任何簡單的因果分析都會歪曲其真相，而非

說明真相。單一部分的改變，均會導致所有部分的變化，以及系統本身的改變。一個人也不可能將部分作簡單的線性相加，而來有效地理解整體。

Gharajedaghi and Ackoff（1985:23）相當堅持系統作為一個整體，不可能藉由分析各個分離的部分來加以理解。他們認為：「當系統被加以分割時，系統的本質特性也隨之喪失；例如，一分解的汽車無法運行，而一肢解的人也不能生存。」此外，當部分從整體分離時，其功能和意義也隨之喪失。為了避免分離的情況，他們堅持一個系統的取向是要求「合成式思考」（synthetic thinking）：

　　合成式思考乃解釋系統行為所必需。它顯然不同於分析。分析的首要步驟係將所要解釋的事物加以分離；而在合成式思考中，事物會被視為是一較大整體的一部分。分析的第二步驟乃解釋被包含的部分；而在合成式思考中，則是解釋涵蓋部分的那個整體。分析的最後步驟，對於部分的知識會被總和為這個整體的知識；而在綜合性思考中，對於涵蓋的整體之理解被分離來解釋部分，亦即藉由顯露它們在整體之中的角色或功能而來解釋部分。合成式思考所要顯露的是功能，而非結構：它要顯露系統為何要以如此的方式來運作，而不是系統如何運作。分析和合成是互補的，都不是要取代對方。系統化思考必須結合分析和合成二者。

　　由於一個系統中，其部分的行為結果乃是相互依存的，可以預見的是：如果將每個部分分離，使其盡可能地表現其效能，作為整體的系統將無法有效地發揮功能。例如，假如我們從所有汽車所需要的零件中，挑選最好的汽化器、最佳的發電機等等，然後嘗試將其組裝起來，我們甚至可能會組裝不成一部汽車，更遑論是最好的一部，因為這些部分會無法組合在一起。系統的表現，絕非其各個獨立部分之效果的總合；而是這些部分與部分之間互動的產物。所以，一個系統的有效管理，有賴對其各個部分之互動的管理，而不是分離這些部分後的個別行動。（Gharajedaghi and Ackoff, 1985: 23-24）

這種系統化思考對於方案評鑑和政策分析有著深遠的涵義，因為在方案評鑑和政策分析中，部分經常被依其長處、弱點和影響來加以評鑑，甚少觸及到部分是如何深植於且相互依存於整體的方案或政策之中（Patton, 1999c）。例如，Benko and Sarvimaki（2000）將系統理論當成一個架構，並應用於照護或其他健康照顧的領域中以病人為焦點的評鑑。他們發現這樣的架構，容許在健康照護的過程中呈現出複雜的特性，藉由在不同層次上的關係和不同的處理方法來進行同時分析。這個架構相反於在大多數照護與健康照顧領域中所運用的，只有單層次且簡化的設

計。他們的「系統化模式」提供一個透視系統動力不論是向上或向下導向的洞察，以及對於那些影響病人照護和結果之系統動力的相互連結。

　　除了對於組織發展的影響之外，系統取向在家族研究和治療方面已經變成相當重要（Schultz, 1984; Montgomery & Fewer, 1988; Rosenblatt, 1985; Miller & Winstead-Fry, 1982; Hoffman, 1981）。系統取向在近年來也成為國際間發展的核心導向之一。特別是，發展的農耕系統取向（Farming Systems Support Project [FSSP], 1986）闡釋了一些獨特的方式，從一個系統的觀點，運用質性研究來支持發展、介入和評鑑。應用於評鑑和研究上的農耕系統取向，頗值得詳細的檢視，因為它對於農業發展的問題，已發展出一項以理論為基礎但又實用的解決方式。

　　在二次世界大戰之後的三十年中，許多國際間的發展被視為是從高度開發國家到較低度開發國家的直接科技轉移。科學家們和協助的機構各自在其專門領域內，例如農作物、畜牧業和水資源等致力於科技的轉移。這種發展的取向，可說是一種機械導向的縮影。

　　相對於機械的、專門化的科技轉移之發展取向的失敗，農耕系統取向因而崛起（Shaner, Philipp and Schmehl, 1982b）。有數項要素是農耕系統取向的中心，這些要素直接導向質性研究方法。

1. 農耕系統研究和發展（farming systems research and development, FSRD）是一團隊的努力（team effort）（Shaner, Philipp & Schmehl, 1982a）。
2. FSRD是科際整合的（interdisciplinary）。這團隊包括來自於農業和社會科學二學科的代表（Cernea & Guggenheim, 1985）。
3. FSRD發生於實地之中（in the field），在真正的農場上，而不是在一所大學或政府的實驗站（Simmons, 1985）。
4. FSRD是協同合作的（collaborative），科學家和農民在該參與農民的目標、價值和情境內，共同合作，致力於農作物的研究（Galt & Mathema, 1987）。
5. FSRD是綜合性的（comprehensive），包括對所有農家成員、所有農耕操作--農作物和畜牧二者，所有努力來源、所有收入來源，以及對所有影響農耕發展之因素的注意（Harwood, 1979）。
6. FSRD是歸納的（inductive）和探索的（exploratory），開放地探究農耕系統的性質（Holtzman, 1986）。

7. FSRD始於質性描述（qualitative description）。首要的團體任務，乃是實地工作，以衡質地描述該系統（Sands, 1986）。

8. FSRD能敏察背景脈絡（sensitive to context），置該農耕系統於其所在的最大的農業生態、文化、政治、經濟和政策環境中（Shaner et al., 1982a）

9. FSRD是互動的（interactive）、動態的（dynamic）和歷程導向的（process-oriented）。該科際整合的團隊始於歸納性的探索，繼而試驗系統的變化、觀察其效果，並依據其發現來加以調整。該項工作是持續不斷且具發展性的（FSSP, 1986）。

10. FSRD是可回應且能調適情境的（situationally responsive and adaptive）。 FSRD計畫會有許多變異，皆取決於優先問題、可利用資源、團隊成員的偏好，以及情境上特定的可能性（Sands, 1986; FSSP, 1987）。

　　農耕系統取向包含了質性和量化的探究形式，包括直接的觀察、非正式訪談、自然式實地工作，以及歸納分析等。全世界在農耕系統研究和發展上的研究方案遠超過一百個（FSSP, 1987）。致力於整合自然式研究法、量化方法，及系統的觀點，藉由科際整合的評鑑和研究的團隊工作，以達成促進長期社會和經濟發展的目的。

　　農耕系統研究和發展，僅是應用系統取向於處遇、研究和評鑑的一個例子。系統取向所要說明的是：複雜的人類世界，不可能僅憑恃小心測量、充分分析的部分作簡單相加，而有充分之掌握的理解。在系統層次上（整個方案、整個農場、整個家庭、整個組織、整個社區），用來理解一切正在發生之事的思考，就具有質性差異。質性研究法則促進該理解人類或「有目的之系統」（purposeful systems）上之質性差異（Ackoff & Emery, 1982）。

　　在後面的故事中，九位盲人與大象的寓言將會增強此點解釋，這是作者在第二章中用來說明背景脈絡的重要性，在此重覆是為了這個寓言相當精采地闡釋了對於系統化思考的真正挑戰。除此之外，好的故事有著多層的意義，這寓言有現象學、詮釋學，甚至俗民誌的蘊義，讀者或許想要加以省思，但我只是在此提出作為一個系統的故事。諷刺地，在其西方式的說故事中，它常常被提出作為系統化思考的一個例子，但又

實際上是相當線性與機械式的。

九位瞎子摸象的故事中，第一位摸到象的耳朵，宣稱象像一把扇子。另一位摸到象的鼻子，說象如同一條蛇。第三位摸到象的側邊，堅稱象猶如一堵牆壁。第四位摸到穩定站立的象腳，使其認為象似樹幹。第五位摸到象尾，在其經驗中象就像是繩子。故事如此發展下去，每位盲人摸到的只是部分，卻都不適當地以偏概全。此故事的本意在說明，只有將所有的部分依其與其他部分的正確關係結合在一起，才能獲得一個完整的大象圖案。

然而，從系統化視角來說，這樣的一個圖案對於大象僅能產生少許真實的理解。要理解大象必須從其自然生態中觀察和瞭解，它是在非洲或亞洲呢？正如在一複雜的動物和植物體系的一個元素。只有長時間且跨越季節地觀察一群大象在一個地區的移動，以及跟其他大象、動物和植物的互動，我們才能開始理解大象的演化和本性，以及大象在其中扮演一份子的系統。這種理解絕對無法在動物園中獲得。

因此，我們提醒將系統化視角帶進質性研究的挑戰與重要性。

文學生態學

「文學生態學(literary ecology)是對於出現在文學作品中的生態主題與關係之研究。這同時是一種嘗試，想要發現在人類的生態學中，文學扮演了什麼樣的角色。許多學術性學科可能有助於文學生態學的研究。如果可能的話，文學的形式必須跟自然的形式和結構取得一致，因為自然是由生態的科學家所界定，兩者都關連到人類對於美和平衡的覺知。文學中的人物也可能被分析為人類的典型的或典型的再現，且他們的行為可以和其他動物的行為類型相比較，或由動物行為學(ethology)來描述。界定人類與自然之間關係的哲學理念，經常表現或隱含在文學作品之中，透露出人類關於自然歷程的意義之一種信念的歷史，也透露出我們關於當代生態危機的文化意識型態。更重要的是，文學生態學讓我們得以研究文學藝術在影響到人類生存方面的作用。(Meeker, 1980: 29)

渾沌與複雜理論：非線性動力學

基礎問題：
什麼是脫序現象的底涵秩序（underlying order），如果有的話？

　　什麼是脫序現象（disorderly phenomena）？氣候、瀑布、流動液體、火山、銀河，以及人類、人類群體、方案。渾沌或複雜理論家及研究者，基本上是理論物理學家、氣象學家、生物學家和其他自然科學家。渾沌研究（chaos research）已經發展到高度量化研究，有賴超級電腦的運算（Cambel, 1992）。然而渾沌理論的底涵假定，在基本概念的最基礎層次上，對社會科學研究亦形成了衝擊與挑戰。

　　複雜理論（complexity theory）已被視為自然科學的新派典（Nadel and Stein, 1995; Murali, 1995; Hall, 1993; Holte, 1993; Waldrop, 1992; Gleick, 1987; Cronbach, 1998）。至少在隱喻的層級上，渾沌和複雜性的觀念被用來指向經濟學（Ormerod, 2001）、人類學（Agar, 1999）、組織發展（Eoyang, 1997; Allison, 2000），及領導（Wheatley, 1992）。系統化和複雜性的概念經常緊密地結合在一起。例如，作為複雜理論的前提，系統的自我組織，意指維持相當層級的組織或系統的改良（Rhee, 2000）。當社會學家開始了解其假定時，複雜理論有關非線性動力學（nonlinear dynamics）可能成為研究人類複雜性的新派典。同時，有關非線性動力學（複雜性）的理論和研究，對我們如何賦予我們所觀察之現象以秩序，提出一些值得思考的問題--針對所有探究的形式（包括質性研究）之基礎的認識論問題。在表例3.5，作者提供一些摘要自Gleick（1987）渾沌理論之普遍的論點，以建議在質性研究上之涵義。

　　在這一點上，複雜理論提供一組新的隱喻（metaphors），思考我們觀察的是什麼，如何觀察，以及我們所知道的觀察結果為何。混沌理論挑戰我們對秩序和預測的需求，即使它提供新的方式來實現這些需求。雖然許多混沌理論研究是高度數學化的，但對結果的意義理解似乎相當程度取決於隱喻。這是混沌理論與質性研究的一個交叉點，因為許多質性分析、組織發展與方案的作品都訴諸隱喻（Patton, 2000; Ronai, 1999; Brady, 1998）。事實上Gleick（1987）提出一則用以解釋混沌理論研究真正本質的隱喻：「就像是走迷宮一般，隨著你踏出的每一步，迷宮的牆也重新排列一次。」

這則隱喻符合許多在真實世界場域中進行的實地工作，然而其涵義對於我們的秩序需求可能深具威脅性，因為我們常會以一個單一的、靜態的統計表，來描述這個真實世界的迷宮，而忽視其重新排列的牆。即使不談其他，混沌理論的發展史和想法，也會令我們更有勇氣來描述所發現的非線性動力（混沌），而不強行將錯誤的秩序加諸於其上，以滿足先前假定的傳統分析目的。混沌理論促使我們去處理人類行為中的不可預測性和非決定性（Cziko, 1989），因此在處遇方案中，我們設計去改變人類行為，正如同改變我們習於研究和評估這些處遇方案所使用的方法之不可預測性和非決定性。

著名的人類學者Michael Agar以複雜理論，特別是John Holland（1995, 1998）的作品，解釋他在Maryland州Baltimore County研究海洛英在市郊外年輕人之間流行情形的實地調查發現。他的結論是：

> 複雜性（理論）至少在隱喻的層次上，有助於更佳地定義研究問題--解釋海洛英流行趨勢--且它協助清楚說明為何傳統社會研究並沒有回答這藥物研究的基礎問題：如何和為何流行會發生？它也指出那類資料需要取得和加以組織，不論該資料的取得是如何的困難。再者，複雜性處理了一些現今人類學研究的議題--像是將研究者包含進來、增廣歷史和政治的脈絡，以及預測的議題等--作為其中心主題的一部份。至於整體論（holism）、逐漸顯現（emergence）、回饋（feedback）等特性，比起以往任何的模式更能反映出人類學的基本假定，複雜理論確實值得鑽研細究。

混沌、複雜性與非線性動力等隱喻，開啟了新的可能性，來進行實地工作和理解那些場域，就像是走迷宮一般，隨著你踏出的每一步，迷宮的牆也重新排列一次。

紮根理論

紮根理論（grounded theory）是今日社會科學中質性研究最有影響力的派典。

—Norman K. Denzin（1997a:18）

基礎問題：

什麼理論係逐漸顯現於系統性比較分析，且紮根於實地工作中，據以解釋所存在者和所被觀察到者？

現在，我們要從混沌的流動性，轉向地基的穩固性，特別是，紮根理論（grounded theory）。我們迄今所檢視的大多數理論視角，均是聚焦於人類經驗的一個特定層面：俗民誌聚焦在文化，俗民方法論聚焦在日常生活，符號互動論聚焦在行為中的符號意義，符號語意學聚焦在符號，詮釋學聚焦在詮釋，以及現象學聚焦在活過的經驗。它們的理論架構引導我們將人類經驗的特定層面，當作是我們試圖理解社會世界之徑路。相對地，紮根理論聚焦在形成理論的過程，而非一個特定的理論內容。它強調的是連接歸納和演繹的步驟和程序，透經常性比較法（constant comparative method），比較研究場域，進行理論性取樣（theoretical sampling），且以額外的實地工作來檢驗逐漸顯現的概念。

在質性方法的文獻中，時常標明了對發展理論的關切。Glaser（1978, 2000），Strauss and Corbin（1998），Denzin（1978b），Lofland and Lofland（1984），Blumer（1969），Whyte（1984），以及Becker（1970）等的著作中，這只是列舉了一些著名的質性方法論學者，將理論建構和驗證的工作當作主要的焦點。許多關於質性方法的文獻中，討論到理論時，會將強調理論發展的歸納策略（inductive strategies of theory development），與從先前假定進行邏輯演繹以產生理論（theory generated by logical deduction）二者加以區分。

將紮根理論和邏輯-演繹理論作一對比，討論和評估它們能夠適合和運作（預測、解釋，以及使關連）的相對優點時，我們所採取的立場是，今日一個社會學理論的適當性是不能跟其理論產生的過程分離的。因此判斷一個理論之有用性的規則是，這個理論是如何產生的--而且，我們認為從社會研究中歸納地發展出來的理論，在程度上有可能是較佳的理論……。從資料中產生一個理論，意指多數的假設和概念不但來自於資料，而且是在研究過程

中有系統地從相關的資料裡去發展出來的。產生一個理論，包含一整個研究的過程。（Glaser & Strauss, 1967:5-6）

這個理論－方法的聯合（theory-method linkage）是本章中檢視的眾多導向所極端關注的。這一理論－方法聯合的理念，意指你如何研究這個世界，決定了你從這個世界所學到的是什麼。紮根理論所依據的方法是，帶領研究者進入和接近真實世界，所以其結果和發現是紮根於實徵經驗世界（empirical world）之中。Herbert Blumer（1978）提供一個隱喻，來解釋藉著沉浸在實徵經驗世界中而產生紮根理論的意義：

這個實徵經驗的社會世界由持續進行的團體生活所組成，一個人必須接近這個生活，才能知道裡頭正在進行著什麼。我喜歡的隱喻是掀開那遮掩或隱藏正在進行的事物之面紗。科學研究的任務是掀開這面覆蓋一個人想要研究的團體生活的面紗。面紗的掀起不是以先前形成的意象來取代第一手的知識，不論是何種程度。面紗的掀起是藉著接近這領域和透過仔細研究來深掘這個領域。尊重一個人之實徵經驗世界的本質是一項重要的原則，沒有任何的方法論機制會鼓勵或允許這種背叛……。自然式研究的優點是，其尊重且接近這個實徵經驗之範疇。（p.38）

在本章中所有使用質性方法的理論和研究取向，都是紮根於實徵經驗世界之中。但是，在闡釋和理解這個實徵經驗世界時，對於什麼是重要的探問和考量之概念化時，卻是有著非常大的變化。「紮根理論」這個語詞時常被使用來當作是歸納、質性的分析，如同質性研究中一個可辨明的取向，由相當特定的方法和有系統的程序所組成（Glaser 2000, 2001）。在他們發展紮根理論的技術與程序的著作中，Strauss and Corbin（1998:13）強調分析是研究者和資料之間的交互作用，因此紮根理論提供的架構是一套「編碼程序」（coding procedures），以對分析的過程「協助提供一些標準化和嚴謹性」。紮根理論指的是「建立理論，而非考驗理論」。它致力於「提供研究者處理大量的原始資料的分析工具」。它試圖幫助質性分析者「思考現象的另類意義」。它強調其為「同時是系統性和創造性的」。最後，它致力闡明作為「理論建立基石的概念」。Glaser（1993）與Strauss and Corbin（1997）收集了許多紮根理論的實例而編輯成書，包含了一些研究像是健康（心臟病、氣腫、慢性腎衰竭、慢性疾病者、結核病、阿耳茲海默氏病，病發後的生活）、組織挖角、虐待關係、獨處在公眾場合的女性、女性的自我、監獄生活，以及當代日本社會的特徵等。

表例 3.5　複雜（混沌）理論格言和質性研究蘊義

混沌的格言和假定（Gleick,1987）	對於人類體系質性研究之蘊義
1.「非線性（nonlinearity）意指玩遊戲的行動有一改變規則的方式」（p.24）。	1.研究者進入一場域中，可能做出比製造效度和反應的問題還要更多的問題。研究者的進入可能會使該場域變成不同的場域--而且永遠不同。
2.北京的一隻蝴蝶鼓動著它的翅膀，可能會影響紐約的天氣－下個月或明年。此一「蝴蝶效應」（the butterfly effect）有一專有名詞：對最初條件的敏銳依賴（p.23）。	2.細微瑣碎的事件能造成關鍵性的差異。質性的重要性並非取決於數量的大小和規模。如爲了想抽一支煙，……輸掉了戰爭。
3.一個決定論的系統能夠產生的，比周期性的行爲更多。在「結構的島嶼」（islands of structure）之中可能會有「未開化的脫序」。「一個複雜的系統可能會同時產生混亂和一致」，任何一個均有其重要性（p.56）。	3.許多質性分析試圖從混沌中理出秩序，以在人類複雜性的雜音中確認出類型。混沌理論建議我們需要學習觀察、描述、並珍惜脫序和混亂，而不是將類型強加於真正的、有意義的混沌之上。
4.「簡單的系統可以做相當複雜的事」（p.167）。	4.我們帶進實地工作的，以及分析時所秉持的簡單性和複雜性之先前假定是什麼？這些並不是中立的語詞。
5.「健康的身體是混沌的身體；當你達到生物學上的均衡狀態時，你就死了」（p.298）。	5.我們如何觀察和描述動態的、恆常改變的現象？而不是將我們創造來尋求定義和理解的關鍵界限，強加一個靜態的結構在這現象之上。
6.「不論是在集合的規模和個人的規模上，混沌的理念以不同方式，爲了不同理由而進展」（p.316）。	6.混沌理論對於人類場域中之質性研究的意義與蘊義，仍然有待發展。

當紮根理論變成一種廣爲人知的質性研究之特別取向，Glaser（2000）並沒有因此限制它只能是如此：

　　讓我將論點說得清楚一點。紮根理論是一個一般性方法。它可以使用在

任何資料或資料的結合上。它有部分被我以量化資料來發展。量化資料是較昂貴的且較難獲得，特別是跟質性資料相比起來。質性資料蒐集起來較不費錢，在意義和觀察上非常豐富，而且非常值得蒐集和分析。因此，由於容易性和逐漸成長的使用，使得紮根理論和質性資料連結在一起，而似乎被許多人當作是一種質性方法，使用符號互動等。質性紮根理論說明了它使用上的總體分布。

我只能警告讀者不要把它是一般性方法的這個事實，跟它在實徵研究上的使用和廣泛的使用相混淆了。在一些研究中，紮根理論被認為是質性的、符號互動的研究。這是一種接管，藉著正面的標籤使得日常的質性研究聽起來不錯。只有受過高度訓練的紮根理論研究者可以了解其間的差異和混淆。多數的混淆是環繞著逐漸顯現（emergence）的想法，相對於強制（forcing）的想法，以及缺乏使用所有紮根理論的方法論步驟。各種類型的資料均可以持續地比較。然而，研究者如要採取質性紮根理論時，要謹慎辨明的是，何時及何處能獲得資源來進行紮根理論，或者是何時及何處研究者可以藉此獲得生涯上和個人上的酬賞。

紮根理論為許多傳統學術的社會科學和教育學質性研究開啟了一道門，特別是作為博士論文的基礎。我相信有一部份是因為它相當強調產生理論的重要性和特定程序。此外，我猜想它的受歡迎可能是歸功於，它不在乎地告誡研究者要力求「客觀性」。如同早先在這章所討論的，後現代對客觀性的抨擊，透過建構論、詮釋學、及現象學中對於主體經驗的強調，開啟了質性研究的坦途。質性研究中新興的自傳俗民誌和啟思研究法，更是強調研究者的個人與主觀（主體）經驗。那些發現質性研究方法仍有一些價值--亦即深度訪談和觀察--但又想要避開建構論和詮釋主義之哲學基礎的社會科學家和學者，對於紮根理論將注意力放在客觀性的作法，感到舒坦自在。

當在進行分析時，維持客觀性和敏覺力之間的平衡是重要的。客觀性能使研究者自信於他或她的研究發現是合理的、無偏袒的再現所探究的問題，而敏覺力能使其具有創造性，並從資料中發現新理論。（Strauss & Corbin, 1998:53）

同時，「紮根理論」的語言也可直通建構論的文獻。Charmaz（2000）比較了紮根理論的「客觀主義」（實在導向的）和建構論的取向，雖然她同時發現兩者兼具的例子，但她相信多數的紮根理論者在導向上是客觀主義的。

客觀主義的紮根理論（objectivist grounded theory）接受實證主義的假定，有一個外在世界能夠被描述、分析、解釋和預測：真相，但須加上「小」真相……。它假定不同的觀察者發現這個世界，並用相同的方式描述這個世界。（p.524）

她認為由Strauss and Corbin（1990, 1998）提出的紮根理論指導方針，「結構客觀主義紮根理論者」是可以發揮作用的。這些指導方針是「教導式的和規約的，而不是逐漸顯現的和互動的」（Charmaz, 2000:524）。相對地，她認為在一個建構論的紮根理論中，「因果關係是暗示性的、不完全的和不確定的。……它觀視「變項」是如何紮根的──被給予意義和放入主體的生活中。……它們的意義和行動優先於研究者的分析興趣和方法論的技術」（p.524）。為了說明紮根理論的建構論取向，她向讀者提出她在研究一個主題--如痛苦--時所詢問的問題：

我一開始主觀地把痛苦這個主題看作是一種感覺，一個可能有各種形式的經驗。然後我詢問了如下這些問題：什麼引起痛苦，痛苦？（即，什麼是被經驗過痛苦的人所界定為本質的現象？）生病的人會將它歸因成什麼樣的明確特性或特徵？他們何時如此做？……人們是如何經驗這些痛苦，這些痛苦是什麼，如有的話，他或她會對它做些什麼？我的問題之目的是要獲得意義，而非真相。如此，一個建構論的紮根理論，比起一個客觀主義取向的，可然會停留在更為直覺的、印象的層次。（Charmaz, 2000:526）

除了標明出Strauss 和Corbin風格的紮根理論中對於歸納的重視之外，很難清楚地看出Charmaz所描述的，究竟如何與基本的現象學探究有所不同。因此，為了哲學上的明確，紮根理論最好是被理解為基本上是實在論的，且導向是客觀主義的，強調有紀律的和井然有序的方式，來避免研究者的偏見，但又增加健康的創造性成分到分析過程中。我們將在討論質性資料分析一章中對於紮根理論的分析程序有更詳細的探討。作為一種理論架構，我在本章中將紮根理論含括進來，是因為它強調以產生理論作為質性的社會科學之基本目的，以及它熱烈擁護客觀性作為一種研究的立場。

導向式質性研究：女性主義研究、批判理論和酷兒理論

質性方法的優點之一，即以歸納的、自然式研究策略來趨近一個場

域，無須先決的假設。而且，理解和理論皆逐漸顯現於實地工作經驗，並紮根於資料之中。難題是如何以開放的心胸來趨近該研究實地。現象學建議諸多程序，以認清和考慮在實地工作和分析之中所產生的偏見和傾向，使能獲致所研究現象的真實本質。詮釋學主張任何事件均係從某些視角來詮釋，因此第一優先的是要能掌握此一視角，並闡明被研究者的背景脈絡。研究者自身的視角，如同任何其他傳統和視角，在詮釋意義時，必須作清楚的說明。

導向式質性研究（orientational qualitative inquiry）則更深入一步。導向式質性研究，並不以開放性為藉口來尋找紮根於資料或從資料中逐漸顯現的理論。導向式質性研究始於一項明顯的理論或意識型態的視角，決定了什麼樣的概念架構將引導實地工作和詮釋研究的發現。例如，一個人可以在眾多理論中從女性主義、馬克思主義、資本主義或佛洛依德理論的視角來進行研究。在這些例子中，研究者的意識型態「導向」或視角即決定了研究的焦點。

一個女性主義視角（feminist perspective），假設性別（gender）在人類關係和社會歷程中的重要性，且將研究導向此一方向（Guerrero, 1999b; Ribbens & Edwards, 1998; Maguire, 1996; Reinharz, 1992; Glennon, 1983; Smith, 1979）。女性主義研究的原則（Guerrero, 1999a:15-22; Thompson, 1992）可以包括：

- 在研究者和被研究者之間具有關聯性和平等的意涵；
- 明白地承認和珍視「女性的認知方式」（women's ways of knowing），包括理性、情緒、直覺、經驗和分析的思維等之整合；
- 支持意識覺醒（consciousness-raising）和研究者反思性（reflexivity）的參與歷程；
- 超越知識的世代，超越「為知識而知識」，投入於使用知識來改變，特別是「關於女人的知識將促成女人的自由和解放」（Guerrero, 1999a:16-17）。

性別的鏡頭會如何形塑和影響我們的理解和行動？

哲學家Elizabeth Minnich探究將人類加以分類的概念化取向，潛藏於歷史上、文化上和政治上的傳承中，透過這些概念化語言和類別，持續地形塑我們的思維。她的專書《轉化知識》（*Transforming Knowledge*, *1990*），適當地和具洞察力地說明了女性主義研究的導向。

根本難題一再地出現於各種領域的不同偽裝，並貫穿在優勢的傳統之中。的確，當多數人類被排除在教育和知識的創新之外，少數具優勢者不僅將自己定義為人類族群之一，而且是規範制訂者和理想典範。少數特權階級者將自身定義為人群的統治者，同時也視自身具備有其他人群所沒有的特質，可將他們和其他人群根本地區隔開來。因此，他們將文化中的女人和無特權者，排除在「人類」之外，同時證立此類排除的理由，是基於他們是天性上和文化上「較低等」者（如果他們曾想到其他人也有「文化」的話）。他們對於誰才是人類的觀念，既是排外的、更是階層性的，認為那些應當隸屬於他們所有──各種角色的女人、勞動階層的男人、男性僕人和奴隸，以及從其他文化而來的女人和男人。

因此，他們創造出人類是什麼的根本定義，從這些定義衍生出概念和理論，且增強其定義，使之更難去審慎思考在他們自身之外，還有任何其他人存在；正如他們也讓我們很難誠實地去思考這些定義人類的少數人。（Minnich, 1990:37-38）

我們所使用的概念和概念的架構，不管是無意識地當作是傳統和訓練，或者是有意地當作是一種選擇，皆潛藏著什麼是重要的和誰是重要的訊息。女性主義研究挑戰了現象學的觀念，就是一個人在進行實地工作和資料分析時，可以淨化自己這類基本上以語言為基礎的觀念。此外，女性主義研究不僅提供概念和分析的方向，也提供了強調參與的、合作的、改變導向的、以及研究的增能展權形式等方法論上的導向。

一個相當不同的研究理論架構，就是佛洛依德理論（Freudian）導向，其假定個人的行為必須理解為在本我、自我和超我之間鬥爭的外顯，受到早期童年關係和性經驗的影響，而在潛意識中留下不可磨滅的記號。導向可以是連結的，如同女性主義心理分析的架構（Eichenbaum & Orbach, 1983）。

種族主義（racism）和民族性（ethnicity）對質性研究和評鑑而言，可以是另一個定義的鏡頭或導向（Ladson-Billings, 2000; Stanfield, 1999; Patton, 1999d），正如同融合（inclusiveness）（Mertens, 1998, 1999）。「酷兒理論」（queer theory）是一個聚焦於性傾向（sex orientation）的導向式研究，「採取社會建構論的洞察，並且增加後結構主義者對於統合的、自主性自我的批判」，因此，女同性戀、男同性戀、雙性戀或變性慾傾向，使得研究成為「一個解構的事業，撕碎自我是由其核心所定義的觀點，不論這是性慾望、種族、性別、民族或階級」（Gamson, 2000:348）。

最有影響力的導向式架構之一是「批判理論」（critical theory），其

焦點在於不正義（injustice）和宰制（subjugation）是如何形塑人們的經驗和對世界的理解。

> 一個批判的社會理論特別關注於權力與正義的議題，以及經濟、種族事務、階級與性別、意識型態、論述、教育、宗教與其他社會制度和文化動力等互動來建構一個社會體系的方式……。傾向於稱做批判的研究，必須連結到試圖克服一個特定社會的不正義……。因此，研究變成是一種轉化的努力，既不受到政治的這個標籤所困擾，也不畏懼其與解放意識的關係。（Kincheloe and McLaren, 2000: 281, 291）

因此，究竟是什麼賦予批判理論的名稱--什麼使其成為批判的--是因為它不只是研究與理解社會，更是要批判與改變社會。批判理論受到馬克思主義（Maxism）的影響，也受到階級衝突是理解社群和社會結構的核心之先前假定的引導（Crotty, 1998; Heydebrand, 1983; Carchedi, 1983），並在1960年代的激進抗爭中更新，批判理論提供了一個既是哲學也是方法的架構，來進行研究與評鑑，基本上很明顯是政治的，如同改革導向的參與形式。Fonte（2000）提出一個批判理論應用到公共政策的實例。Fonte將馬克思主義智識分子Antonio Gramsci的論點應用到當代的美國政治，考量源自種族與性別的宰制，與受宰制團體是如何權力鬥爭，使得生活的各個層面變成政治性的。

研究者能在任何這些理論的或是意識型態的導向中進行質性研究，但是研究的焦點則是取決於此一架構，研究者在這架構中操作，並從這個主導理論之視角來詮釋發現和賦予意義。因此，這類質性研究的目的，在於描述和解釋早已被假定的一般組型之特定的（specific）顯現。這樣的研究是以確認（confirmation）和闡明（elucidation）為目的，而不是發現（discovery）。我選擇了「導向的」一詞來描述這類的研究，因為它們都是導向特定的方向，或是從特定的視角來形構。導向的是比「以意識型態為基礎的研究」（ideologically based inquiry）來的更為中立的語詞。

任何特殊研究是導向的情形，是一種程度上的問題而已。俗民誌研究可被視為導向的，因為它們在某種程度上認定文化在解釋人類經驗上的中心地位。「批判俗民誌」（Thomas, 1993）結合了對於文化的焦點和運用發現來改變的承諾。符號互動論的導向性，在於其聚焦於意義的重

要性，意義逐漸顯現作為人際互動中人們用來界定情境的標的。導向式質性研究，對於理論或意識型態的詳盡推敲、確認和闡明，是一正當而重要的取向。質性研究要求的是，研究者必須非常清楚明白其所應用的理論架構，並詳述該視角在研究焦點、資料蒐集、實地工作和分析上的蘊義等。

質性研究中的變異：對於核心問題的相異答案

表例3.6摘要了本章中所述的各種理論和哲學的視角。這並未包含所有可能的理論清單，但已經涵蓋了最為共通的概念的與哲學的架構，且當然記錄了能夠引導質性研究的各種不同視角。

如何分類各種質性研究的變異，目前並沒有共識存在。正如本章一開始就提到的，但是值得在此重新回顧質性研究中的變異。Crotty（1998:5）闡明了五種主要的理論視角，作為社會研究的基礎：（1）實證論（和後實證論），（2）詮釋主義（包含現象學、詮釋學和符號互動論），（3）批判的探究，（4）女性主義，以及（5）後現代主義（對此他在最後增加了「等等」一詞，以說明這樣的分類仍是開放性的）。Creswell（1998）也確立五種不同的質性研究傳統：（1）自傳，（2）現象學，（3）紮根理論，（4）俗民誌，以及（5）個案研究。Jacob（1987）另外選取相異的五種質性分類法：（1）生態心理學，（2）完形俗民誌，（3）傳播俗民誌，（4）認知人類學，以及（5）符號互動論。Schwandt（2000）強調「三個質性研究的認識論立場：詮釋主義、詮釋學和社會建構論。Denzin and Lincoln（2000a）依據七個歷史時期和七個派典/理論來加以組織他們對於質性研究變異的回顧：（1）實證論/後實證論，（2）建構論，（3）女性主義，（4）民族的，（5）馬克思主義，（6）文化研究，以及（7）酷兒理論。Wolcott（1992）創造了分為20個不同分支的家庭樹，以展現不同的「質性策略」。Tesch（1990）分辨了27種變異。Miles and Huberman（1994）在檢視了一些想要對質性取向分類的嘗試之後，得到的結論是，「*這些類別與分類學可能是綜合的和澄清的，但不論是在界定這些相異的質性要素的方式上，或是在區別它們時所使用的準則上，最後顯示出它們基本上是不可共量的。於是，我們在嘗試將一個與另一個區別出來時的心靈是畏縮不前的*。（p. 5）

使上述分類更為複雜的是結合幾種視角的實務。例如，一個人可以

表例 3.6　質性研究中之變異：理論傳統

視角	學科根基	核心問題
1.俗民誌	人類學	這個人類群體的文化是什麼？
2.自傳俗民誌	文學藝術	我自己的文化經驗如何和這個文化、情境、事件和生活方式相連結，或提供對於這個文化、情境、事件和生活方式之洞察？
3.考驗實在：實證論與實在論的取向	哲學、社會科學和評鑑	在真實世界中真正發生的是什麼？我們要如何才能建立一些確定性的程度？對於可檢證的組型，什麼是似真的解釋？到目前為止，我們所能獲得的真相是什麼？我們能夠如何研究一個現象，才能使我們的研究發現盡可能地符應這個真實世界？
4.社會建構論/建構論	社會學	在此一場域中的人們如何建構實在？他們所報告的覺知、「真相」、解釋、信念及世界觀是什麼？他們對自身行為與互動他人的建構，有什麼結果？
5.現象學	哲學	對於這個人或這一群體的人們而言，其生活過的經驗現象之意義、結構與本質究竟是什麼？
6.啓思研究	人文心理學	我對這個現象的經驗是什麼？以及其他也曾深刻經驗這個現象的人，他們的本質經驗又是什麼？
7.俗民方法論	社會學	人們如何使其日常活動具有意義，以便以社會上可接受的方式來表現行為？
8.符號互動論	社會心理學	何種共通的符號和理解已經顯現出來，以對人們的互動賦予意義？
9.符號語意學	語言學	符號（文字、象徵）在特殊的脈絡中如何承載和傳遞意義？
10.詮釋學	語言學、哲學、文學評論、神學	什麼是人類行動得以發生，或作品得以產生的條件，對其意義的詮釋成為可能？
11.敘事學/敘事分析	社會科學（詮釋的）：文學評論，文學散文	這個敘事或故事所透露出的有關於這個人和所屬世界的什麼？這個敘事要如何詮釋，才能提供對於生活本身和創造生活的文化之理解與闡釋？
12.生態心理學	生態、心理學	人類行為和環境之間的關係是什麼？
13.系統理論	科際整合的	這個系統作為一個整體，如何和為什麼如此運作？
14.混沌理論：非線性動力學	理論物理學、自然科學	什麼是脫序現象的底涵秩序，如果有的話？
15.紮根理論	社會科學、方法論	什理論係逐漸顯現於系統性比較分析，且紮根於實地工作中，據以解釋所存在者和所被觀察到者？
16.導向的：女性主義研究、批判理論、酷兒理論	意識型態：政治、文化和經濟的	X的視角如何在這個現象中彰顯出來？

從事啓思的女性主義（導向式的）研究，也就是從女性主義的視角進行啓思研究。或者是將批判理論與俗民誌的要素相結合，進行「批判俗民誌」（Thomas, 1993）研究。Bentz and Shapiro（1998）曾提出他們稱之爲「淨心的研究」（mindful inquiry），作爲現象學、詮釋學、批評理論、以及佛學的綜合。他們從現象學擷取的是聚焦於經驗及意識。他們從詮釋學著重的是文本、理解的歷程，以及讓新的意義在研究歷程中逐漸顯現。他們從批評理論所注意的是研究者和研究主題兩者的社會及歷史的脈絡，包括宰制、不正義及壓迫等等。他們由佛學的觀點出發，聚焦於覺察一個人自身的「癡」、執著，以及慈悲心的實踐。在定位這種綜合時，他們的目的是將研究者，而非研究技術，放置於研究過程的中心。因而又在「淨心的研究」上另外增加一種反思的、自傳俗民誌的導向作爲基礎。因爲，淨心的研究者運用個人的、社會的及歷史的脈絡覺察，以及個人的認知方式來形構研究。

　　質性研究架構的變異可用六個核心問題的答案（每一個對應於一星期中的一天，並剩下一天來整合你的答案）來加以區分：

- 我們對於實在的本質之信念是什麼？（本體論的論辯：一個單一、可檢證的實在與真相之可能性，相對於社會建構出的多元實在的不可避免性。）
- 我們如何得知我們所知的？（認識論的論辯：關於客觀性、主觀性、因果性、有效性、和可類推性等的可能性和可欲性。）
- 我們必須如何研究這個世界？（方法論的論辯：關於什麼種類的資料和研究設計，以強調何種目的和結果。）
- 什麼是值得去知道的？（哲學的論辯：關於什麼是要知道的以及爲什麼。）
- 我們應該詢問什麼問題？（單一學科與科際整合的論辯：關於各項迫切待答問題、研究傳統，以及研究領域之重要性的學科內或跨學科論辯。）
- 我們個人如何投入研究？（實踐的論辯：關於在研究中投入個人經驗和價值，包括聲音語式和政治行動的議題）

　　從這些不同的視角來研究相同的方案、組織或社區的研究者，即使

他們可能都進行觀察、訪談和文件分析，仍將會導致相當不同的研究。而且，即使他們全部在同一場域中進行研究，也不一定能將這些不同研究的描述和發現加以綜合。當研究者從不同的架構來操作其研究時，他們的成果也不是可以立即互相詮釋的，或者就對彼此具有意義。雖然理論架構提供一種指引，並作為在同一架構內操作的研究者之間互動的基礎，但不同的理論架構會造成阻擋不同視角之間互動的障礙。事實上，每一個理論架構都是一個微型派典（miniparadigm），具有其自身內部的邏輯與假定。

這意味著一個研究者不可能合理地詢問哪一項理論架構是「正確的」、最好的或是最有用的？這問題取決於研究者想要做什麼，以及他的基本假定是什麼？Gareth Morgan（1983）在呈現各種不同的研究視角之後，簡單扼要地敘述了這樣的問題：

> 這裡有一個問題是，讀者在考慮了不同的視角之間矛盾的性質、重要意義和主張時，如何達成一些結論呢？……我瞭解在此有一個很大的問題……以某一系統內的公理作為基礎去證明、駁斥或評鑑該系統的前提，這是一種謬誤的想法。……這意指：要以任何一組視角的基本假定，來判斷不同研究視角之有效性或貢獻，是不可能的，因為這個過程是自我證立的。因此，在諸多社會科學論辯中，試圖以基於可類推性、可預測性和控制、變項的解釋力、有意義的理解等重要性之普遍化的準則，來判斷不同研究策略的實用性，無可避免是錯誤的：這些準則無可避免地偏好那些跟產生這些準則之假定相一致的研究策略，且以這些準則作為研究之評鑑的重要指導方針。只是藉由支持某一研究型態的假定，來證立一個特別的研究型態是不適當的……。不同的研究視角會產生不同種類的知識宣稱，因此用來判斷什麼才是有意義的知識之準則，也各不相同。（pp. 14-15）

換言之，讀者必須對任何視角的相對價值，自行做出決定。每一項各有其優點，也各有其限制。並沒有一個普遍標準可被用來在不同的理論架構之間作選擇。反之，這種多樣性本身就是人類現象複雜度的良好指標，也是進行研究時所包含的挑戰。

最後，必須小心一種危險，亦即具體化了本章所提供的理論區別。讓我們再次回顧表例3.1，我的回信給一名急於找出她適合於哪一種研究類別的研究生。不同視角之間的分界仍然很模糊。每一個視角的支持者都爭論著對該視角而言什麼是本質的。Tom Schwandt是《質性研究辭典》（*Dictionary of Qualitative Inquiry,* 2001）的編撰者，對這些區別有相當多的研究，他對這種理論的區別提出如下的省思：

　　將複雜的理論視角加以分類和標籤為這個或那個，似乎是美國特有的一種傾向。這種貼標籤的做法很危險，它會使我們無視於持續的議題、分享的關注、和張力點，這些卻是跨越這運動的界標，也是每一位研究者在發展作為社會研究者的認同時所必須處理的議題。我們在與這些事先架構好指導我們如何理解何謂「從事」質性研究的哲學搏鬥時，我們面臨的難題並非去選擇最適合我們的標籤--詮釋主義者、建構論者、詮釋學者，或其他的。而是，我們面對的選擇是我們究竟想要過什麼樣的社會研究者的生活。（Schwandt, 2000:205）

實用主義

　　在討論了各種各樣引導質性研究的理論視角之後，我們現在要離開理論世界，進入實務世界和實用主義（pragmatism）。並非所有的問題都其有理論基礎。事實上，人類致力於使這個世界更好（並懷疑其作為是否有效）的相當具體且實務的問題，其解決是可以不用放入本章所述之任一理論架構來研究的。雖然這些智識的、哲學的和理論的傳統，對質性研究之價值和正當性的論辯，具有甚大的影響；但依我看來，研究者在應用質性方法時，並不必然需要向任何單一的認識論的視角宣誓效忠。

　　事實上，我將更進一步建議（冒著被稱為異端邪說之風險），研究者甚至不必關注理論。雖然寫作論文的學生和學術研究之學者有必要關注理論架構和產生理論，但質性方法有其非常實務的層面，就只是在真實世界場域中詢問人們開放式的問題，和觀察感興趣的事項，以便解決問題、改善方案、或發展政策。簡言之，在真實世界的實務中，方法可以與其所源自的認識論分離。

　　研究者能在不作邏輯實證論或實在論之文獻探討的情況下，逕行運用統計法於研究中。研究者當然也能直接進行詮釋，而不用探討詮釋學。同時，研究也可能進行開放式訪談或觀察，卻不曾閱讀過有關現象學的論述。因此，質性研究方法自身，即可作為去發現在某方案和其他人類場域中正發生何事的合理方法。

　　下一章所要探討的即是質性研究可對實務知識和實用上的理解有所貢獻的一些方式。為了有助於讀者作這樣的轉移，本章以擷取自Halcolm之實務的、發人深省的故事作為結語。

表例 3.7　網際網路電子郵件討論團體（listservs）
　　　　及有關質性研究與理論的網址

---

1. Ethnography-in-education@mailbase.ac.uk：運用俗民誌研究法於教育上，如要參與，請將訊息送至mailbase@mailbase.ac.uk: join ethnography-in- education first-name lastname

2. Ethno@cios.org：俗民方法論/會話分析；如要參與，請將訊息送至comserve@cios.org: join ethno ourname

3. http://www.tgsa.edu/online/cybrary/phenom.html：現象學

4. http://www.ped.gu.se/biorn/phgraph/home.html：現象俗民誌

5. www.groundedtheory.com/vidseries1.html：紮根理論網址

6. Q-METHOD@listserv.kent.edu：Q方法論討論對於主體性的研究，如要參與，請將訊息送至listserv@listserv.kent.edu: subscribe Q-METHOD ourname

7. BIOG-METHODDS@mailbase.ac.uk：社會科學的生物學方法，如要參與，請將訊息送至mailbase@mailbase.ac.uk: join BIOG-METHODDS

8. PSYCH-NARRATIVE@massey.ac.nz：對於日常生活中敘事的討論，如要參與，請將訊息送至majordomo@massey.ac.nz: subscribe psych-narrative

9. www.chass.utoronto.ca/epc/srb/cyber/cyber.html：網路符號學機構

10. www.shop.affinia.com/ppsesystemstheory/Store1/：系統理論網址

11. H-ORALHIST@h-net.msu.edu：H-Net/口述史學會對於口述史的討論名單；如要參與，請將訊息送至listserv@h-net.edu.msu.edu subscribe H-ORALHIST *LAST-NAME AFFILIATION*

備註：感謝University of Georgia之Judith Preissle教授，提供上述網站的詳細資訊。這些網站和訂閱細節可能會有改變，本清單亦不是窮靈的。這份清單只是對於透過網際網路可以界得質性研究資源的建議。其餘可從網際網路獲得的質性資源，請參見第一章的表例1.5，第四章的表例4.9，以及第八章的表例8.3。

你眼中的蘋果

當Halcolm對一群學術會議的學者們講解完一個人可以用許多不同視角來看待這個世界之後，他餓壞了。當他仍繼續回答問題和參與討論時，他請一位聽眾去探詢中餐是否已經準備好了。這位使者並沒有回來，所以Halcolm又請了第二位使者前去探詢。然而第二位使者也沒有回來。因此，Halcolm只好自己去探看究竟。

他發現那兩位使者、主廚，和三位訪問學者正進行激烈的爭辯。Halcolm無視於這論辯，直接問道：「中餐準備好了嗎？」

第一位最年長的訪問學者回答：「我正在向這些年輕人解釋，食物的狀態並非決定是否準備好的唯一依據。一頓餐並不只是食物，它必須包括那些要享用食物的人。所以，唯有每件事都已就緒了，且要享用食物的人也聚集入坐，這頓餐才算是準備好了。」

第二位訪問學者說：「我斗膽品嚐過這a餐食物。從一個美食家的觀點而言，這頓餐絕不會有準備好的時候。這根本就毫無希望，讓我們回到城裡去吧！」

第三位訪問學者則說：「準備度是一種心靈狀態，而非物理狀態。既然食物沒有心靈，食物就不可能準備好。只有人類可能準備好。」

主廚也加進來說：「中餐都是在每一天的中午時候進行。在中午時候，中餐就會準備好了。為什麼還要問中餐是否準備好了呢？現在是中午，這就是中餐。因此，中餐是準備好了。」

如此，他們全部又展開論辯，企圖提出更好的論點，作更小範圍的區分。

Halcolm這時候坐下來開始吃他的中餐。

一個學生詢問他為什麼不加入這場論辯來澄清這些重要的論點。Halcolm又吃了一口，才回答道：「你眼中的蘋果並無法滿足你腹中的空虛。我們會有時間討論飲食的性質──但是也該有時間吃飯。」

 ──摘自*Halcolm*的《美食指南》

附錄3.1　自傳俗民誌的書寫範例

　　前言：本文乃摘錄自《大峽谷慶典：父子的發現之旅》（Patton, 1999a）一書的第一章。這摘錄取自於一個文化現象的研究，關注該現象的個人省察與置身其中的經驗，此處的現象指的是現代社會男性的成年禮。
　　我兒子Brandon和我有Malcolm加入作伴，他是朋友，也是我們在大峽谷的嚮導。

Vishnu Metamorphism

　　你必須繞著地球旋轉才能見識到大峽谷（Grand Canyon）的崢嶸。要感受到它，你必須置身其中。要從中學習，你必須身歷其境並停留一段夠長的時間。至少這是Malcolm幾年前第一次激勵我加入他從Apache Point到Elves Chasm徒步旅行時所主張的。而我所學習得到的，有流血的水泡、令人虛弱的口渴，以及當一個岩塊在峽谷地上一千英呎高的上方崩潰時，迅速移動的重要性，特別是在你當時就站在那兒時。適切學習。但它們都留下了令人深刻的印象。正如大峽谷的深不可測與壯麗遼闊。

　　Malcolm帶著對生命的疑問前往大峽谷已有多年，並找到了答案。我的初次旅程並未得到任何答案，但Malcolm解釋那是因為我根本沒有帶著疑問前往。這樣說是公平的。我去那兒只是為了徒步旅行，以及經驗一個穿越地球表面最古老裸露岩石群的機會。

　　但我的確有了一個想法。站在Mount Huethawali的山頂上，俯瞰著Colorado科River對岸的Holy Grail神廟，我想像有一天跟我兒子一起徒步旅行的畫面，他那時剛在歪歪斜斜學習走路的階段，我要啟蒙他進入男人的狀態，就在這些名為King Arthur Castle（城堡）、Guinevere Castle和Excalibur的孤立山丘之中，以及名為Merlin Abyss（深淵）和Modred Abyss的峽谷之中。Malcolm將其稱為一種願景（vision），將一閃即逝的想法眩惑地轉化成一種探索，就像是在講電話時的隨手塗鴉，仍可稱之為藝術。還有什麼地方可以比大峽谷更宏偉堂皇？

　　然而，這個虛飾的心境並沒有隨著我回到Minnesota。我瞭解我缺少了一些基本的必需品來進行一種啟蒙。例如，部落長老。如果你沒有一個部落將很難獲得長老的。就像其他必需的事物，如傳統、聖地、儀式、需要安撫的恐怖神祉、代代相傳的智慧、以及受啟蒙者必須通過的

各種威脅生命的考驗（最好是啟蒙者本身已經成功存活下來的考驗）。從我記得的人類學來說，強烈的性別認定也是一種先前要件。然而，這些都可能念咒招來。我在凝視著Lancelot Point時感到對於某些事情的茫然。Malcolm說大峽谷讓我接觸到我從未意識到的男性集體意識。在大峽谷待了十天之後，這類的事情聽起來一點也不荒謬。就像吃下冷凍乾燥的食物一樣。在艱難的跋涉一天之後，這些食物吃起來可以讓美食家感到快活愉悅；但如果是在家裡煮食，那就很恐怖難當了。所以我發現我的大峽谷啟蒙願景確實無法跟都市含氟的水好好地混合在一起。

但這個想法並沒有蒸發消失。

Malcolm現在微笑著說他從來沒有懷疑過。從另一方面來說，我發現我自己仍然會為和Brandon回到大峽谷來進行啟蒙經驗的行動而感到驚奇。作為一個社會科學的研究者，我寫下了實地札記。我應該補充的是，這不是因為我已預見到這些札記可能會顯示出當代社會中成年禮的人文主義取向之重要性。我之所以寫札記是為了家庭史，而我也必須承認這是習慣使然。我已經投入了許多年在社會學的觀察中而忘記了我自己的某些部分，現在因為在多年的期待之後，終於帶著我的長子進入地球上最宏偉壯麗的地域之一。我考慮過要將我科學的一面暫時遺忘。我甚至嘗試過，我告訴自己只當個普通的父親。就是在大峽谷，就是跟Brandon在一起。不要分析正在發生的一切，就是與經驗好好相處。

或者這些是Malcolm的忠告？的確，某部分的我受到Malcolm相信從大峽谷得到了答案所吸引。並且，不像我們早幾年前的第一次徒步旅行，這次我發現我自己帶著一個疑問前往，雖然直到第二天晚上之前，我都沒有確切地意識到。

我們在峽谷深處露營，就在Colorado River旁邊，White Creek小溪在此從Muav峽谷流出，流入Shinumo Creek溪。我酸痛的身體在經過兩天艱苦的徒步健行之後渴望著休息，但是Brandon在晚飯之後詢問我關於不同文化如何界定男人的問題，讓我感到震盪和輾轉難眠。他就睡在我身旁，近到我能聽見他緩慢的呼吸。就在我研究他的同時，他從正面躺下且翻身側睡，將他的膝蓋曲起像嬰兒般蜷身而眠，幾乎將他18歲、瘦長的身材轉化成天真如嬰兒般的圖像。他看起來就像晚餐時所問的那個問題。

當時他用一種刻意的音調這樣開始：「因此，這是我的啟蒙。我什

麼時候才可以發現男人的樣子？我確定你們兩個人都早已有著重要的洞察。我們是否可以繼續討論它，我，你們卑微的受啓蒙者，正專注地傾聽著。」

我們後來對於不同社會如何定義男人的人類學討論，是深植於文化相對主義，就像圍繞在營地旁遮蔽的白楊樹一樣堅硬挺直。這個討論是嚴肅的、強烈的，並且驚訝地無法令人滿足。這不是指Brandon，而是我。

當我凝視Brandon的睡相，有許多不同的聲音在心裡爭論著。一個現代的父親告訴他的兒子有關做為一個男人的會是什麼？有一些很久以前在我記憶裡的聲音，刺耳地重複著，就像一支磨破的針刺進了過去研究生時代的蒼白歲月。其他最近才進入的聲音則是間歇地刮搔著。不同年代的訊息競相入耳，發出一段不和諧又漸次加強的聲音，就像是困在一個進行冠軍盃籃球賽的小型體育館裡，介於對立的球迷和他們刺耳的加油聲之中——只有當你知道要為哪一邊加油時，你才會感到振奮。

雖然我同時喜歡辯論和運動競賽，但這樣的想像情景與我周遭靜謐的環境很不協調，於是我將內在的沈思重新轉向附近急流的淙淙水聲和峽谷夜晚的啾啾鳥鳴旋律。我安靜地下床，沿著小溪旁踽踽獨行，反覆思索我究竟想要傳遞什麼樣的男人特質給Brandon。我在古老岩石的陰影下停下腳步，並且聆聽Shinumo急流從古至今的呼喚。我在冷然旁觀的千古之月下思考各種可能說法：那些男性是熾熱發光，而女性猶如盛開花朵的譬喻。

還有什麼可以告訴Brandon，而他還沒從我這兒聽過的令人洩氣的話呢？我可以認定月亮是清冷渺茫的，大峽谷只是一群堅硬的岩石，以及生活提供許多成為男人並發展成人的途徑，但這些說法卻不是很確定。我能夠提供觀視角度和由大峽谷所激發的各種隱喻……。

這趟旅程，這樣的「啓蒙」，感覺上就像是最後的機會。如果再來一次，我又何時才能再有Brandon會心凝神的注意？或者至少是其中的一部分？我並不是那麼容易受到迷惑地相信自己能夠持續地獲得完全專注的聆聽，這是相當高難度的不可能，尤其是對那些在不斷變換電視頻道中成長的世代。但是我確實擁有和Brandon在一起而不被干擾的十天十夜。沒有任何外在的影響。沒有來自電視、電話、朋友或工作來競爭這個注意力。

　　與我兒子一起待在大峽谷整整十天。在他離家念大學和展開成年生活之前的十天。最後的十天。一個最後的機會。

　　我回到Brandon睡覺的地方，凝視著他，想著我必須對他說的那些話是否真的很重要，畢竟話語只是話語而已。但是話語就像答案一樣，在我的世界裡有舉足輕重的位置。思維亦然。因此我思考得更多，直到身體已經疲累不堪、且內在對話的頻率逐漸減弱為止。在剛剛數小時的特效藥之影響下，我至少感受到一種類似心靈澄明的幸福感，就在我轉身且凝視我們先前走過的黑暗峽谷時。那天下午，我們穿越大峽谷的「巨大不整合」（Great Unconformity）大岩層，一步就跨越了25億年前形成的鴻溝，一個曾經被大量山脈填滿的空間。回想當時穿越平行岩層的時候，若以大峽谷的時間為標準，那個時刻根本是微不足道的；但若以人類的進化作為量尺來衡量的話，平行岩層的形成卻是相當巨大。大峽谷的隱喻足以提供社會學的洞察。Malcolm可能會說，大峽谷已經回答了我的問題。

　　大峽谷的「巨大不整合」大岩層曾經填滿了距今80億年至12.5億年前的前寒武紀的石灰石Bass Limestone、頁岩Hakatai Shale、石英岩Shinumo Quartzite、沙岩Dox Sandstone、以及玄武岩Cardenas Basalts等。這些岩石被巨大的地殼運動推擠。在這種劇烈運動、扭曲與推擠之下，使得非常古老的岩石裸露於地表之上：17億年前，在大峽谷Zoroaster Granites變硬的花崗岩岩漿，以及由黑火山岩變質成片岩的最古老岩石Visunu Schist。這些高山受到幾百萬年的侵蝕，直到原本存在的空間由海洋侵蝕形成的沙岩所取代。

　　當我們到達「巨大不整合」大岩層時，開玩笑說這是到達一個根本不在那裡的地方，所指的是什麼？當我們跋涉到大峽谷內部較深的地方，我們為那些從沙子或砂礫變成如雕刻般石頭的戲劇性轉變感到驚訝，它逐漸地穿透這些冷冰冰如大理石般的石頭，而府鑿處處。現在，由於受到地質鴻溝的記憶所激發，我仔細的思量著現代社會與古老時代之間的裂隙。很多人都經驗到這個鴻溝，如同一個痛苦的失落。不久前，現代的男性長者嘗試填補這個鴻溝，建立一個回到過去或至少可以與過去相通的橋樑。他們期待回到過去的啟蒙儀式，將有助於弭平這個鴻溝。但Brandon在我們這段長途跋涉期間的回應，已經說明了這是行不通的，至少對現代這些已經品嚐過選擇、經歷過智慧的力量、學習到

珍視個體性、以及厭惡控制的年輕人來說，這是沒有用的。「巨大不整合」大岩層讓我印象深刻的是，在過去與現今之間的鴻溝，尤其是社會習俗已經受到侵蝕而到達消散無跡的臨界點。我們祖先的過往將仍然是必要的和不可或缺的基礎，像是由每平方英吋75000磅地殼壓力所形成的Vishnu Schist古老片岩，以印度神教的神祇命名為Preserver。這個Tapeats形構已經上升到地表，仍保有它的基礎，只是已經不是這個基礎的一部分，也不再是時間上的延續。

我想像一個當代的邁入成年之旅，且認知到人類經驗的古老基礎，但又是分離和獨特的，與當代的不連續性及我們這個時代人類潛能之巨大不穩定是相一致的－一個邁入成年的歷程，並不需要每平方英吋75000磅的社會平衡壓力來確保其穩定性。事實上，一個邁入成年的歷程，甚至不會以穩定性作為其目標。那將是最大的不穩定性。

在向Brandon說明傳統啟蒙的角色時，Malcolm（我的老朋友和大峽谷導遊，也是一位人類學者和家族治療師）解釋啟蒙儀式的作用，是在種族社會中將兒子與家長宰制作心理上的分離，這個種族社會是由延伸家庭形成的不同世代住在一個緊密的村落空間。但是在現代社會中，情形恰好相反。我們的孩子因為日間看護、學校、音樂、電視、同儕團體和地理上的容易遷移，而與我們分離。這個時代的挑戰，不在於提供兒童物理與心理上跟父母的分離。社會已經為分離演化出多重的機制。父母和兒童都受制於前所未有的離心力。現在的挑戰則是連結（父母和兒童）。

我本來以為來到大峽谷是為了一個啟蒙的儀式--表彰與慶祝Brandon的成年禮。但是，當我們進入大峽谷內部的時候，這個焦點對我來說是轉移了。在月光下，我知道為什麼。他正要離開家庭去上大學。我們不需要有表彰他獨立的典禮。這是無庸置疑的。也不用懷疑他的成年時期。我所亟求的是一個連結，這是古老儀式所無法提供、也不曾為此設計的。

驀然間，受到虛幻洞察力的牽引，我的目光再次從溪谷急流轉向Brandon，然後沈沈睡去。直到我被腳上的一個刺痛喚醒。我發現自己被一株Prickly Pear仙人掌刺到了。正當仔細端詳那根傷人的刺之時，我聽見自己的聲音說：「檢視實在」。突然間，帶著敏銳的自我意識，我環顧周遭，然後對自己所呈現的窘狀大笑出聲：執持著一條細若游絲的社會學派典轉移絲線，在大峽谷間踽踽獨行。

4

質性研究的應用

實用主義的學徒訓練

　　一位年輕的木匠滿懷憂愁地來到Halcolm面前。他正在其生涯的開端。在這之前，他已做學徒學木工一段時間了。他很勤奮地學習，且其學徒訓練也非常成功。事實上，他的木匠師傅說他的專業能力和技術已超越一般年輕木匠甚多。

　　Halcolm瞭然於此，他知道這位年輕人的木藝甚至已是傲視群倫了。但是，Halcolm也看到了這位年輕師傅的苦惱。他問：「你煩惱的原因是什麼呢？」

　　「我的父母、鎮上的人們，以及我的師傅全都是最慷慨的人。當我完成學徒訓練時，他們一起給了我一組最精良的工具。我獲得最佳的訓練，也擁有了最好的工具。人們說我的技術是….我能說什麼而不誇耀呢？….我的技術已足夠了。」這年輕人欲言又止，他的憂愁顯而易見，而且似乎更增添了幾分。

　　「那麼，你的難題是什麼呢？」Halcolm接著問道。這位年輕人低下頭雙眼望著地板，因羞愧而不敢直視眼前的偉人。過了很久之後，他才囁嚅噥道：「我沒有什麼可以承造的。」「喔，我懂了！」Halcolm說。「為什麼你會沒有可以承造的呢？」「沒有人曾給我任何訂單。」這年輕人回答。「喔，我知道了。」Halcolm說。「讓我去詢問一些人。你一個星期後回來，我們可以一起看看我學到了些什麼。」

　　Halcolm謹慎地選擇了幾個地方和容易接觸到的人們，進行非正式的訪談。同時，他也訪談了一些最近曾接受其他木匠服務的人。這七天對這年輕人來說，簡直是度日如年，難捱極了。終於，真相大白的時候到了，他就要知道智者從他的個別訪談中學到些什麼了。

　　「我已確證了所有你告訴我的事」Halcolm說道。「你的技術很令人敬佩，你的工具最為精良，你的能力也是無庸置疑的。然而，你沒有任何可以承造的木工。」

　　年輕人期待著Halcolm往下說。

　　「在你學徒訓練期間，你曾為鎮上的新教院做過格狀工藝，你所展現的工藝技巧幾乎受到所有人讚嘆。你為新的鎮政廳所設計和進行的繁複木工—另一項偉大的藝術品，甚至連你的師傅也嫉妒不已。你為鎮政廳長雕刻和裝設過精緻的酒架，簡直已是登峰造極的藝術品。你所有的這些努力，使你的

表現甚為傑出優異，也使你所承造的對象們都相當歡喜。

當年輕人聽到Halcolm再次確認他的工作品質，非常高興，但也頗為羞赧。事實上，聽到這樣的確認，在他想到他現在沒有任何木工可做時，只會增加他的苦惱。Halcolm繼續說道：「你現在之所以沒有什麼可以承造，是因為鎮上的人們相信你的藝術才能和工匠技巧已超出了他們單純的需求。他們只需要簡單的椅子、桌子和門。你應該為教院、鎮政廳和貴族們工作。你設計過非常美麗和繁複的作品，但你並未設計和承造過非常簡單和實用的物品。其實後者雖然看來簡單，但所需要的技巧並未較少。」

「幫我做一個簡單、功能齊備和實用的書架，而且要有合理的價錢，讓我們再來看看鎮上的人們怎麼想。將你的技巧應用於人們的日常需求中，你就不會缺少工作了。」

Halcolm期待年輕人會很高興他的難題獲得了解決，而且會有定期的工作可做。然而，他看到年輕人的憂愁更深，跡近絕望。

「我不知道要知何去做成簡單、實用且功能齊備的東西」年輕人忍不住哀嚎，「我從不曾將我的技巧和工具應用到這類東西上面。」「那麼你的學徒訓練還沒有結束。」Halcolm說道。

於是他們來到Halcolm的工作坊，年輕人開始重新學習。

—摘自*Halcolm*的《應用藝術與科學》（*Applied Arts and Sciences*）

實務目的和具體問題

質性方法是最重要的研究方法，它們是藉由觀察、訪談和分析文件等，來發現人們的行動、知識、思考和感覺。前一章探討質性方法如何有助於建立和／或確證社會科學理論。本章則探討質性方法如何能貢獻於有用的評鑑，和實務上的問題解決、做決定、行動研究、政策分析，以及組織或社區發展。本章將提供一些例證，說明質性方法如何有助於回答具體的問題，協助解決真實的難題，以及發展和改進方案。這些都對所謂的「行動科學」（action science）有所貢獻 （Argyris, Putnam, & Smith, 1985）。

質性方法並非適用於每一種研究情況。本章的目標，乃對何時特別適用質性方法提出一些建議。某些特定的目的、問題、難題和情況，比

諸其他更適宜應用質性方法，本章將舉出一些特別適用於質性研究策略的研究和評鑑問題。質性方法之實際和潛在應用性至為廣泛而多樣，本章所探討的內容雖已涵蓋許多應用可能性，但實無法窮盡。我的目的，在於擴展實務工作者和決策者的視野，瞭解質性研究的可能性和適切性。由於應用質性研究的機會甚為廣泛，此處所提供的實例僅是九牛一毛，讓我們得以想見應用質性研究的多元可能性。

　　本章並不意圖檢視我在前一章所提出的理論和派典取向如何影響這些實務操作的議題。例如，某位研究者可能會想要從現象學、俗民誌或詮釋學取向來檢驗方案的品質；另位研究者可能只要單純進行訪談，或蒐集觀察資料，以回答具體的方案或組織上的問題，而不試圖從特定理論、派典或哲學視角來探討。一位訓練有素且深思熟慮的訪談員，可以透過訪談獲得對於實務問題的有意義答案，而無須宣示其對於派典或哲學視角之效忠。實用主義和應用導向的架構，有助於引導質性研究遵循其實務及應用的軌道，而無須依附於或衍出於某一項理論傳統。因此，實用主義即是本章的基本導向。

聚焦於品質

> 來吧！讓我們品嚐品質的味道。
> -- *William Shakespeare*，《哈姆雷特》（*Hamlet*），第二劇第二幕

　　品質關注、品質教育、有品質的親職、有品質的時間、整體品質管理、持續性品質改善、品質控制、品質保證、品質卓越獎。品質是這個時代的標語。「處於知識密集社會中的人們…偏好『更好』勝於『更多』」（Cleveland, 1989:157）。「更多」（more）取決於數量的面向，而「更好」（better）涉及質性的準則。

　　從最基礎的層次上而言，關於墮胎的爭論，一方面處理的是尊嚴和醫術輔助的自殺，另一方面則涉及「生活品質」（quality of life）（Humphrey, 1991）。一位當代著名的智者Kenneth Boulding（1985）寫了一本書，探討人類更好生活（human betterment）的重大課題。他將人類的發展界定為「品質的學習」（the learning of quality），但卻發現要去界定「生活品質」是徒勞無功的，因為這個想法超出我們有限的表達，且

無法進行數量化的測量。這就特別適用於深度的、整體的質性研究。

對於生活於後現代世紀的我們而言，生活周遭充斥著對於品質的關切。品質已成為我們這個時代最主要的市場主題。顧客需求品質。在這個後工業社會中，我們的生活忙碌無比，沒有時間去關注壞掉的東西，沒有時間去等待東西的修理，無法承擔無事可做時所喪失的生產力。我們謹記在心的訓誡是，從長遠來看，在第一時間就做對的事情，是最為便宜的---無論這個「事情」或「對的」所指涉者為何。在這個寬廣的社會脈絡中，我們得以檢視質性研究將會為我們對於品質的研究和評鑑，帶來什麼挑戰。

當前社會對於品質的狂熱追求，讓我們以為這是相對新近的關注，然而品質運動的創始者W. Edwards Deming 和 Joseph M. Juran在第二次世界大戰之前就開始在製造業提倡品質的重要性。1930年代，Juran曾應用增能工作者團隊和持續性品質改善的概念，來減低芝加哥電子產業的缺失（Deutsch, 1998; Juranm 1951）。Deming及其門徒長期從顧客的視角來檢視品質，將品質界定為符合或超越顧客的期待。20年前，Philip B. Crosby（1979）著作了一本暢銷書，探討「創造品質的藝術」，部分他的主張是相當經典的：

- 最初的掙扎，且未曾止息，在於克服攸關品質的「傳統智慧」（p.7）。
- 品質的成本，是做錯了某些事所要付出的代價 （p.11）。
- 品質是芭蕾舞，而不是曲棍球（p.13）。
- 品質管理的難題，不是人們的不瞭解，而是他們以為很瞭解（p.13）。
- 品質管理是系統性的方法，以確保組織性的活動以其所規劃的方式來進行…品質管理是必須的，因為這個世界不再有簡單的東西 （p.19）。

管理顧問即致力於將這些原則落實於企業界的整體品質管理，以及持續性的品質改善。在1990年代初期，此一「整體品質的禮讚」（cult of total quality）則已深入到政府機構和非營利組織（Walters, 1992）。 於是，Malcolm Baldridge National Quality Awards 受到普遍認可成為最具公信力的獎項，品質運動臻於高峰。

對於品質的關注並不侷限於管理學書籍。Robert Pirsig的經典 《禪和摩托車維修的藝術》（*Zen and the Art of Motorcycle Maintenance*, 1984）探討品質和卓越，並在探討「品質的形上學」（metaphysics of quality）之《莉拉》（*Lila*, 1991）一書，再次重申這個主題：

　　品質的形上學增進吾人對於James的實用主義和激進經驗主義的理解，
主體和客體所源自的根本實在，即是價值。藉此，實用主義和激進經驗主義
可以合而為一。價值，是對於真相的實用性考驗，基本上就是實徵性經驗
（empirical experience）。品質的形上學主張純粹的經驗即是價值。無可評
價的經驗，並非經驗。（經驗與價值）二者是相同的。這是價值之所在。價
值並非位於一系列表層科學演繹的末端，使之像是座落於大腦皮層的神秘區
塊。價值位於實徵性操作歷程的最前端。（Pirsig, 1991:365）

　　我們這個時代一個重要的政策性問題，是教育品質（educational
quality）能否透過政府主導的標準和法令規定來得以實踐。Goodson
& Foote（2001）的個案研究旨在於找出教育理論和實務間的差異，描
述當一個高度成功的、革新的和創造性的非傳統選替教育（alternative
education），遭遇到來自於當代標準化績效責任要求的挑戰時，會發生什
麼事。他們長期紀錄一所特別學校-Durant School-對於州政府所主導的標
準和法定考試的抗拒，以致力於維持該所學校一向引以為豪的高品質教
育傳統。這毋寧是相當諷刺的。

　　瞭解到人們從其個人的和文化的視角所看重的價值，以及他們賦予
經驗之意義，即是質性研究最主要的研究範疇。尤其當要對品質或價值
做出判斷時，我們得進行評鑑，和品質保證。

品質保證和方案評鑑

　　方案評鑑（program evaluation）和品質保證（quality assurance）的
發展，分別具有不同的目的和功能，依循不同的文獻，由不同的實務
工作者所從事，且擁有不同的術語。從一開始的狹隘，逐漸擴展其範
疇、目的、方法和應用性，以至於二者現在有相當大的重疊，且二者的
功能可建立在一個較具綜合性的方案資訊系統（comprehensive program
information system）之上。

　　方案評鑑的現代起源可追溯自Thorndike 及其同事於1900年代初
期的教育測驗工作。方案評鑑起初聚焦於測量教育目標的達成，亦即
發現方案是否「有效」。此一其後被稱為「**總結性評鑑**」（summative
evaluation），最開始係強烈依賴實驗設計和對成果的量化測量。近年

來，方案改善（形成性）的評鑑則與總結性評鑑具有同等的重要性和普及性（Patton, 1997）。

品質保證（QA）在美國的起源，始於1975年通過的「社區心理健康法案修正案」（Community Mental Health Act Amendments）（Public Law 94-63）。此一法案要求聯邦政府需資助社區心理健康中心充分的經費，以致力於實用性（utilization）的品質保證，且建立同儕檢視系統（peer review system），其目的在於建立提供健康照護（health care）的標準，以確保被保險人和消費者能接受有品質的照護服務。QA系統包括資料蒐集和評鑑程序，以記錄心理健康中心對於消費者及健康保險公司的承諾，確保其達到卓越的服務品質。這通常包括測量心理健康中心提供給個別當事人的照護品質，以改善其照護之適切性、充分性和有效性（Lalonde, 1982: 352-53）。當QA系統發展之時，即特別強調偵測難題、修正缺失、減少錯誤和保護個別患者。此外，QA旨在於藉由預防服務的過度利用和過度消費，以控制健康照護的成本。

QA的重要方法，包括臨床個案探討和同儕檢視。所有無法符合特定標準的個案，都要被深度地和仔細地加以檢視。例如，待在醫院超過一段可接受或可預期時間長度的病患，都會啟動這個檢視系統。方案評鑑和QA的原始差異，在於QA係以個案為基礎，聚焦於個人；而方案評鑑則聚焦於整個方案。QA傳統上關注於獨特個案和QA系統的品質，與質性研究方法甚為契合，況且，QA現已超越健康照護的領域，移向更為廣泛的人群服務方案和政府服務（Human Services Research Institute, 1984）。

品質作為普遍的關注

「方案評鑑的領域並非定於一尊，而是由愈來愈五花八門的取向所形塑而成，每一個取向都大異其趣，反映了評鑑的雙重角色，既致力於理論精鍊，亦作為社會-政治探究的形式。事實上，今日的評鑑者所面臨的是令人眼花撩亂的取向，每一個取向都強調不同的目的，和遵循不同的方法論來引導其評鑑實務。然而，無論所欲達成目標為何，所應用的方法為何，所有的評鑑都包含了將方案概念化、理解方案內容，且傳遞方案的品質。」（Benson, Hinn, & Lloyd, 2001: Introduction）。

對於方案參與者進行有關照護品質的深度檢視，可以臨床個案檔案（clinical case files）為基礎，唯該個案檔案須包含適當且有效的資訊。當檔案被用於研究和評鑑的目的，臨床工作者必須接受特別的訓練，以支持其在臨床個案檔案中蒐集且報告高度描述性的資料（Cox, 1982）。由於臨床個案記錄的品質可能有甚大的差異，QA的方案必須包括對於質性資料品質的評鑑。

進一步而言，區分品質控制（quality control）和品質促進（quality enhancement）是相當有用的。品質控制致力於找出且測量可接受的最小成果，或是在急診室接受醫生診治之前的可接受的最大等待時間。相反地，品質促進則聚焦於卓越性（excellence），亦即，遠超出最小範圍的達成程度。品質控制要求清楚的、明確的、標準化和可測量的可接受成果。然而，卓越性經常包含個別化和專業判斷，無法也不應該被加以標準化。卓越性顯現於對特殊個案或特殊挑戰性情境的回應品質中。因此，當品質控制依賴標準化統計測量、比較、和水準標記之時；品質促進則較為依賴透過個案研究和跨個案比較，來捕捉其判斷性質上的細微差別。

傳統上，基於其不同的起源，方案評鑑和QA具有相異的強調重點。表例 4.1即摘述了這些差異。

由於QA與方案評鑑二者的功能已相互擴展，二者之間的區分已無太大的意義。方案評鑑將較大注意力集中於方案歷程（program processes）、執行上的議題，以及質性資料。QA則較傾向關注於成果（outcome）、集合資料和隨著時間而累積的資訊。驅使二者如此發展且更趨於一致的力量，在於對方案改善（program improvement）和蒐集真正有用資訊的關注。而且，二者的功能均源自於對於績效責任（accountability）的要求。QA始於強調品質控制，但逐漸轉向對於品質促進的關注；方案評鑑始於對方案的效能進行總結性判斷，但亦逐漸轉向改善方案的效能。二者同時關注蒐集有用的資訊，以支持方案的改善，已成為二者共通的基石。績效責任的要求，可以藉由方案改善的證據來達成。

績效責任和方案改善均有賴綜合性的方案資訊系統。此類系統的設計應該有資訊使用者的直接參與，聚焦於關鍵的成功因素（而非軟體程式專家所能想像的所有變項），將實用性謹記在心，同時包含質性和量化的資料，以及個案資料和集合性資料。事實上，回顧先前對於整體

表例 4.1　方案評鑑與品質保證之比較

方案評鑑	品質保證
1. 聚焦於方案歷程和成果	1. 聚焦於個人歷程和成果
2. 集合資料	2. 個別臨床個案
3. 以目標為本位的判斷	3. 以專業為本位的判斷
4. 提供決策者參考	4. 提供臨床工作者參考

品質管理和持續品質改善的開放性討論，該系統一開始也是甚為重視統計程序的控制，以及表現的「客觀化」指標，但已愈來愈重視品質的質性視角（qualitative perspectives on quality）。從常識上來看，質性研究的特長之一，是在特殊背景脈絡下，闡述品質的性質和意義。由於「生活品質成為最常被使用到的概念，且在經濟和政治上逐漸顯現其重要性…而且具有兩個重要面向—心理上和環境上，然而某些研究者卻完全忽略了人們的覺察」（Turksever & Atalik, 2001:163）。

　　方案操作的許多面向，包括執行活動和當事人成果，均可從相對量化的角度來加以測量，例如計算進入方案和離開方案的人數，以及報告從方案中獲得具體成效的人數。然而，方案的許多屬性，並無法加以計數。即使將品質屬性化為量化的評定量表，仍然不足以捕捉方案的品質，或是方案對於參與者所經驗到的生活品質之影響。

　　例如，學校的成果可以依據改變的數量和改變的品質二者來加以衡量。改變的數量包括學生閱讀書籍的數量、標準化成就測驗的分數、正確拼字的數量，以及與其他學生、教師或不同種族者互動的數量。這些成果都有一個相映的品質向度，有賴於描述，而非評定量表。因此，找出閱讀一定數量的書籍對於學生的意義，乃為品質的議題之一。這些書籍如何在個人層面及智識層面上影響學生，亦是品質的問題。不同於計算正確拼字的數量，品質的議題聚焦於拼字對於學生有何意義？學生如何將拼字整合於其寫作中？學生如何思考拼字？如何處理拼字？對拼字有何感受？這些問題的答案，有賴於對於個別學生之視角和所處情境的描述，以深入闡述這些經驗的意義。

　　同樣的區分，亦可見諸於強調去機構化（deinstitutionalization）的方案，例如社區心理健康方案，社區矯正，和老年人的社區本位方案等。

計算有多少人被安置於社區中、以標準化量尺來測量參與者生活之特定屬性、邀請參與者主觀地評定生活品質的不同面向等，都是可能的方式。然而，充分地捕捉生活中的改變，對於特定參與者的意義，就必須發展出對於生活品質的描述，以整合生活品質在整體背景脈絡下相互依存的面向：他們的日常生活像什麼呢？他們彼此如何互動？他們如何覺察其生活中的改變？他們如何理解其經驗之意義？他們對於所置身的場域，會如何描述呢？他們如何敘說關於其生活品質？他們如何判定其行動的效能？這些是質性研究的範疇，支持對於品質促進的努力和洞察。

品質有其細微奧妙，可詳細描述，且有微妙而獨特的屬性，使標準化量表上的評量點可能顯現甚大差異。深度的品質描述，可能闡述了兩個不同的人在評定量表上將某項經驗分別評定為「高度滿意的」和「非常滿意的」，其生活和視角有何相似性。這不是等距量尺或序列量尺的問題，而是意義的問題。這項方案對於參與者的意義為何？其經驗的品質為何？對於此類問題的回答，有賴於詳細的、深度的和完形的描述，以人們本身的話語來具現其經驗，接近所要研究的場域，以第一手地瞭解品質的細微差異。

在成果測量上，一旦無法找出人們群體之間在統計上顯著差異時，並非意味著他們在那些成果上毫無重要差異。而是，這些差異可能只能從質性上檢視，而無法以量化工具來測量。有一位木匠曾向William James解釋這一點，這位木匠在為許多不同的人服務過後，觀察到「一個人和另一個人之間只有很微小的差異，但無論差異有多麼微小，都是非常重要的」。這些差異，即是品質的差異。

評鑑的應用

成果評鑑

對於以療癒、轉化和預防為主的方案而言，最佳的資訊來源和形式，乃是當事人的故事（storics）。透過這些故事，我們可以發現方案工作人員如何與當事人互動、與其他服務提供者互動、與當事人的家人或朋友互動，均促成了方案的成果；而當事人自身的成長和改變，亦反映了方案及其他

勢力和因素對於其生活的影響。此處的豐富性,是數字本身所無法捕捉得到的。唯有過度簡化而不值一哂的故事,才會只需要數字就夠了。(Kibel, 1999:13)

成果評鑑(outcome evaluation)已成為以績效責任為主之評鑑的一個核心焦點。績效責任運動並不在於達成品質改善,而是證示對於公共資本的有效運用,以達成政治上所預期的結果。1994年通過的「美國政府表現和結果法案」(The U.S. Government Performance and Result Act),規定政府機構需定期報告其執行成果。事實上,每一項行動的範疇---健康、教育、刑事司法、就業、國際關係等,所強調的重點均從提供服務,轉移到獲致最佳的成果。在United Way(1996)的《測量方案成果》(*Measuring Program Outcomes*)的手冊中,提供了一個很好的例子:

愈來愈多的服務提供者、政府機構、其他資助者和社會大眾,要求清楚的證據顯示,他們所付出的資源要能為人們帶來實際的利益。服務的消費者和提供服務的志工們,希望知道他們投入時間心力的方案,能真正帶來改變。也就是說,他們想要對於資源運用有更佳的績效責任。對於「為什麼要測量成果?」此一問題的最佳答覆是:為了檢視方案是否真正為人們的生活帶來改變。(p.4)

然而,在閱讀此一手冊時,研究者可能會認為記錄達成成果的唯一方式,就是數字。其焦點完全置於對於成果的數字指標和統計。所預期成果的百分比增加了(如較高的成就測驗分數),而非預期成果的百分比減少了(如兒童虐待和疏忽的比率下降),都對於整體效能提供具體的證據。然而,統計所不能做的,是顯現隱藏在數字背後的人類特性。在詮釋這些統計上的成果時,提供關鍵性的背景脈絡,是相當重要的;而確定能以具現人類真實生活中所發生的有意義改變,來理解數字的意義,亦是重要的。

在一項成人識字方案中,測驗結果顯示在三個月期間,平均增加了2.7個年級水平。這一類的人包括:

- 一位來自Puerto Rican的人,他學習閱讀英文,以使其能幫忙小女兒完成學校作業。
- 一位87歲的非裔美國奶奶,一生努力工作,讓子孫能完成學校學業,

而現在自己來接受教育，使她能夠自己閱讀聖經。

・　一個地方企業的管理人員，她先前在申請工作的履歷表上謊稱具有高中學歷，現在利用晚上讀書，以取得相當於高中學歷的文憑。

　　在判斷方案的效能和決定其未來發展時，瞭解統計數字背後的故事，是很重要的。紀錄良好的個案研究，可以訴說數字背後的故事，捕捉非意圖的影響和漣漪效應，闡述所預期成果之難以計量的面向（如，成為能自給自足者，對某人的意義）。此類質性資料可增加統計報告的顯著意義，以創造出較具綜合性的績效責任系統。

　　詳細的個案研究，在評鑑方案改善的成果時，益形重要（相對於外部績效責任報告）。單純只是知道某一標的指標是否達成（或未達成），對於方案改善所提供的資訊甚為有限。瞭解個案的詳細情形，較能闡述何者有效且何者無效，瞭解到方案必須採取哪些改善的行動。

成果構圖與輸出/成果/順勢影響

Terry Smutylo及其在加拿大國際發展研究中心（IDRC）評鑑部門的同事長期致力於克服發展方案中對於學習的威脅。他們觀察到長期的成果和影響通常隨著方案的實施，而順勢發展，可能迥異於原先所預期的形式。這些長期性的成果取決於對特定情就脈絡因素的回應，使得方案一旦啓動之後，即產生諸多變異性。他們所檢驗的成果包括所有相關人員參與投入的深度和廣度、持續發展且導致成果的歷程。這些特徵對於外部評鑑機構而言，具有相當的困難度，尤其是要將特定的成果歸因於方案的特定成分，以及跨場域去聚集和比較其評鑑結果時，更是困難。IDRC發展出一項策略，稱之為「成果構圖」（outcome mapping），可用於建立規劃、監控和評鑑機制，促使組織能加以記錄、學習、並報告其成就表現。它係設計來協助瞭解組織的結果，同時體認到其他行動者對於組織的貢獻，以對人類和生態的福祉帶來持續性且長期性的改善。成果構圖所提供的革新策略，可使評鑑者克服某些所面臨的學習障礙。透過直接聚焦於行動者在其行動上的轉變，來處理歸因，和順勢發展的結果。此一方法論亦有助於跨越文件檔案的學習，在不失去每一個個案故事之豐富性的同時，促進評鑑指標的標準化，並結合運用量化和質性取向的策略。（如需更多資訊，請參見其網址：http://www.idrc.ca/evaluation.）

為了幫助經費資助單位瞭解到測量成果及影響的複雜性，Terry 寫了一首歌——輸出/成果/順勢影響的藍調（Output/Outcome/Downstream Impact Blues），邊彈吉他邊唱。我在1999年肯亞非洲評鑑學會的年會上，首次聽到Terry唱這首歌。他同意我在這裡重述這首歌詞。未來，我們無疑可以將聲音納入書籍中，但現在只得讓我們先體會這首歌詞。

輸出/成果/順勢影響的藍調

作詞：Terry Smutylo
加拿大國際發展研究中心，評鑑部主任

There's a tricky little word	一個微妙的小小字詞
That's getting too much use	已經被運用得太多
In development programs	在發展方案中
Its prone to abuse	很可能會被濫用
It's become an obsession	變成像著魔一般
Now we're all in the act	現在我們都身陷其中
Because survival depends	因為我們的生存取決於
On the elusive "impact"	這個難以捉摸的「影響」
'Cause it's impact any place	因為影響在任何地方
Impact anytime	影響在任何時間
You may find it round the corner	你可能在角落裡發現它
Or much further down the line.	或是在離你很遠的地方
But if you look for attribution	一旦你尋找它的歸因
You are never going to lose	你絕不會迷失方向
Those output outcome downstream impact blues.	那些輸出、成果、順勢影響的藍調

Donors often say,	資助者通常會說
And this is a fact	而且這是事實
Get out there and show us	你只要向我們展示
Your impact	你的影響是什麼
You must change people's lives	你必須改變人們的生活
And help us take the credit	而且要說這是我們的功勞
Or next time you want funding	否則下一次你想要資金
You just might not get it.	就會門兒都沒有
Recipients are always	資金接受者總是
Eager to please	急於要去取悅
When we send our evaluators	於是我們派遣評鑑者
Overseas	飄洋過海
To search for indicators	尋找指標
Of verifiable impact	發現可驗證的影響
Surprising the donors	令資助者驚訝的是
What they bring back.	他們帶回來的成果
Impact, they find,	影響，他們找到了
When it does occur	它總是會發生
Comes from many factors	從許多因素而來
And we're not sure	雖然我們並不確定
What we can	究竟它是什麼
Attribute to who	可以歸因於何人
'Cause impact is the product	因為影響是產物
Of what many people do.	來自於許多人的行動
So donors wake up	於是資助者終於甦醒
From your impossible dream	從那個不可能實現的夢想
You drop in your funding	你將資金丟進
A long way upstream	那個遠遠的上流
The waters they flow,	讓它們隨著流水浮沈，
They mingle, they blend	調和混雜，融成一片，
So how can you take credit	所以你將如何居功
For what comes out in the end?	對於那些最後的產物？
When donors look for impact	當資助者尋求影響時
They really want to see	他們真的想要看到
A pretty little picture	一小幅美麗的畫像
Of their fantasy	從他們的幻景中浮現
And here is something	這就是他們所要的
Evaluators should never do	評鑑者從來不會這樣
Use a word like "impact"	使用像「影響」的字詞
Without thinking it through.	而不經大腦思考

　　表例4.2 呈現一個就業訓練方案的個案研究實例。除了闡述「工作安置」（job placement）的成果對於特定參與者的意義之外，個案也記錄了難以測量的成果，例如「瞭解美國職場文化」和「為自己發聲」，這是故事中這位移民婦女在未來工作上獲致成功的關鍵。

　　在本章末尾談到「捕捉和溝通故事」的段落時，我們將會回到透過故事來記錄成果的這個主題。接下來，我們將省視質性研究對於記錄方案個別化成果的應用價值。

表例 4.2　就業方案的數字背後：莉莉的故事

成果統計

- 完成了WORK方案之後，有一年的工作安置期間。
- 在WORK方案之前的最高薪資是時薪$8.25美元，沒有任何福利。
- 完成方案之後，時薪$11.75美元，以及其他福利，收入增加42%。
- 從技術學校畢業後，擁有3.66個GPA（最高是4.0）。
- 數學與語言技巧：閱讀，相當於七年級；語言，相當於四年級；拼字， 10.6；數學算術，12.9 – --最高可能分數；應用數學，9.9。平均增加：5.4年級水準。
- 參與資料：出席WORK方案共89次課程，缺席6次課程，遲到1次。

成果故事

　　莉莉從越南來到美國後，進入就業方案WORK兩年時間。作爲新近的移民，莉莉無論在學校、工作上和生活中都面臨了語言和文化的障礙。她成長於越南的Saigon City，曾參加全國性的大學入學考試，但兩次都失敗了。最後，她進入一所越南技術學院就讀，主修人力資源，並於23歲時完成學業。然後，她任職於一家越南公司，擔任會計工作。

　　莉莉不顧家人的反對，嫁給一位來自北越的先生，他們的婚姻並未被雙方父母所接納，所以也不能和先生的父母同住。結果，這對年輕夫妻只好租了一個小房間，努力爲改善他們的生活品質打拼。在他們女兒出生後不久，他們發現他們可能可以合法移民美國，因爲美國政府正在核發移民簽證給前越南軍官。歷經艱難的申請和移民程序之後，他們抵達明尼蘇達州，在那兒，他們一個人也不認識。莉莉說，她的先生開始對她很糟糕，他很快找到了一個工作，但無法給她任何財務上的支持，一年後，他拋棄了她。她在一家麵包店和一家旅館找到了一份清潔工作。莉莉總是相信，接受教育可以讓她獲得更好的生活，所以她在抵達美國的四個月後，入學當地一所技術學院，重拾會計的學業。在美國的兩年後，她在一個零售商找到了一份資料處理工作，時薪是$8.25美元，沒有任何福利。但是後來，她女兒生病了，她必須請一個星期假在家照顧女兒，結果她就失業了。她只好依賴社會福利金過生活。

　　莉莉從技術學院的一些朋友那兒聽到這個就業方案---WORK，她申請進入學習，並在方案工作人員的協助下，專注於改善她的英語、技術技巧和主見力。「工作」方案提供她課程學費、生活費支援和交通費補助。她也獲得方案的會計人員每週1.5小時的個別指導。方案提供給她一個安置於地方銀行的工作經驗，時薪$7.25美元。這個工作環境帶給她相當大的壓力，因爲她的語言技巧不足，使得她常常受到其他工作人員的嘲笑和騷擾。

　　WORK方案支持她離開這個銀行工作，讓她更密集地學習商業英語，精熟職場溝通技巧，加強會計軟體技巧。方案的個案記錄顯示，她仍有時會表達其對未來的無望感。工作人員會與她諮商，勸導她要努力克服種種障礙，實現爲女兒帶來正向未來的希望。方案支持她回到技術學院，協助她取得會計和資料處理的雙重文憑。不久

之後，她開始獲得工作面試的機會，最後在一個銷售公司得到一個會計員的職位。她說，她對方案提供給她的工作安置機會有更大的期待。但依據WORK人員的說法，他們也很困惑自己是否該扮演幫參與者找工作的角色。無論如何，莉莉對這個結果感到欣慰：「即使我失敗了無數次，以為再也找不到工作了，但所有工作人員都鼓勵我要繼續嘗試。他們告訴我，我有許多好的特質，他們都非常正向。最後，他們真的幫我找到了一份好工作，即使那時我並不瞭解他們角色上的限制。」

她的語言和數學測驗都顯示了很大的進步（在參與WORK的兩年期間，從小學程度進步到高中程度）。莉莉說，她在WIRK中學到最重要的是，如何在職場上顯現其專業，如何融入美國文化。莉莉特別提到，她發現學習面試技巧相當重要。她強調，WORK幫她找到了一份美國企業文化中的專業工作，扮演了相當關鍵的角色，她解釋：「我以技術學院的朋友與自己相比，即使是現在，他們都還沒找到工作哩。如果不是WORK，我可能也找不到工作的。」方案工作人員強調，莉莉所面對的挑戰是如何提升自信心和學習為自己發聲，這是在她獲得工作安置之後，工作人員仍持續協助她的議題。

莉莉相信WORK扮演了相當關鍵的角色，支持她克服生活中的種種挑戰。她說：「我可以告訴工作人員任何我的困難一關於我的工作、金錢和我女兒。和他們談話可以讓我弄清楚一些事情，解決我的問題。即使現在我有工作了，我還是會打電話給他們，尋求他們的協助。」她接著說她曾經向工作人員求助，如何處理在工作上刁難我的同事。方案工作人員建議她與上級督導討論這個情況，來解決這個難題。莉莉說：「即使我在家和先生相處不良，我感覺到WORK像是我的家人一般。他讓我們在這兒感覺到安全。工作人員不斷鼓勵我們繼續努力，即使有困難，他們也會幫我們解決。最重要的是，我們對待彼此像家人一般。我在這兒學到許多事，都是學校所學不到的。我學到面試技巧、職場技巧、增能技巧。我學到英語，更有效應用於專業層次的溝通。WORK幫助我們不再害怕。他們也給我一部電腦，以及生活費的支援，幫我付發音課程的學費。他們幫我好大的忙。」

這個個案研究還訪談了一位莉莉的朋友，她說WORK對莉莉「特別有幫助，讓她從一個文化調適到這個文化中。那是她的敲門磚，幫助她適應。非常重要。」莉莉現在從事專職工作。早上5:30起床，搭上6:30的公車，7:30抵達工作地點，8:00開始工作。她一直工作到下午4:30，馬上去搭公車，於5:30到家。下班後，每星期有數次會去社區泳池游泳。每天傍晚，她為女兒準備晚餐，協助她完成家庭作業。在女兒上床就寢後，莉莉經常繼續透過電腦增進其技巧，或從事其他的自我學習。

莉莉說她仍然努力要在職場上做更好的溝通。她的督導在一次訪談中說：「我們鼓勵她更加有主見，我們希望她知道她可以捍衛自己，她可以更加有主見。這是美國人的方式。她正在學習。」她的工作督導持續說：「WORK好幾次會來這兒與我和人事經理討論，當我們很難處理莉莉和她一位同事的糾紛時，我們希望他們給我們一些建議。所以，我們一起合作來嘗試解決問題。他們與我們有很好的合作關係，我們會繼續保持。」

> 　　莉莉感覺到她的主要挑戰是她是一個「外國人」，她說：「美國人學習一件事，我必須要加倍的時間。我會比其他美國人緩慢一些，因為那對我而言都是嶄新的。」
>
> 　　依據莉莉的說法，「WORK為她的生活帶來很大的改變」。她解釋，在她接受WORK的協助之前，她很難想像自己可以在這個國家的辦公室環境中找到一份專業工作。莉莉說：「我很興奮得到這份辦公室工作。這是我生命中最幸運的事了，也是最大的挑戰。」依據她的說法，WORK對她的最大協助是，讓她感覺到她可以與工作上的任何人談話和互動。她在與人相處上愈來愈感到安全，且對自己愈來愈有信心。此外，莉莉也有能力管理自己的財務狀況，且有信心可以培育其女兒。她與女兒的互動改善很多，不再為其離婚感到羞恥。
>
> 　　莉莉的未來包括短期和長期性目標。短期而言，她想要存錢買一部專業會計軟體，以完成其專業訓練，使她有機會可以在工作上晉升。最終，她希望能回到學校完成更高學位，增加收入，來支持她和女兒的生活。有一天，她希望能回去越南探望她的母親。

評鑑個別化成果

　　個別化（individualization）意指使方案服務和處遇能符合個別當事人的需求。成功的社會和教育方案，能調整其介入，以適應定之個人和家庭的需求和狀況（Schorr, 1988:257）。彈性（flexibility）、調適力（adaptability）和個別化，對於教育和人群服務方案的效能，均具有相當重要性。高度個別化的方案，其運作之基本假定，在於成果將會因不同當事人而異。這些成果不僅在特定之普通向度上因人而異，而且這些成果的性質本身即有所差異，且對於不同的當事人亦指涉性質上相異的向度。在此情況下，方案的工作人員常會傾向於不願意去建立一些用來將所有當事人作比較的標準化準則和量表。他們主張，其評鑑需求係為了記錄個別當事人的獨特成果，而非為了對所有當事人之成果作標準化測量。

　　個別化方案或處遇的例子不勝枚舉。例如，開放式教育是教育歷程的一個模式，其假定為每一個孩子的教育成果，都是獨特的。開放式和經驗性取向的教育，提供了多樣化的活動，來促成多樣化和個別化的成果。甚且，參與單一的活動，對於不同的學生，所產生的成果亦將大異其趣。例如，一群小學生一起去校外遠足，然後向老師和志工媽媽們報

告這次遠足的心得，由老師和志工媽媽記錄下來，讓他們學習閱讀彼此的故事。對某些學生而言，此一歷程可能包括學習語言的機制：句型結構、言說表達和動詞變化等。對另一些學生而言，此一歷程的主要成果可能是學習如何拼出特定的字詞。對另一些學生而言，其重要成果可能是從其特殊的經驗中產生一些想法。然而對其他學生而言，重要的成果卻可能是在整個活動或經驗的本身所學習到的一些事，如對其所拜訪過的消防隊或農場的知識。有些學生在這個聽寫練習之後，會更增其語言表達能力；有些學生可能受惠於該練習的閱讀部分，而學到更佳的閱讀能力。此處的關鍵點乃是所有學生共同經歷的活動，會對不同的學生產生迥然有別的成果，取決於他們如何去處理其經驗、他們的獨特需求，以及他們發現活動的那一部分最為引人入勝。主張個別化取向的教育者，需要能賴以指陳多樣化成果的評鑑方法，而拒絕以任何有限的標準化成果測量方法（如增進的閱讀分數、較佳的拼字，或有關特定主題的更多知識等），來測量此一複雜的、個別化學習經驗的成功與否。

　　在有關刑事司法、社區心理健康、工作訓練、福利和健康方案的個別化方面，亦有類似的情況。以一組在社區心理健康中心接受處遇的當事人為例，其目標係增進其獨立性。若建構一種可資施測於大團體之測驗或檢核表，以測量當事人獨立性之相對程度，基本上是可能的。事實上也確有此類測驗的存在，一般涵括檢驗一個人可能從事且負責任的活動，例如個人衛生、交通、社會互動、食物準備等等。在許多方案中，以標準化方式來測量此類準則，提供了方案工作人員會想獲得的訊息。然而，在強調處遇和成果之個別化的方案中，方案工作人員可能會主張在不同的生活情況下，獨立性對不同的人具有不同的意義。因此，對一個人而言，獨立可能意謂必須改變家庭動力和改變與父母之間的關係。對另一個人而言，獨立性可能必須處理非家庭的關係---即與異性之互動、社會活動，以及友誼等。對於其他當事人，獨立的要素，則與職業和經濟因素有關。對於其他人，獨立則必須學習獨自居住。雖然每一個案中的當事人可能會經驗相似的心理治療歷程，但結果對其個人生活的意義，將甚為殊異。

　　在此情況下，方案工作人員想要加以記錄的，將是方案成果對每一個當事人的獨特意義。他們需要有關當事人於接受處遇時之生活狀況、當事人對處遇的反應，以及當事人在接受處遇後之生活狀況等描述性資

訊。他們也希望能獲得當事人在其生活背景脈絡下所報告和記錄的成果，因為「成功的方案係在家庭脈絡中來省視兒童，亦在整體環境脈絡下來省視家庭」（Schorr, 1988:257）。此類描述性資訊會產生一組個別的個案研究。藉由結合這些個案歷史，即可能為一特殊的處遇形式建構出一個關於成果組型的概述。

方案愈是超出標準化基本職能的要求，而更為關注個別化發展，愈需仰賴質性個案研究，來捕捉所獲致的成果範疇。一個以規劃、擬定預算和溝通技巧為焦點的領導力訓練方案，可能藉由標準化工具來測量成果。但一個以協助參與者系統性地思考如何找出施力點和介入策略，以促成其組織機構轉型的領導力訓練方案，將需要蒐集參與者實際上致力於轉型歷程的個案研究，因為每一位參與者所努力的方向和重點可能是截然不同的。某個人可能是一個小型社區本位非營利組織的領導人，另一個人可能是中階政府主管，另一個人可能是大型企業機構的要員。在這些不同的場域中，「轉型」可能指涉相當不同的事。在此情況下，質性個案研究的方法和設計策略，對於評鑑個別化參與者成果和組織層次之影響，將是特別有用的。

歷程研究

歷程之焦點，在於事件如何發生，而非所僅檢視所獲致的結果或成果。由於方案對於歷程之重視程度有別，歷程的評鑑亦有相當差異。某些心理學的治療學派，係高度歷程導向的，因為其焦點在於當事人和治療者之間的關係、當事人如何處理其議題、當事人如何感受治療期間所發生之互動的歷程和性質，而非聚焦於行為的成果。在團體、方案、甚至整個機構組織中，當成員和參與者如何感受正在發生的事件，受到如所獲致之結果一般的關注時，即具有高度「歷程導向」（process oriented）之特徵。有些社區和組織發展的型態，係以下列的前提來運作：「我們做些什麼，不如我們如何去做來得重要。」此意指，涉及人們之發展歷程的活動，本身即目的，而非僅是達成某些具體目的的手段；歷程即是研究者所設定的終點，而非達到其他點的中介點。旅程，而非目的地，才是最重要的。例如，一個社區或組織的規劃歷程，可能會相當重視參與和投入，以在過程中建立關係和相互瞭解，而不僅止於產生

實際的計畫案。在此類案例中，歷程即是成果。也就是說，產生一項計畫案（外顯的意圖成果）實際上成爲建立社區意識（真實的預期成果）的手段。

相反地，其他的介入和處遇方案則不重視歷程，而強調成果或結果。在這些例子中，爲了達成結果，仍須進行某些歷程。而對於歷程-成果關係（process- outcome relationship）的瞭解，使得紀錄和瞭解歷程更有其必要性。

歷程評鑑研究歷程

質性研究高度適用於研究歷程，因爲：（1）描繪歷程有賴於對人們如何投入提供詳細的敘述；（2）歷程經驗因人而異，以至於其經驗必須以其自身的語言來加以捕捉；（3）歷程是流動的，且是動態的，無法以某依時間點上所做的單一評定量表來簡述；（4）參與者的知覺是一關鍵的歷程考量。

歷程評鑑旨在於闡明和瞭解某一方案、組織或關係如何運作之內部動力。歷程研究（process evaluation）聚集於下列問題：什麼是參與者所經驗的、使方案成其所是的事件？當事人如何被引進方案中，以及一旦參與後，如何在方案中移動？人們在方案中所作所爲，與其試圖要完成的目標有何關連？從參與者和工作人員的觀點來看，方案的長處和弱點爲何？工作人員與當事人之間的互動性質爲何？

歷程評鑑端賴對方案發展中的質性和數量的改變貝有敏覺力，意即非常精熟方案實施之細節。歷程評鑑不僅省視正式的活動和預期的結果，亦探究非正式的組型和非預期的互動。此方案中具有不同關係的人們---來自於方案之內部和外部，對方案會有許多不同的觀視角度。

歷程資料（process data）可對方案或組織依照其被預期的方式而運作之程度，有所判斷；顯示可能改善關係的領域；以及強調應該加以持續的方案優點。歷程的描述，亦可使未密切參與方案的人---例如，外部資助者，政府官員和外部機構等---瞭解方案如何運作，並使其能對方案作出更明智的決定。以改善方案爲目標的形成性評鑑（formative evaluations），絕大部分仰賴歷程資料。而且，當方案作爲一項典型的介入模式，須重複應用於其他場域時，歷程評鑑對於方案的傳播和複製特

別有用。藉由描述和瞭解方案歷程的詳細情形和動態發展，即可能使關係方案成敗之關鍵元素被獨立出來，詳加檢視。對於一些介入策略、關係、組織或方案而言，當出現下列敘述句時，歷程研究即特別適用：

> 我們要帶領人們經歷一系列具階段性的發展歷程。
> 此一歷程性質，使我們具有獨特性。
> 我們是非常歷程導向的。
> 我們必須花更多時開處理正在發生的歷程。
> 在掌握歷程上，我遭遇了一些麻煩。
> 歷程是什麼？它對於每個人都是一樣嗎？歷程對人們有幫助嗎？

歷程研究會呈現些什麼呢？為低收入地區婦產診所工作的外展社工，評鑑其努力工作的情形，是一個歷程研究的好例子。外展社工挨家挨戶地訪視需要婦產看護的婦女，尤其是十幾歲的少女，以使他們能獲得社區婦產診所的醫療照顧。然而，歷程評鑑中卻發現，外展社工花費大量時間於處理她們所遇到的立即性難題，如參加英語課程的需求，以及保護她們不受虐待或暴力傷害等，而非基本的召募工作（Philliber, 1989）。從挨家挨戶的訪視所顯現的真實互動情形，顯然不同於此一歷程最原始的設計概念。從訪談和觀察中所獲得的研究發現，對於工作人員的召募和訓練，以及訪視社區所必須花費的時間，帶來一些重要的啓示。

實施之評鑑

前一節所論述的一項重要主題，是質性研究方法特別適用於捕捉人們和方案之間的差異性。評鑑個別化成果、發展有關人們和方案的獨特個案研究，在全國性方案中記錄地方的多樣性---這些都是特別適用於質性策略的評鑑研究議題。本節將更深入檢視應用質性方法於評鑑方案實施時的適切性。

在方案實施之後，瞭解方案的效能有多大，無疑是相當重要的；但要回答此一問題之前，需先瞭解方案實際上執行的程度。在Walter Williams（1976）的《社會方案實施》（*Social Program Implementation*）一書中，他下了一個結論：「缺乏對於實施歷程的關注，對於當前無法改善的複雜方案、政策分析、社會政策領域之實驗

等，乃是一項關鍵性障礙。」

在《實用焦點的評鑑》（*Utilization-Focused Evaluation*）（Patton, 1997a）一書中，我建議研究者如果由於評鑑資源的限制，必須要在實施資訊（implementation information）和成果資訊（outcome information）之間作選擇的話，實施資訊通常具有較大的應用價值。決策制定者可以運用實施資訊，來確定某項政策是否依據其設計來操作和執行，或者檢驗此一政策的可行性。除非研究者明白方案係依據其設計來操作，否則很難期待方案可以產出預期的成果。甚且，唯有方案被充分實施了，否則根本難以評鑑其成果。成果的評鑑如缺乏有關實施的知識，決策者無法得知成果如何產出，則評鑑結果亦甚難為進一步行動提供可行的方向。純粹的事前-事後成果評鑑，無異是一個「空盒子」（empty box）的評鑑取向。

研究方案實施的一個重要方式，是蒐集有關方案如何執行的詳細的、描述性資訊。實施之評鑑（implementation evaluation）回答下列問題：當事人在方案中的經驗是什麼？對當事人提供了哪些服務？工作人員做了些什麼？參與方案中的情況像什麼？方案如何組織？如同這些問題所指出的，實施之評鑑包括對於輸入資源、活動、歷程和結構等的關注。

實施之評鑑告訴決策制定者在方案中持續發生著什麼事？方案如何發展？以及方案如何和為何偏離最初的計畫和期待？此類的偏離是相當常見且自然發生的，如同在RAND針對美國聯邦政府支持教育改革的293個教育方案所進行的《改變機制研究》（*Change Agent Study*）（McLaughlin, 1976）中報告的研究發現一般。此一研究發現，乃因該全國性方案的實施須因在各地情況、組織動力及方案的不確定性而有所調整。

一旦方案的實施是成功的，且參與者的態度、技巧和行為發生了顯著的改變，其實施的明顯特徵在於其相互調適的歷程，即方案目標和方法會被修正得更符合當地工作人員的需求和興趣，而工作人員也會改變來符合方案的要求。即使在高度科技化和一開始相當明確的計畫案，其發現亦同。除非原始計畫或科技應用能有所調整，否則實施歷程將會是相當表面化且象徵性的，參與者也不會發生顯著的改變。（McLaughlin, 1976: 169）

持續因應當地情況而調整的歷程，可視為方案實施的特徵，於是運

用於研究實施歷程的方法，亦須是開放式的、發現導向的，且能描述方案的發展歷程和方案的改變。質性方法即特別適用於描述此類方案實施的任務。

若無法針對每一個案或方案來監控和描述實施的性質，即會流於對方案成果毫無用處的標準化、量化測量。一項以「跟進」（Follow Through）為名的全國性評鑑方案，是一個好例子。「跟進」是一項有計畫的補救教育實驗，在全國158個學校區實施且涵蓋了70,000位學生的22個不同教育模式。評鑑本身聘用了3,000位工作人員來蒐集關於方案效能的資料。此一耗資甚鉅的評鑑，幾乎完全聚焦於標準化成果測量，以比較22個教育模式的效能。在其評鑑計畫中，假定這些教育模式的實施可以系統化、且一致性的方式來執行。代表美國聯邦教育部的Eugene Tucker（1977）即嚴詞指出此一假定的錯誤：

> 我可以說，評鑑者甚至對於各個駐所所執行的方案毫無所知。如果不知道這些實施的過程，根本就不可能選出有效的測量方法…. 後見之明是一位偉大的老師，而且對此類大型實驗而言，也是學費昂貴的老師。

「跟進」所蒐集到的資料顯示組內的變異，甚至大於組間的變異。這使得22個模式無法顯現出預期的處遇效果。大部分變項的效果是零，某些還是負向的，而「在我們的研究發現中，最為普遍一致的可能是：每一項跟進模式的效能均取決於當地的情況，而非模式本身的特性。」（Anderson, 1977:13）。然而，由於評鑑者無法研究足以影響方案實施和成果之變異的當地狀況，「在這項『跟進』評鑑中，並無法回答方案模式如何實施的難題。」（Elmore, 1976:119）。

對於這些方案實施問題的研究，有賴對於方案內容和背景脈絡細節的豐富個案資料。由於不可能預先想到方案如何因應當地狀況、需求和興趣來調整，亦無法預先設定何種標準化量表可以運用於捕捉每一項方案實施的本質。在此類評鑑情況下，自然式探究策略就特別適用。對於評鑑方案實施的詳盡討論，可參見King, Morris, & Fitz-Gibbon（1987）及Patton（1997a）。

邏輯模式和行動理論

邏輯模式（logic model）或行動理論（theory of action），經常以圖表形式來呈現方案輸入資源、活動和實施歷程、輸出產物、立即成果和長期影響之間的連結。例如，在學校內實施的藥物戒治教育 （Drug Abuse Resistance Education, DARE）的典型教育模式，遵循下列幾個簡單的邏輯模式：（1）召募和訓練經挑選出的警察人員（輸入資源），以教導學童使用藥物的危險性；（2）讓穿著制服的警察人員到學校班級去教導學童（實施）；（3）找出可靠的教學內容（歷程評鑑）；（4）學習有關藥物的事實資訊（認知成果）；使其（5）說服學童不去使用藥物（態度改變成果）；以致（6）學生不再使用藥物（行為改變成果），且最終在整個社區指標都顯示藥物使用情形減少了（影響）。至少，這是模式，或理論之所在。在實務上，對於DARE的評鑑則一致性地顯示出，理論在實務上是行不通的。

對於方案理論的關注，已成為評鑑研究的主要焦點（參見Rogers等人，2000），但在詞彙上則產生諸多混淆。我將邏輯模式與改變理論區分開來，邏輯模式的準則，就是符合邏輯的，亦即從輸入資源、經由活動、產生輸出、成果和影響具有合理的序列性。相反地，改變理論（theory of change）或行動理論，則要去界定和解釋被假定的、假設的或可考驗的因果關係。邏輯模式是**描述性的**（descriptive）；改變理論和行動理論模式則是**解釋性**（explanatory）的和**預測性的**（predictive）。「改變理論」和「行動理論」之間在涵義上的差異---即使二者常交替使用---在於改變理論較是以研究為本位、以學術為導向的；而行動理論則以實務工作者主導，且以實務為本位。

邏輯模式的挑戰

「立即性和中介性目標，可與終極性目標加以區分的程度，本身就是一個難以回答的問題。當然，可能會有大量的活動，也許大部分是公共服務工作，對成功地達成立即性和中介性目標有所幫助，但對終極性目標僅有少量的非直接的影響。」（Suchman, 1967:55）

邏輯模式或行動理論的結果，對於人們如何理解一個方案，會帶來相當大的差異。一群全國性和地方性的方案工作人員、行政人員和評鑑研究者，花了一整天時間一起研究一個運送癌症病患接受治療的「復原之路」（Road to Recovery）方案的邏輯模式。透過背景脈絡分析（contextual analysis）、訪談關鍵報導者（key informants）---包括病患和志工司機，方案被重新概念化為「處遇順應策略」（treatment compliance strategy），以癌症控制為目的，而不只是一個運送方案。運送病患的理由在於確保病患獲得完整且一致的處遇。這樣的重新概念化對於方案如何實施、成果如何測量和方案的重要性，均具有關鍵性的啟示。

組織理論學家Chris Argyris（1982）曾提出關於「所信奉的理論」（espoused theories）與「使用中的理論」（theory-in-us）之重要區分。所信奉的理論係人們所說的他們在做的事，它是方案或組織如何運作的官方說法。而「使用中的理論」乃真正發生的事。與上級或管理階層的工作人員和行政人員訪談，以及分析官方的文件等，均透露出所信奉的理論。與參與者和第一線工作人員訪談，對方案進行直接觀察，均透露了使用中的理論。結果的分析，包括比較所陳述的理想程度（所信奉的理論），及真實的優先順序（使用中的理論），以協助所有相關人員瞭解到二者間產生歧異的理由，及其啟示。

理想-現實之比較，可支持組織的發展以改善其效能，亦有助於對方案進行合於現實的描述，以有益於實施總結性測驗。亦即，研究者可以探討模式或處遇實際上達成假設或預期成果的程度。然而，此類研究唯有在模式可合於現實地加以描述時，始得以進行。質性研究特別適用於達成此類描述。

評鑑力評量

評鑑力評量（evaluability assessments）（Wholey, 1979, 1994; Smith, 1989）係透過訪談、文件分析和觀察，來判斷方案是否充分地概念化和一致性地實施，以進行正式和嚴謹的評鑑，尤其是以判定整體效能為目的之總結性評鑑。釐清方案的邏輯模式或行動理論，亦是評鑑力評量的重要目的。本質上，評鑑力評量包括確定方案的處遇或模式可被清楚地界定，且符合邏輯；成果是清楚、明確且可加以評鑑的，實施策略是合

理的，且與預期成果具有邏輯上的關連。

評鑑力評量成為重要的前置評鑑工具，是因為它能使方案為評鑑做好準備，使評鑑者有充裕的時間和方案工作人員、行政管理者、資助者和參與者等一起工作，以釐清評鑑的目標和策略---使其合於現實、有意義、彼此同意和可接受評鑑。評鑑力評量通常包括與來自多個方案執行單位進行訪談和焦點團體，以瞭解不同角色的相關人員對於方案目標和介入策略有何共識，並指認出差異之所在。基於此類背景脈絡分析，評鑑者與評鑑的意圖使用者一起工作，來規劃策略，以釐清目標和發展邏輯模式。

評鑑力評量的研究（Rog, 1985; Smith, 1989）發現質性研究歷程常會成為形成性評鑑，使方案工作人員學習到有關其方案之長處和缺失，而成為一個改善導向的經驗，導致顯著的方案改變，而非僅止於為總結性評鑑所做的計畫性活動。

比較方案：聚焦於多樣性

對當事人的個別化服務，近年來已成為社會行動和教育方案的一項重要考量。另一密切相關之要項，乃使方案適應當地社區之需求和環境的重要性。雖然某些方案運作之基本架構，可能原創於華盛頓首府（Washington, D.C.）或一些州的首府，於地方層次所實行的方案，甚少完全遵循其原始提出的設計。當一項評鑑計畫有賴從數個地區蒐集資料時，量化的測量可能適於用標準化向度來比較地區性方案；但對於依地方需求和環境而調整的地區性方案而言，為了掌握獨特的多樣性和相互比較，質性方法是相當必要的。

Edwards等人（1975） 觀察到全國性方案在普遍時空上的可比較性是「實施上的虛構故事，尤其是在華盛頓」，「我們經常會碰到這樣的想法，即某一項方案是一個固定的、不變的物體，可在不同的時空下觀察」 （Edwards et al., 1975:142）。相反地，諸多證據卻顯示，作為全國性方案之部分的地區性方案，在實施和成果上，皆出現了可觀的差異。這些差異並無法藉由標準化量表而充分地掌握和測量，它們在許多方面都是不同的---在內容、歷程、目標、實施、政治、背景脈絡和方案品質上皆有所差異。為了瞭解這些差異，對每一項獨特的地區方案提供完形的

圖像，是極其必要的。

應用標準化測量來比較方案，可能會嚴重扭曲了在方案中所實際發生的事項。此類扭曲現象的一個簡單例子，是在不同教育方案中測量學生與工作人員比例的資料。依據統一的測量，一些方案中的生員比高達75:1，但其他方案的生員比則低達15:1。然而，這些資料所無法顯露的是：在具有較大生員比的方案中，它們廣泛地藉助於許多志工，這些定期參與的額外志願服務人員，若計算在內，會使得生員比縮小許多。若要對資料作統一的報告，即無法讓這些細枝末節顯而易見。

Sharon Feiman（1977）的全國性教師中心方案的研究，是注意方案間之質性差異，而顯現出多樣性的好例子。有許多標準化測量，可用來監控和評鑑教師中心訓練方案，以使各地區性方案可彼此比較，並與美國聯邦的指導原則比較。但Feiman發現，在名之為「教師中心」一詞之下，實際上出現了三種相當不同的類型，她界定此三種不同的教師中心類型為「行為」（behavioral）中心、「人本」（humanistic）中心，和「發展性」（developmental）中心。表例4-3所摘錄者即為這三種中心類型之差異。

從Feiman的分析中顯然可見：不同的教師中心試圖達成不同的成果，而且，為達成這些不同的成果，他們也對教師中心方案建立了殊異的研究法。同一標準的、量化測量，可應用於所有方案，但不可能掌握並代表這些重要的差異。雖然量化方法可產生測量的一致性，其優點乃促進方案間的直接比較，但惟有質性方法可詳細記錄方案的差異性、特質及其獨特性。如果決策者和資訊使用者想要瞭解方案實施和成果的諸多變異，對地區性方案進行質性個案研究，當能提供此類詳細的資訊。質性資料對於獲得全國性方案之完整評鑑全貌，是必要的，若從這些差異頗大的方案中所蒐集的資料，僅是集合和標準化的統計，則所獲得的評鑑畫面必然是殘缺不全的。

有關方案或當事人變異情況的資料，亦有用於計畫後續的比較研究、發展地區性方案運作之模式，以及瞭解不同的需求向度和潛在的服務。識此之故，當評鑑問題的焦點，係在於瞭解和記錄多元化方案的地區性調適時，質性方法即非常適當，且甚為有用。卡耐基基金會（Carnegie Foundation）的「高級中學素描」（Portraits of High Schools）即是一個絕佳的例子（Perrone,1985）。因此，若要在全國性方案提供地方性變異一個完整的評鑑圖像，蒐集質性資料即是相當必要的。

表例 4.3　教師中心的類型

中心類型	與教師工作的主要歷程	歷程的主要成果
行為中心	課程專家直接和正式地對教師進行教學	教師採納綜合性的課程系統和教學方法
人本中心	非正式的、非指導性的教師探索，讓教師選擇其處遇策略	教師感覺到支持且具有重要性，揀選出具體且實務性的想法和教材，以立即運用於班級課堂中
發展性中心	顧問與教師建立溫暖的、人際的、信賴的關係	教師以新的方式思考他們所做的事及為何如此做的理由，發展出新的洞察和基本技巧與能力

資料來源：Feiman (1977)

預防性評鑑

　　可能沒有其他事會比預防更難以評鑑的了。預防（prevention），乃使某些事件不發生。然而，對於健康和社會問題的長期性解決，則沒有比預防之努力更重要的方向 （Sociometrics, 1989）。評鑑預防性方案的通常設計，係使用實驗和控制團體或時間系列的設計。在一項實驗設計中，一個以預防為目標的樣本，須與另一未經預防的樣本相比較。此類設計經常會有倫理上的難題（例如，對控制團體保留其所需的服務），以及控制上的難題（即，控制團體可能也接受一些其他的處遇）。一項為期十年的心臟病預防研究，發現處理團體和控制團體之間並無差異，因為整個社會在1980年代間已進展至更健康的生活型態，抵消了對控制團體的控制變項。時間系列的設計，檢驗某些研究指標隨時間進展的起落程度，譬如青少年自殺或酗酒的消長，但在判定改變的原因上，仍有著嚴重的難題。

　　藉由發現所期望之態度和行為改變，與實際實施之預防措施相互連結的程度，所獲得的質性資料，可為預防之評鑑增添一個重要的向度。與青少年訪談有關其性活動的決定，將會揭露青少年是否使用預防的實

務及其想法，這比是否達成預期成果，可獲得更多裨益，尤其是有助於獲知成果為什麼會發生。

預防導向質性研究的一個好例子，是Agar（1999）對於居住在馬里蘭州巴爾地摩郡青少年使用海洛英的研究。他的實地工作主要是探討青少年如何開始試驗海洛英，在最初的試驗之後又發生了哪些故事，以及故事如何流傳。那些早期的故事多是正向的：「海洛英讓我進入愉悅的、輕鬆的、像作夢般的狀態，每天生活中的壓力、緊張和焦慮全都消逝無蹤。」然而隨著時間的進展，負向的故事緊跟而來，某些青少年開始成癮，使用過量。「在我們所訪談的青少年中，成癮者的圖像，不同於試驗者，更為一致地且強烈地負向，大多數基於他們自己的觀察，或是他們所聽到的故事。」在這項對於海洛英成癮如何在青少年社區中傳播的深度研究中，Agar （1999）學習到如何能更為有效地從事預防教育：

此一海洛英課程讓我學習到必須重視身體依賴－真正成癮－的危險性，成癮後的生活是相當近似的。這個主題不同於常態取向，向青少年傳達即使一次試驗亦會導致成癮和死亡。由於青少年非常依賴他們所聽到的故事，來評估藥物的效應，而且這麼多故事都抵觸上述常態意圖，藥物戒治教育也失去其可信性。（pp.115-16）

他的實地工作也包括探討海洛英的供應和需求，以及藥物使用背後的大型系統，全都應用質性研究方法，來促進預防使用海洛英之努力。

我們曾評鑑過一項以協助老年人留住在自己家中為目標的預防方案，即預防機構收容。藉由志工人員的訪視，家中醫護照顧，及輪椅上進餐等方式，老年人能夠繼續住在自己家中。有時候，他們會留在家中好幾年，超過原本可能的年限；而在某些案例中，延遲機構收容可能僅是六個月到一年的時間。雖然統計資料可能記錄比較的死亡率、住院率和費用，但唯有直接的訪談和視察能夠顯示出生活差異的品質--留在自己家中對老年人有何意義。我特別記得一位非常虛弱的八十多歲女士的故事，她帶訪談人員到她的醫藥櫃前，展示她準備要服用的藥物--如果「他們」企圖將她搬離她的家人，她以非常冷靜和堅決的語氣解釋道：在她被「他們」帶走之前，她準備先了結她自己。這幕情節非常清晰地在她心中上演著，且一再地重演。瞭解預防，包括瞭解在預防的努力後，人

們所思考的和所行動的。

記錄發展性與探究系統之改變

這一節實務應用的最後焦點，在於使用質性方法以遵循和記錄發展變化的應用性和適切性。這一點實際上將我們帶回到本章稍早所述：質性研究法對於歷程研究之價值。

發展是一項歷程。組織的發展、社區的發展、人類的發展、領導的發展、專業的發展---這些是應用於促進改變的歷程導向法。前測和後測並不能對動態性的發展歷程，作妥當的評定。「事前」和「事後」測量，意謂一種線性的、向上的、由少至多的成長和發展。實際上，發展通常發生於起始階段，一些向上的或往前的進步，然後終於退步或停滯。前測和後測只能告訴你始於何處和終於何處，而非歷程中發生了什麼。量化測量，只能簡約地捕捉到「事前」和「事後」狀態的快照，但質性方法更適於捕捉演進和轉化中的發展動態。舉例來說，我曾評鑑過一個革新性的就業訓練方案，經常性地重新組織工作人員和參與者團隊、重新安排課程、嘗試新的組合活動。我們發現，即使定期省察實務上的行動，仍然不足以捕捉所有發生的改變。為了研究此一高度動態的方案，有賴持續性的實地工作，就像是渾沌理論的隱喻，方案發展真的像是穿越一個迷宮，每往前走一步，迷宮的牆就重新排列了一次。主要的挑戰在於如何發展資料蒐集歷程，以捕捉那些重新組織的狀態。

即使藉由一個標準化管理資訊系統，來從事例行性監控，亦只能對由上至下的組型，提供一個概覽。一條曲線上的停頓，在時間系列上突然出現的影像，都是質性差異可能已發生的指標。所以，從監控和資訊系統所產出的統計資料，亦能被用於啟動更深入的質性研究，以發現統計指標改變之意義。量化和質性研究法之相互為用，尤其適用於追蹤和瞭解發展的歷程。

從評鑑議題到評鑑模式

到目前為止，本章已探討了質性研究法對回答相當實務和具體的評鑑問題之適切性。我們先前所建議的是，質性方法尤其適用於下列各方

面：進行歷程和方案實施的研究，描述個別化的成果，釐清方案的行動理論，或詳細說明連接歷程、實施與成果的方案模式之元素，評鑑力評量，比較多樣性的方案，評鑑預防性方案，記錄隨時間延續的發展性，以及探究在管理資訊系統指標上的突然變化等。在實務應用上，質性方法實無窮境，以上所列只是少數較為實務導向和政策導向的質性方法。質性研究發現可被用於改善方案，處理真實世界的難題，或支持具體的決定；而非以對社會科學理論有所貢獻、或產生知識為目的。

下一節探討一些與質性方法關係密切的主要的評鑑研究模式：無目標評鑑、回應性評鑑、闡述性評鑑、交流模式、鑑賞或藝術評論取向，以及實用焦點的評鑑等。

評鑑模式

從事評鑑有很大的負荷量。評鑑模式（evaluation model）有助於減輕此一負荷。模式可提供一個架構，就像登山客背包的支架一般，支持以減輕登山客背部的負重。模式可提供評鑑者所須的結構和支持。他們使特定的方法論決定依循某種特定結構，提供研究設計可資依循的適當步驟，以及指導如何因應方案相關人員的方式（Alkin, 1997），同時界定了進行研究時所需考量的重要議題。模式提供了一個架構，但非食譜，有助於評鑑者及評鑑使用者在多元取向間辨認出最為適切者。例如，評鑑的典型模式是以目標為本位的評鑑，亦即，測量一項方案或介入達成明確而特定之目標的程度。另一項選擇則是「無目標」（goal-free）評鑑。此處所呈現的評鑑模式，其共通點均與質性方法有密切關聯。

無目標評鑑

古典評鑑模式的焦點在於方案所提供的服務和所預期的成果---即其目標。然而，評鑑研究者藉由在方案中進行實地工作，而不預先知道方案的目標，或至少不以目標的達成作為方案設計的主要焦點，仍可獲得一些非常有趣的結果。

哲學家暨評鑑者Michael Scriven（1972b）首倡無目標評鑑的概念，即指以廣泛的「實際效應」（actual effects）或成果來從事實地工作和蒐

集資料，然後將這些可觀察的成果與方案參與者的實際需求加以比較。
評鑑者刻意地企圖避免與方案目標有關的一切修辭，不與工作人員作有
關目標的討論，不閱讀方案的說明手冊或計畫；所研究的唯有與參與者
需求有關的、可被觀察到的成果和可紀錄的效果。進行無目標評鑑，有
下列四點理由：

1. 爲了避免狹隘地研究所被陳述的方案目標，而錯失了重要的非預期成
   果。
2. 爲了排除與非預期成果的發現有關聯的負面涵義。「邊際效應」或
   「次級效應」或甚至「非預期效應」等語彙，無不壓縮了可能是非常
   重要的成就，尤其不利於新的優先順序 （Scriven, 1972b:1-2）。
3. 爲了排除由目標的知識而於評鑑中所形成的知覺偏差。
4. 爲了維持評鑑者的獨立性，避免形成對目標的依賴---工作人員或行政
   人員常會侷限評鑑者研究的範疇和自由度。

引用Scriven （1972b）自己的話：

　　就我看來，目標的考慮和評鑑，是沒有必要，且可能會產生混淆的一個
步驟。我開始以一項相對替代的研究法來進行工作---單純作實際效應的評
鑑，以形成被證驗的需求之剖面圖。我稱之為無目標評鑑。外部評鑑者愈少
知道方案計劃的目標，愈少會發展出狹隘的識見，愈多的注意力即會集中於
尋找實際的效應（而非檢驗所謂的效應）。（p.2）

　　無目標評鑑在其尋找「實際效應」中，係爲歸納的且完形的策略，
其目標在對抗固存於以目標爲本位評鑑中的邏輯-演繹限制。無目標評
鑑，與幾乎所有的傳統評鑑思考和實務，存有極大差異。Peter Rossi認
爲：「不具備明確界定之目標的社會福利方案（或任何方案），因未
明述一些可測量的目標，而無法加以評鑑。此一敘述無疑是眾所皆知
的。」（Rossi & Williams, 1972:18）。Carol Weiss亦強調目標在評鑑中的
重要性：「目標必須明確，使評鑑者知道要尋找什麼......於是就展開
了使人們以明確、特定和可測量之語彙來陳述目標的長期且經常是痛苦
的歷程。」（Weiss, 1972:24-26）。
　　以目標爲本位的、量化、成果導向的評鑑，現在僅代表了一種評鑑

法。相對於假設-演繹的目標評鑑法，無目標的評鑑開啓了直接在方案效
應和有效性上蒐集資料的可能性，而不受限於目標的狹隘焦點。無目標
評鑑特別適宜使用質性方法，因爲這個評鑑法絕大部分仰賴描述和方案
中的直接經驗。甚至，無目標評鑑，尤其端賴評鑑者停止去判斷方案試
圖做些什麼，而是聚焦於找出在方案中實際發生了什麼，以及方案的結
果爲何。如此，評鑑者可開放地接納任何從方案本身之現象及參與者經
驗中所顯現的資料。如同Ernie House （1991）於報告中所陳述的，執行
一項無目標的評鑑，對所有相關人員都是一大挑戰，因爲在實地工作期
間，工作人員隨時都可能提供有關方案目標的線索：

　　許多人對於你並不想知道他們方案的目標會感到憤慨，生氣你只想看
到他們在做些什麼，而不是他們的專業。當他們用車子載著你到處逛時，有
些人可能會突然說出他們的目標，好像是意外一般，害羞地爲其無心之過道
歉。其他人甚至在洗手間牆上寫下來---以匿名的方式。（p.112）

　　要注意的是，無目標評鑑可同時使用量化和質性方法；甚且，
Scriven還提議，無目標評鑑可能與以目標爲本位的評鑑同時進行，但由
不同的評鑑者各自使用一項評鑑法，以擴大每一項評鑑法的長處，並減
少其弱點。（對於無目標評鑑較詳盡的討論和批評，請見Alkin, 1972；
Patton, 1997a）。

交流模式：回應性評鑑與闡述性評鑑

　　Robert Stake的「回應性評鑑法」（responsive approach to evaluation）
重點在於個人化（personalizing）和人性化（humanizing）評鑑歷程的重要
性。要有所回應，端賴與方案中的人們作面對面的接觸，直接學習不同
人們所持的視角、經驗歷程及關注重點。

　　回應性評鑑是一項舊有的選替模式，植基於人們爲評鑑事件自然而做
的行動，他們觀察和反應......。爲了進行回應性評鑑，評鑑者構想觀察
和協商的計畫，他安排不同的人來觀察方案，在他們的協助下，準備簡要的
敘事式素描、作品展示、圖表等。他找出什麼對其讀者最具有價值，從觀
點相異的許多不同個人中，蒐集有價值的表達。當然，他尚須檢驗其紀錄的
品質：他使方案工作人員對其描繪的正確性作反應；使讀者對其發現的關

聯性作反應。他做這些大部分是非正式的---反覆記錄行動和反應。（Stake, 1975:14）

　　Guba和Lincoln （1981）已將自然式探究和回應性評鑑統整爲一個全面性的架構，以改進評鑑結果的應用性。自然式探究的開放性，允許評鑑者可特別敏銳覺察不同個人觀視角度上的差異；此種敏覺力使評鑑者可以將那些差異的視角存諸於心，而蒐集資料和報告其發現。回應性評鑑包括下列一些主要的重點：

1. 以直接的、面對面的接觸方案中和周圍的人爲基礎，來確認關注之議題和重點。
2. 應用方案文件，來進一步確定重要的議題。
3. 在正式設計評鑑之前，對方案活動作直接的、個人的觀察，以增進評鑑者瞭解在方案中什麼是重要的，以及什麼能夠／應該被評鑑。
4. 以前述三項步驟中所顯現出的議題爲基礎，來設計評鑑，設計須包括繼續在自然的方案場域中，作直接的、質性觀察。
5. 以易於瞭解和詳細描述的主題和圖像，來報告直接的、透過個人接觸所獲得的資訊。
6. 使資訊的報告和形式符合特定的讀者群，採用不同的形式，爲不同的讀者作不同的報告。

　　回應性評鑑是Ernie House（1978）所稱評鑑的「交流模式」（transaction model）之一種形式。交流模式「著重於教育的（或方案的）歷程本身……。它使用多種非正式的探究方法，逐漸成爲個案研究的主要方法論。…［它源自於］　主觀的認識論（subjectivist epistemology），傾向於自然式的探究。」（p.5）　交流模式源自於，它將每一個方案視爲獨一無二的，強調知覺和認知係研究者與研究參與者之間的交流性（transactional）歷程。

　　研究者僅能透過研究特殊的交流來研究知覺，在交流之中，知覺始可被觀察。場域的所有部分以「主動的參與者」（active participants）進入交流中，而且不顯現爲分離的、已經存在的實體……。［評鑑者］影響情境，且被情境所影響，於是他亦是交流的一部分。（House, 1978:9）

交流模式的另一個變異，是Parlett和Hamilton的「闡述性評鑑」
（illuminative evaluation）法，其最初的發展係為一教育評鑑取向，強調
背景脈絡和詮釋的重要性。

闡述性評鑑之目標，在於研究革新性的方案：如何操作，如何受不同
學校情境所影響，優點和缺點是什麼，學生的智慧能力和學術經驗如何受到
影響。目標是發現和記錄參與於方案中的全貌，無論是教師或學生，而且，
去識辨和討論此項革新最具意義的特徵，重複發生的、同時進行的和關鍵的
歷程。簡言之，它致力於說明和闡述問題的複雜性。（Parlett and Hamilton,
1976:144）。

交流模式植基於與質性研究相同的假定：瞭解人們和方案的重要
性；對研究自然發生之現象的踐諾，而不介入外部的控制或操作；以及
假定瞭解係來自於直接與方案及其參與者接觸，而對所蒐集到的開放
式、詳細的、描述性的和引述的資料，作歸納的分析。

鑑賞性研究

不同於回應性評鑑將方案的資助者置於評鑑歷程的中心，**鑑賞性評
鑑**（connoisseurship evaluation）則將評鑑者的覺知和專業知識置於評鑑歷
程的中心。研究者即是鑑賞家或專家，應用質性方法來研究一項方案或
組織，但係依據其自身的視角，來判斷優越性的構成要素，因此以「鑑
賞」（connoisseur）名之。

這是我稱為「導向性質性研究」之實務版本，Eisner （1985:184）
稱之「預設的」（prefigured），亦即，所用以進行教育評論的詞彙和焦
點，係由評鑑者和尋求評鑑之單位所預先設定的。然而，預先設定並不
意謂觀察者無法對從事實地工作期間所顯現的嶄新焦點保持開放性。

一位評論家可能被邀請到學校或課堂中，而無預設的焦點，在幾天或
幾星期之後，他覺察到學校或課堂中一個具有相當重要性的層面，此係不可
能事先預測的。例如，我的一位學生得到一位中等學校教師的許可，去觀察
且寫成一份有關她課堂的教育評論。在他觀察期間，所顯現的是該教師以不
尋常的方式，不斷在教學中使用譏諷的語言。這並不是說教師本身在教導
譏諷，而是她是個好於教學中譏諷學生的人。此一歷程或其教學方式，不
可能會事先設想得到。此處的論點是：評論的焦點可能根本無法在討論研究

如何進行時即預設好，或者它可能是逐漸浮現出來的，或者兩者皆有可能。
（Eisner, 1985:184-85）

　　「鑑賞」取向的藝術評論模式，在Elliot W Eisner（1985）的作品
中，有最充分的說明。於Eisner曾是相當有經驗的藝術教育家，她將評鑑
者想像為「鑑賞家」來評論一項方案，就像是文學藝術鑑賞家和評論家
的傳統工作一般。

　　鑑賞取向具有許多與自然式探究有關的元素。這些元素的中心，是
在所研究的場域中作直接的觀察，並浸淫於其中。依據Eisner的說法，在
實際層面和藝術層面上，教育評論或鑑賞是描述性的。其實際層面，乃
透過直接觀察和訪談來報告。而「描述的藝術層面是文學性的和隱喻性
的，事實上，它甚至如詩詞一般...。　為了使溝通更為完善，語言的潛
能被開發出來，使文學和現實得以相輔相成」（Eisner, 1986:182）。

　　這意指評鑑的評論，或鑑賞，是高度詮釋性的，對所被描述和詮
釋的優點作價值判斷，其使用的標準，係以研究者（鑑賞家）的專業知
識為基礎，適用於研究場域，且獲得研究參與者的同意。雖然這類評鑑
的鑑賞，具有質性研究基礎，方法亦需要相當的藝術程度。此一評鑑
取向的實際層面，溝通的是知識；而其藝術層面所傳達的不僅是事實
的知識，而是「感受的知識。藝術是與創造感受的意像有關之活動。
我們所遭遇的情境、人們和物體，無一不影響我們的感受」（Eisner,
1988:17）。因此，鑑賞家即是一位質性研究者，而且是所研究之現象的
藝術評論家。

實用焦點的評鑑

　　實用焦點的評鑑（utilization-focused evaluation）（Patton, 1997a）為
評鑑的內容、焦點和方法等之決定，提供了一個評鑑的歷程、策略和架
構。實用焦點評鑑之發展，始於特定決策者和評鑑資訊使用者（並非模
糊的、被動的讀者）的認同和組織。聚焦於「意圖使用者」，以做成評
鑑設計之決定。評鑑者與意圖使用者一起工作（通常一項評鑑任務會有
數個機構代表，如方案工作人員、當事人、資助者、行政人員、委員會
成員和社區代表等），以探討與其相關的評鑑問題。從這些問題，進而
產生適當的研究方法和資料分析技術。

　　實用焦點的評鑑可在資料蒐集之前就先行計畫好。由評鑑者與意圖使用者之間持續互動所浮現的問題是：「這個研究會帶來什麼不同？」評鑑者則詢問：「如果你對你所詢問的問題有了答案，你會做什麼？」雖然，在回答意圖使用者的評鑑問題中，實用焦點的評鑑並不排除任何方法論的使用。在特殊的實用焦點評鑑中，為了界定滿足特定評鑑需求所需的資訊，質性研究策略可能是相當適當的。

　　有創意的、務實的評鑑者，需要一充滿各種方法的錦囊，以能適切地應用於研究許多不同的議題。此一錦囊應該要包括、但不僅限於質性方法。實用焦點的評鑑者藉由提供意圖使用者一些方法論的選項，並與之協同合作，以做出研究設計和資料蒐集的決定，以增加意圖使用者的瞭解，進而促進其使用此研究發現的信心和踐諾。評鑑者的責任在於與決策者互動，使其掌握不同方法的長處、弱點和相對優點，以達成相互理解且彼此同意的決定。評鑑者可能要去挑戰意圖使用者根深柢固的方法論偏見，同時也能尊重意圖使用者獲得他們所相信且可運用之資訊的重要性。

　　測量和方法的決定，並不像專家選擇最佳技術般輕而易舉。研究者和決策者係在稍嫌狹隘的方法論派典中運作，以處理何者構成有效和可信的資料、嚴謹的和科學的設計，以及個人的和不涉個人的研究方法。如同我在討論方法論派典中所提及的，大多數社會科學家都奠基於先前的訓練背景而例行性地應用這些方法，甚少能敏銳覺察到由特殊資料蒐集模式所產生的偏見。社會和行為科學家---關於人類知覺之主觀性和以偏概全傾向的專家---經常最難以覺察其自身的社會方法論偏見，以及這些偏見如何影響其對於社會世界的觀點。不過，可以確定的是，社會科學家並非此一以選擇性知覺為基礎來操作之評鑑歷程的唯一參與者，決策者和方案工作人員也會對研究和方法提供限定的觀點。評鑑者與意圖使用者之間互動所要達成的一項重要任務，是相互探索其關於研究設計和資料處理上的偏見，以使評鑑能產生對所有相關人員都有用和可信的資訊。

　　實用焦點評鑑的發展，來自於對評鑑的實際運用中許多變異性因素的研究，以質性方法來研究20個聯邦政府資助之健康方案的評鑑。我們的研究團隊訪談評鑑者、資助者、和方案管理者，以找出評鑑的發現是如何加以使用（Patton, 1997a）。其他研究者為了驗證和闡明實用焦點評鑑的元素，亦使用了質性方法（Alkin et al., 1979；King & Pechman, 1982；

Campbell, 1983；Holley & Arboleda-Florez, 1988；Ferguson, 1989）。藉由經驗和實務，以及研究有效率的評鑑者如何實際諮詢當事人和進行評鑑研究，實用焦點的評鑑法獲得更進一步的精鍊。於是，實用焦點評鑑成為一與意圖使用者進行創造性和彈性地互動的歷程，從中瞭解其對資訊的需求和多元的方法論選項，並將決定的背景脈絡納入評鑑中加以考量。

互動式和參與式應用

截至目前為止，本章描述了特別適用質性研究的多樣化評鑑議題，以及一些與質性研究法息息相關的評鑑模式。下一節將探討質性方法的互動式應用--研究者在設計和/或執行研究時，需特別敏銳覺察其他人的視角，並與之密切互動的實務和實用的研究形式。此類與質性研究法若合符節的互動式取向包括：個人化和人性化的研究與評鑑，協同合作以調和方案與評鑑價值，行動學習和省思性實務，賞識性探究，透過參與式研究促進與協同研究者之協同合作，支持民主式對話和深思熟慮，以及透過歷程來支持民主等。

信仰本位方案的評鑑

首先，為國際性讀者們提供一些背景脈絡：George W. Bush被選為美國總統之後，推動立 法支持宗教組織投入社會和教育方案。此一宗教上的努力，在現今的政治語彙中被稱為「信仰本位」（faith-based）。

在一場以促進評鑑應用為題的演講後Q&A時間，我被問到對「信仰本位」方案的效能，提出一些評論。

我的回應：

「從評鑑的視角來看，任何方案都是信仰本位的，除非它能提供效能的證據，以接受評鑑。藉由此一準則來衡量，許多方案基本上是且一直都是信仰本位的。」

個人化和人性化評鑑

在評鑑中使用質性方法的原因之一，係此類策略可能被方案工作人員和參與者認為具有相當的個人化。以人文關懷和人文意識為基礎的方案，經常會拒絕任何種類的量化，因為此類方案的研究者會認為數字和科學化的分類，是冷冰冰、硬梆梆，且與人無關的。在工作人員、資助者和／或參與者皆秉持這樣觀點的方案中，依據數量測量的評鑑即很可能會成為拒絕往來戶。

質性研究攸關個人的特性，來自於它的開放性、評鑑者與方案的密切連繫、以及其觀察和深度訪談的程序。尤其是後者，可藉由將反應者的想法和意見作為評鑑的重要資料來源，而表示了對反應者的尊重。Kushner的著作《個人化評鑑》（*Personalizing Evaluation*）（2000）特別倡導參與者的視角應受到優先考量：

> 評鑑者乃透過個人的經驗而深入接觸方案，而非藉由方案資助者和管理人員的美言。我想要強調的是，我們可以從Lucy和Ann來學到有關方案的全貌。這並不是說我們忽略了方案管理人和資助者的權益。評鑑的使用涉及所有相關人員團體，但我們所強調的補償原則偏好從接觸相對上較低層級者開始。我不認為評鑑者這樣做會違反向管理者報告方案的合約義務，以至於失去支持方案管理和執行的可能性；我也不認為評鑑者會將方案的效應置諸腦後。評鑑者總會面臨喪失和人們多元接觸機會的風險；也可能因過於關心如何報告方案及其效應，而面臨看不到方案之多元面貌的危險。所以，我的論點主張，評鑑者必須關注方案中「人們」的需求。（pp.9-10）

質性方法之歸納性，亦是它被認為較人性的原因之一，這意指方案全貌的開展，是以考慮特質性、獨特性和複雜動態的方式進行，而非將一些先決的模式或假設加諸於方案之中。最後，質性方法亦可能只因它避免數字，而被認為較具人性和關乎於人的。

個人化和人性化的評鑑，對奠基於人本價值的教育、治療和發展的努力，尤為重要（Patton, 1990）。質性研究以及人本學派的介入取向蘊涵的人本價值，其核心原則列示於表例4.4中。當某一方案、組織或社區中的人們，秉持了這類價值觀時，質性研究即很可能被認為特別適當。

表例 4.4　質性研究與人本價值所蘊涵的共通原則

1. 每一個人或每一個社區均是獨特的。

2. 每一個人或每一個社區均應獲得尊重。

3. 平等、公平和相互尊重，應是人類互動的基礎。

4. 改變歷程（和研究）應是協商的、彼此同意和相互瞭解的—而非受到強壓、脅迫或要求。

5. 研究者可透過學習有關參與者本身、其視角，以及他們的世界，來表達對參與者的尊重和關注，而且透過個人的參與來投入。

6. 改變歷程應該是以人為中心的，將人們視為具有獨特需求和興趣的個人，關注於改變歷程對真實的人們所產生之效應。

7. 情緒、感受和情感是人類經驗中自然的、健康的層面。

8. 進行改變的協助者、治療者或研究者，是不作評斷的、接納的，以及支持的，尊重他人為自己做決定、且依其所選擇之方式生活的權利。此點是授權與他人，而不作控制或評斷。

9. 人們和社區應在一完整的背景脈絡中，被整體而完形地瞭解。

10. 歷程（事件如何進行），正如成果（達成什麼）一般重要。

11. 行動和責任是共享的；避免單方面的行動。

12. 資訊應被開放地分享和誠實地溝通，以作為相互尊重和對開放性之價值的支持。

調和方案和評鑑價值

　　使用質性方法的原因之一，係此類策略可能被方案工作人員、方案參與者認為在性質上較關乎人的，而開展出可能影響方法決定的潛在哲學的、政治的和價值的導向。此處的主張，乃對於做方法決定的準則和資料使用者的價值導向而言，質性方法是適當且可期待的。表例4.5呈現了一個支持方案哲學和評鑑取向之間調和一致的架構，闡述了在評鑑中應用質性方法的決定，如何產生於使用評鑑資訊者的價值觀。

　　當評鑑者和使用者對於方法的價值觀和諧一致時，會增加彼此對於方案評鑑的瞭解、相關聯性、興趣和使用可能性。評鑑的設計取決於權衡諸多政治上、哲學上和價值上可能選項的利弊得失，並有所妥協折衷。此一設計亦取決於可取得之機會、資源、時間限制和心力投注等。評鑑設計所要避免的是，完全未經考慮諸多價值和技術層面複雜因素之相對長處和限制，僅例行公事地選擇某項設計，而忽略使方法選擇和價值觀相互調和一致的努力。

表例 4.5 調和方案哲學與評鑑取向

　　學校的價值是什麼？評鑑的價值是什麼？在整個學校生活中，會顯現出三項強而有力的主題：(1)個人化課程，(2)學習的經驗性質，(3)學習的完形性質。學校組織的結構、學校的正式目標、課堂中所強調的重點，以及投資於教職員發展活動上時間和金錢等，均賦予這三項層面相當大的價值。這些並不是相互排拒的，而是本質上錯綜交織的。它們對學校和學校評鑑的意義，可見於下列摘錄自Marcy開放學校的評鑑紀錄中。

Marcy 開放學校的哲學	Marcy開放學校的評鑑
1. 個人化課程 課程對每一個兒童而言都有所不同，教學關照到每一個兒童或兒童群體的興趣、需求和能力。學校人員致力於將每一個兒童視爲一個人，覺察潛在的學習活動和材料。個別兒童、教師和家長，都可參與課程的決定。	**1. 個人化評鑑** 對於學校之成功良窳的判斷，取決於相關人員的價值觀和視角，而有所差異。評鑑會去陳述學校提供了什麼資源，以及兒童在學校中成就了什麼表現。學校之成功與否，以及活動的效度，必須留給評鑑報告的個別閱讀者，依據其視角來做決定。
2. 學習的經驗性質 學校致力於使每一個兒童都能經驗語言，而不僅是學習閱讀而已；經驗算術，而不僅是學習數學；參與且從社區中學習，而不僅是學習社會科學。學校的參與者相信，經驗是知識的最佳轉換器。而且，期待兒童與其環境互動---在經驗的歷程中感受其影響---去改變它，或找出有助於他邁向改變的方法。	**2. 評鑑的經驗性質** 評鑑試圖爲讀者提供一個機會，使其能經驗到這個學校和學校中的兒童。它不只是提供圖表和統計數字，而應提供兒童和教師的照片、圖畫和作品等。即使如此，我們也應該體認到任何評鑑報告都無法完美地表徵或再現學校及其歷程。報告並非表徵學校成就的最後文件。相反地，它是一個歷程中報告(report-in-process)，讀者對於該報告的反應和回饋，可激發新的描述和新的資料。
3. 學習的完形性質 甚爲強調學習的相互關連性。組織結構、活動和材料，都以其目標的多元向度來加以考量。目標的陳述和人員的發展活動均甚關注到兒童對其自身和對世界的感覺，這些如何關連到兒童和他人的關係，以及如何關連到兒童對於學習的興趣和能力。工作人員致力於發展能促使兒童經驗到語言、算術、及其他知識間關係的活動，而非將之分隔獨立的內容領域。	**3. 評鑑的完形性質** 此一評鑑特別關注學校的三大目標，包括：歷程的範疇、內容，以及目標陳述的整體情境脈絡。所呈現的證據，須盡可能不加扭曲地，試圖觀察學校中所發生之事件的自然秩序。客觀的數字和主觀的判斷都包含在內，且被視爲是有效的。學校所提供的活動和兒童的作品等，都應依據其效應的多元向度而一一加以檢視。

資料來源：Olson, 1974

行動研究、行動學習、省思性實務和學習型組織

> 你每天都在學習一些新的東西。事實上，你每天也都在學習一些舊的
> 東西。只是因為你才剛學習到，並不表示那是新的，其他人早已知道這東西
> 了。Columbus是一個好例子。
>
> -- *George Carlin* （1997:135）

　　許多不同的組織、方案和工作人員發展取向都逐漸浮現出來，涉及在組織之內，以學習、改善、和發展為目標的探究（例如Argyris & Schon, 1978; Senge, 1990; Watkins & Marsick, 1993; Aubrey & Cohen, 1995; Torrer, Preskill, & Piontek, 1996）。這些努力有不同的稱謂：「行動學習」（action learning）（Pedler, 1991; McNamara, 1996）、「團隊學習」（team learning）（Jarvis, 2000）、「省思性實務」（reflective practice）（Schon, 1983, 1987; Tremmel, 1993）、「行動研究」（action research）（Whyte, 1989; Gore & Zeichner, 1995; Stringer, 1996）、「內部評鑑」（internal evaluation）（Sonnichsen, 2000）或是「組織發展」（organizational development）（Patton, 1999c）。這些問題解決和學習導向的歷程，通常使用質性研究和個案研究取向，來協助人們省思如何改善其目前行動的方式，或以新的方式來瞭解其行動的意義。

　　舉例來說，一個基本技巧成人教育方案的教學人員，針對新近移民美國的學生之學習經驗，進行一項行動學習研究。每一位方案工作人員訪談三位學生，並以學生對其參與方案的經驗報告為基礎，撰寫成簡短的個案研究。在一個持續進行的「省思性實務團體中」（reflective practice group），教師分享其個案，並詮釋其研究結果。基於這些省思和主題式跨個案分析，工作人員修正了其原先將目標設定作為優先考量的強調重點。訪談資料顯示，新移民缺乏對於美國教育和就業機會的充分經驗和知識，以至於無法設定有意義和合於現實的目標。結果，學生通常默默聽從諮商師的建議，只是完成法令規定的目標設定表格，但實際上對於其目標為何並無實質上的踐諾或行動。我們很快地轉而採用省思性實務或行動式學習的質性研究，以方案改善作為目標。工作人員藉著參與整個歷程，加深其對於新移民學生之視角與需求的敏銳覺察，並進而促進其自身專業上的成長。

　　這些歷程所導致的學習，有兩個方面：（1）研究帶來特定的洞

察和發現，足以改變整體實務運作，以及（2）參與此一研究中的人員，學習到更有系統地思考其所作所為，及其與工作對象的關係。這是Bawden 和 Packham（1998）所稱的「系統性實踐」（systemic praxis）。在許多案例中，特定的發現是次要的，而從參與整個歷程所產生的一般性學習才是最重要的，我將之稱為「歷程運用」（process use），以不同於研究發現之使用（Patton, 1997a）。歷程的使用藉由「發展性評鑑」（developmental evaluation）（Patton, 1994; 1997a）而得以擴展，其評鑑目的在於持續不斷的學習、內部的改善，和方案的發展；而非為了外部讀者或績效責任之目的，而產生評鑑報告和總結性的評斷。

最近數年來，將行動學習作為協助組織中的人們來因應改變，愈益受到矚目。Mwaluko和Ryan（2000）提供了一項個案研究，顯示設計良好和有系統執行的行動學習方案，可成功地因應組織上、文化上和權力的複雜性。以質性的語詞來說，這意指行動學習所探究的是完形的、紮根的且敏銳覺察其背景脈絡的。

Harvey和Denton（1999）曾檢驗企業界所稱「組織學習」（organizational learning）和「學習型組織」（learning organization）這兩個雙生詞。他們進行了一項為期三年的質性研究（1994-1997），以英國五個主要的產業公司為對象，詳細檢視其組織學習的企圖心和實務運作情形。六十六位受訪者被分類為三個群體，包括：策略、人類資源和研究發展。他們界定出六項先決條件，來解釋其對於組織學習的重視：（1）生產力的相對重要因素，從資本轉移到勞力，特別是智識勞力（白領階級），（2）商業環境的快速變遷，（3）以知識作為具有競爭優勢的主要資源，（4）高度重視顧客的需求，（5）管理者和員工愈來愈無法接受傳統以命令-控制主導的管理派典，以及（6）全球化商業的密集競爭性。該研究對於質性訪談資料的分析，顯示管理實務工作者和管理理論之間存在著思想和情感上的交流，以使組織學習的想法更為深入企業內部。雖然他們聚焦於商業上的應用，但學習型組織的想法已成為非營利機構、政府機構等的一項甚具重要意義的主題（Sonnichsen, 1993; Preskill & Torres, 1999; Preskill & Preskill, 1997）。質性研究可藉由行動學習和省思性實務的推波助瀾，而成為學習型組織的一向重要基石。

© 2002 Michael Quinn Patton and Michael cochran

不行動研究

賞識性探究

　　賞識性探究（appreciative inquiry）已成為相當受歡迎的組織發展策略，強調與立基於組織的資產，而非聚焦於組織的難題或問題解決。David Cooperrider及其同事（Watkins & Cooperrider, 2000）倡導以賞識性探究作為「一項世界觀、一個思考和瞭解的派典，將組織視為人類所創造的肯定系統，以提供問題的解決。它是一個理論、一套心靈程式、一個分析取向，以導致組織的學習和創造力」（Watkins & Cooperrider, 2000:6）。因此，「賞識性探究反映了組織發展的核心價值」（Sorensenm, Yaeger, & Nicoll, 2004:4）。

　　我們感興趣的是，賞識性探究亦立基於質性的瞭解，並在組織中推動一項質性研究的特別歷程，包括參與者相互訪談的對話。他們彼此詢問問題，以「導引出在職場上所經驗到的具有創意和生活意義的事件」（Watkins & Cooperrider, 2000:9）。

1. 省視你在組織中的所有經驗，回憶你投入這個組織以來，讓你感到特別有生命力、特別有成就感、或讓你特別興奮的一些時刻….
2. 讓我們談一談一些你最為看重的事情，尤其是有關你自己、有關工作的性質和有關這個組織，讓你感到有價值的一些事….
3. 關於讓你足以將心力投入於這個組織的核心因素，你的經驗是什麼？請舉一些實例，來說明你所經驗到的這些因素。
4. 你可以許下三個願望，來強化這個組織的生命力和健康發展。你會許下哪三個願望？（p.9）

這些問題的目的，在於獲得有關組織生活之正向層面的特定實例、故事和隱喻。參與者分析團體的結果，尋找可促進組織正向發展的主題和課題。

舉例來說，如果這許多關於組織中美好時光的故事或原始資料，發現踐諾（commitment）是一項重要因素，我們的工作團體會選擇詢問更多問題，來瞭解其他人在職場中的踐諾經驗。訪談的第二階段，產生了四到六個課題，成為建立「可能性命題」的基礎，以描述組織未來的可能發展。每一項課題或主題，都會陳述其未來可能性，並統整成為這個組織願景的一環。應用賞識性探究的資料為基礎，為組織正向且富創造性的未來，勾勒出一幅圖像。（Watkins & Cooperrider, 2000:10）。

賞識性探究因其強調正向層面，而導致評論者對其失去平衡立場和缺乏批判性的批評。它是否持續成為組織發展上的一項可行且受歡迎的取向，我們可以拭目以待，但它的詢問策略可能與立場較為平衡的取向相結合。而且，賞識性探究在一個特殊的發展性架構上，結合研究和行動二者，以引導分析和團體互動的歷程。透過所詢問問題的特性，及用以引導分析的正向資產導向架構，其詢問和主題分析歷程，建構出一特定的介入形式。依循此一方式，研究和行動可以完全合而為一。其它的參與式研究形式，亦尋求將研究和行動加以整合。

參與式研究和評鑑：促進協同合作

讓我們以三個相當不同的參與式質性研究實例，作為開場。

在一部以Oliver Sacks博士於紐約心理疾病診療機構的真實生活經驗（Sacks, 1973）為藍本所拍攝的影片《甦醒》（*Awakenings*）中，Sacks

博士（影片中係由Robin Williams 所扮演的Malcolm Sayer博士）藉由護士、看護工、清潔工和病患的協助，發現到如何接近罹患罕見精神官能症的病患。該影片強而有力地呈現出一種協同合作的研究形式，訓練有素的研究者和未經訓練的非研究者可以合作進行研究。看護工嘗試音樂和歌曲，護士嘗試為病患讀書，志工嘗試和病患玩紙牌遊戲。他們一起找出最有效的工作方式。

　　在一個非洲村落，女性對於公共健康工作人員告誡其在雨季應飲用井水，而不宜飲用地表水，感到不以為然，因為去井裡打水是相當耗時費力的工作。健康教育人員於是進行了一項實驗，讓全村一半的人飲用井水，另一半人飲用地表水，然後追蹤記錄其健康情形。三個月之後，村裡的人可以自行看到飲用地表水者更常生病的這個事實。藉著參與這項研究，而不僅是被告知研究結果，其研究發現對他們更具有意義，且更為有用。

　　在我職業生涯的初期，我接受加拿大一個省分教育局長的委託，到一個被認為表現不佳的學校區去從事一項評鑑工作。我詢問他希望將評鑑焦點設定於何處，他回答：「我不在乎焦點是什麼，我只是想要讓人們更投入於教育。在那兒，教育並不受重視，家長從不參與學校教育，教師只是工作而已，行政人員也不領導教學，學童更是對上學感到厭煩。我希望，讓他們參與一項評鑑，可以激發他們，讓他們重新投入心力於教育中。」

　　當以協同合作模式（collaborative mode）來從事研究時，專業人員和非專業人員成為協同研究者（co-researchers）。人本取向研究和自然式探究（Douglass & Moustakas, 1985）甚為看重協同合作的價值，如同「合作式探究」（cooperative inquiry）（Heron, 1996）亦然。「參與式行動研究」（participatory action research）（Wadsworth, 1993a, 1993b; King & Lonnquist, 1994a, 1994b）鼓勵在一可相互接納的道德架構之內，進行聯合的協同合作，以瞭解和解決組織的或社區的難題。女性主義方法亦是參與式的，「研究者邀請研究場域中的成員一起加入她，來創造一項研究」（Reinharz, 1992:184）。「增能評鑑」（empowerment evaluation）以促進參與者在研究歷程中的「自主自決」（self-determination）為目標（Fetterman, 2000a; Fetterman, Kaftarian & Wandersman, 1996）。這涉及在研究者和參與者之間形成「增能的夥伴關係」（empowerment partnership）（Weiss & Greene, 1992），並教導參與者來研究其自己本身（Wadsworth,

1984）。深度訪談和描述導向的觀察乃支持合作式探究最爲有用的方法，參與者不需要太多技術性專業知識即可瞭解和運用。

對於參與式研究的興趣，近年來迅速擴展蔓延，尤其將其作爲大型社區改變的一項重要元素（Stoecker, 1999）。研究主持人訓練協同研究者，以觀察、訪談、反映，且謹慎作紀錄或寫日記。所有參與人員定期聚會，以分享資料分析的歷程，其主要目的乃在於闡明並改善行動實務的性質。

在教育上，已有許多學者致力於質性、合作式的研究。John Elliott（1976）曾與教師合作，以他們作爲協同研究者，進行行動研究，「從教師們的實務性建構，發展有關班級課堂的假設」。Bill Hull（1978）與教師合作，以一省思的、研究導向的歷程來研究兒童的思考。Boston 女性教師團體 （1986）以協同合作方式研究教師教學的效果。Eleanor Duckworth（1978）對一項非洲基礎科學方案的評鑑，在方法上亦是採用合作式的。

在第三世界中，參與評鑑已被許多非政府的組織團體以及私人志願服務組織，成功地運用爲國際及社區發展努力的部分。一個名爲「私立機構協同合作」（Private Agencies Collaborating Together）的團體，已出版了一份相當優異的使用者指導手冊《參與式評鑑》（*Participatory Evaluation*, 1986），以及較一般性的《評鑑資源手冊》（*Evaluation Sourcebook*）（Pietro, 1983）。該指導手冊包括使不識字者作爲主動參與評鑑者，評鑑其所經驗的發展努力。

參與和協同合作的歷程，對參與者和協同合作者都會帶來相當深遠的影響，遠超過他們一起工作所產出的研究發現和報告。透過參與研究的歷程，參與者有機會學習到證據本位探究的邏輯思考，及依據證據來推理的訓練。在界定研究問題、資料蒐集和分析、以及詮釋研究發現等經驗中，均可學習到許多研究技巧和思考方式，使得協同合作的研究歷程的影響更是彌足珍貴。

而且，研究和評鑑的主動參與者，更可能感覺到對其研究發現和研究歷程具有所有權，因此更會加以運用和發揚光大。這些參與者和協同合作者可以是社區成員、村民、組織工作者、方案工作人員，和／或方案參與者（如當事人、學生、農民等）。有時候，行政人員、資助者也可能參與其中，但通常主要的參與者是階層體制中屬於較下階層者。因

此,參與式評鑑乃是由下而上的（bottom-up），巧妙之處在於確定所有人員的參與都是真誠的、無僞的，而不是任何政治上的籌碼（Fricke & Gill, 1989）。

Norman Uphoff（1991）出版了一本名爲《參與式自我評鑑的實地指導手冊》（*A Field Guide for Participatory Self-Evaluation*），目的在於支持社區發展的計畫案。在檢視了一些社區的努力之後，他的結論是：

> 如果自我評鑑的歷程可例行地、開放地執行，讓所有團體成員一同參與，他們獲得了什麼答案的重要性，將不如他們從討論和達成共識的過程中所學習到的關於何者可用於評鑑團體的表現和能力，以及何者最能用於描述其團體的現在狀態等。（p.272）

Uphoff 所發現的，並非團體的特定問題或答案最能影響團體的發展，而是討論問題和達成共識的過程，以及彼此投入於理解答案之意義的過程，對團體發展的影響至鉅。參與式自我評鑑的歷程本身，及爲參與者提供了有用的學習經驗。

將參與式研究視爲創造一持續學習的組織文化的手段，在晚近有關「學習型組織」與方案評鑑的相關文獻上，已成爲一重要的主題 （如King, 1995; Leeuw, Rist & Sonnichsen, 1993）。「參與式評鑑者的最終目標，是使組織的研究能力自給自足，他/她就不必再爲其工作」（king, 1995:89）。事實上，「自我評鑑的組織」（Wildavsky, 1985）亦是一重要的發展方向。

我建議謹慎使用「參與式評鑑」、「增能評鑑」或「合作式研究」等標籤，因爲這些詞彙對於不同的人會指涉不同的涵義，亦有其不同的目的。某些人交互運用這些詞彙，或將之視爲彼此增強的概念。Wadsworth（1993a）區分「對人們、爲人們和與人們的研究」（research on people, for people or with people）（p.1）。Levin（1993）則區分了三項合作式研究的目的：（1）使涉入其中者廣爲運用研究發現的實用性目的，如Cousin和Earl（1992）所強調者；（2）使資料紮根於參與者之視角的哲學或方法論目的；以及（3）促進社會行動的政治性目的，例如增能評鑑，或所謂的「解放式研究」（emancipatory research）（Cousins & Earl, 1995:10）。此處所要界定的第四項目的，則是教導研究的邏輯和技巧。由於「參與式」或「合作式評鑑」等詞彙並無限定性的定義，當其應用

表例 4.6　充分參與和協同合作研究之原則

- 研究歷程涵蓋使參與者學習研究的邏輯和技巧，例如，證據的性質、建立優先順序、聚焦研究問題、詮釋研究資料、奠基於資料的決定，以及連結歷程和成果。

- 在此一歷程中的參與者擁有此項探究。他們真實地投入於設定研究焦點和進行研究設計。他們做出結論，並應用這些結論。參與者是真實的人，不是籌碼。

- 參與者以一個團體來一起工作，研究催化員則須支持團體的凝聚力和促進集體的探究。

- 研究的所有層面，從研究焦點到資料分析，都是以參與者可瞭解且對其有意義的方式來進行。

- 研究者或評鑑者係以催化員、協同合作者及學習資源的角色來行動；參與者是平等的研究夥伴。

- 研究催化員體認到且看重參與者的視角和專業知能，致力於協助參與者體認到且看重其自身和彼此的專業知能。

- 在研究催化員與參與者之間的地位和權力差異須極力縮小，盡可能地力求實務性和真確性，勿以施恩者自居或抱著玩遊戲的心態。

於不同場域之時，研究者必須明確地加以界定之。表例4.6列舉了充分地參與和真誠地協同合作進行研究的幾項重要原則，可作為與參與者一同於研究和評鑑場域中工作的起點，以共同決定何者可採納進其自身的評鑑工作歷程。

　　無論所使用的詞彙是參與式、協同合作、合作式、或增能，這些取向共享了一個行動上的踐諾，即是將研究場域中的人們納入為協同研究者。這些參與式取向亦多應用質性研究法，因為質性研究法最易於瞭解、易於傳授，且易於操作。

支持民主化對話和深思熟慮

　　本章大多數探討相對上較小型的質性研究，應用於評鑑方案、發展組織、支持規畫歷程和需求評量，以及對社區提供洞察等。本節則考量較大的議題，如強化民主。House和Howe（2000）詳述了三項應用評鑑於

支持民主化的要求：**包容性**（inclusion）、**對話**（dialogue）及**深思熟慮**（deliberation）。他們擔憂由從事評鑑所導引出的權力，及其對社會的暗示，像是有權力的人即掌握此一評鑑資源和管道。

我們相信，在民主的前提下，評鑑的背景條件應該被公開，藉由在評鑑社區中探討、論辯及可接受的民主原則，以使評鑑與較大的社會有較緊密的連結。社會對於評鑑的高度興趣和關切，可增進評鑑的適當性。評鑑者應該更深思熟慮這些議題…

如果我們的眼界可超越個別評鑑者所從事的個別研究之上，我們可能會看到評鑑大體上即是一個深具影響力的社會機制，乃是民主社會實踐的重要關鍵。在大眾傳播媒體的各項宣稱之中、在公共關係和廣告之中、在各式各樣代表社會中特殊興趣族群的團體之中，評鑑可以自成一格，依恃其宣稱的正確性和統整性，而發揮其影響力。但它仍然需要一組公開的民主原則，以引導其實踐，並檢驗其影響力。（House & Howe, 2000:4）。

質性研究適用於民主化的評鑑取向，如同在參與式評鑑一節所言，質性研究可被非研究者所接納和瞭解，且個案研究提供了支持包容和對話的絕佳資源。在歐洲，由Barry MacDonald（1987）所提倡的「民主化評鑑模式」（democratic evaluation model）舉證了這些強調重點，他認為「民主化評鑑者」應體認和支持價值多元主義，以致評鑑者應力求將來自人們的廣泛興趣納入評鑑設計中，據此，評鑑者可以藉由扮演社會團體的媒介角色，促進彼此的瞭解，支持公民意識和民主的發展。民主化評鑑者必須採取非專業人員或一般公民可資運用的評鑑方法和技術，並在確保資訊來源的隱私權利之前提下，來調查人們興趣的範疇，投身於不同興趣團體之間的協商，並促使評鑑結果可被廣泛運用。

Saville Kushner（2000）進一步深化且更新MacDonald的民主化評鑑模式之概念。他將評鑑視為一種個人表述和政治行動的形式，特別重視對於掌握權柄者的批判。他應用質性方法，將人們於方案中的經驗置於評鑑的中心。對Kushner而言，人們於方案中的經驗和覺知，是政治中大P（政策）和小p（人們）交會之所在。他運用質性研究法來捕捉真實人們的視角，包括學童、教師和家長的不同視角；而他們在方案場域中生活的實在，即是他們所經驗到的實在。他感覺到聚焦於捕捉、報告和表彰這些邊緣化群體的觀點，具有重要性和必要性，並將之稱為「個人化評鑑」，而其較大的企圖則是強化民主。讓我們仔細思考這些對於評鑑和

評鑑者應關注社會正義和民主的省思：

> 每一項社會和教育方案都可被視為是廣泛社會契約的再確證（即是，權力、權威、社會結構等的再度驗證），每一項方案評鑑都是一個可據以檢視其假定和結果的機會。常見於各個層次的評鑑歷程中。所有方案都揭櫫了民主化的成敗和良窳；每項方案評鑑一旦觸及到財富、權力和社會物資分配等議題，都是對於民主化效能的評量。在評鑑所達成的共識下，需謹慎考慮分析的層次，以達成更真實無偽的行動；否則，即可能是虛假不實或虛構的行動。（Kushner, 2000:32-33）

當MacDonald、Kushner、以及House和Howe等人公開支持評鑑和民主化之間的連結，許多其他的評鑑取向也藉由強調方案所涉及之人們的參與程度和類型，來暗示此一連結。請參見Cousin和Earl（1995）及Alkin（1997）等對於這些取向和區分的探討。Mertens（1998, 1999）對於「包容性評鑑」（inclusive evaluation）和「增能評鑑」（empowerment evaluation）模式的討論，以及Fetterman等人（1996）提供了更多支持民主化原則、社會正義、和評鑑之政治基礎的評鑑取向，以透過評鑑支持在經濟、社會和政治上被邊緣化而未受應有重視的族群。

這些探討評鑑如何支持民主化歷程的著述，都反映出評鑑性質的重要轉變，朝向強化民主的真實與潛在貢獻。十年以前，相關論述的強調重點多在如何增進評鑑結果的應用性，以促進決策和改善方案，以及確定評鑑結果可反映出不同群體人員的多元化視角。雖然，此一重點仍然具有相當重要性，但日益增強的焦點則是如何協助人們學習到評鑑歷程之思考和推理，以及此一協助如何有益於強化長期的民主化發展。接下來，即要進一步闡述這些貢獻。

透過評鑑歷程支持民主化

讓我提供一些背景脈絡，以省思與民主化有關的知識如何建立起來。在2000年秋天，我有機會應邀參與一個由義大利評鑑學會所舉辦的研討會。在羅馬時，我有機會造訪古羅馬公共論壇、中古世紀的羅馬參議院等，尋找一些靈感，關於評鑑對於民主化有何潛在貢獻，這是接下來在瑞士舉辦的歐洲評鑑學會國際研討會的主題。在離開古羅馬公共論壇之後，我步行到古羅馬競技場，那兒是羅馬武士在君王和公民面前比

武競技的地方。站在爲參議員所保留的看台上，腦中出現了一幅鮮明的圖像。我想像一位評鑑者正在競技場上，爲羅馬公民們報告一項重要的政策評鑑結果。報告的最後，羅馬君王邀請觀眾舉手勢表式贊成或反對這項評鑑結果。贊成的話，評鑑者將可獲贈金銀財寶、榮華富貴，並將應邀在帝國評鑑學會的年會上演講。反對的話，他就會成爲獅子口中的美食佳餚。我迅速地離開競技場，想著我何等幸運活在這個時代，從事評鑑的代價不會像我在競技場的想像那樣高昂。2000年的評鑑學會是一個國際性的專業社群，大家定期聚會，一起構思如何透過我們所從事的評鑑和應用研究來強化民主發展。

所以，質性研究和民主化之間的連結爲何呢？

健康且強而有力的民主，取決於資訊融通的公民。政策研究和評鑑的核心貢獻，在於藉由使研究發現廣爲傳播和流通來培育資訊融通的公民，而且促使公民可藉由評鑑來權衡證據和評鑑式地思考。此一思考歷程必須要學習而得。僅僅擁有可信賴和正確的資訊（資訊融通的公民所需的資訊），並不充分，他們還必須知道如何運用資訊，權衡證據，考慮不可避免的矛盾抵觸和不一致處，說明其價值觀，詮釋發現結果，處理複雜性，以及檢視先前存在之假定，這些是「評鑑式地思考」（thinking evaluatively）所指涉之內涵。進而言之，深度的民主化思考包含對於用以形塑我們所經驗爲資訊和「知識」的類別、構念和概念等之源起和應用，深思其政治上的複雜度。

哲學家Hannah Arendt特別關注民主的基礎。她相信人們必須要練習如何思考，以抗拒權力者對於思想的欺瞞和控制。她發展出「政治思想的八項練習活動」（Arendt, 1968），她認爲透過這些練習活動，即能贏得思考的經驗。從此一觀點來看，每一項評鑑，都是使涉入其中者可以練習思考的機會，藉由教導人們如何評鑑式地思考，可以強化民主發展。因此，我們可能從事政策研究、行動研究、參與式研究和合作式研究，藉以鍛鍊我們的政治思想，賦予我們「如何思考」的經驗。她的練習活動並未指出「思考什麼」，或是「堅持什麼真相」，而是聚焦於思考的行動和歷程。例如，她認爲協助人們進行概念化思考是重要的，以「發現原創概念的真實起源，從那些政治語言中淬取出早已消散於無形的原初精神，例如自由和正義、權威和理性、責任和德行、權力和榮耀等，並將無用的空殼置之身後」（Arendt, 1968:14-15）。我們可以在此一

論述之上，加入一些詞彙，如成果和成就指標、詮釋和判斷，以及受益者和參與者等，以訴諸公共對話。

協助人們透過參與真實的評鑑活動來學習評鑑式地思考，我將之稱為「歷程運用」（process use）（Patton, 1997a, 1998）。我將歷程運用定義為將評鑑參與者在思考和行為上的個別改變，關連到其在評鑑歷程中的學習結果。（方案或組織程序和文化上的改變，都可能透過歷程的影響而彰顯出來，但這不是我們的重點。）這意味著，一項評鑑對於強化民主可能會帶來雙重的影響：（1）透過發現結果的使用，培育較為資訊融通的公民，（2）透過協助人們學習評鑑式地思考和投入於評鑑中，培育更能深思熟慮的公民。

關於歷程運用的思考方式之一，是認知到評鑑可建構參與者的文化視角。當我們協助人們投入於評鑑歷程之中，我們及提供他們跨文化的經驗。此一評鑑的文化，或評鑑者視為理所當然的思考方式，卻常是參與者所不熟悉的。舉例而言，評鑑的價值，包括釐清、具體指陳、聚焦、系統化，提出明確的假定，可操作的方案概念、想法或目標，區辨輸入資源、歷程和產出成果，重視實徵性證據，以及將事實的陳述和詮釋或判斷加以區分開來。這些建構了我們思考方式的價值觀，對於一般人卻不是自然而然的，甚至是相當陌生。當我們帶領人們經歷參與式研究或評鑑之後，他們可實際上學習到如何以這些方式來思考。訪談許多不同的人，瞭解深度的個案實例，都是促進非研究者投入於評鑑和研究中的有效方式，有助於增進其思考證據和從資料導引出適切結論的能力。

協助人們以這些方式來思考，從直接參與研究的過程可獲致較為深遠的影響，而不僅是應用類似研究所產出的特定研究發現。研究發現的生命週期極短---這是物理科學的隱喻。當世界快速變遷時，研究發現也很快會變成陳腔濫調。相反地，透過參與一項評鑑，學習評鑑式地思考和行動，卻會對相關人員的思考帶來長期且持續性的影響，促使其以開放的心胸來考驗實在、檢視他們所作所為，並增進其深思熟慮地投入於民主歷程的能力。

民主化評鑑揭穿將研究方法和測量工具視為純粹技術性的迷思。非研究者更能體會到評鑑的技術性和非技術性層面。而且，當實務工作者、決策者、和其他評鑑使用者均能充分瞭解評鑑資料的長處和限制，且藉由參與於此一方法的決定歷程而增進瞭解時，即可強化其使用性。

意圖使用者可瞭解到，由於資源和時間的限制，所有的妥協折衷之考量都是不可避免的，需權衡其關連性之輕重緩急來加以選擇；在意圖使用目的的範疇內，如何強化研究設計的可信性和有效性均甚為重要，以產出令人信服的評鑑結果（Patton, 1997a）。

參與式評鑑對於資訊融通公民的智慧具有基本的信心，並尊重其投入評鑑所有層面的意願，包含方法論的討論和決定（而非視之為「研究對象」）。Egon Guba（1978）即曾以強而有力的語言，描述此一原型：

在我的經驗中，評鑑者有時會對他們的當事人擺出一副妄自尊大的態度，他們的僭越和傲慢有時真是令人不敢恭維。我們將當事人視為「像孩子一般」的人，需要被牽著手走路；就像沒有知識的人，無法理解我們的伎倆和策略；以為他們不會搞懂他們應該要詢問的問題，除非我們告訴他們答案；而我們所告訴他們的，經常只是反映了我們的偏見和興趣，而不是當事人實際上所面臨的難題。「醜陋的美國人」（Ugly American）一詞已浮現在國際性場域中，用來描述那些甫進入一個新的文化國度，就自以為知道哪裡不對，強行將自己的解決方案加諸於當地情境的人。我有時會認為評鑑者無疑是「醜陋的美國人」。如果我們所尋找的只是操弄當事人的方法，讓他們符合我們的期望，不再抗拒我們所構築的海市蜃樓。那麼，我想，我們是徒勞無功的。（p.1）

一個可用以探討民主化評鑑中方法論品質的方法，乃重新架構政策分析者的功能，從依賴專家判斷，轉向支持資訊融通的對話（informed dialogue），包含方法論的對話。傳統上將研究者、學者和評鑑者視為專家，為政策制訂者提供以科學為本位的答案，以向一般大眾確保政策執行之績效責任。研究者和評鑑者扮演此一角色，係基於一個特定的知識派典，主張正確答案和獨立判斷均是客觀實存的。然而，後現代主義、解構主義、批判理論、女性主義、增能評鑑和建構論等理論視角，均對傳統以真相導向的知識派典提出質疑。相反地，他們強調可於一顯明的背景脈絡中（如政治、社會、歷史、經濟和文化等）加以闡述和討論的、依存於多元興趣的詮釋。質性研究的建構論導向，在探究和分析的對話形式中，扮演了相當關鍵的角色。參與式方法亦增進非研究者接觸研究發現和歷程的機會。建構論、對話式和參與式取向，為研究和評鑑構築了一幅願景，促使深思熟慮的民主得以在這個後現代知識世紀中發展。此一堂皇的願景，賦予研究者更大的責任，而非僅侷限於出版學術刊物而已。

特殊應用形式

最後這一節檢視一些質性研究策略尤其適用的特殊應用形式和情況：對非干擾性測量的需求，藝術狀態的考量，爲量化分析增加深度和意義，瞭解和溝通故事，法定稽核和監控，未來式應用，以及打破例行公事。

對非干擾性測量之需求

另一項質性策略可能特別適當的情況，係當實驗設計、標準化工具的實施，以及量化資料的蒐集，會由於過度干擾而影響了方案的操作時。非干擾性測量的例子，包括觀察和測量博物館各個展覽品前的地毯磨損程度，以評估觀光客對於不同展覽品的不同興趣程度；觀察聚集在公共場所的人，看他們在那兒做些什麼，而不做任何紙筆紀錄；使用爲其他目的而準備或例行性蒐集的書面文件或報告（如臨床個案紀錄）等。

對於方案活動之觀察，以及與參與者作非正式的訪談，經常可以比較不具干擾性的方式進行，不同於使每個人都完成測驗或問卷的干擾性。事實上，此一工具的實施，可能會產生人爲操作的結果（反應）或影響了方案的運作。由於工具本身的干擾性和對正常方案運作及當事人功能的妨礙，工具本身可能會產生一種反應，以至於無法正確地呈現方案中所達成的事項。教育研究者Edna Shapiro（1973）驚訝地發現在她對革新的教育之研究中，標準化測驗由於以一種干擾的和控制的刺激加諸於環境中，而使評鑑結果出現了偏差，因爲在此一環境中，表達的自發性、創造力和自由是很有價值且受到鼓勵的。Shapiro發現測驗結果所測量的，基本上係爲兒童對刺激測驗的反應，而與其課堂中的反應不一致。因爲她所研究的教室，較諸傳統的學校，實質上較不仰賴紙筆技巧，學生的進步在個人的基礎上受到每日的監控；而不使用書面的測驗，學生在教室中的學習成果，即無法藉突然引介的標準化測驗來作「客觀地」測量。

　　我假定不同學校經驗的內在化效果，可能在測驗情境中被觀察和從反應中去推論，而且在教室中教學和學習的觀察，應被視為輔助的資訊，有用於記錄兒童團體學習經驗的差異性。......這個研究之發現---在課堂反應和測驗反應之間相當大的不一致---使我重新詳鑑這個理論基礎。這需要重新考慮課堂資料的角色、個別的測驗情境資料，以及二者之間的關係。......個人在測驗情境中的反應，傳統上被視為獲得有關心理功能之事實的主要手段。測驗行為，無論被視為一種符號或底涵功能之取樣，皆被以純粹的測量來處理。然而，測驗情境是一項獨持的人際間脈絡情境，在其中，所有被允許和鼓勵的，可接納和不可接納的，均須謹慎地定義---明顯地和隱諱地。對測驗的反應，於是係在非常持殊的情況下形成。影響成果的變項，實不同於在課堂中所操作的變項。（Shapiro, 1973:532-34）

　　Webb等人（1966）在其《非干擾性測量》（*Unobtrusive Measures*）一書中，以很大的篇幅討論「反應性測量效果」（reactive measurement effects）的難題。其書中的一項基本議題，即研究對象覺察到他們是一項研究中的分子時（當他們完成問卷與測驗時），可能會扭曲且混淆了研究的發現。在學術性社會科學研究中，對所反應之難題的來源和性質作紀錄，使得此類難題在評鑑研究中可能會擴大其嚴重性（Honey and Arboleda- Florez, 1988）。雖然質性方法也會遭遇特定的反應難題（將於稍後之章節中討論），但對於進行評鑑而言，質性策略之較不那麼正式，且較不干擾的性質，有時可減少評鑑在所研究的人們身上發生的扭曲反應。

藝術狀態的考量：缺乏可證明的量化工具

　　使用質性方法的另一項原因，乃由於某些特別的成果中，並不存在可接受、有效的和可信賴的量化測量。研究者在某一特殊情況下相信量化測量有用、有效和可信的程度，實係個人之判斷。然而，在社會科學測量中，藝術狀態（state of the art）是許多可預期的成果測量之一，而仍無法作精確的測量。此處由於其成果測量尚未發展出來且被檢驗，因此，蒐集有關發生什麼的描述性資訊，以作為方案活動的結果；會較使用一些具有量化之優點，但效度和信度可疑的量表，來得更為適宜。

　　創造力（creativity）是其中一個主要的例子。雖然目前已有一些作為測量創造力的工具，但那些工具在許多不同情況下可應用性，至少是有待質疑的。因此，一個試圖使學生或參與者更具創造力的方案，在詳

盡描述參與者的活動、行為、思想、感受和創作等上的紀錄，可能會比使用一些標準化的測量工具，做得更好。質性紀錄，可由有興趣的決策者或資訊使用者來檢查和判斷，以對參與者之作品所展現的創造力之程度、參與者之活動或所作的陳述等，作出其自身的詮釋。

即使是如自我肯定（self-esteem）之神聖化概念，在它用來詳細說明測量之準則時，亦具有相當的爭議性。此外，對於自我肯定程度已相當高的人而言，測量自我肯定的量表並不能非常敏銳地察覺增加量的變化，而該變化對於所被測量者可能是十分重要的。對於以促進自我肯定作為一項成果目標的員工發展方案，使用質性方法以記錄當事人或參與者的改變，較諸仰賴於其他條件和情境而建立之特殊量表，可能會更為重要。

即使是存在已久的測量工具，仍有相同的爭議。使用標準化成就測驗，以測量學生的學習，是一個主要的例子。對於以普遍性的、標準化的成就測驗，來作為特殊地區性方案之評鑑，已出現許多強烈的批評。常模參照的、標準化的成就測驗的建構方式，減低了其應用於特殊地區性方案之關聯性和效度，特別是當那些方案所服務的對象，其得分很可能聚集在常態曲線的較低或較高極端時。對於此類方案，藉由記錄學生實際上做了什麼，意即，發展有關學生能夠做什麼和已做了什麼的個案歷史，而非仰賴其在時間的特定點上對標準化工具的反應，可以產生較正確的評鑑效果（Carini, 1979; Buxton, 1982）。

一個與藝術狀態有關的考慮，是探索性研究（exploratory research）。倘若在一項新的研究領域中，已經被完成的工作很少、所存在的明確假設亦少，且對現象之性質所知有限，則質性研究無疑是合理的起點。此類探索性研究中，幾個極佳的例子，是Angela Browne（1987）有關婦女受虐的研究；Minnesota處遇方案中女童犯罪者的質性研究（Mathews, Matthews, & Speltz, 1989），其後續的追蹤訪談記錄了犯罪者與家人重聚的影響效應（Mathews, Raymaker, & Speltz, 1991）；Jane Gilgun（1991）研究兒童性侵害的復原力和代間傳遞；以及家庭性侵害的第一線小型研究（Patton, 1991）。這些研究都出現於家庭暴力和兒童性侵害剛浮現於社會意識之中，並成為學者探究焦點之時。此類探索性研究是嶄新的研究領域可以深入發展的方式。

驗證性和闡明性的研究：為量化分析增加深度和意義

探索性研究相對的另一端點，是使用質性方法以增加量化研究之深度和細節。此一量化研究之統計結果，係指出跨場域或對象的可類推之組型。例如，當一項大型的調查已顯示出某種特定反應之顯著組型，若再藉由使用質性方法作深度研究，來補充說明這些組型的意義，常會很有助益。量化資料確認焦點集中的區域；而質性資料則賦予那些焦點區域實質性內涵。

當人們在問卷上圈選其答案時，他們真正意指著什麼？反應者能提供什麼詳細說明，以釐清其反應？從反應者的視角來看，不同的分析向度如何聚合為一整體？從反應者中再抽取出部分樣本，進行追蹤訪談，可以提供有意義的額外細節，以有助於理解和詮釋調查的結果。質性資料可在量化結果的骨架上，加上肌肉；透過深度的個案說明，將結果帶入生活之中。

而且，雖然質性研究在探索性研究中的角色，甚為清楚明白，質性資料之驗證性（comfirmatory）和闡明性（elucidating）角色則較不被注意。為統計發現增加深度和細節，是驗證和闡明的一個層面。在理論導向之質性研究的主要傳統中，質性方法亦是在擴展和加深理論傾向，及瞭解實地研究之發現的唯一方法。簡言之，質性研究並不僅是為了達成探索性的目的而已。

迅速偵察

有時候，對資訊的需要是立即的。研究者沒有時間去尋找文獻、發展假設，以限定的人口細目為基礎來挑選或然性較高的樣本，以及發展前置性測驗，和施測新的工具。質性方法的一項主要的好處，即研究者可以很迅速地進入所要研究的領域。

實驗性、演繹的、假設考驗的量化研究策略，需要許多先前的準備工作。在資料蒐集之前，你必須對設計和工具等非常清楚。相反地，質性自然式研究可允許研究者以相對較少的前置概念而進入研究實地，這使得研究者可對任何凸顯的事項保持開放地去探求。此項設計是緊急的且彈性的，研究問題於研究者探求何者具有意義之時開展出來。

迅速偵察（rapid reconnaissance）或「迅速評量」（rapid assessment）

（Beebe, 2001）一詞，即表示迅速地從事實地工作，或從事「快速俗民誌」（quick ethnography）（Handwerker, 2001）。在高度動態及快速變遷的世界中，接近行動是相當重要的。一位暢銷書作者Tom Peters（1987）稱其「實地本位」（field-based）、接近行動（close-to-the-action）的管理法爲「因混沌而榮盛」（thriving on chaos）。他對管理者的忠告是：花較少的時間於計畫，花較多時間於實地和人們交談，以及觀看正在進行的事。美國的合作擴展服務已採用一項奠基於對緊急的議題作出迅速反應之新方案法。這意指進行持續的環境偵測，包括對報紙和期刊作內容分析，進行焦點團體，與關鍵報導者訪談，以及對各地所發生之事件作系統的觀察。因議題而組成的小組，共同合作，運用量化和質性資訊，以確認趨勢、偵測環境，且以緊急的議題爲基礎形成新的方案。這些小組有時會進行迅速偵察的實地工作，以獲致有關一發展中情境之詳細的、描述性的資訊，譬如新的人群在某一地區的蜂擁聚集或大量外移；突然的經濟改變對一個國家的影響；農作物病害或蟲害的突然出現；或某些社會問題的急遽增加，如青少女懷孕、無家可歸者，或需要長期照顧的老年人。行動研究小組可在這些議題上作迅速立即的偵察、去到這些行動所發生之處，與人們交談、且觀察所發生的事項。應用於國際發展的農耕系統法，已廣泛地使用迅速偵察小組（Shaner et al., 1982a, 1982b）。由科際整合小組之成員所進行的非正式訪談，在某一特殊的農業生態區域中，建構出一初步的、探索性的和質性農耕系統素描。經由該歷時一至三星期之久的實地工作，此小組即能夠確認系統特徵、研究需求，以及擴展的可能性，並評估農民們的需求。Caribbean農業擴展計畫，即運用十天的迅速偵察研究於十個不同島嶼中的每一個，以評估這些地區對擴展服務的需求，和發展擴展服務的處遇（Alkin et al.,1989; Patton,1988b）。

在農耕系統文獻中，這些迅速偵察的調查研究，經常被稱之爲「桑地歐」（sondeo），意指「探測深度」（sounding），即對正在發生之事項作質性「探測深度」。於農場上或家庭中進行非正式的訪談和觀察，以記錄和瞭解在一些地理區域之內的變異。一旦開始實施一些介入措施，無論是研究或擴展之介入措施，桑地歐可能會定期地重複進行，以監控系統的變化和發展，以及評鑑該項介入措施。

質性研究之性質，使迅速進入研究實地成爲可能，以研究浮顯的現象和評估迅速改變之世界中其快速發展中的情況。

捕捉和溝通故事

　　為了保持頭腦清醒，我為特定字詞保留了特殊的意義---個案研究和俗民誌是此類標籤中的兩個。我書寫故事，而非個案研究，雖然故事的讀者可能會誤以為它們是俗民誌研究或個案研究。如果我從事的是俗民誌，我可能會承受更大的負擔，幸好我從沒做過。我可能得處理效度、理論貢獻度、完成度、類推性和複製性…等問題。故事只是記錄一個特定的情境，試圖溝通這些事情的一般精神。故事不必去考驗理論，不必完成所有程序，也不必耗費大量時間或掛慮其深度。（Denny, 1978:1）

　　Stephen Denning （2001）在其著作《跳板》（*Springboard*）中解釋「故事敘說如何為一個知識本位組織點燃行動之火」。他教導以故事敘說（storytelling）作為組織改變和知識管理的有利及正式訓練。他稱之為「跳板」的故事，是可為員工、合作伙伴和顧客傳達嶄新或可預見之策略、結構、身份認定、目標和價值觀的故事。他主張，故事敘說具有轉化個人和組織機構的力量。他提供了一個實例，在他擔任世界銀行知識管理部主任時，他曾極力要說服同事透過組織來分享資訊，但他的報告和圖表似乎無法有效說服他們，於是他說了一個故事。在1995年，一位非洲納比亞的健康照護工作者試圖找尋處遇瘧疾的方法，他在疾病控制中心的網站發現他所需要的資訊。這個故事所傳達的訊息是他先前的報告所未竟全功的：讓世界各偏遠角落中的任何一位世界銀行工作者，可輕易取得關鍵性的知識，具有生死交關的重要性。

　　另一本管理書籍《說故事的管理學》（*Managing By Storying Around*）中，David Armstrong （1992）將「故事」這個名詞轉變成動詞「說故事」，來強調建構故事對於組織價值和文化的直接和主動影響。Shaw, Brown & Bromiley （1998）報告如何捕捉和應用「策略性故事」（strategic stories）來協助跨國3M企業公司改善其商業計畫。「一個良好的故事（以及一個良好的策略計畫）界定了關係、事件序列、因果，以及優先順序，而這些元素很可能會被記憶為一個複雜的整體」（p.42）

　　質性研究可被用於發現、捕捉、呈現，以及保存組織、方案、社區和家庭中的故事。Barry Kibel （1999）發展了一個捕捉方案中當事人「成功的故事」的歷程，並以「結果構圖」（results mapping）的方法來聚集這些故事。他的取向包括一個費事、充滿挑戰性且嚴謹的編碼歷程，他的基本想法是「以療癒、轉化和預防為主的方案，最佳的資訊來源和形式，即是當事人的故事」（Kibel, 1999:13）。

故事的蒐集可被統整爲持續性方案評鑑及其發展歷程中的一環。例如，澳洲墨爾本大學的土地及食物資源研究所（Institute of Land and Food Resources），發展出一個故事本位的改變監控策略，稱爲「最顯著改變」（most significant change）（Dart et al., 2000; Davies, 1996），包含數個步驟。首先，主要的方案人員和參與者（如在延展方案中的農民）均同意運用故事來進行監控的改變範疇；其次，蒐集由農民和實地工作人員每月定期所書寫的改變的故事；第三，志願審查者和評鑑者使用彼此同意的準則，於地區性和全州的委員會議中選出「最顯著的故事」；最後，產出一份包含所有「獲獎」故事的報告文件。此一文件成爲評鑑者與計畫案委託單位及具影響力的關鍵人物進行一場圓桌論壇的基礎，並邀請他們依據其觀點選出最顯著的故事。「這個取向不僅止於捕捉和記錄當事人的故事，每一個故事都伴隨著故事敘說者的詮釋，並於接受審查之後伴隨了審查者的詮釋。這個歷程背後所隱含的想法是，每一個月都為這項計畫案的階層組織，帶來緩慢但影響深遠的對話」（Dart, 2000）。表例4.7提供了一個「最顯著改變」的故事。這個故事亦舉證了本章稍早所討論的將質性研究應用於成果紀錄的實例。

認知科學家已經發現，故事（story），較諸非故事的敘事（nonstory narratives），更易於記憶，且更能支持學習和易於瞭解（Shaw et al., 1998:42）。語言學者Richard Mitchell（1979）觀察到：「我們的知識是由我們所能敘說的故事所組成的，故事必須以我們所知道的語言來敘說…當我們無法敘說故事時，我們也不具備知識」（p.34）。

如同前一章討論敘事分析時所提到的，「故事敘說」的語言，較諸「個案研究」或「俗民誌」等語言，對於非研究者較不具威脅性，也不那麼沈重和學術性。當我們在社區中與人們談到「我們想要聆聽並記錄你們的故事」，將迥然有別於「我們想要對你進行一項個案研究」的說法。

我最喜歡的故事之一，是人類學家Gregory Bateson（1978）所說的故事，故事的主人翁試圖創造一部能像人類一樣思考的電腦。兩位科學家特別沈迷於這個想法，並全力以赴將這個想法付諸實現。每一次他們以爲已經成功了，但最後都通不過關鍵性考驗，是他們只好回到繪圖版上，尋求更大的突破，以創造出能真正思考的電腦。基於先前的失敗經驗，他們一再修正和調整，直到他們感覺到比以前更有希望成功爲止。這部電腦通過了所有初級的考驗，他們愈來愈感到興奮。終於，最後的考驗時刻到了。他們詢問電腦：「你能夠像人類一般思考嗎？」電腦處

理這項問題後，在電腦螢幕上浮現了這樣的答案：「這個問題讓我想到了一個故事。」於是，他們知道他們已經成功了。

法定監控和稽核

> 我們在全州創立了九個地區性的運輸統合委員會，但我們並不知道有誰參與其中，他們工作得如何，甚至他們究竟在做些什麼？我們需要獨立的視角，來告訴我們這究竟是怎麼回事。你認為你可以協助嗎？
>
> ---一位州立法官員的電話詢問

一些立法機關或委員會常依據法令規定提供了資金推動實施新的方案，此時他們需要蒐集資訊，以瞭解方案是否依據法定意圖來審慎執行。法定意圖可能涵蓋達成特定的服務成果，或特別關注是否遵循法定的程序來傳遞服務。然而，法定傳遞系統的精確要求，常未能加以詳細描述。是故，如「去機構化收容」、「去中心化」、「服務整合」和「社區本位的方案」等包含種種法定意圖的概念化，並不易付諸於量化檢證。事實上，如評鑑者針對一項有關去機構化收容進行量化測量，對方案運作的性質提供全面的、數量的摘要，則它所隱匿的很可能會比它所顯露出的更多。

為了監控方案實施在人群服務傳遞上之複雜性，對決策者而言，獲得有關方案如何運作的詳細個案描述資料，將會特別有用。立法機關所要監控的，包括方案設備的描述，擴展服務的努力，工作人員選擇的程序，提供予參與者的服務之性質，實際的服務傳遞活動之描述，以及參與者對其經驗之性質和結果之描述等。

忙碌的立法官員不可能詳細閱讀大量此類的歷史性紀錄。立法官員或資助單位較可能有興趣於這些方案的個案史（case histories），特別是在其權限或法定責任區域範圍之內。從政治上的觀點來看，方案會因為無法於實施上遵循其法定意圖，而為立法官員帶來一些麻煩，倒不是因為方案無法達成所期待的成果。在此案例中，法定監控（legislative monitoring）或稽核（auditing）之目的，在於成為法定機關的耳目，意指提供盡可能詳細的方案描述，使立法官員可以閱讀此類描述，而對方案之全貌有很好的概念。擁有此類描述，能使立法官員判斷是否符合其個人對法定意圖的詮釋。在第一章所報告的一項親職教育方案的觀察，是為了監控法定意圖的目的，而進行實地工作的例子。

表例 4.7 最顯著的改變故事－實例

標題：我55歲時就不再擠牛奶了

記錄故事者姓名：Mark Saddington, 酪農

地區：Gippsland

記錄日期：1998年8月21日

相關人員：農民及其家人

發生時間：1998

發生什麼事？

我們於三月時，進行了一項前導性的乳品商業焦點方案，我和我太太第一次去參加。我們仔細去看我們的農場，將它視為一項商業，而不只是一個農場。做這項方案的結果，讓我們做了一些總結，也有了一些決定。我們發現我們可以負擔得起她為這個農場工作的經濟開銷，於是她離開了原有的銀行工作。我們將會從這個農場產生足夠的收入，使她在這兒工作更具經濟效益。孩子們也會很高興更常可以看到她，而且不必去日間照顧中心了。這一年來，我們的小牛的生產更加容易，我們一起努力，這使我的生活形態也產生了很大的轉變。這真是好極了。

昨天我們去拜訪會計師，請他提供我們一些財務上的建議，瞭解在農場之外，我們該如何投資。他很驚訝我們將農場視為一項商業來經營。我說：「我們現在這個農場上所賺得的錢都要放到別地方去，這樣我到55歲時，就不再擠牛奶了。」

我們獲得了一個為期十二個月的降低債務方案，之後，所有金錢會投資在農場之外。我希望趁年輕就退休，還可以有20或30年時間可以享受我們辛勤工作的成果。我的老闆77歲了，仍然在農場上工作。如果我到他的年紀還是那麼健壯的話，我想要隨心所欲地環遊世界。

這開啟了我們的生活視野。我們現在仔細省視農場外的投資，因為投資農場的收益並不是那麼理想。我們並不是要投資新的機器，而是要投資我們現在所不能做的工作。購買新的機器並沒有任何好處，因為那會折舊貶值。我們與其他人共用機器，將錢投資在農場之外。這是說，你只要畜養120頭牛就好，不用擴大經營，不用擠那麼多牛奶。這取決於你要怎樣來運用你的金錢。希望我們教育年輕的酪農向前思考，而不是一直在買進更多更新的機器。我以前也是這樣，直到我想清楚我們到底要去哪裡，以及我們可能做些什麼。我們過去犯了一些錯誤，但過去已經是過去了。

續表 4.7

來自於州委員會的回饋：

- 這個故事產生了許多討論。但這真的是有關經濟效益或生活品質或農場實務改變的故事嗎？

- 一般的共識是：如果這是的關於經濟效益的故事，它必須有更詳細的說明。

- 這是個強而有力的故事，顯示了相當大的改變。

來自於圓桌論壇的回饋：

- 這個故事顯示了態度改變的強烈證據，導向自我改善和目標設定。這些人將會有高度成就，且獲得應有的報酬。對其他期待類似報酬者，他們是很好的角色楷模。

- 這個取向還可以，但不必然是其他人可採用的處方。

- 它傳達了一些蠻好的訊息，但並沒有獲得所有的答案。

- 這是達成乳品商業焦點方案目標的一個很好的例子，能做策略性的思考和規劃，並採取行動。

- 我喜歡這個故事，呈現了個人目標和達成方法的多樣性。

資料來源：Dart et al.（2000:8-9）

　　運用實地工作來為立法官員們進行政策研究和評鑑，若做得好，此一實地工作會超越單純的稽核，而藉著質性方法，獲知方案的歷程、實施細節，以及效果上的差異。

　　詳盡的個案史亦有助於方案之監控，因為個案史可更詳細地訴說其自身的故事。所以，當實施偏離了法定意圖時，此類個案史會包括方案行政人員所提供的一些有關方案運作上之限制的訊息，以及工作人員賦予方案特色的決定。同時，藉由方案之監控而蒐集到的此類個案史，亦不會忽略對方案之綜合性型態作全面性陳述的需求，尚可透過內容分析，來確認方案運作的主要組型和成果。因此，為了法定監控而使用的質性方法，允許研究者記錄跨方案間的一些共通的組型，以及某特定方案之內的獨特發展。

未來應用：預測性研究和前瞻性政策分析

我經常感到驚訝，但不會被驚訝所震懾住。

-- 美國內戰軍官*Robert E. Lee*

　　Lee的說法，本質上表述了對未來的預測。這個迅速改變中的世界，對未來研究的興趣和需求邊增，已逐漸成為學術探究的焦點（如Helmer，1983）。許多未來研究的工作，包括統計預測和電腦模擬，以及質性取向的未來研究策略。

　　一項重要的未來學研究工具是「劇情建構」（scenario construction）（Edmunds, 1978; Goedt, 1987; Fitzsimmons, 1989）。劇情是未來系統的敘事式描繪。組織、社區、農耕系統、社會或任何其他研究者感興趣的單元，均可作為劇情建構。好的劇情是具高度描述性的。寫作劇情的一項技術，是將劇情奠基於想像的未來實施工作，將劇情書寫得就像是對未來系統作質性研究一般。因此，它將包括訪談結果、觀察發現，以及對研究之現象作詳細的描述。

　　質性方法可被運用於蒐集劇情發展的資料。Minnesota推廣服務部門（Minnesota Extension Service）有一項對鄉村地區的社區發展努力「展望未來」（Project Future）。該項發展努力，包括由社區所組成的小組，訪談社區中的人們，有關其對未來的看法、期待、希望與恐懼等。然後社區小組分析這些結果，且將之用於為其社區建構替代的未來劇情。社區繼而評論這些劇本，透過討論而改變劇情，並選擇一項可行的未來，開始去締造之（這亦是本章稍前所討論的預測性研究）。俗民誌學的未來研究，亦可作為社區發展歷程中的一部分　（Domaingue, 1989; Textor，1980）。

　　美國的會計總署（U.S. General Accounting Office）已開始進行「前瞻性研究」（prospective studies），以協助政策制訂者預測被提案之法律的應用性和後果。前瞻性研究包括與一個領域中博學多聞之士進行訪談，以尋求有關一項提案的最佳思考，有時這些發現之回饋，可作為第二回合訪談之線索。前瞻性方法亦包括對現存知識進行綜合融會，以統合為研究的基礎，有助於政策之制訂。會計總署所出版的手冊《前瞻性方法》（*Prospective Methods*, 1989）一書，結合應用質性和量化的綜合技

術，並特別注意到整合不同資料來源的問題。事實上，此前瞻性方法的指導手冊以個案研究形式呈現了許多材料。

質性方法之迅速偵察潛能，乃為質性方法可在預測性或未來研究中扮演重要角色的另一項原因。能夠快速進入實地（以瞭解顯現的發展，乃未來導向之需求評估技術和前瞻性計畫歷程之關鍵。質性研究的內容分析技術，尤其是媒體分析（media analysis）（Merriam & Makower, 1988）是許多未來研究努力的中心。建構未來劇情，對於將評鑑發現結果和建議加以脈絡化，是很有效的方法，有助於決策者思考各種可能影響建議之執行可能性的未來情況（Patton, 1997a:328-29）。

簡言之，雖然大部分評鑑工作涵蓋省視過去努力的成果，以改進未來的介入效果；未來研究視角包括了預測性研究和前瞻性思考，以影響目前之行動，朝向創造可期待的未來。質性研究在對過去的研究和未來的預測研究上，皆扮演了重要的角色。

打破例行公事：產生新的洞察

未來導向的研究，應保持開放性和彈性。個人和組織二者均可能輕易受困於以例行公事的方式來行事，包括以例行公事的方式來思考和進行評鑑或從事研究。所以，本章最後所提出的一項運用質性方法之理論原則，乃打破例行公事（breaking the routine）。已建立持續評鑑系統或管理資訊法的方案或組織，很可能已安於建立統計圖表的例行公事，而不再非常謹慎小心地從事研究。慣性和倦怠可能會嚴重地減低方案評鑑結果的有用性。當方案工作人員或其他決策者年年看到相同種類的統計圖表且獲得類似的統計結果，對那些結果可能也會感到麻木了。即使那些結果的應用性每年都會有些差異，但用於報告資料的相同格式，也會減低結果的影響力。

毛澤東對人類安於令人麻木之例行公事的趨勢有所評論，他說，在任何系統中，每二十年都需要一次革命。評鑑資料蒐集的革命，其需求可能還更頻繁。這類革命之一，可能係針對評鑑歷程之重要性，介紹一全新的評鑑法。此時，改變方法可能會產生新的洞察，或至少促使人們以新的方式去處理舊的洞察。

© 2002 Michael Quinn Patton and Michael cochran

　　當然，質性資料之蒐集也會變成例行公事。奠基於人類哲學的方案，和／或強調個別化的方案，可能發現質性資料之蒐集已成為例行公事，而透過某些量化測量的使用，卻可能獲得新的洞察。這項定期改變方法的建議，源自於對促進評鑑研究之應用的關注。在人類和社會系統習於慣性和例行公事的情況下，想要使結果有所不同的評鑑者，必須要找出有創意的方式，來處理此一經驗世界。探索方法論的多樣性可能是此法之一。

　　值得注意的是，評鑑者個人也可能習於例行公事和慣性。一再使用相同方法的評鑑者，可能會失去其本身的創造力。選擇的派典（第2章）有賴評鑑者擁有大量可行的資料蒐集技術和評鑑者本身對觀看世界的許多可能性，能保持靈活，則更為有用。事實上，方法的改變，會使得評鑑者更新其舊有的經驗，就像是方案評鑑歷程之更新一般。

摘 要：質性方法之實用性

當我即將完成本書之時，我居住地附近的咖啡店收攤了。那加咖啡店開張才兩年，同時還是一家自行車手聚會的地方。店主人Scott和Connie是一對年輕夫婦，同時也是自行車手。因為咖啡店離我的辦公室僅隔一條街，我成為那兒的常客。有天早上，Connie提到她決定動手術矯正她的近視。之後，我去旅行了，一面也祝福她手術成功。兩個星期後，我旅行回來，想去喝杯咖啡，它卻關門了，我發現店門上留了一小張手寫的紙條：

> 無限期停業---視力問題

我向鄰近加油站詢問，僅得知這家店無預警地突然間關門。三個星期之後，我在街上巧遇Scott，我向他招手，詢問Connie的手術康復情形。他說，她非常好。那咖啡店門上的紙條又是怎麼回事呢？他解釋，那與Connie的手術無關，「我只是無法想像自己要以賣咖啡度過餘生。」

本章的目的在於協助你可以預想到自己如何訪談人們、從事實地工作、建構個案研究，以及將質性方法應用於其他的實務場域中。表例4.8列舉出本章所提供的各種應用情形，以及特別適用質性方法的情況和問題。然而，質性研究策略的各種應用可能性層出不窮，本章所提出的種種應用，僅是鳳毛麟爪而已。

當人們發現質性研究可用於對人們的視角和經驗進行深度的、開放式探究，且具有莫大的價值，各式各樣的嶄新應用情形亦將逐一浮現出來。舉例而言，Wasson（2000）曾報告設計專業學會的成員已開始運用質性方法，尤其是俗民誌，「*因為它能開啟一扇窗，使我們得以看見消費者在其日常生活中如何與各類產品互動*」（p.377）。設計者在發展創新的產品和服務時，必須關注如何滿足其產品使用者的需求。質性方法，包含廣泛使用錄影帶來記錄人們使用產品和服務的情形，提供設計者對於真實消費者如何在其文化和環境脈絡中使用真實產品的洞察。表例4.9提供了一個網路資源的實例，有助於你瞭解到質性應用的最新發展情形。

本章對於實務和應用上的強調，不同於前一章在哲學和理論上之焦點。統合這兩章，即檢證了質性研究法對社會科學理論和實務應用上的重要性。

質性方法之實務應用，來自於觀察的力量，對世界所教導我們的事項保持開放性，以及作歸納分析以理解世界之學問。雖然質性研究法具有極佳的哲學基礎和理論支柱，實務應用則是幾個非常基本和簡單的概念：注意、傾聽和觀看、保持開放、思考所見和所聞，並系統地記錄下來（記憶是選擇性的和不可靠的），以及應用你的所學。

現代跑鞋發明的故事，說明了這些原則，且提供了一個有用的隱喻，以作爲本章的結語。在1960年代之前，運動鞋的設計甚少變化，但參加比賽的跑者開始需求重量較輕的鞋子。減少鞋子的重量，可明顯地改進跑者的成績表現，但鞋子與跑道的磨擦牽引力問題仍然存在。一位徑賽教練Bill Bowerman於1962年投入製造運動鞋的生意，他很仔細地注意重量較輕的鞋子和磨擦牽引力的問題。一天早上，當他正在鑄模的時候，他有了一個主意。他將一塊橡膠於鐵模中加熱，製造了第一塊橡膠模型的鞋底，於是成爲跑鞋的世界標準 （Panati, 1987:298- 99）。接下來，工程和電腦則被用來設計和檢測不同運動項目中運動鞋底的最佳橡膠型態。最初的發現，來自於Bowerman的留心注意、保持開放、連結線索、奠基於個人經驗、測試所有的可能性、探索、記錄其最初結果，並應用所學的知識。

雖然稍後章節中將深入詳述藉由嚴謹的實地工作及高度技巧性的訪談，增進質性資料之效度和信度的技術，質性研究之本質，乃對世界所顯示予我們的事務保持開放且集中注意，並思考其意義。C. Wright Mills（1961）引用諾貝爾物理學獎得主Percy Bridgman的話，來作爲註腳：

並沒有所謂的科學方法，科學家研究程序的最主要特徵，僅是擴展其心靈的極限，而非將心靈之門閂住。（p.58）

表例 4.8　質性研究的應用：質性方法特別適用的領域

- **聚焦於品質的研究**
  瞭解並闡明品質
  品質保證
- **評鑑的應用**
  成果評鑑
  評鑑個別化成果
  歷程研究
  實施之評鑑
  邏輯模式和行動理論
  評鑑力評量
  比較方案：聚焦於多樣性
  預防性評鑑
  記錄發展性和探究系統之改變
- **評鑑模式**
  無目標評鑑
  交流模式：回應性及闡述性評鑑
  鑑賞性研究
  實用焦點的評鑑
- **互動式和參與式應用**
  個人化和人性化評鑑
  調和方案和評鑑價值
  行動研究、行動學習、省思性實務及學習型組織
  賞識性探究
  參與式研究和評鑑：促進協同合作
  支持民主化對話和深思熟慮
  透過評鑑歷程支持民主化
- **特殊應用形式**
  非干擾性測量
  藝術狀態的考量：缺乏可證明的量化工具
  驗證性和闡明性研究：為量化分析增加深度和意義
  迅速偵察
  捕捉和溝通故事
  法定監控和稽核
  未來應用：預測性研究和前瞻性政策分析
  打破例行公事：產生新的洞察

表例 4.9　網路e-mail電子郵件討論團體（Listservs）及與質性應用和實
務相關的網站

---

1. EVALTALK@bama.ua.edu:American Evaluation Association (AEA)Discussio List; to subscribe, send this message to listserv@bama.ua.edu:subscribe evaltalk ourname AEA home page with links to evaluation organizations, training programs, and Interent resources:www.eval.org

2. ARLIST-L@scu.edu.au:Action Research Mailing List; to subscribe, send this message to listproc@scu.edu.au:subscribe ARLIST-L

3. ARMNET-L@scu.edu.au:Action research methodology network; to subscribe, send this message to listproc@scu.edu.au:subscribe ARMNET-L firstname lastname

4. Organizational development Web: site:www.mnodn.org

5. Organization Development Network:www.ODNetwork.org

6. Evaluation Center at Western Michigan University:www.wmich.edu/evalctr/

7. World Bank Evaluation Unit Web site:www.wbln0018.worldbank.org/wbies/ wbievalu.nsf

8. Empowerment Evaluation:

　　www.stanord.edu/~davidf/EmpowermentWorkshopCSAP/sld001.htm

9. IVSA@pdomain.uwidnsor.ca: International Visual Sociology Association; to subscribe, send this message to listserv@pdomain.uwindsor.ca: subscribe ivsa ourname

---

備註：這些網站和訂閱細節可能會有改變，本清單亦不是窮盡的。這份清單只是對於透過網際網路可以獲得質性研究資源的建議。其餘可從網際網路獲得的質性資源，請參見第一章表例1.5，第三章的表例3.7，以及第八章的表例8.3。

第二篇　質性研究設計和資料蒐集

- 對於依據計畫進行的資料蒐集,總要在不疑處有疑。
- 研究對象總是以人為主。
- 研究者的科學觀察是某些人的真實生活經驗。對後者的尊重,必須優先於對前者的尊重。
- 完全信賴和完全質疑,二者都是實地工作的失敗者。保持中庸之道,尤其是對信賴和質疑。
- 研究者應被假定是有罪者,直到他可證明是無辜的。
- 當你禁不住誘惑時,需先確定那對你的研究是有幫助的。
- 實地工作者應該要能灑掃庭除、洗衣燒飯、不吃不喝、焚膏繼晷、秉燭夜讀、日以繼夜、以和為貴、壓抑譏諷言詞、微笑以對傷痛、經歷傷痛、自我療傷、循規蹈矩、保持中立、甘冒風險、不會受傷、面對困惑、超然獨立、不受任何牽絆……嚮往朝九晚五者謝絕申請。
- 總是要帶著多餘的電池和出入關卡的金錢。

---摘自*Halcolm*的《實地工作法則》(*Fieldwork Laws*)

5

質性研究設計

第一次評鑑

年輕人圍著Halcolm，說道，「萬事之師，請再告訴我們一些有關第一次評鑑的事情吧。」

「第一次評鑑是很久很久以前的事了。」Halcolm說道，「它發生在Nebuchadnezzar為王之時的古巴比倫王國。Nebuchadnezzar剛征服了耶路撒冷登基僅三年的猶太國王Jehoiakim。Nebuchadnezzar是一位精明的君主，他決定精心挑選一批以色列兒童，入宮接受特殊的培訓，以便讓他們更加自然地融入高地亞文化。這個特殊的培訓方案，是二十世紀極為流行的補償性教育方案的先驅。這一項為期三年的培訓方案均由Nebuchadnezzar提供特別的皇家資助和獎學金。《禦書》（The Great Book）中有這樣的記載：

> 國王吩咐太監總管Ashpenaz挑選一些以色列兒童入宮，包括國王的後代，如王子等。這些孩子必須白璧無瑕，智慧過人，知識豐富，精通科學。只有這樣的孩子才能被選入宮，由王宮對他們進行知識和高地亞語言教學。
>
> 國王每天供應孩子們有如自己所享用的酒食，供養他們三年，期待著他們學習結束後能為自己效勞。（Danie 1:3-5）

如今這項計畫的執行遭遇到困難，擔任計畫主持人的太監總管Ashpenaz發現自己面臨一群難纏的學生，由一名叫做Daniel的帶領，他決定以宗教的理由拒食國王所供應的酒肉。這給計畫主持人帶來了嚴重的困擾。如果Daniel與其同謀不吃這些食物，這項計畫將難以進展，所危害的不只是未來計畫的資金，更甚至是計畫主持人的腦袋！《禦書》這樣的記載著：

> 但Daniel心中主意已定，他絕不會玷污自己去食用國王的酒肉。因此，他請求太監總管允許他不玷污自己。
>
> 太監總管對他說，國王陛下已分配了你的酒食，如果他察覺你的容顏不如其他人般煥發而震怒，那樣你會讓我在國王那兒丟掉腦袋的。（Daniel 1:8, 10）

「這時，Daniel提出了歷史上第一個教育實驗和方案評鑑的建議。他和他的三個朋友將連續十天吃素，而其他的人則繼續食用國王賜賞的美食珍饈。十天後，請方案主持人檢查這些實驗者，看是否有體質惡化的症狀，從而判斷Daniel採用不同食譜之效果。Daniel對實驗的描述是這樣的：

> 我請你讓我們嘗試十天，只給我們豆子和水。然後請你檢視我們的氣色和那些享用國王酒肉的孩子們的氣色，根據您所見再做定奪。
>
> 就這樣，他同意給他們十天的時間來證明其結果。（Daniel 1:12-14）

「在這十天的等待中，Ashpenaz猶如熱鍋上的螞蟻，睡無睡意，食不下嚥，終日寢食難安、無心工作，擔心著評鑑的結果不知道會變成如何。在那個時候，他們尚未做出適當的分工，使得他既是方案主持人，又是評鑑人。所以……」

年輕人們打斷了Halcolm的敘述。他們感覺他馬上就會說教起分工的起源，而他們此時關心的則是有關評鑑起源故事之結果。「最後的結果呢？」「吃素的Daniel最後氣色看起來是好是壞呢？Ashpenaz後來保住了腦袋沒有？」

「耐心點兒，耐心點兒，」Halcolm懇求道。Ashpenaz毫無理由擔心，結果十分令人驚訝。《禦書》這樣記載：

> 十天之後，他們不但氣色看起來比享用豐富酒肉的孩子們好，而且肌肉也比其他人結實而豐滿。
>
> 因此，國王取消了他們的酒肉配額，只發給他們豆子。
>
> 事實上，上帝賦予了這四個孩子一切學習和智慧所需求的知識和技能，Daniel甚至可以理解一切人生的憧憬和夢想。最後，國王認為應該把他們帶進宮來，考察他們的智慧及理解能力，結果他發現他們比自己國內的任何法師和占星術家還要強十倍。（Daniel 1:15-18, 20）

「孩子們，這就是第一次評鑑的故事。在那美好時代裡，評鑑的確有其用武之地。它為Ashpennaz和Daniel的命運帶來了重大的不同。現在你們可以走了，看看你們是否也能做得同樣出色。」

 ---- 摘自 *Malcolm*《評鑑的歷史》（*Evaluation Histories*）

後設評鑑

後設評鑑（meta-evaluation）是對評鑑所作的評鑑。若能對歷史上第一個評鑑進行後設評鑑，將對我們瞭解評鑑設計十分有益。讓我們假設有一個專家小組，對巴比倫為以色列學生設立的「補償性教育方案」進行一次嚴格的後設評鑑。該方案之具體情況可歸結如下：

1. 小型的樣本（數量＝4）；
2. 選樣偏差，因為方案的入選者均是「精英」，只有以色列兒童中的皎皎者才有幸被選入宮中；
3. 選樣偏差，因為參加實驗組（食素）的學生是自我挑選　進入實驗組的；
4. 對實驗的實質論述不詳，控制不力，因而，實驗有被「污染」的可能。我們不知道在兩組中，除了飲食之外，是否還有其他的因素可以用來解釋所出現的結果；
5. 在飲食和學生的信仰系統以及/或者與上帝之間，可能有相互作用；
6. 對結果之衡量標準模糊，比如，何為「氣色」？
7. 結果的測量運算拙劣，也非標準化；
8. 單一的觀察者，且其本身深深地涉入方案之中，會導致選擇性知覺及觀察之偏差；
9. 用來測量最後總結性結果的方法缺乏信度和效度資料之支持（如「他發現他們比自己國內的任何法師和占星術家還要強十倍……」）；及
10. 因為學生們知道他們在被評鑑，可能會有反應效果之存在。

儘管其內部效度（更不用說其外部效度了）受到這些質疑之威脅，上述評鑑所得的訊息似乎仍被用來作為對方案做重大決定的依據。的確，就利用研究結果來做教育政策的決定而言，很難找到一個比該多年前由Nebuchadnezzar國王資助的第一個評鑑更有代表性的例子了。一旦決定以評鑑的結果看分曉，一個允許Daniel和其朋友以豆子和水為食譜的政策決定也相應產生。其後三年的縱向經驗積累表明，該決定是恰當的：Daniel在班裡獨占鰲頭。這是評鑑研究對教育方案具有直接、決定和長期影響之實例。而現代的評鑑研究者，卻在其欲對政府當局決策施展影

響、但似乎徒勞無功的努力中疲憊不堪。此時，他們懷念起巴比倫時代評鑑研究確能發揮作用的好時光，也是情有可原的。

　　然而，當時評鑑的結果應當用來作為決策的依據嗎？在評鑑設計具有明顯缺陷的情況下，以如此粗糙的研究設計所產生的資料作為有關方案決策的依據，合適嗎？

　　我認為，在上述例子中，不僅評鑑結果的使用具有代表性，評鑑設計本身也具有代表性。即該研究的設計，完全是以提供方案主持人做決定所需要的訊息為目的的。當然，就研究營養和教育成就的關係而言，該研究設計並不理想。就決定是否所有的學生都應該採用素食食譜而言，該設計也僅是差強人意而已。但問題的關鍵都不在這裡，方案主持人要處理的問題是該不該同意那四位學生的要求，讓其食用特殊的食譜。他所需要的訊息僅僅與這個特別變化之結果有關。他並無興趣使四人嘗試之結果普遍化，也無意要說服他人其所採取的措施是有效而可靠的；僅是他自己必須相信他的決定是正確的而已。資料蒐集是依據能最大限度地增強其對觀察意義之信念而設計的。如果說他的觀察有偏差的話，只要看一下他所冒的風險，就會發現該偏差會與實驗所顯示的肯定結果相牴觸，而非並行不悖的。

　　將第一次評鑑視為典範，難免有怪誕草率之嫌，但我並不是完全在開玩笑。視巴比倫實例為實用性焦點的評鑑典範，我的態度是嚴肅且認真的。該實例包含並闡明了現代評鑑研究者在其實用性研究中已證實的重要因素（Patton, 1997a）。使用評鑑中所產生之訊息的決策者，在評鑑歷程中的每一階段均可明確辨認這些訊息且涉入甚深。評鑑之問題精確地集中於所需的訊息上，以便使所獲訊息可用於做具體的決定。評鑑之方法和設計，與評鑑之問題搭配得恰到好處，則評鑑之結果即是可理解、可靠且可用的。整個評鑑的回饋是立即而迅速的，其實用性具有相當的決定性，現代的評鑑很少能達到三千多年前Ashpenaz和Daniel為評鑑所訂定的此一高標準。

　　本章將討論一些能將研究設計與評鑑問題進行合理搭配的方法，以仿效巴比倫實例中所取得的評鑑問題和研究設計之適配典範。和前幾章一樣，我要強調在評鑑設計中兼顧方法和實用兩者之重要性。而方法之考慮，則是以明確的研究或評鑑目的為起點的。

觀察氣色

目的之釐清：一個類型架構

　　目的（purpose）是研究中的控制力量，有關設計、測量、分析及報告方面之決定，均取決於目的。因此，研究歷程中的第一步，即是清楚研究目的何在。目的在決定研究方法時的中心地位，從檢視下列理論-到-行動連續向度（theory-to-action continuum）上的多元化研究目的，便可一目了然。

1. **基礎性研究**（basic research）係為了對基礎知識和理論有所貢獻；
2. **應用性研究**（applied research）係為了闡明某一社會問題；
3. **總結性評鑑**（summative evaluation）係為了決定某一方案之效能；
4. **形成性評鑑**（formative evaluation）乃為了改進某一方案；
5. **行動研究**（action research）乃為了解決某一具體問題。

　　基礎性研究者和應用性研究者一般在學術刊物上發表其成果，他們

的讀者也是研究人員，並會以該學科之嚴格標準、效度及理論來判斷這些研究之貢獻。與之相反，評鑑及行動研究工作人員則爲了方案資助者而發表其報告，後者將以報告結果爲依據來做有關的決定，以改進方案或解決問題。

在上述五種研究中，衡量研究品質的標準相差很大。對於不同的研究，期望和讀者不同，報告和傳播的方式也不同。因此，研究者從開始時就必須清楚其研究目的何在。沒有一種研究可以同時達到各種不同研究目的，並滿足所有讀者之要求。只有在目的清楚、讀者明確之後，研究者才能做出具體的設計，以及做出資料蒐集和分析方面之決定，以達成其研究目的，並服務其讀者。

在巴比倫的實例中，評鑑的目的僅在於發現四位食素者的氣色如何。它只要求知道發生了什麼樣的變化，而非爲什麼發生這種變化。因此，該研究在其設計和描述上也相當簡單，以達成對方案做細小調整之目的。該評鑑對一般知識並無貢獻，也沒有驗證或發展某一理論。它既不作類推，也不必提出學術文章，更不須對方法作詳細描述。其目的僅是爲了發現所會發生的結果，爲做決定提供訊息，並解決問題。事實上，以實際經驗的方法來檢驗食譜效果之想法源於Daniel，方案的參與者均涉入研究之中。簡而言之，這是一個很好的形成性評鑑實例。

三年之後，國王對方案參與者的考察則極爲不同。我們可以說，國王是檢驗方案的全面情況。方案是否完成了他所賦予的使命？是否還要繼續？他所見的結果可以歸功於方案嗎？這是一種我們現在稱爲「**總結性評鑑**」的研究，即就方案做總結性的判斷，以對方案之價值、是否應該繼續、其顯示之模式能否或應該推廣至他處等問題做出重大的決定。

現在假設巴比倫大學的研究人員，想把飲食作爲文化之表現來加以研究，以發展一種有關飲食在文化傳播中之作用的理論。在取樣、資料蒐集、提出的問題、實地考察的時間及其結果的表示方面，他們均會與Ashpenas和Daniel的形成性評鑑大不相同。大學的研究會花費更長的時間，但卻不會幫助Ashpenas做出簡單的決定。另一方面，十天之內就完成了的評鑑竟能解決問題（即使是形成性評鑑），很可能會受到巴比倫大學研究人員的嘲笑。研究目的不同，衡量研究貢獻的標準也不同；研究方法不同、讀者不同，研究種類也會有所不同。

以上是研究目的各有千秋的一些例子。在下一節裡，我將提出一

個較為正式的理論架構，以區別上述五種不同的研究目的，及更深入的探索不同研究設計目的之意涵。前幾章呈現了質性研究的性質和策略、哲學和理論基礎，以及實務應用。事實上，我提供了讀者許多的選項、選替方案和變異情形。研究者如何釐清這些，來決定如何進行特定的研究呢？答案是必須清楚其研究目的。所依循的研究架構，在於力求目的的清楚明白，並使研究者瞭解其可將大量質性資料組織成連貫一致的類型架構（typology）--質性研究的主要分析工具。下一節即要來檢視這些研究類型：基礎性研究、應用性研究、總結性評鑑研究、形成性評鑑研究，以及行動研究。

基礎性研究

基礎性研究 （basic research）是一種為了知識而追求知識的研究。從事基礎性研究的人員，旨在理解世界是如何運作的。他們對某現象之所以有研究興趣，是因為他們想知道這種現象的實質所在。基礎性研究人員之目的，就是瞭解（understand）和解釋（explain）。

基礎性研究通常只在具體學科中進行，如物理學、生物學、心理學、經濟學、地質學、社會學。。他們所研究的問題和課題來自於這些學科內部之傳統。每項學科都有一些本學科所關注的基本問題，而該學科內的研究則源於對這些基本問題之關注。表例5-1列舉了三個學科的一些基本問題。

現在是學科林立，每個學科都有自己的基本問題。這些基本問題通常來源於該學科所關注的根本問題及傳統。基於某學科傳統鍥而不捨的研究人員，均旨在增加該學科之知識，為解決該學科之基本問題做出貢獻而這種貢獻之最高形式是提出能夠解釋某一研究現象的理論（theory）。基礎性研究人員致力於產生新的理論，或檢驗現存的理論。攻讀博士學位的學生應在其論文中有些理論性的建樹，就是這個道理。理論是一學科知識之概括或縮影。

基礎性研究人員感興趣的是形成和考驗具有跨時空之類推性的理論構念（theoretical constructs）和命題（propositions）。基礎科學最有力的研究發現，具有普世性，例如Boyle的物理法則顯示常溫下的瓦斯容積會隨著壓力而變化。因此，基礎性研究者乃致力於尋找宇宙、地球、自然

表例 5.1　各學科基本問題

人類學	文化的本質是什麼？
	文化是如何出現的？
	文化是如何傳播的？
	文化有何功能？
心理學	個人為何會有如此的行為？
	人類是如何行動、思考、感覺和認知的？
	人類發展和行為上的常態和非常態為何？
社會學	何為群體和社會的凝聚力？
	不同的社會組織是怎樣產生的？其功能是什麼？
	人類社會組織的結構及歷程為何？
政治學	權力的本質是什麼？
	權力是如何地被組織、建立、分配及運用？
經濟學	社會和團體如何生產和分配有限的資源？
	物資與服務是如何被生產和分配？
	財富的本質是什麼？
地理學	地球表面和大氣的自然環境及變化是什麼？
	地球上多樣的生活型態如何顯現與變化？
	一個地區的自然特性和所發生的活動有什麼關聯性？
生物學	生命的本質是什麼？
	在生命的形式中有哪些變異情形？
	生命的形式如何出現及改變？

然、社會和人類的基本組型。舉例來說，生物學家發現「DNA的改變具有遺傳性，但蛋白質（特別是在氨基酸序列中）的改變則不然，…也許這是生物學家所發現的唯一普世真理」（Smith, 2000:43）。今日的社會科學很顯然缺乏此類「普世真理」（universal truth）。然而，跨越時空的類推性仍是基礎性研究和理論的聖杯。

　　基礎性研究的結果，常見諸於學術性書刊及學位論文中。每一個學科都有其自己的傳統、標準和評判研究效度之規定。要在某學科的重要刊物上發表文章，科學家們必須從事該學科研究人員十分重視的研究。

　　本書第三章回顧了與質性研究密切相關的理論傳統，如俗民誌和現象學。質性研究對基礎性研究之貢獻，亦可透過Glaser和Strauss（1967）的「紮根理論」（grounded theory）來實踐，強調以歸納策略來產生和驗證與實徵經驗世界密切相關的理論。

一般來說，基礎性質性研究需有一個相當長期而密集的實地工作階段。實地工作之方法應經得起同行的嚴格檢驗。而對研究之結果的準確性、有效性及統整性，則要予以特別的重視。

一個科際整合的理論發展實例，來自於經濟人類學，研究手工藝銷售產業所伴隨的手工藝製造和產品的差異。墨西哥鄉村的工匠通常會革新並發展其專業，以試圖在複雜的經濟環境下為自己建立起一個灘頭堡。Chibnik（2000）對於Oaxaca商業木雕藝術品的基礎性研究，產生了一個理論，陳述產品生命週期的後期階段所顯現的市場區隔，並以生態學演進的成熟或高峰階段中物種的繁衍，來作為類比。Chibnik同時檢視市場需求和工匠的創作，發現當地工匠由於受制於能力、勞力和所擁有的流動資本，他們並沒有完全的自由度來創造市場。這是涵蓋經濟學、人類學和生態學等學科，來建立科際整合理論之實例。

應用性研究

應用性研究（applied research）所處理的是人類及社會問題（society problems）。如前述的研究，Chibnik檢視如何為鄉村工匠們創造新市場的問題，並為日益龐大的市場提供可能的解決方案（solutions）。這些工作應被視為應用性研究，而不是基礎性研究。應用性研究的目的，是增進人類的知識，使能理解疑難問題之性質、以提供介入策略（intervention），並藉此促使人類更有效地控制其環境。在基礎性研究中，研究問題的來源係基於其學科的傳統；但在應用性研究中，研究問題的來源係基於人類所經驗的及政策制訂者所闡述的疑難問題和關注重點。

應用性研究者經常以基礎性研究的發現、瞭解和解釋等作為指引。他們從事研究，來測試基礎理論和學科知識能否應用於處理真實世界的問題和經驗。應用性研究結果所刊登的期刊，亦多在某項疑難問題領域或學科傳統的範圍之內。

各式各樣的嶄新領域，已贏得愈來愈多的社會關注，這些本質上都是科際整合的（inter-discipline）。這些新浮現的領域反映了政策制訂者長久以來的批評，亦即，大學有許多科系，但社會仍有許多問題。應用性科際整合領域，尤其是「問題導向」（problem oriented），而不是「學科

導向」（discipline oriented）。例如：環境的研究常常牽涉到數種學科。在農業的研究中，害蟲管理學就綜合包括昆蟲學、農業經濟學、農學經濟學及園藝學等研究。社會科學的科際整合研究，可包括老年學、刑事司法學、婦女研究、及家庭研究。表例5.2提供了應用性科際整合以探討有關於經濟人類學、社會心理學、政治地理學、與教育及組織發展之問題。注意這些問題與表例5.1基礎性研究問題的差異。應用性研究者嘗試去瞭解如何處理明顯的社會問題，而基礎性研究者則嘗試去瞭解與解釋現象的本質。

應用性質性研究者能夠基於個人的洞察和經驗，而給予適當的建議，因為他們在實地工作中已特別能理解所研究的問題。應用性研究的讀者，通常是關注介入策略的組織機構中之政策制訂者、主持人及管理者，以及處理這方面問題的專業人員。應用性研究的時效性，取決於所研究之問題的時效性和急迫性。《新興毒品問題》（*Emerging Drug Problems*）提供了一個應用性研究的好例子。這是由美國會計總署（U.S. General Accounting Office, 1998）所贊助的，檢視了最新的街頭毒品、最近對吸毒成癮的研究，及公共政策的替代方案。

相對於基礎性研究者之尋求跨越時空的類推性，應用性研究發現多受限於特定的時間、空間及條件等。例如，一位研究者探討1980年代的家庭問題本質，不會期待這些問題與1880年代的家庭問題是一樣的。儘管研究可包括類似狀況的比較，應用性研究人員明白，問題只會出現於特定的時空條件之內。

評鑑研究：總結性與形成性

一旦有了解決問題的方法，接下來的就是要制訂政策和方案，以介入於社會之中，並使其發生改變。期待此類介入策略和改變能有效地解決問題。然而，任何人為介入活動之效能（effectiveness），都是有待研究的問題。因此，在理論-到-行動連續向度上的下一個點，即是進行評鑑和政策研究，以考驗特定解決問題方案及人為介入活動的效能。

表例 5.2　科際整合的應用性研究問題

應用經濟人類學	在遭遇到全球化經濟的挑戰下，少數而又被孤立群體如何得以保存其繁榮？
應用社會心理學	一個大型組織內的小團體，如何在此組織結構及文化所賦予的任務和價值之上，發展其內部凝聚力和身份認定？
應用政治地理學	如何使來自不同政治體系和歷史文化的人們聚集一起，分享權力，且共同參與地方事務的決定？
應用教育與組織發展	如何使來自不同族群背景的學生能整合於一所新的學校中？

當應用性研究尋求瞭解社會問題和界定可能的解決方案，而評鑑（evaluation）則側重檢視和判斷這些解決方案的歷程（processes）和成果（outcomes）。因此，評鑑者所研究的是方案（programs）、政策（policies）、人事（personnel）、組織（organizations）及產品（products）。對幾乎任何解決問題之嘗試或實現計畫性改變之工作，都可以進行評鑑研究。如同本章開頭「第一次評鑑」所記載的Daniel的故事一般，評鑑者可將兩類目的不同的評鑑加以區分：（1）**總結性評鑑**（summative evaluation），判斷某一方案之整體效能，以對方案是否繼續執行做出明智的決定；（2）**形成性評鑑**（formative evaluation），以改善方案為目標。

總結性評鑑之目的，在於就某一方案、政策或產品之效能或成果，做成全面性的評斷，以證明其本身是否切實有效，應否繼續執行，或是否具有可類推至其他情況的可能性。例如，將一個試驗性的方案推展到新的處所，或從暫時性經費補助轉而提供永續性的經費支援，或者終止某一方案或政策等。總結性評鑑甚少完全或主要仰賴質性資料或自然式探究，因為決策者感興趣的是測量標準化的成果，進行控制變項的比較，並以相對大量的樣本進行前測、後測的統計，以判斷其效能。一般而言，總結性評鑑中的質性資料，在於增加量化結果的深度、細節和意義，透過闡述性的個案研究，和檢驗個別化成果及品質或卓越性的議題，來促進洞察---詳見本書第四章的討論。Harkreader和Henry（2000）對

他們正在從事研究或是評鑑呢？

於總結性判斷的挑戰，提供了一個發人深省的討論，他們應用從Georgia
一所學校所獲得的量化成就表現資料，來評量民主化革新行動之成果。
Fetterman（2000b）亦顯示質性資料如何作為總結性評鑑之基礎，他對於
STEP---由Stanford University教育學院所推動、為期十二個月的教師教育方
案---的評鑑，包括深入參與該項方案的實地工作，與所有學生進行開放
式訪談或焦點團體訪談，對於班級課堂的觀察，與教職員訪談，班級活
動的數位照片，對於課程教材的量化分析，以及許多的調查問卷和成果
評量。對於Georgia的民主化革新行動和Stanford所實施的STEP方案的總結
性評鑑，均建立在廣泛的形成性評鑑工作之上。

　　不同於總結性評鑑，形成性評鑑的目的乃改善某一特定的方案、
政策、工作人員（人事評鑑），或產品，旨在形成（forming）或形塑

（shaping）所被研究的事物。形成性評鑑並不企圖在超出其研究場域之外來類推其研究發現。形成性評鑑主要仰賴於歷程研究、實施之評鑑、個案研究及評鑑力評量（詳見第四章）。因此，形成性評鑑主要奠基於質性研究方法，其研究發現具有背景脈絡的特定性。

雖然形成性和總結性一直是評鑑中最基本和經典的區分，但其他的評鑑目的也在最近幾年逐漸浮上台面（Patton, 1996b）。新的目的包括對於方案和組織的發展與學習進行持續的「發展性評鑑」（developmental evaluation）（Patton, 1994; Preskill & Torres, 1999），透過評鑑的參與來增能當地人民團體（Fetterman, 2000a; Patton, 1997b），以及運用評鑑歷程（歷程運用）來培育工作人員從事以資料爲基礎的決定和持續的方案改善（Patton, 1997a, 1998）。

實則這些相關的評鑑取向都共享了改善方案的目的，且在理論-到-行動這個連續向度上，應可被納入「形成性研究」這個廣泛類別。此外，某些評鑑研究的設計，係對不同計畫案或方案進行群聚評鑑（cluster evaluation）、或後設分析（meta-analysis），以對有效的實務產生可類推的知識（Patton, 1997a:70-75）。這些產生知識取向（knowledge-generating approach）的評鑑研究，在某種程度上係以發現有效實務之一般性原則爲目的，而非對於特定介入策略之優點或價值提供判斷依據，在理論-到-行動這個連續向度上，可被納入「應用性研究」這個類別。然而，產生知識的評鑑已愈來愈具有重要性，五個類別（基礎性、應用性、總結性、形成性、和行動研究）已無法窮盡所有可能性。這個類型架構僅是對研究範疇的主要資訊提供一般性指引，而無法細膩地具現所有的變異性和複雜性。

行動導向之問題解決研究

理論-到-行動連續向度上的最後一個類別是**行動研究**（action research）。行動研究以解決在方案、組織或社區之內的特定疑難問題爲目的。行動研究藉由促使方案或組織中的人們投入於研究其自身的問題，以解決其問題，明顯且立意地成爲改變歷程中的一環（Whyte, 1989）。結果，研究和行動之間的界線變得相當模糊，研究方法較不系統化、較爲非正式，且相當特定於處理研究所欲探討的該項問題、人們和組織。

形成性評鑑和行動研究均聚焦於特定的時間點上所實施的特定方案，一般而言，二者均無意圖要進行超越特定場域之外的類推。二者之間的區分，主要在於研究之系統化程度不同、研究問題的種類不同，以及研究者之特定角色是否與被研究者明確區分的程度亦顯然有別。

形成性評鑑具有正式的研究設計，且資料的蒐集和分析皆是由評鑑者來負責，研究之焦點是尋求改善方案、政策、組織、產品或人事部門的效能。相反地，行動研究之設計及資料蒐集都不那麼正式，研究涉及的人員時常直接參與資料的蒐集，並進而研究自己，應用研究結果來處理方案、組織或社區內部的特定問題。雖然行動研究可以成為其組織或社區整體發展歷程中的一部分，但更典型的是聚焦於該組織或社區內部的特定問題，而不是整個方案或組織的整體效能。所以，在理論-到-行動研究的連續向度上，行動研究的應用範圍是最為狹隘和特定的。

形成性評鑑和行動研究之發現結果，都極少傳播至其研究的特定方案和組織之外。在許多情況下甚至連完整的書面報告也沒有。研究發現之發表和傳播大都藉助於簡報、評論及口頭溝通，將研究發現及建議的摘要分發給大家以供討論之用。研究報告的形式及發表的途徑也與基礎性研究、應用性研究、甚至總結性評鑑研究大不相同。

一個行動研究的實例，是中西部一個小型鄉村社區，鄉鎮政府必須決定如何處理公園裡一棟搖搖欲墜的建築物。他們請一所高中的班級學生來協助進行一個簡單的電話調查，以蒐集當地居民有關如何處理這棟建築物的想法。他們也在當地教堂舉行數次焦點團體訪談。結果顯示，當地居民傾向於修建這棟建築物，使之成為社區中心，而不是將之拆除剷平。此一行動研究歷程大約花費了一個月之久。基於其研究發現，他們設置了一個委員會來招募志工人員和募款來重新整修，解決了鄉鎮政府的難題---這是行動導向、問題解決研究之好例子。

目的區分之目的

在理論-到-行動的連續向度上，瞭解其研究目的的差異性是相當重要的，因為不同的目的會導向概念化問題的不同方式、不同的研究設計、不同的資料蒐集類型、以及出版和傳播發現結果的不同方式。這些差異不僅是學術上的議題，政策、派典和價值觀等亦涵蓋其中。

在這個連續向度的不同點上投入於研究的研究者，可能會對

立基於連續向度其他點上的研究者，抱持強烈的意見和感覺，有時是相當對立的見解和強烈的情緒。舉個例來說，基礎性和應用性研究者可能會對形成性和行動研究被稱之為「研究」感到非常不以為然。基礎性研究人員用來評定研究好壞之標準，甚至會把一些應用性研究排拒於「好的」研究之門外，他們認為有些應用性研究概念不夠清晰、理論不夠嚴謹。同樣地，形成性研究和行動研究人員會指責基礎性研究背離實際情況，與人類生活毫無關連。

有關不同研究方法之意義、嚴謹性、重要性和關聯性等之論辯，是大學研究生活的常見現象。一般說來，在大學研究人員和學者們的眼裡，基礎性研究的科學等級最高，應用性研究次之，總結性評鑑研究沒有什麼地位，而形成性研究和行動研究就根本毫無立足之地可言。但在現實生活中，這種等級順序則恰恰相反。碰到問題的人，最看重的是能夠幫助他們及時解決問題的行動研究和形成性研究；最不看重的則是基礎性研究，認為它與日常生活相距甚遠，不切實際。

不行動研究

教育研究者J. Ronald Gentile （1994）注意到行動研究愈來愈受到歡迎，且愈形重要，他相當疑惑這些工作的價值，包括：「雖然行動研究有一些好處，但壞處是研究者必須要蒐集非常大量的資料，仔細觀察所關注的行為和其所發生的條件。接下來，研究者還必須處理這些資料，發明一些方法來分類資料、加以分析，並推論至適當的樣本、設計等等。行動研究的問題是，它要求太多行動了。幸運地，我發現了一個行動研究的替代方案，那最好被稱為「不行動研究」（inaction research）。

不行動研究的三個實例如下：

運用統計來服務──發明或使用統計，以支持某些先存的信念或事業動機。（p.30）

學術研究即不行動研究──製造引述文字，研究者知道受訪者想說些什麼，但沒辦法說得清楚，所以不行動研究者幫他們製造出所需要的引述文字；而且，「發明一些歷史上從沒這樣用過的新詞彙」，所以也不需要進行文獻探討，因為根本沒有相關文獻可言。（p.31）

快樂商數──使人們參與某項方案或接觸某項產品，然後發給一頁左右的調查問卷，詢問他們有多麼喜歡這項方案或產品。如此完成一項方案評鑑工作，而不必像從事實地工作那般投入龐大花費、遭受各種不便和困難。(p.31)

助，從事基礎性理論研究的人員，可能會聲稱自己的研究為「應用性研究」；總結性評鑑研究人員可能會把自己的工作描述為「形成性評鑑」，以使對他們有反感的研究對象、方案人員接受他們的研究。另一方面，應用性研究人員也會聲稱自己的研究工作是「基礎性研究」，以擴大其在學術領域中的影響力。

簡而言之，研究類型之間並無清晰的界限。決定一個研究到底屬於哪一種類型，部分因素是看研究人員如何描述其工作及其目的。同一個研究，不同的評論人員可能會予以不同的名稱。但重要的是，研究人員應當明白這些區別之影響、有關的選擇，以及這些選擇對所從事的研究和自己作為專業人員在不同社會團體中的影響。

表例5-3摘要了不同研究類別之間的一些主要差異。

各類研究問題舉隅

為進一步解釋這些區分，我們可以一個特定議題為例，以省視各類研究是如何探討這個問題的。基於說明的目的，讓我們先檢查不同種類的問題，這些問題可以讓不同研究目的的學者用來詢問許多的家庭。所有的問題都陳列在表例5.4，但是每一種研究的焦點與目的則相當的不同。釐清研究目的，才可能開始考慮特定的研究設計方案和策略。目的的釐清也有助於決定研究和設計中關鍵性的折衷。也就是下一個討論課題。

表例 5-3　研究目的之類型

研究類型	目的	研究焦點	預期結果	預期的類推程度	主要假定	發表形式	判斷標準
基礎性研究	獲得知識和發現真相	學科或個人感興趣的重要問題	對理論有所貢獻	跨越時空（理想的）	世界有其組型，可加以認知和解釋	學科認可的學術期刊與書籍	研究的嚴謹度，理論的普世性和可驗證性
應用性研究	瞭解人類和社會問題之本質和根源	社會認為重要的問題	提出可用於形成解決問題方案和介入策略之理論	盡可能類推至一般性的時空，但顯然是有限的應用情境	知識可用於瞭解及解決人類和社會問題	專業學術期刊和學科內的應用性研究期刊	嚴謹性和對問題的理論性洞察
總結性評鑑	判定人為介入活動和行動之效能（方案、政策、人事或產品）	介入活動之目標	對有效的介入活動類型及其條件之判斷和類推	具有類似目標之所有介入活動	在特定條件下，於某一處有效者，在他處亦應有效	為方案資助者和政策制訂者所撰寫的評鑑報告及專業期刊	對於未來工作及其他方案和政策議題具類推性
形成性評鑑	改進介入活動：方案、政策、組織或產品	特定方案、政策、產品之優點和缺點	改善方案之建議	侷限於特定的研究場域	人們能夠且將會應用資訊來改善其行動	口頭簡報、研討會、內部報告，和提供給類似方案及研究者的限量發行刊物	對意圖使用者具實用性，且正確為其所用
行動研究	解決方案、組織、或社區中的問題	組織與社區問題	立即行動，盡速解決問題	此時此地	處於該場域中的人們能藉由研究自身而解決問題	研究參與者之人際互動，非正式，不發表	研究參與者對歷程之感受，解決方案之可行性

設計中的關鍵性折衷

研究目的、研究方法和研究設計之折衷（trade-offs）是互為聯繫的。有關設計方法及如何折衷之討論源於這樣的一個事實：即沒有十全十美的研究設計。因此，折衷即無可避免的。資源、時間及人類在把握複雜的社會現實之本質方面的能力限制，都會導致設計中的一些折衷。

自研究或評鑑問題開始形成時，折衷便隨之產生。無論是深入仔細地研究一個或幾個問題，還是犧牲深度轉而探討廣度的問題，兩者間如何權衡就是一個折衷的議題---這就是Guba（1978）所稱的自然式研究評鑑中的「界限問題」（boundary problem）。一旦提出了研究所欲探討的問題之後，就必須排列出這些問題的優先順序，以決定何時處理那個問題。舉例來說，對於評鑑方案而言，究竟是應該研究整個問題，還是其中某一些特定部分？是研究所有的當事人，還是某些當事人？是面面俱到地描述方案之整個歷程，還是個別地深入探討幾個面向？是全面評鑑方案之成果，還是重點地評鑑當下頗具意義之部分成果呢？這都是一些要與研究發現的使用者商量和決定的問題。在基礎性研究中，這類的問題是由其潛在的理論貢獻所決定的。在學位論文研究中，論文審查委員會針對研究焦點提供了指導方針。而且時間與資源的限制總是有著決定性的影響。

在研究或評鑑之初，確立研究焦點和聚焦於最優先的議題，遠比提出研究問題本身困難得多。博士研究生尤其擅長於避開研究焦點，憑著想像構思綜合性的研究，將整個世界當作是他們實地工作的場域。在評鑑方面，一旦使用者開始瞭解到他們可從評鑑資訊之蒐集和分析中獲益時，他們就會想要知道更多東西。而研究者之角色，在於幫助他們從漫無邊際的潛在待研究問題，縮減至一些較為實際且可能回答的問題，最終則聚焦於一些基本而必須的研究問題。

對相關文獻之探討，也有助於確立研究焦點。哪些是已知的？未知的？哪些是至為關鍵的理論議題？然而，文獻探討也可能使質性研究陷入窘境，因為它可能會誤導研究者的思考，從而減低其以開放態度來面對實地研究發現之可能性。因此，文獻探討有時可在資料蒐集完成後進行。當然，文獻探討也可與實地研究同時進行，從而在資料蒐集、文獻探討和研究人員之反省過程間，產生一種創造性的互動（參見Marshall &

表例 5-4　研究問題舉隅

基礎性研究	家庭類型有何變異性？這些變異性有什麼功能？
應用性研究	美國各類家庭之離婚率是多少？有什麼可用來解釋不同群體間離婚率的差異？
總結性評鑑	一項由接受政府補助的教育方案的整體效能為何？尤其是在向家庭成員傳授溝通技巧以促進彼此間的溝通，增進對家庭生活的滿意度、有效的親職實務與降低離婚風險等方面有何效能？
形成性評鑑	如何改進教導家庭生活技巧之溝通方案？此一方案之優點和缺點是什麼？參與者喜歡和不喜歡什麼？
行動研究	由一個特定組織（如教會、社區中心）所進行的自我研究，以探討哪些活動最能吸引家有不同年齡子女之家庭，以解決家庭活動的低參與率問題。

Rossman, 1989:38-40）。文獻探討可在實地研究之前、之間或之後進行，或是貫穿整個研究歷程。但是就如同其他質性研究設計議題一樣，利弊得失就會在每個轉折點上出現，而需要研究者去折衷。

　　下述有關評鑑研究焦點之抉擇的實例，將會有助於說明研究設計中所涉及的折衷問題。假設一組教育人員，有興趣研究某一個學校方案是如何影響學齡兒童之社會發展的，他們想知道兒童在學校環境裡與其他人的互動，對其社會技能之發展有何貢獻。他們相信，兒童的社會技能會彼此不同，但他們卻不清楚影響兒童社會技巧習得的社會互動範圍有多大。所以，他們有興趣於從事一項質性研究，以捕捉方案經驗中的變異情形，以及這些經驗如何關連到個別化的成果。在判定最終研究焦點時，所面臨的折衷是什麼呢？

　　一開始，我們假設每個兒童都會與許多人有著社會互動，因此第一個焦點的問題在於決定這些兒童所經驗到的社會實在有多大。在一個焦點較小的研究中，我們可只選擇一組特殊的互動類型，並將研究侷限在此一範圍裡。譬如，老師與兒童間的社會互動。若把範圍稍加擴大，我們可只研究發生在教室裡的社會互動。這樣，研究之範圍就不但包括了教師和兒童的互動，而且還包括了教室裡兒童之間以及志工人員和訪客與兒童間的互動。再把範圍稍加擴大，我們還可研究兒童們在學校裡所有的各類社會互動。互動之範圍也就超出了教室，而涵蓋與學校其他教學人員的互動，如圖書館員、學校諮商師、科任教師、監護人員以及行

政人員。再將研究範圍進一步擴大，這些研究人員也許決定：研究兒童在家裡和在學校的社會互動均甚為重要。透過瞭解兒童在兩種不同場域中的經驗，可以更好地理解學校活動之特殊效果。這樣，研究設計中就應加入兒童在家中與家長、與兄弟姐妹及與其他人之互動。當然，研究還可以考察兒童所經歷的一切社會互動，包括教堂、俱樂部、甚至新聞媒體的影響等。

一個個案可以基於這些取向的重要性和價值來加以處理，從較小的焦點---只是省視師生之間的互動，到最為廣泛的焦點---省視學生全部、複雜的社會生活。現在，讓我們加入一些真實世界中的資源限制---假設我們有一筆50,000美元的經費和三個月的期限來從事研究。這筆經費足可資助上述任一項研究達到相當的水準。但顯而易見的是，研究立即須在其深度與廣度之間取得折衷。一個高度聚焦於師生關係的研究即可能耗盡所有的經費，但可容許我們就該項議題進行極為深入的探討。反之，研究也可試圖省視兒童所經驗的所有社會關係，但只能依序對它們提出泛泛之論，以探討那一種關係最為主要（如果相較於學校外的關係，學校關係對兒童社會發展的影響微乎其微，政策制訂者就可利用這項資訊來決定是否應該重新設計學校方案，以使其對兒童的社會發展產生較大的影響，或者學校是否乾脆放棄直接影響兒童社會發展的努力）。**這裡涉及的折衷是典型的廣度與深度間之權衡問題。**

深度VS廣度

從某些方面來看，量化方法和質性方法之間的一個重要權衡，是廣度（breadth）和深度（depth）的折衷。使用質性研究方法，研究人員可以就選定的議題進行深入仔細的研究，特別關注其細節、背景脈絡和細微差異，而不必受預先決定的分析類別所侷限。另一方面，量化研究工具詢問標準化的問題，將人們的反應侷限在預先決定的類別之中，以致較缺乏廣度和深度，但優點是可以測量許多受試者對於一組有限問題的回應，以促進資料的統計分析和比較。相反地，質性研究方法則相當少量的人們和個案，提供豐富而詳細的資料。

然而，廣度與深度之折衷也可應用於質性研究設計本身。人際關係專家告訴我們，要完全瞭解一個人之經驗是不可能的，因此，研究設

計所遇到的問題是，我們究竟願意花費多少時間和精力，去增進我們對任何一個人經驗之瞭解。例如，我們可以探究「多人少量」的經驗，或「少人多量」的經驗。以訪談爲例，以開放式問題爲主的訪談，往往要花費很多的時間。在一個教育研究中，我曾發展了一份由二十個開放式問題組成的訪談問卷，用來詢問國小的學童。其中的問題有「你最喜歡學校的是什麼？」、「你最不喜歡學校的是什麼？」。訪談的時間根據學童的表達情況和年齡不同而有長有短，從半個小時到兩個小時不等。當然，若想再延長訪談時間，也是完全可能的。我本人曾做過數天六至十六小時的深度訪談。反之，也可以少問幾個問題，縮短訪談時間，減少訪談之深度。

或者讓我們來考慮另外一個更大範圍的可能性。研究者可能對一個人從事一段長時間的研究，譬如仔細地研究一個學童在一週內的行爲表現，這就需要蒐集有關他在那週內一舉一動的所有資訊。如果對研究之問題加以限制，我們則可以在更短的時間內研究數個學童之行爲。如果更進一步限制，假設每天僅有半小時可以做訪談，我們也可以較少的問題來訪談較多的學童。而其極端之形式，是在資源許可的範圍內，傾注一切時間和財力，就單一問題與盡可能多量的學童們訪談。

沒有一個經驗法則可以準確地告訴研究者怎樣確立其研究之焦點。研究範圍之寬狹程度，取決於研究目的、可取得的資源、可利用的時間，以及相關人員之興趣。簡而言之，這不是好與壞之間的選擇問題，而是多元可能性之間的抉擇。各個選項均有其利弊得失。

分析單元

研究設計須明確界定研究之分析單元（unit of analysis）或單元群。取樣之大小及其方法，取決於預先對適當的研究分析單元做出決定。個人、當事人或學生經常是研究的分析單元，這意味著資料蒐集之主要焦點，在於這些人在某個場域中發生了什麼事，以及他們如何受到該場域之影響。個別的個案研究和跨個案之變異情形，將使分析有明確的焦點。

比較一個方案或幾個方案中之數個人員團體，涉及不同的分析單元。有人可能對比較團體的人口學特徵感到興趣（如，男人與女人之比

較，白人與黑人之比較），或對比較團體的方案性質感到興趣（中途退出方案者與完成方案者之比較，表現優良者與表現差勁者之比較，有團體治療經驗者與有個別治療經驗者之比較）。當以某個重要特徵將人員分成不同的團體，而這個特徵又對方案具有重大意義時，一個或更多的團體即可用來作為分析單元。

不同的分析單元強調方案之不同層面。要研究一個學校之不同班級，班級就成了分析單元；醫療機構可對住院病人和門診病人進行研究；方案的人員篩選階段和其服務傳遞階段，可作為不同之分析單元來加以研究；整個方案也可作為一個分析單元；全國性大型方案常包括若干地方性現場，於是各地所實施的方案可能會是恰當的分析單元。此類多元現場的分析焦點，應是各地方案實施上的變異情形，而不是方案中的個人。

這些不同的分析單元並非相互排斥。無論如何，不同的分析單元意味著資料蒐集之方法不同，資料分析之焦點不同，發現及結論之表述層次亦有所差異。鄰里、社區、城市、州省、文化和國家等，都可作為分析單元。

質性分析之優點之一，是可整體而完形地省視方案單元。也就是說，它不僅只是集合許多個人的資料，來作為整個方案的結果。當分析單元是一個方案、團體、組織或社區時，質性研究方法即直接聚焦於該單元來進行觀察和描述。方案、組織或社區，而不只是個人，成為這些場域中的個案研究焦點。

特殊事件、發生經過、或偶發事件亦可作為研究之焦點。例如，一個有關身體健康或心理健康方案之品質保證研究，其研究焦點可以是那些病患未能獲得預期處遇的關鍵事件。而一個刑事司法評鑑研究，則可聚焦於一些少年犯的暴力事件或逃離監護的事件。一個文化研究則可以將焦點放在慶典活動上。

取樣可能也包含時間區段（time period）的策略，例如：持續觀察（continuous observation），相對於固定間距取樣（fixed-interval sampling），均是以時間單位作為觀察單位（如每15分鐘觀察一次）。「固定間距取樣優於持續監控者，在於實地工作者較不會感到疲憊，且在每一次取樣間距時，能蒐集到比從事持續觀察還要更多的資訊」（Johnson & Sackett, 1998:315）。由於方案、組織或社區在一年中的不同

時間點會有不同運作方式，因此，**時間取樣**（time sampling）（以時間區段或單位來取樣）是一個極其重要的方法。當然，有些方案從無蒐集資料之良機可言。在美國從事學校評鑑，學校老師會告訴你，萬聖節前不可蒐集資料，因為學校剛剛開學，孩子們和教師都需要時間來安頓於學習上。萬聖節與感恩節之間間隔太短，做不了什麼事。感恩節之後，大家則忙於過聖誕節，也不是具有代表性好時節。寒假之後，學生需要幾個星期，才能把心收回來，放在學校課業上。但這時冰天雪地的寒冬又到了，師生都會因漫長無盡的冬日而陷入憂鬱中（至少在北方地區）。接著，大地回春，師生們當然又要準備放假了，孩子們一心只想到戶外活動，所以，也不是蒐集資料的好時機。在非洲的一個村落裡，我也曾遭遇到一個非常類似的情節，由於農忙季節的年度循環，幾乎每一個月都有蒐集資料上的困難。因此，一段特定的時間，既是重要的研究背景脈絡，也是重要的取樣議題。

研究者如何應用邏輯推理來推估取樣選項的所有可能後果，該取樣哪一個時間區段，或者是該觀察哪些活動等，均有一定的限制。關鍵是將「有用性」的準則謹記在心，即在何時蒐集有關何種活動之資料，最可能闡明此項研究之效益？沒有完美無瑕的研究設計，差別只在於那是否有用而已。

選擇和決定恰當的分析單元之關鍵議題，在於當研究結束時，你想要得出有關什麼的結論。你是想瞭解關於個人、家庭、團體或其他分析單元之研究發現嗎？在學術研究中，學科傳統已提供了有關分析單元的指導方針。在方案評鑑上，研究者必須判斷決策者和意圖使用者實際上需要哪些資訊？他們是想知道方案中參與者的不同個人經驗，還是關切方案歷程在不同實施現場的變異情形？或兩者兼具？此類研究焦點上差異，對研究設計至關重要，但可能不容易判定。決策者一般不會對研究者說：「我們要你研究的分析單元是……」。研究者必須能夠分辨出決策者所提出問題之關鍵所在，並將其轉變為恰如其分的分析單元，然後再和意圖使用評鑑結果的人一起檢驗其理解之準確性。

表例5.5呈現了一些分析單元的選擇。清晰的分析單元對於研究樣本的選擇是相當必要的。本書第二章，我已指出立意取樣是質性研究中一項核心的策略主題。下一節將介紹立意取樣的變化、理論基礎，以及如何進行研究設計的細節。

立意取樣

動機提升了行動。

-- *Margaret Preston*, 1875

　　最能精確捕捉量化和質性研究方法之差異者，莫過於取樣方法所底涵的不同邏輯原理。

　　質性研究聚焦於深入研究立意選取的（selected purposefully）、數量較小的樣本，或甚至是單一個案（N=1）。量化研究則典型上取決於隨機選取的（selected randomly）、數量較大的樣本。兩者不但取樣之技術不同，其方法之原理也因其研究目的之不同而異。

　　隨機取樣的原理和效力根源於或然率理論（probability theory）。一個隨機且具代表性的樣本，能夠允許研究結果從一個樣本類推到較大的母群體上。隨機取樣同時也能控制選擇的偏見。以或然率爲基礎的隨機取樣之目的，是爲了能將結果從樣本類推到母群體，以及控制選擇性誤差。

　　統計取樣上的「偏見」，或被視爲缺失者，則是質性取樣所意欲鎖定的焦點，而且也是其優點。立意取樣（purposeful sampling）的原理和效力，在於選擇資訊豐富之個案（information-rich cases）做深度的研究。資訊豐富之個案是指這些樣本中，有大量對研究目的相當重要的資訊，因此是有目的的取樣。經由研究資訊豐富個案所產生的洞察及深入徹底的瞭解，比量化研究所類推的要多得多。例如：一項評鑑的目的是爲了提高一個方案在社會低階層中的影響。如果集中深入地瞭解精心挑選的一小部分貧困家庭之需要、興趣和鼓勵措施，其收穫會多於大量而有統計代表性的標準化資料所能提供的資訊。立意取樣的目的就是選擇**資訊豐富**之個案，以說明研究所關注的問題。立意取樣有時被稱爲有**目的**（purposive）或**判斷**（judgment）取樣。「在判斷取樣下，你決定你想要報導者（或社區）提供資訊之目的，然後出去尋找」（Bernard 2000:176）。選擇資訊豐富之個案，有許多不同的策略，每一項策略均可達成其特定的硏究目的。

表例 5.5　個案研究與比較的分析單元實例

以人們爲焦點	以結構爲焦點
個人	計畫案
小型的、非正式團體（朋友、幫派）	方案
家庭	組織
	組織中的單位

視角/世界觀之基礎

共享一個文化的人群

共享一共通經驗或是視角的人群，例如：中輟學生、畢業生、領導者、家長、網友、倖存者

地理之焦點

鄰里	村落
城市	農場
州省	行政區
國家	市場

活動之焦點

關鍵事件	時期
慶典活動	危機
違反品質保證	事件

時間之基礎

特殊的日子、星期、或月份	假期
寒假	雨季
齋戒月	旱季
滿月時節	就學期間
辦公室政治鬥爭期	選舉期間

1. 極端或異常個案取樣 （Extreme or deviant case sampling）

　　這一策略注重選取那些在某方面不尋常或特殊而具有豐富資訊之個案，例如有傑出成就的成功者，或明顯的失敗者。《追求卓越》（*In Search of excellence*）係針對美國傑出企業公司所進行的一項深具影響力的研究，舉證了立意極端個案取樣（purposeful, extreme case sampling）的原理。這個研究的樣本是62個公司，「從不曾意圖能完美地代表美國

工商業的現狀，……而是由一群資訊融通的商業觀察家所列舉的具有創新性和卓越性的公司」（Peters & Waterman, 1982:19）。Lisbeth Schorr（1988）亦使用同樣的方法，來研究為貧困家庭所實施的有效方案，而出版了一本具有影響力的書籍《在掌握之中》（*Within Our Reach*）。Stephen Covey's（1990）的暢銷書《高效能者的七大習性》（*The 7 Habits of Highly Effective People*）亦是奠基於立意極端個案取樣策略。對於領導力的研究，長久以來多聚焦於界定高度卓越領導者的特質，如同Collin □2001）對於11個企業財團董事長的個案研究，探討其「極為謙遜的個人特質與極強專業意志的矛盾混合體」（p.67），並將之稱為「第五階層領導人」（第五項修鍊），是其模式中的最高領導階層。對於AIDS的早期研究，那時只要感染HIV的結果幾乎就是死亡，少數感染HIV但並未演變成AIDS的個案，就非常的關鍵，提供研究者對於患者如何與AIDS長期抗戰的一些重要洞察。

有時，面臨重大失敗的個案，也可提供寶貴的學習課程。UCLA籃球聯盟的John Wooden教練曾贏得1964至1974年十屆的全美籃球冠軍，是一項傑出的運動成就，但在1974年UCLA與North Carolina對戰的空前敗績，卻讓他永誌難忘且學習到最多（刊載於Los Angeles Times, Dec, 21, 2000）。Wooden特別關注這場球賽---極端案例---彰顯了極端個案立意取樣的學習心理學。另一個例子可見諸於Tim Paul（1994）的書《痛失一百萬美元的教訓》（*What I leaned Losing a Million Dollars*）。他是芝加哥期貨交易中心的前任主管，在他傑出的工作職涯中，曾歷經數以千萬計的期貨交易。但一次大豆期貨交易的連串不尋常的失誤，使他在短短數星期內損失超過一百萬美元，讓他學習到最多的教訓。這次極端而深具啟發性的案例，使他更為謹慎小心地從錯誤中學習，而成為一位商場上的勝利者。

另一個使用極端個案取樣的應用研究實例，是Angle Browne（1987）的研究力作《當受虐婦女殺人時》（*When Battered Women Kill*）。她對家庭暴力之極端個案進行深度研究，闡明了毆打和凌虐婦女之現象。這些個案的極端性質，讓他們顯得更強而有力。Browne的專書即是運用立意取樣從事應用性質性研究之佳作。

在評鑑研究中，極端個案取樣的原理是，從與較典型方案有關的不尋常狀況或極端的成果中，我們可以汲取經驗和學到教訓。假設我們現在要研究一個包含數百個地方性現場的全國性方案。我們已經

知道，許多方案進行得不錯，有些甚至相當順利，但也有的已瀕臨關門大吉的邊緣。我們也知道，大部分的方案情況只是馬馬虎虎。這個資訊是由經常訪問地方方案之消息靈通人士提供的，他們基本上瞭解各地之不同情況。現在的問題是：應當怎樣為研究取樣？如果研究人員想準確地羅列各方案間的差異情形，隨機取樣便十分合適，而且最好是一個相當大數量的隨機取樣，以使其結果對整個方案都具有代表性。然而，我們對方案之差異已有所瞭解，因此，我們立即想到的是可以運用**闡明性個案**（illuminative cases）。在時間和資源有限的情況下，評鑑者要想收穫更多，最好的方法是從傑出優異的方案和表現不良的方案中，各選出一個或數個來加以集中研究。此時，研究的焦點集中於瞭解影響方案進展好壞之條件上。這樣，甚至不必從所有優秀和差勁的方案來隨機取樣了。研究者與意圖使用者要斟酌何種個案可以讓他們學習到最多，而這些個案便是其研究所需要選取的樣本。

最佳的樣本

　　評鑑加勒比海農業推廣計畫無疑是一項挑戰：如何提供資助單位一些與決定有關的資訊，以瞭解加勒比海沿岸八個英語系國家農業推廣的長期潛力。計畫案的第一階段包括需求評量、規劃與能力之培育。這些過程有賴於培訓農業推廣員，使之能幫助改善小型農場的生產力和經濟效益。然而，在第一階段結束時、農業推廣員尚未實際接受培訓之前，必須要做出一個有關計畫案潛力的關鍵性經費補助決定。對於推廣的效能如何，並無任何現有資料可資佐證或應用於計算計畫案之潛在效益。但資助單位所要求的是對於未來影響的具體評估，而非僅是希望增加生產力等空話。解決方案就是研究「最佳的」立意樣本。

　　每一項農業推廣服務都建立在找出且確認其「傑出的農業推廣中心」。農業推廣中心需各別找出五個農業生產力增加最大的務農家庭，總共蒐集到40個務農家庭，進行個案研究（八個國家中各選取五個家庭）。

　　樣本的選取係基於有目的的「偏見」，以建立增進農業推廣效能的個案本位目標，同時亦顯示小型農業情境之多樣性和推廣實務之變異性。一般而言，比起傑出的農業推廣中心，典型的農業推廣中心對農民帶來較小的影響。然而，藉由蒐集「最佳」影響的資料，可以提供給資助單位有關其成就表現的具體實例，以使更多的農業推廣中心接受「最佳」實務之訓練。這些資料促使第二階段的經費補助聚焦於一個問題：基於這些最佳推廣中心的影響甚大，是否值得補助一個以最佳實務技術來培訓推廣員的培訓方案？如果沒有這些具體的案例，有關經費補助的決定只能奠基於抽象的討論及對於推廣中心從事活動及其影響之推測而已。檢視真實的案例，使得結果的討論甚為具體、聚焦，且是以資料為本位的。當然，第二階段的經費補助也就不虞匱乏。

趣的案例，例如，非預期的中途輟學或有傑出優異的表現者。在我們對「加勒比海農業推廣計畫」（Caribbean Agricultural Extension Project）的評鑑中，我們對表現優異的農業推廣中心從事個案研究，他們是從八個國家的同儕互選出來，來協助方案發展課程教材，與改善推廣實務之標準。這些樣本的選取乃基於有目的的「偏見」，不是爲了要讓方案看起來不錯，而是要從這些有優異表現的實例中來學習。在很多情況下，深度地研究極端（資訊豐富）個案，較諸於對平均個案的統計描述，可以學到更多東西。在其他的一些評鑑中，提供特殊個案之詳細資訊，可作爲參與者常態分配統計資料之補充。就統計上而言，由於極端個案落在鐘形常態分配曲線的兩端點，其資料經常在研究報告中被略而不表。

俗民方法論者在其實地實驗中，也會採取極端個案取樣的形式。他們感興趣的是可深化某一場域中人們相互瞭解的日常例行生活經驗（參見第三章）。揭露這些支配日常生活之內隱性假定和常規的方法之一，就是製造偏離常規的脫軌現象。觀察人們對某人在餐廳內像豬玀一般吃飯時的反應，然後再去探訪他們，瞭解其耳聞目睹之情況及其感受，即是以研究異常樣本（deviant sample）來說明常態的例子之一。

在本質上，極端個案樣本的原理，就是極端個案可能就是資訊豐富的個案，由於其不尋常，因爲他們可以同時解釋不尋常案例和典型案例。計畫一個極端團體的樣本，如同所有立意取樣設計一般，研究者有責任呈現此一計畫的理論基礎和預期效益，同時注意到其弱點或缺失（無法加以類推）。

2. 深度取樣 （Intensity sampling）

深度取樣在原理上與極端個案取樣相同，只是不那麼強調極端性而已。深度取樣之樣本，是由那些對研究現象表現出充分（但不極端）興趣的資訊豐富個案所構成的。極端或異常個案會由於其過於特殊而扭曲了研究現象之呈現。使用深度取樣則是尋求可以典型或充分地代表研究現象之個案，而非異常之個案。

啓思研究（heuristic research）（參見第三章）就是運用深度取樣的。啓思研究明顯地利用研究者強烈的個人經驗，如孤獨和嫉妒的感受，讓有同樣強烈經驗感受的其他研究者也參與研究。啓思研究並非尋求孤獨、嫉妒或其他研究現象之病理或極端表現，因爲極端的情況不一定會

產生啓思研究之省思歷程（reflective process）。當然，如果啓思研究者及其同事的經驗只是平淡的，那也就沒有什麼可研究的了。因此，爲更好地說明研究現象，研究者要尋找那些具有相當深度之樣本。

同一策略也適用於方案之評鑑研究。極度或不尋常之成敗案例可能會由於其特殊性而不足以說明問題。所以，研究者就可以不選擇極端之個案，而選擇具有足夠資訊深度的個案，來闡明成敗之原因。

深度取樣包含一些事前的資訊和深思熟慮的判斷。爲掌握其研究環境中之變化實質，研究者必須做一些探索性的工作，然後再就感興趣之現象做深度取樣。

3. 最大變異取樣 （Maximum variation sampling）

這個立意取樣策略之目的，在於捕捉和描述可涵蓋大量變異情形的中心主題（central themes）。對小型樣本來說，由於個體間之情況互不相同，大量的異質性可能會成爲問題。運用最大變異取樣策略的邏輯思維是：任何從大量變異情形中所顯現的共通組型（common patterns），均是特別值得探究的重點，且具有能捕捉某一場域或現象之核心經驗和核心向度之價值。由此，最大變異取樣就將其原有之弱點轉化成了優勢。

如何在小型樣本中包含最大量的變異情形呢？其起點是辨別構成樣本之諸種特徵或標準。假設一個全國性方案在全國各地都設有分現場，有的在鄉村，有的在城鎮，有的在郊區。評鑑者缺乏足夠的資源進行大量化隨機取樣檢查，以做出類推性結論，此時，評鑑者至少可以確認，各地之間的地理環境差異可以作爲研究的重點之一。當此項評鑑意圖描繪出每個地區現場的獨特性時，同時也要找出涵蓋所有現場的共通主題（common themes）。這些從大量變異情形中所浮現出來的共通主題，更具有重要性。舉個例子來說，當我在從事「社區本位能源維護」（community-based energy conservation）之研究時，我建立一個包括10個社區的基礎樣本，每個社區的特徵都盡可能不同於其他社區，這些特徵包括規模大小、當地政府的型式（強勢的市長/弱勢的市長）、種族差異、經濟狀況、人口統計資料（如年齡、性別、收入等）、還有地理位置等。經過分析之後，發現橫跨這些多元化個案之上的最重要因素，是當地居民的投入奉獻，使得這個地區能有別於其他地區。

在一項針對麥克阿瑟基金會（MacArthur Foundation）學術獎勵案的

研究裡，研究設計的焦點在於對個別得獎人進行個案研究。這項有20年以上歷史的獎勵案，有超過600人曾經獲獎。但因為資源有限，所以我們只能選擇40個個案來進行研究。奠基於最大變異取樣之上，我們建立了一個矩陣，矩陣上的向度包括：包括工作的性質、職涯階段、公眾知名度、參與的學術團體、年齡、性別、種族、地理位置、流動性、健康狀況、國籍、專業領域等，以使樣本中的每個人都盡可能不同於其他人。從此一多樣化的樣本群所顯露的主要成就組型，讓我們可以建構出一個模式，以闡明此項獎勵案所影響的面向和因素。從嘈雜凌亂的噪音中，突現出一首和諧共鳴的樂曲，這就是最大變異（異質性）取樣的力量。

因此，當選擇具有最多樣化的小型樣本時，資料蒐集及其分析會產生兩種結果：（1）對每一個案之高品質的詳細的描述，這有利於記錄個案之獨特性　（2）所有個案所共有之重要組型，從異質性（heterogeneity）中擷取出其顯著意義。這兩點均是質性研究之重要研究發現。

4. 同質性樣本 （Homogeneous samples）

與最大變異取樣法相反之做法，便是選擇一個小型的同質性樣本，這樣做的目的是對一些特殊團體做深入的描述。一個包含有許多參與者之方案，會需要有關某一特殊次團體的深度資訊。比如，一個由各類家長參加的親職教育方案，可以把質性評鑑之焦點放在單身女性家長身上，因為，這類家長特別不易被吸納進來或持續不懈地參加方案。

焦點團體訪談（focus group interview）是以同質性團體為基礎之典型。此種開放式訪談形式，係以五至八人為一組，就特別選定之目的或焦點議題展開談話。焦點團體之使用，將在有關訪談的章節中詳細論述，在此要強調的是，焦點團體之取樣是把有相似經驗和背景的人聚集在一起，參加焦點團體訪談，討論和他們有所關連的重大議題。

5. 典型個案取樣 （Typical case sampling）

向不熟悉的人描述文化或方案時，如果能為其提供一個或數個典型質性個案，將會有相當助益。這些個案之選擇需和關鍵報導者（key informants）合作，例如方案工作人員或資訊融通的參與者，都可以協助辨別何為典型個案。典型個案也可以從調查資料、人口統計分析平均

值，或有關特質的常態分配之統計資料中，找出近似平均值的個案。研究者要謹記在心的是，對一個或多個典型個案做出質性描述的目的，是對不熟悉方案或場域者說明其典型爲何，而不是對所有參與者之經驗做出概括性的陳述。樣本是爲了舉證，而非下定論。

當以整個方案或社區作爲一個分析單元時，對典型方案歷程和影響的描述，可能被用來作爲對「差勁」或「優異」方案現場之個案研究的參考架構。當運用典型現場取樣（typical site sampling）策略時，該典型現場的選取，乃因爲它不是非典型的、極端的、異常的或強烈不尋常的。如要從事第三世界國家的社區發展研究時，運用此項策略來選取典型村落，通常是恰當的。對典型村落之研究，說明了任何針對此類村落的發展計畫均須要考慮的一些關鍵議題。

在評鑑與政策研究中，決策者的利益引導了取樣策略。我記得在一項評鑑中，主要決策者終於可以接受一項事實，那就是總是會有一些差勁的方案和一些優異的方案，但他們最想要獲得更多資訊者，是那些他們稱之爲「如齒輪般運作」的方案，因爲甚爲普通、並無任何突出之處，故甚難以精準地握住其把手。我們即是在此一架構下，來應用典型個案取樣。重要的是，要努力找出什麼是典型個案，以及可運用什麼準則來界定其典型等等之共識。

6. 關鍵個案取樣 （Critical case sampling）

關鍵個案（critical cases）是指最能強而有力地說明方案，或對方案具有特別重要性者。一個有助於找出關鍵個案的線索，是「如果它在那裡發生了，它會在任何地方發生」反之亦然。另一個線索是可來自於關鍵報導者的觀察：「如果這個團體碰到問題的話，那麼可以肯定所有團體都會碰到問題。」

當因資源的限制僅能研究單一地區現場時，尋找關鍵個案益形重要。在這種情況下，選擇的現場應以能提供最多資訊，對知識發展能產生最大影響力者。雖然對於一個或幾個關鍵個案之研究，不能廣泛類推於所有可能的個案，但從對一個單一的關鍵個案研究所產生之有力證據中，邏輯性的類推仍是有可能的。

物理學提供了關鍵個案很好的實例，伽利略（Galileo）對地心引力的研究---物體之重量是否影響其下墜之速度，但他並未採用隨機取樣的

方法，他選擇了一個關鍵個案---羽毛實驗，如同他的實驗顯示，在真空狀態下羽毛與硬幣下墜的速度相同，於是可合於邏輯地類推至所有物體的比較。由於羽毛是一個具有說服力的關鍵個案，因此他的研究發現即是相當有用且可靠的。

如果留心觀察，在社會科學與評鑑研究之關鍵個案隨處可見，譬如，假設國家政策制定者想讓地方社區參與其地區性方案之決定，但又無法肯定社區是否瞭解規劃歷程的繁文縟節。首要關鍵個案，是以該地區受過良好教育之公民來評鑑其法令規章，如果他們都不瞭解這些法令規章，則其他較低教育程度公民肯定更無法瞭解。或反過來，將較低教育程度者當作關鍵個案：「如果他們能瞭解這些法令規章，那麼其他人就都能瞭解。」

關鍵個案之認定取決於主要向度（重要範圍）的認知，例如：關鍵個案可能來自於方案執行上特別困難的地區。如果方案資助者擔心新的方案是否能招募到當事人或參與者，那麼關鍵個案應來自於那些最可能抗拒方案實施的地區，已提供方案在招募人員上最為嚴峻的考驗。如果方案在那個地區都能推動，任何地區都可順利實施。這使得關鍵個案特別能夠提供資訊豐富的實例，因此在小型或單一個案研究上，特別具有研究價值。

聞名世界的醫學催眠專家Milton H. Erickson，在催眠領域裡，即是一個關鍵個案，「他技藝精湛，以無所不能著稱，若人們試遍傳統醫學、牙醫、心理療法、催眠及宗教方法均沒能解決問題，都會轉請他協助」（Grinder, Delozier, & Bandler, 1977:109），如果Milton Erickson無法催眠某個人，那世上肯定無人能做得到。他向世人展示了他對於催眠狀態的定義---任何人均可被催眠。

7. 雪球或鏈式取樣（Snowball or chain sampling）

這是一個發掘擁有豐富資訊之關鍵報導者或關鍵個案的方法。此一歷程的起點是向有關的人員詢問：「有誰最為熟知____？我應該找誰談？」。透過向許多人詢問應該再向誰請教，累積了愈來愈多新的資訊豐富的個案名單，如同滾雪球般越滾越大。在大部分的方案或系統中，少數關鍵人名或事例會重複被提出來，這些由不同報導者所推薦的人或事件即顯得特別重要。這些由不同報導者所舉薦的人和事，最初可能是

五花八門相當分歧的，但後來就會趨於集中，僅有少數幾個關鍵人名會再三重複出現。

Peter和Waterman（1982）《追求卓越》之研究就是以雪球取樣開始，向相當多位資訊融通者請教何者為經營良好的公司。另一個例子是Rosabeth Kamter（1983）在其《改變的菁英》（*The Change Masters*）中聚焦於十個「最為創新」公司的核心個案研究。她的研究始於請教企業財團專家舉薦最具代表性的公司。隨著研究的開展，可供研究之個案雪球即愈滾愈大，最後集中在由不同專家報導者所提名的少數幾個核心個案。

8. 標準取樣（Criterion sampling）

標準取樣的策略，是檢視和研究一切符合預先決定的重要性標準之個案。這種策略在品質保證研究中十分常見。例如，參與心理健康方案的門診病患，一般預期須參與4至26週的療程。對那些超過28週的門診病例就要仔細檢視和研究，以瞭解實際情況，以保證每個病患均能得到恰當的處理。品質保證研究的標準亦可能是所有進入醫院急診室但無生命威脅的病患，需於兩個小時以內獲得妥善醫療照料。一旦病患待在急診室的時間超過這個標準，即需要加以檢視。

關鍵事例（critical incidents）也可成為標準取樣的來源之一。例如，在品質保證研究中，所有使當事人未受到妥善照料的事例，均是值得進行深度研究之對象。在離院後三個月內自殺的精神病患者，亦可以成為深度質性研究之樣本。在學校裡，所有缺課達到百分之二十五或者超過一半時間的學生，亦是深度研究之質性個案。標準取樣之重點是要確實瞭解資訊豐富的個案，因為他們或許能反映出體制中所存在之弱點，從而為方案或體制之改善創造機會。

標準取樣為資訊管理系統，或持續的方案監控系統，增加了一個重要的質性成分。在資料系統中，凡表現出預先決定的標準特徵之個案均可依次畫分出來，以供做深度的質性分析。標準取樣策略也可用於量化研究之問卷或測驗後的深入追蹤研究。例如，所有在調查問卷中反應出其遭受職場歧視的受試者（不過這個策略可能只適用於受試者願意提供聯絡資訊時才可行）。

9. 理論本位取樣、操作性構念取樣和理論性取樣（Theory-based or
operational construct sampling, and theoretical sampling）

標準取樣的一個較為概念化導向的形式便是理論本位取樣（theory-
based sampling）。研究者根據重要理論構念（theoretical constructs）之潛
在表徵（representation），從事例、生活片斷、時間區段或人物中取樣。
因此，從定義上來說，樣本便成了研究現象之表徵。Buckholt（2001）研
究成人受虐倖存者之復原力，其取樣是根據理論所導引的合於「復原」
（resilient）標準的個案。

當研究對象是人們、方案、組織或社區時，決定所研究之對象母群
體可謂易如反掌。但理論構念之定義，則無如此清晰之參照架構。

對於操作性構念的取樣而言，並沒有具體的研究母群體......因此，
在大多數情況下，我們只好依據研究目的來選擇某一構念之特殊事例，可通
過效度研究、傳統實務、個人直覺或向有識者諮詢，以尋求與該研究構念最
為接近之一致性看法。另一種做法是用同樣之程序來選擇每一構念的多元操
作性表徵，其被選擇的主因是由於它們在展現該構念之重要理論成分方面多
所重疊，且在無關的向度上又彼此迥異。這種取樣形式稱為多元操作主義
（multiple operationalism）。和一個從清楚明確之母群體中進行隨機取樣的
方式相比，它更多依賴於個人之判斷。此一判斷，雖然不可避免，卻不如正
規取樣方法那麼為人所瞭解，於是經常被取樣專家們所忽略（Cook, Leviton,
& Shadish, 1985:163-64）。

操作性構念取樣（operational construct sampling）是指研究者係從某
些構念的真實世界實例（即，可操作的實例）中來取樣，並進行研究。
研究多個這樣的實例，便稱為「多元操作主義」（Webb et al., 1966）。例
如，「創新理論的典型擴散」（Rogers, 1962）即已預言，一些創新理論
的早期倡導者，在許多方面都將與其後的傳承者大異其趣。為這些早期
或晚期的理論傳承者進行個案研究，即是理論本位取樣。這項樣本的選
取均是有目的的，而且由於早期或晚期傳承者可能並不為人所知，根本
無法進行隨機取樣。

理論性取樣（theoretical sampling）則是紮根理論所定義的「取樣乃
奠基於逐漸顯現的概念，其目的是探索概念之屬性如何在向度範疇上或
隨不同條件而產生變異」（Strauss & Corbin, 1998:73）。在紮根理論中，
理論性取樣是為了支持經常性比較（constant comparative）的資料分析方

法。二者相輔相成，將研究設計和資料分析連結起來。理論性取樣使得實地工作資料蒐集階段所顯現的某一項概念，可更進一步闡釋其意義，並使其概念的變異性更為精鍊。經常性比較法包含對於逐漸顯現且紮根性的概念，進行系統化的檢驗和精鍊其變異性。概念變異性的取樣，必須藉由嚴謹的比較和對照其變異情形而為之（詳見第三章與第八章對於紮根理論更為詳盡的討論）。

10. 驗證性與否證性個案（Confirming and disconfirming cases）

在質性研究之實地工作初期，研究者只是探索、蒐集資料，以產生一定的組型。隨著時間之推移，探索便由驗證性工作所代替，這時候涉及檢驗觀念、證實可能組型之重要性和涵義，並以新的資料和個案驗證所出現結果之效度。這時期的實地工作是需要研究者認真嚴肅地尋找和取樣驗證性與否證性之個案。

驗證性個案是指與已出現之組型相符的額外事例。這種個案肯定、並進一步說明了現有結果，增加了其深度、廣度和信度。在此時，否證性個案也同樣重要，它們與現有組型不符，是作反向解釋之源泉，並為已驗證之結果畫定了範圍界限。它們可以是那些用以證明規則的例外，或用以否證和改變初期組型之例外個案。

對於某些問題或想法進行驗證或否證之來源，可能來自方案相關人員和現有的學術文獻，而非研究者之實地工作中。然而，研究者與相關人員在研究初期階段經由討論設計或文獻探討所形成之假設，確有可能經由研究或評鑑來部分地達成驗證或否證的目的。

思考驗證性和否證性個案之挑戰，在於強調取樣和研究結論之間的關係。**樣本決定了研究者將在報告中呈現些什麼。因此，謹慎地選取樣本至為重要。**

11. 分層立意取樣 （Stratified purposeful sampling）

分層樣本是樣本中的樣本。譬如，一個分層隨機樣本，是在較大的母群體中以社經地位來分層，藉著社會階級來進行概括性類推和統計上的效度比較，也可以類推到所有的母群體。

立意樣本也可以藉著結合不同的立意取樣來分層或套疊。譬如，結合典型個案取樣和最大變異取樣，即取一個包括高於平均、平均和低

於平均之個案的分層立意樣本。這些樣本並不代表一個最大變異樣本，但亦不僅止於單純的典型個案取樣。雖然在其分析中也會出現共通的組型，但分層立意取樣之目的在於捕捉主要的變異情形，而非在於找出共通的核心。每一層次中通常均有一個相當同質性樣本。分層立意取樣與分層隨機取樣之不同，在於其樣本規模往往太小，以至於無法類推或具有統計上的代表性。

12. 機會或逐漸顯明取樣（Opportunistic or emergent sampling）

實地工作往往需要做及時的取樣決定，以充分利用實際資料蒐集歷程中出現之新機會。和實驗設計不同，逐漸顯明的質性研究設計可包括增加樣本的選擇，以把握實地工作開始後之「意外」機會。根據資料情況隨機應變，是質性研究之最大優勢，這樣，樣本便可在實地工作歷程中逐漸出現。

在實地工作中，要觀察每一件事是不可能的。有必要對觀察什麼活動、觀察及會晤什麼人物、什麼時候蒐集資料等做出決定。這些決定都無法在事先全部做好。上述討論之立意取樣方法提供了取樣的指導，但是，往往取決於對研究對象背景之瞭解。機會、逐漸顯明取樣則可利用事件發生時的一切機會來進行。

在第二章，我將逐漸顯明的設計彈性視為質性研究的核心策略主題，以人類學者Brackette F. Williams對於美國人如何看待暴力的實地工作為例：

> 我進行即興式訪談。我並沒有想過要訪談幾次，或是預先設定一些問題，完全取決於我所遇見的人和情境。例如，機場就是一個和人們做即興訪談的好地方。所以，有時候我寧可不將時間花在寫作上，我訪談人們關於死刑、關於殺人、或關於其生命中的死亡事件。我稱之為「機會取樣」。……我只是順著資料和我的問題的帶領來走。（個人訪談）

很少有質性研究是像Williams的實地工作這般全然地逐漸顯明和開放。她的方法讓我們對於逐漸顯明的機會取樣有了更多的認識。

13. 立意隨機取樣 （Purposeful random sampling）

立意取樣策略並沒有排除任何隨機取樣的可能性。對許多人來說，

即使樣本不大，隨機取樣也會大大地增加結果之信度。我最近參加一個方案，這個方案年年出現在州的立法機構，講述其參與者成功和奮鬥的「戰鬥故事」，有時甚至也加入幾個失敗之例子以保持平衡。為了加強他們報告的可信度，領導者和幕僚決定要更系統地蒐集方案的評鑑資訊。由於需要有關個人結果之資訊，他們有了完全使用標準化研究工具之做法，而是蒐集具有時序性的個案，對參與者進行深度的個案研究。但他們的時間和資源又十分有限，事實上，每一地區的方案工作人員，大都一年要和二百至三百個家庭打交道，但要做詳細的個案紀錄，每年只能做十至十五個左右。因而，我們把各地區所需要的時序性個案資訊內容加以系統化，然後設定選擇進一步詳細研究個案之隨機取樣程序。這樣，方案實際上在蒐集「戰鬥故事」資料方面已系統化和隨機化了。雖然我們無法僅以十個個案為基礎，就對所有的參與者情況做出概括性類推，這些個案卻可使立法官員們瞭解，我們報告中的故事是在**事先不知結果之情況下隨機取樣來的**。因為蒐集之資訊是全面的，與事後（即，知道結果後）由個人專門選擇之個案相比，系統化隨機取樣的個案之信度要大得多。

然而，極為重要的是要瞭解這只是一個立意隨機樣本，而非代表性隨機樣本。**一個小型隨機樣本之目的是求其可信性，而不是代表性。**小型立意隨機樣本旨在減少人們對為何要選擇某些個案做研究所存在的疑慮，但這些樣本仍不能做統計上的類推。

14. 取樣具有政治重要性的個案（Sampling politically important cases）

評鑑不可避免地帶有政治色彩（參見Turpin, 1989; Palumbo, 1987; Patton, 1987b）。關鍵個案取樣策略的變種之一，就是選擇（或避免）政治敏感之現場或分析單元。譬如，一個州立方案可能在一個極有影響力的州議員所在地設有方案分現場，對這個地區之方案進行詳細的調查研究，所得的資料更容易被人注意和使用。但這並不是說研究者要根據當時之政治氣候，使該地方方案看起來顯得大好或者是大壞。這顯然是違背研究倫理的。而取樣具有政治重要性的個案，只是在研究資料有限、只能研究幾個個案的情況下，使用這種方法來增加資訊之利用性和關連性而已。

從廣義上來說，不同之政治視角可能會對應用性研究和基礎性研

究的個案取樣有所啓迪。一個政治學家或歷史學家可選擇2000年佛羅里達的選舉計票個案、柯林頓的彈劾案、尼克森的水門事件或雷根的伊朗事件等作爲研究對象，這不僅是因爲它們可提供洞察美國政府體系之機會，還因爲這樣的研究可以引起大家之注意。一個社會學家對社會暴亂之研究，或心理學家對著名自殺案件之研究，都容易在取樣時因爲事件之政治因素而引起社會的高度關注。

15. 便利性取樣（Convenience sampling）

最後有一種以便利性爲主的取樣策略，即只要迅速便利就可取而用之。這或許是最常見之取樣策略，也是最不盡人意的。使用質性方法之研究者往往會認爲，由於他們研究的樣本太小，以致於無法得出概括性結論，那麼如何選擇個案也就無所謂了。因此，他們就選擇那些最唾手可得且花費不大的個案做研究。雖然便利性和費用均是要考慮的實際因素，但在計畫好應如何從有限之個案中取樣以獲得最多最有用的資訊後，**便利性和費用都應是最後才考慮之因素**。計畫縝密的立意取樣可就重要個案提供重要的資訊，而**便利性取樣則既無立意，又無計畫**。

資訊豐富的個案

表例5.6就上述討論之十五種取樣方法做了總結，並增加了第十六種取樣方法---結合或混合式立意取樣（combination or mixed purposeful sampling）。比如，研究初期以極端團體或最大異質團體來取樣，均可能產生過大的樣本，致使研究難以處理，最終樣本很可能要以隨機方法來確定，這便是結合取向。因此，雖然每一方法都有其不同之目的，但上述方法並非相互排斥的。由於研究和評鑑往往有多重目的，所以也有必要採用多種質性取樣策略。在一個長期的實地工作中，不同時間點上也可能交互應用這些不同的取樣策略。

這些策略共通的原則是選擇資訊豐富的個案，即那些可對重要事務提供大量資訊且又值得深度研究的個案。

在發展研究設計的過程中，研究者會從正反兩方面來考慮和預測種種可能的論證，有能爲研究增加可信性者，亦有抨擊研究發現者。研究者應審慎且明確地說明其選取研究之現場或個案的理由何在；此外，對

於研究之限制應坦承不諱，對於某一取樣策略可能會遭致的批判則應了然於心。

在權衡證據且考慮所有替代選項後，研究者和方案相關人員便要決定其取樣策略和研究設計。雖然做這樣的決定有時是痛苦的，但總是要體認到十全十美之設計是絕無僅有的。取樣策略之選擇，應適合於研究之目的、可利用的資源、研究的待答問題及所面臨的限制。這不僅適用於取樣策略之抉擇，亦同樣適用於樣本規模之抉擇。

樣本規模

質性研究可謂充滿了模糊曖昧，具有目的性的策略，卻無方法論的規則；擁有研究方法，但無統計公式。對於模糊曖昧情境具有高度容忍力的人，質性研究則是十分合用的（在此討論的僅是設計而已，涉及分析時問題會更嚴重）。

在決定樣本規模時，此類模稜兩可的問題會更加突顯。

我經常收到信件、電話、e-mail。學習者紛紛提出這樣的問題：

10個樣本足夠表現最大變異嗎？

我計畫訪談20個人，每個人訪談兩小時，但我流失了2個人。這18人足夠嗎？我必須另外多找2個人嗎？

我只想研究一個組織，在這個組織內訪談20個人，那我的樣本數目是1還是20？還是兩者皆是？

對於這些問題，我的回答一向是堅定、有信心且一體適用，即「這視情況而定」（"It depends"）。

質性研究中沒有關於樣本規模之規則可循。樣本規模取決於你想瞭解什麼？研究目的是什麼？擁有什麼資源？什麼是有用的？什麼是可靠的？以及在有限的資源及時間內可以完成什麼？

在本章裡，我曾談及深度與廣度之權衡問題。在同樣有限的資源和時間下，研究者可研究多數人的一組特定經驗（求廣度），或少數人的廣泛經驗（求深度）。從少數人所獲得的深度資訊可能極有價值，特別當個案能提供豐富資訊時更是如此。從多數人所獲得的粗淺資訊，對探

索一個現象並試圖記錄多樣性和理解其變異情形，亦可能甚有助益。我再次重申，樣本規模取決於你想要知道什麼？爲什麼要知道這些？如何使用其研究發現？以及你可投入研究之現有資源（包括時間）爲何？

要瞭解質性研究中小型樣本之問題，需要將這些小型樣本放在機率取樣的情境中解釋。只有在和必須類推至母群體而要求代表性之樣本規模相比較時，質性研究樣本才顯得較爲小型。假設一個評鑑方案裡有100人，爲了達到95%信賴水準的類推性，就有必要從其中隨機取樣出80人（80%）。要在相同的信賴標準下類推，如果方案有500人，就要隨機抽取出217人（43%）；若有1000人，則取樣人數是278人（28%）；若有5000人，則要抽取出357人（7%）。因此，對於一個只有50人的方案，必須要隨機取樣44人（88%），才能達到95%的信賴水準（參見Fitzgibbon & Morris, 1987:163，關於整體數目與取樣規模之關係表）。

立意取樣在原則上與或然率取樣極爲不同。但問題是人們經常以或然率取樣之原理、目的及其通用的樣本規模，來評判立意樣本。與質性研究之其他方面一樣，對樣本之評判必須視其使用的環境而定。同樣的原則也適用於質性研究資料之分析和表現。隨機樣本無法取得和深度立意樣本一樣的效果。反之，後者也無法取得與前者同樣之效果。

Piaget對自己兩個孩子長期深度的觀察，使我們在認識兒童思維上有很大的突破。Freud則以不到十個病例建立了心理分析學之基礎。Bandler和Grinder（1975a, 1975b）在研究Milton Erickson，Fritz Perls，Virginia Satir三位著名的治療家之後，建立了神經語言學程序（NLP）。Peters和Waterman（1982）提出並被廣泛採納的八項組織卓越之原則，是其研究62家公司之結果，與數以千計可被研究的公司相比，這顯然只是一組極小的樣本。Sands（2000）的博士論文僅研究一所學校的校長，描述一位進入充滿挑戰性學校情境的女性校長如何領導學校邁向建設性的改變。

Clair Claiborne Park（2001）以40年時間記載她罹患自閉症女兒的每一個成長階段，包括語言的使用、情緒、能力‧障礙、恍神狀態、溝通模式、展現的藝術能力、克服的挑戰和未能克服的挑戰等。Park與她的先生經年累月地做系統性的觀察。著名的醫學人類學者Oliver Saks檢閱這些資料，並在他們書中前言提到，在這個相當優異的個案研究中，關於此女子的資料比任何自閉症患者要來得豐富可觀，因此，這是一個N=1單一個案深度研究的典型。

表例 5.6　取樣策略

類型	目的
A. 隨機或然率取樣	代表性：樣本規模爲母群體之函數，並達到期待之信賴水準。
1. 簡單隨機樣本	允許從樣本類推到其所代表之母群體。
2. 分層隨機和群聚樣本	提高類推到特殊次團體的信心。
B. 立意取樣	有目的地選取資訊豐富之個案進行深度研究。特定類型及選取之個案數目取決於研究目的和資源。
1. 極端或異常個案取樣	從研究現象之不尋常的表現來學習，例如傑出的成功案例或顯著之失敗案例，優等生/中輟學生，怪異事件，危機等。
2. 深度取樣	能有力地彰顯某個現象，但又不極端的資訊豐富個案，如好學生/壞學生，平均以上/平均以下。
3. 最大變異取樣	有目的地選取能獲得某個面向之變異性的最大範圍個案。記錄因應不同條件而產生的獨特或不同之變異性。辨識能涵蓋變異性的重要共通組型。
4. 同質性取樣	聚焦，減少變異性，簡化分析，催化團體訪談。
5. 典型個案取樣	闡示或強調什麼是典型的、常態的或平均的。
6. 關鍵個案取樣	允許邏輯類推，並將資訊擴大應用到其他個案。因爲如果這個個案如此，其他個案也會如此。
7. 雪球或鏈式取樣	透過已取樣之報導者不斷認識其他的資訊豐富個案，找到適於研究之好個案、好的訪談人選。
8. 標準取樣	選擇所有符合某一標準之個案，例如所有在某收容機構遭致虐待的兒童；品質保證研究。
9. 理論本位取樣 　操作性構念取樣 　理論性取樣	找出最能彰顯某一理論構念的案例，以便能強化或檢驗該項構念，及其變異性。
10. 驗證性和否證性個案	強化和深化最初之分析，尋找例外，檢驗變異性。
11. 分層立意取樣	說明特殊次團體之特性；便於比較分析。
12. 機會或逐漸顯明取樣	追蹤實地工作中產生之新線索，利用非預期事件；保持彈性。
13. 立意隨機取樣（仍爲小型樣本）	當潛在立意樣本太大難以處理時，增加樣本之可信性。減少立意類別中之偏見（但不求類推性或代表性）。
14. 政治上重要個案取樣	吸引他人對研究之注意（或爲避免不必要的注意，有目的地從樣本中排除政治敏感性個案）。
15. 便利性取樣	節省時間、金錢和勞力。最缺乏理論基礎；最不具可信性。產生資訊貧乏之個案。
16. 結合或混合立意取樣	三角檢證；彈性；能滿足多元化的興趣和需求。

事實上，相較於樣本規模大小，所選取個案之資訊豐富性和研究者的觀察和分析能力，將更有益於從質性研究中所產生的效度、意義和洞察。

關於樣本大小的問題，就如同學生被要求寫一篇論文時的反應一樣。

> 學生：「這論文要寫多長？」
> 老師：「只要能涵蓋這個研究課題就可以。」
> 學生：「那要寫多少頁呢？」
> 老師：「只要能夠闡明主題就行，既不要多，也不要少。」

Lincoln和Guba（1985:202）建議取樣應「以過剩（redundancy）為分界點......在立意取樣中，樣本之大小由資訊因素所決定。如果目的在於獲取最多的資訊，取樣只有在新的樣本已無更多的資訊可取時方可停止。因此，過剩為其基本的標準。」

這個方法仍未能解決樣本大小的問題。現實的問題依然存在，如怎樣商談決定研究之經費，或怎樣使審查委員會在不知樣本規模的情況下同意研究設計。以過剩為分界點之取樣是很理想，但對基礎性研究比較合適。後者既無時間之限制，也無資源之顧慮。

問題之解決在於判斷和協商。質性研究設計應在考慮研究目的及資助者之利益的情況下，以能合理地涵蓋所研究之現象為基礎，來界定最小規模樣本（minimum samples）。隨著實地工作的開展，樣本也可增大。如果以後的資訊顯示研究有改變之必要，樣本規模也可隨之更改。設計應當靈活彈性而逐漸完成的。但在開始時，為了計畫和預算的目的，應界定一個最小的樣本規模，並說明其理論基礎。此外也應設定標準，以使研究者對原來的取樣策略和取樣規模中出現的問題保持警惕。

最後，就像研究的其他方面一樣，樣本規模是否合適，也取決於同儕的評論、默契及判斷。重要的是充分地描述、解釋和說明取樣歷程及其決定，以便同儕審查者及資訊使用者在判斷樣本時，對其背景有充分的瞭解。研究者或評鑑者有義務討論樣本對研究之影響、取樣歷程之優缺點，以及一切與詮釋和理解報告結果有關的設計決定。在充分強調深度立意取樣之長處時，謹慎地不從立意樣本中做過度的類推，應有益於減少人們對小型樣本之顧慮。

逐漸顯明的設計及對參與者的保護

逐漸顯明的研究設計，對負責審查研究設計以保護人類參與者的研究審查委員會（IRBS）造成許多困擾。這些委員會，特別想在研究實地進行前知道會訪問哪些對象、詢問哪些問題。若研究的主題沒有傷害性且詢問的問題本身不會冒犯受訪者，IRB可能會准許研究案僅附上詢問例題，而沒有完整的取樣準則及正式訪談工具--一個逐漸顯明的研究設計架構。

另一個方法是分段取得許可。在起初只取得研究的大致架構及實地工作初期探索階段的許可，包括確保隱私權和知會的同意權，然後定期（每三個月或每年）更新研究設計，並取得有關單位的許可。

這或許對研究者及IRB造成不便，然而這可以符合IRB的規定且又能保有逐漸顯明的研究設計。這種分段取得許可的方法，當研究者與方案工作人員或參與者一同發展研究設計而無法在一開始參與研究時就確定整體設計的情況下，也是相當有用的。

研究方法之組合

一種研究可以使用多種取樣策略，也可包含多元類型的資料。有關訪談、觀察及分析的章節裡，我們將會討論如何蒐集資料以做出設計的決定。此處，僅此先簡要地探討在研究和評鑑中運用多元方法之價值。

三角檢證

研究方法端看其問題而定。數十年前，Campbell提出三角檢證的概念---每一種研究方法都有其限制，多元化研究方法通常會是必要的。

　　　　　　—Gene Glass 稱頌方法論先驅Donald Campbell

　　　　　　引自Tashakkori and Teddlie （1998:22）

三角檢證（triangulation）可藉由結合多種方法來強化一個研究。這可以是使用不同方法或資料，包括使用量化研究和質性研究方法。Denzin（1978b）將三角檢證區分為四個基本類型：（1）**資料三角檢證**（data triangulation），即在研究中利用多樣化資料來源；（2）**研究者三角檢證**

（investigator triangulation），即使用不同的研究人員或評鑑人員；（3）
理論三角檢證（theory triangulation），即使用多元視角去詮釋一組資料；
（4）**方法論三角檢證**（methodological triangulation），即以多種方法去研
究一個問題或方案。

　　三角檢證一詞來自於土地勘測。知道一個地標，只能將自己置於該
地標沿線上的某處；知道兩點的話，則具有兩個方向所定的方位，可以
把自己置於它們之交叉處（FieIding & Fielding, 1986:23）。三角檢證的比
喻使我們聯想到世界上最穩固的幾何圖形：三角形（例如，Buckminster
Fuller之圓頂就是依此幾何圖形而建造的）。三角檢證之原理基於下列這
樣的一個前提：

　　沒有一種方法可以單獨適當地解決對立因素所引發的問題......因為一
種方法只能揭示經驗實在的一個面向。因此，必須應用多種觀察方法。這便
是三角檢證。現在我把該原則作為最終的方法論規則加以論述，這就是每一
個調查研究都應當使用多種方法。（Denzin, 1978b:28）

　　三角檢證是理想的，也可能是昂貴的。有限的經費預算、一定的時
程期限，以及政治條件的限制（如方案相關人員的價值觀）等，都會影
響三角檢證在實務上的執行程度。當然，進行研究的一項重要策略，是
應用多種方法、多項測量工具、多個研究人員及多元視角，但要符合實
際且又恰到好處。

　　大多數優秀的研究者偏好採用實用主義者「何者有效」（"what
work"）的信條，以任何可利用的方法論工具來探討其研究問題。但對全
力以赴透徹研究某一問題的研究者而言，方法的重要性次於研究問題本身。
只有在最抽象的層次上，底涵之世界觀才會進入其圖像中。（Tashakkori &
Teddlie, 1998:22）。

　　多樣化方法論的組合，可應用於闡明一項研究問題。有些研究混
合了訪談、觀察和文件分析；另外一些研究則仰賴訪談多過於觀察，反
之亦然。與使用多種方法的研究相比，僅使用單一方法之研究更容易受
那種方法本身缺陷的影響（如帶有成見之訪談問題，偏見或虛假的回
答）。根據不同資料類型，以多重方法進行分析，可增加跨資料間的效
度檢驗。使用多重方法也可讓研究得以「運用彼此截長補短的多種方

法」來探討某項研究問題（Brewer and Hunter, 1989:17）。

　　然而，大家對三角檢證有一個共通的誤解，以爲三角檢證是要去證明不同資料來源或研究取向應能產生基本上相同的結果，可考驗資料之間的一致性。實則，由於不同類型的研究能反應真實世界的不同面向和細微差異，不同類型的資料往往會產生相當不同的結果。因此，研究者如能瞭解跨越不同類型資料之研究發現的不一致性，將有助於瞭解真實世界的差異。這種不一致性，不應被視爲削弱結果的可信度，而是提供更深度思考研究取向和現象間關係的機會。

　　透過結合訪談和觀察、組合不同類型的立意取樣（如深度取樣和機會取樣），或檢視相抗衡的理論視角如何裨益一項特定的分析（如Husserl的先驗現象學和Heidegger的詮釋現象學），就可以在質性研究中進行三角檢證。此外，藉由結合質性和量化方法也可以作爲三角檢證的設計，此一策略將在下一節中加以論述。

資料、設計和分析方法之混合

　　三角檢證可以從純粹或單一的方法論策略借用並結合部分元素，從而創造出混合的研究策略。要做到這點，必須學會分辨假設演繹（量化/實驗的）派典和完形歸納（質性/自然的）派典之測量、設計和分析三大元素。理想且典型的質方法策略係由三個部分所組成：（1）質性資料；（2）自然式探究的完形歸納設計；（3）內容分析或個案分析。傳統的假設演繹研究取向之理想研究則包括（1）量化資料，（2）實驗（或準實驗）設計，以及（3）統計分析。

　　測量（measurement）、設計（design）和分析（analysis）可以混合產生折衷的研究設計，像是一棟建築物可雅致地整合現代、後現代和傳統的元素，或是一頓豐盛的晚餐可結合法式開胃菜、中式主菜、和美式甜點一般，當然不能滿足每個人的胃，但可以確定這種可能性是無窮無盡的。至少它是一種概念。爲了使混合元素的想法更爲具體、更具創意和彈性，檢視一項研究或方案評鑑中可選擇替代的設計可能性，或許會有幫助。下面的例子是在人爲的條件限制下，刻意創造來使每個案例中僅使用一種測量、設計和分析。在實務上，可能的混合型態更是千變萬化，任何研究都可以涵蓋數種測量方法、可變的設計方法和不同的分析方法，來達成三角檢證。

三角檢證

高關懷外展行動：方案評鑑設計中的變異

讓我們為一項以協助高中高風險學生為目標的綜合性方案，考量其設計上的多元可能性。這項方案的服務對象是具有高度教育失敗風險之高中學生（學業成績低落、出席率甚低、學習態度不良），健康情形堪慮（營養不良、委靡不振的生活型態、吸毒率高），且極可能變成犯罪少年（違反主流社會價值、結群聚黨，且容易生氣）。這項方案提供經驗性的教育實習機會，使這些高風險學生在基本學習技能上能獲得個別指導；提供兼職工作安置，協助其獲得工作經驗並賺取收入；參與同儕團體討論，以建立其健康的價值觀，建立正向的同儕文化，並增進其與社會之統整。針對此一方案，我們提供了一些可行的評鑑方法。

純粹的假設-演繹取向：實驗設計、量化資料和統計分析

方案並沒有足夠的資源足以將所有青少年都納入為服務對象。因此，只得採用隨機取樣來將部分合於條件的青少年納入方案中，其餘則未能接受立即性的處遇介入服務。方案開始之前和一年之後，參與方案組和控制組中的所有青少年，均接受標準化工具來測量其學業成就、自我肯定、社會疏離和內外制控等。從每一組中所獲得的資料，還包括學

校出席率、疾病率、毒品使用率及少年犯罪率等。當年終資料蒐集完成之後，便可用推論統計法來比較實驗組和控制組之間的差異。

純粹的質性策略：自然式探究、質性資料和內容分析

方案參與者之招募和選擇方式完全由方案工作人員決定。在方案參與者被選入後，評鑑者便立即找一個便利的時間和他們進行深度訪談。談話的內容包括描述其學校生活、他們在學校做些什麼、如何打發時間、家庭情況如何、怎樣完成家庭作業、對健康的看法，以及關於少年犯罪活動的行為和態度等。簡而言之，是請方案參與者描述他們自己的及其社會生活。評鑑者觀察方案活動情況，蒐集有關方案進行過程中的詳細資料，如工作人員和參與者的互動關係、工作人員的介入情形，以及青少年的反應情形等。在方案進行中，評鑑者尋找適當的時機與參與者做進一步的深度訪談，瞭解他們對方案之看法、他們在方案中的經驗，以及他們都做些什麼。在方案即將結束時，評鑑者再次和參與者進行深度訪談，瞭解他們行為上產生了什麼改變，他們現在如何看問題，以及對於未來的期望等。此外，評鑑者也和工作人員進行深度訪談。最後，對這些資料進行內容分析，找出方案參與者經驗之組型和特徵，以及由參與者所報告或觀察到的改變之組型。

混合形式之一：實驗設計、質性資料和內容分析

如同純粹實驗形式一樣，潛在參與者被以隨機方式分派到實驗組和控制組。在方案開始之前和方案結束之後，評鑑者和兩組的所有青少年進行深度訪談。訪談所得資料則進行內容分析和主題分析（thematic analysis），以使實驗組和控制組的組型可加以比較和對照（結合實驗控制和俗民誌的詳細實例，請參見Maxwell, Bashook, & Sandlow, 1987）。

混合形式之二：實驗設計、質性資料和統計分析

將研究參與者隨機分派至實驗組和控制組，並在方案開始之前和結束時與其進行深度訪談。訪談蒐集的原始資料隨後交給一組分析人員，由他們將每次訪談內容，以十點量表方式在數個成果向度上來加以評

定。方案前和方案後的訪談，在這些成果向度上的評定情形，代表參與者在學校學業成功的可能性（最低1分，最高10分），違法犯罪的可能性（最低1分，最高10分），對學習的認真程度，從事建設性活動的認真程度，自我肯定的提升，以及良好營養和健康習慣之表現。然後再利用推論統計來比較兩組之結果。分析人員在從事這些成果評定時，並不知道參與者是屬於在哪一組。評定量表上所顯現的結果，也會拿來與方案參與者的人口學背景特徵進行統計上相關性考驗。

混合形式之三：自然式探究、質性資料和統計分析

　　就如純粹質性研究形式一樣，方案工作人員以其選用的標準來挑選參加方案的學生。在方案開始前和結束時與所有的學生進行深度訪談。訪談所得的資料交給分析人員，由他們進行如混合形式之二所提及的系列向度上之評定計分。每個參與者分數的變化則由電腦來進行統計處理，並將分數變化和學生的人口學背景特徵關聯在一起，以便使用迴歸模式來預測具有何種特徵的學生更易在方案中獲得成功。此外，研究人員另行建立一組量尺來處理方案活動的觀察資料，包括積極和消極參加方案活動的程度、學生和教師互動程度之高低、互動的正式和非正式程度，以及參與者對方案活動的投入程度等，將此類觀察所得之描述性資料轉化為評定量尺上的量化資料，並進行統計分析，以獲得對方案處遇環境之概觀。

混合形式之四：自然式探究、量化資料和統計分析

　　根據工作人員所訂定的標準，來選取參加方案的學生。評鑑者則不將任何事先預定的分析方法或對重要變項及其關係的假設帶入方案之中，僅觀察方案中的重要活動和事件，尋找其中呈現的行為和互動的類型特徵。評鑑者對每一項特定的行為或互動類型，建立一個類別，然後用時空取樣設計，來計算這類行為或互動出現之頻率。最後，再將觀察到的行為和互動表現頻率以統計方法加以檢視，探討其與團體大小、活動期間、師生比率，以及社會/空間密度等特徵之統計上之相關性。

單一或混合策略

　　表例5.7摘述了我們創造來檢視「高關懷外展行動」方案評鑑的六項可選替的設計策略。如同這些多元設計策略所顯示的，純粹的研究方法只是一種選項而已。研究策略、測量方法及分析程序等都可加以混合，以探究關連性和有用的資訊。也就是說，是否維持質性和量化派典的統整性（integrity）或純粹性（purity），是必須謹慎考慮的。本書第二章所提出的質性研究的十二項主題（表例2.1），確可彼此相輔相成，成為一組連貫一致的研究方法。

　　自然式探究的開放性和個人投入，與質性資料的開放性和深度，可搭配得天衣無縫。真正的開放性源自於歸納分析方法，尤其是當分析主要基於直接的實地工作資料，以及對獨特的人類場域之完形且整體理解時，更是如此。

　　同樣，實驗設計具有其內部一致性和邏輯性，以考驗從理論前提中所導出的演繹性假設。這些前提界定了研究之主要變項，以考驗理論，或測量、控制和分析方案處理及成果間的假設性關係。量化實驗派典的規則和程序，旨在產生具有內部效度、信度、可複製和可類推的研究發現。

　　Guba和Lincoln（1988）認為，由於每一種方法取向或派典均具有其內部一致性和邏輯性，不可輕率地將不同的研究模式和資料蒐集策略混合使用。我們對他們的警告絕不能充耳不聞。因為將取之於不同取向的各部分混合起來使用，在哲學上及方法論上均有甚大的爭議。但在評鑑的實際運用上，為使用者蒐集盡可能多樣且相關資訊之要求（Patton, 1981），更甚於認識論及哲學論述上對於方法論純粹性的關注。對世界萬物採取開放態度的要求，自然也包括對方法論的開放性。實務上，有創意地將諸多取向結合起來運用，完全是可行的 （Patton, 1987a）。如同原始設計具有如列印、傳真、掃瞄和影印等不同功能的機器，現今已可組合成為一部統整的事務機；研究方法亦然，原始設計各有千秋的方法，亦有可能統整成更為精妙且具有多元化功能的設計。

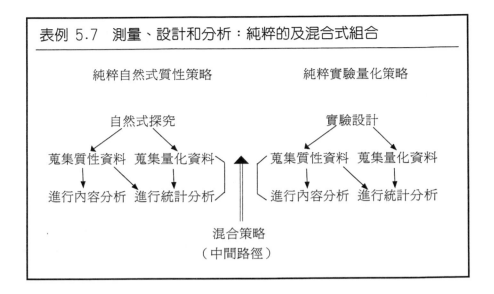

表例 5.7　測量、設計和分析：純粹的及混合式組合

主張方法論之純粹性的人認為，一個研究者不可能同時既使用演繹法、又使用歸納法，既檢驗預定的假設，又對從現象學取向進行開放式觀察所得保持開放的態度。然而，人類的推理活動事實上是極其複雜和彈性的，因此，一方面研究預先決定的問題和考驗特定的假設，另一方面以開放態度從事自然式探究，應是可能的。從其原理上看，這與問卷中同時包括固定選項問題和開放式問題的情形相去無幾。質性研究方法是歸納的、或是演繹的，是在一個連續向度上的變異程度。剛開始進行實地工作時，研究者需對資料所呈現的情況抱持開放態度，故採用的是發現取向或歸納分析。其後，隨著研究揭示出研究問題的主要面向和組型，研究者便聚焦於驗證和闡明這些主要面向和組型，故採用的是較為演繹導向的資料蒐集和分析方法。

質性取向中的變異情形，也類似實驗和準實驗設計之間的差異。純粹的實驗設計是一個理想，準實驗設計則具現了什麼是可行的且是務實的。同樣地，以一段長時間來從事完全地參與觀察，是質性研究之理想，但在實務上，質性研究設計則有許多可接受的和有意義的變化。

研究設計中的適應性與創造性精神，旨在發揮其實用性，以回應真實世界之條件、及方案相關人員對於資訊之需求。混合式方法和設計，容許有創意的研究者依據特殊場域和研究問題來加以調整適應，可打破特定設計所加諸的限制。然而，如果依循實驗設計來操作一項方案，將

參與者分派到實驗組和控制組；同時又要在自然式探究的情況下來操作方案，容許所有符合條件者進入此一方案中（因此沒有控制組和隨機分派），這是完全不可能的。另外一個無法相容的情況是：質性描述可以轉化爲量化資料，以進行統計分析；卻絕無可能逆向而行，將由純粹量化測量所獲得的資料，轉化爲詳細的、質性的描述。

設計與方法之決定

哪種設計最好？哪種策略能爲決策者提供最爲有用的資訊？這些問題並沒有簡單、直接且一體適用的答案。在每一個案例中，其答案均取決於研究目的、研究的讀者（意圖使用者想知道什麼）、可利用的資源、政治背景脈絡，以及研究者的興趣/能力和偏見。表例5.8總結了本章所探討的、設計一項研究時必須考慮的一些議題。

在質性研究中，設計上的難題本身就是一個矛盾。「設計」一詞意味著有十分具體的藍圖，但「自然主義觀點的設計，意指對一些較大範圍的偶發事件做個大體的規畫，但並不確切指明針對每個因素該做些什麼」（Lincoln & Guba, 1985:226）。質性研究設計需要保持充分的開放性和彈性，以便能探索研究之現象所提供的任何可能性。即使在開始蒐集資料之後，質性研究設計仍是「逐漸顯明的」；而設計中開放性與彈性之程度，在各設計間也是千變萬化的。

可以確定的是，使用不同的方法會產生不同的研究發現。其挑戰在於，在某一特定情境下，找出何項設計和方法最爲適切、有建設性且有用。Martin Trow（1970）相當精采地指出了兩種論述之間的區別：其一主張某些方法更爲適用於研究某些特殊問題；其二則認爲某一項方法必然且普遍地優於其他方法。

表例 5.8　設計之議題和選項

議題	設計之選項和關注重點
1.研究的主要目的是什麼？	基礎研究，應用研究，總結性評鑑，形成性評鑑，行動研究。
2.研究的焦點是什麼？	廣度與深度的折衷。
3.分析單元是什麼？	個人，團體，方案成分，整個方案，組織，社區，關鍵事件，時間區段等。
4.使用何種取樣策略？	立意取樣，或然率取樣；樣本規模的變異性，從單一個案到可類推之樣本。
5.蒐集何種資料？	質性資料，量化資料，或兩者兼具。
6.運用何種控制？	自然式探究，實驗設計，準實驗設計。
7.採用何種分析取向	歸納或演繹。內容分析，統計分析，或二者之組合。
8.如何處理研究發現的效度和可信性？	三角檢證法，多元資料來源，多種方法，多元視角和多個研究人員。
9.時間議題：何時開始研究？其順序及階段如何？	長期實地工作，迅速偵測，由探索階段到驗證階段，固定時間或開放時間。
10.如何處理邏輯和實務問題？	獲得進入場域之許可，接觸人員和紀錄的途徑，簽署契約，接受訓練，耐心和毅力等。
11.如何處理倫理議題及保密性？	知會的同意，對參與者之保護，回應性，自我之呈現等。
12.可利用的資源為何？研究的成本為何？	人員，物質支援，資料蒐集，材料，分析的時間和費用，報告及其出版的費用。

精妙的逐漸顯明設計策略

　　每個皮匠都認為皮革是唯一的材料。包括本書作者在內的大多數社會科學家們都有自己情有獨鍾的研究方法，嫻熟且能游刃有餘地運用其技巧。所以，我猜測，我們都會從這些方法中選出最適當者來探究問題。但是，我們至少不應像皮匠那般目光短淺。讓我們擱置有關參與觀察相對於訪談的爭論---就像我們不再被心理學相對於社會學的爭論所蒙蔽---好好地以我們所擁有的廣泛的概念化和方法論工具來處理問題。這並非排除以不同方法來研究特定問題類型之應用性的論辯。但亦與宣稱某項方法實質上比其他方法更為優越的斷言，迥然有別。

選擇

我們所選擇的每一條路徑，都會讓我們對未被選擇的路徑充滿了想像。

-- Halcolm

本章建議，研究應建立在「選擇的派典」（paradigm of choices）的基礎之上，而不是成為任何單一和狹隘的學科或方法論派典之奴役。但就如Sufis可能會提醒的，我們必須要謹慎從事，因為真實的選擇可能甚為難以捉摸。Trow規勸我們至少要比皮匠的思維更為開闊一些。評鑑的先知Malcolm或許會說，絕大部分的方法決定，就像是黑熊酷愛蜂蜜之「決定」一般。

有一天，因為一陣突如其來的慷慨和衝動，黑熊決定向森林裡的其他動物宣揚蜂蜜的神奇特性。牠便召集了所有的動物來聆聽牠的重要宣布。

「我已對此做了非常深入的研究，」黑熊開始說道，「現在我已經決定蜂蜜是所有食物中之聖品，因此，我已選擇喜愛蜂蜜。接下來，我將向你們描述一下蜂蜜的完美品質，由於你們過去的偏見和缺乏經驗，而被你們所忽略了。然後，相信你們也會像我一樣做出同樣明智的決定。」

「蜂蜜的包裝美觀便利，梭柱型容器質地精美。蜂蜜可立即享用，生津潤喉，是極其營養的能量之來源，且容易消化，其甜味在口中久駐不散，香醇迷人。蜂蜜十分易於取得，且由於蜜蜂承擔了所有的生產工作，因而不須特別勞力以事生產。蜂蜜氣味芳香，輕巧細緻，不易腐壞，極為優越的品質，使它成為無與倫比的美食。享用時也相當方便，不必削皮、宰殺或去殼，而且不會製造垃圾。此外，它還有許多用途，既可以單獨享用，也可作為調味品增加其他食物的美味。」

「有關蜂蜜的好處真是不勝枚舉，此處我所要強調的是：我已對此做了相當客觀而周延的研究。公正而理智的分析導致的唯一結論是：蜂蜜是絕佳的食品，任何明智的動物無疑都會做出像我一樣的明智決定。我已決定對蜂蜜至愛不渝。」

兩個設計上的視角

一個在方法論課堂中流傳的老笑話

有一位素負盛名的心臟外科權威醫師在一場醫學盛會上，向全神貫注的聽眾發表其最新的手術方法。在會場的後排，有人舉手詢問道：「你有隨機分派半數的病患接受舊的處遇方法，另半數病患接受新的處遇方法，來考驗你的新方法嗎？」

這位外科權威站在講壇上，以傲慢的怒火，回應道：「當然沒有。為什麼我要剝奪半數病患接受更好處遇的機會，而讓他們面臨過早的死亡呢？」

從會場後方發出一個聲音：「但是你怎麼知道是哪半數呢？」

質性研究版本

有一位素負盛名的心臟外科權威醫師在一場醫學盛會上，向全神貫注的聽眾發表其最新的手術方法。他呈現了20個個案的詳盡報告，每一個都有長期積累的成功結果。在會場的後排，有人舉手詢問道：「你有隨機分派半數的病患接受舊的處遇方法，另半數病患接受新的處遇方法，來考驗你的新方法嗎？」

這位外科權威站在講壇上，以充滿關懷和熱情的語調，回應道：「我曾經嘗試過。我向全世界的統計學家發出邀請函，尋找志願者，一旦罹患心臟病時願意成為我的控制組，且放棄接受新的處遇方法。但沒有任何人回覆表示志願這樣做。」

6

實地工作策略和觀察方法

瞭解這個世界

　　孩子們告訴Halcolm，「我們想瞭解這個世界。噢，先生，請告訴我們，我們怎樣才能認識這個世界呢？」

　　「你們讀過那些偉大思想家的著作嗎？」

　　「先生，我們讀過，我們讀了你所推薦的每一位思想家的著作。」

　　「你們是否認真實踐過你們所獲得的知識，使之成為無限宇宙中之一環。」

　　「先生，我們實踐過，全力以付、嚴肅認真地實踐過。」

　　「你們學過科學中的實驗、調查和數學模式嗎？」

　　「是的，先生，甚至於超出了考試的範圍。我們學習了實驗、調查及數學模式之分析、演變和檢驗的深層知識範疇。」

　　「你們仍不滿意嗎？你們還想瞭解更多嗎？」

　　「是的，先生。我們想瞭解這個世界。」

　　「那麼，我的孩子們，你們必須走到世界當中去。生活在人們之間，像他們那樣地存在著，學習他們的語言，深入他們的日常生活。去體驗世界、感受世界、觀察傾聽、接觸和被接觸、記錄下你們的所見所聞、人們的思維方式，以及你們的感覺。」

　　「置身於世界當中，觀察，以及讚嘆，體驗和省思。要想理解一個世界，你們必須成為那個世界的一部分，同時與之保持距離，既是其中的一部分，又與之保持距離。」

　　「那麼去實踐吧！回來時告訴我你們的所見所聞、你們所學到的一切，以及你們所瞭解的東西。」

--- 摘自Halcolm《方法論年鑑》（*Methodological Chronicle*）

人類觀察的通俗智慧

在觀察的領域裡，機會只垂青那些已經準備好的人。

-- *Louis Pasteur* （1822-1895）

人們都只看到他們已準備好要看的東西。

-- *Ralph Waldo Emerson* （1803-1882）

任何一位修習普通心理學或者社會學課程的學生，都瞭解到人們的知覺是相當具有選擇性的。即使觀看同一個景色或事物，不同的人會看到相當不同的東西。而人們所「看到」的，取決於他們本身的興趣、偏見和背景。我們的文化形塑了我們所看到的，而我們童年早期的社會化歷程，也塑造出我們如何看待這世界的方法，我們的價值觀告訴我們如何解釋出現在我們眼前的東西。因此，研究者應該如何信賴來自於觀察的資料呢？

在Katzer, Cook, 與Crouch（1978）對於社會科學研究者的經典指南中，為觀察這章下了一個標題<眼見不為信>（Seeing Is Not Believing）。他們以一個經常被複述傳誦的故事，來證明觀察資料的問題。

在一次科學研討會上，兩個人突然闖入會場當中。其中一個人正被另一個手持左輪手槍的人所追逐。他們無視在場的眾多研究人員，持槍者朝空中開了一槍，然後他們又倉促跑了出去。這之間大約經過了二十秒鐘。會議主席馬上請所有在場的人記錄下他們所見到的這一幕。觀察者並不知道這起騷亂是事先策畫好的、經過反覆排練過，並已經拍下了影片。在四十份觀察報告中，只有一份報告對於主要事實的記錄錯誤率低於百分之二十，而大多數記錄的錯誤率都超過了百分之四十。這一事件必然引起觀察者注意力的高度集中，因為事件就發生在眼前，所以觀察者看到了事件的整個歷程，而且事件的整個過程僅僅二十秒鐘。然而，觀察者卻不能觀察到所發生的一切。一些讀者可能會對此暗自發笑，因為觀察者都是研究人員。但是諸如此類的實驗已經被報導過無數次了。研究人員實與一般人相差無幾。（Katzer et al., 1978:21-22）

　　藉由這故事來質疑所有的觀察法研究，顯示出兩個基本的謬誤：
（1）這些研究人員並非訓練有素的社會科學觀察者，（2）他們在當時
並未準備好使用觀察法。使用觀察法的科學研究，需要嚴格的訓練與嚴
謹的準備。

　　事實上，一個人光是具有使命感，並不能使他成為一個熟練的觀察
者。然而，一般人經歷任何特殊情況，會強調和報告相當不同的東西，
並不意味著訓練有素且準備充分的觀察者，無法準確、有效、並可靠地
報導此一特殊情況。

　　訓練成為一名技能卓越的觀察者，應該包括：

● 學習去注意，去看那兒有什麼應該看的，去聽那兒有什麼應該聽的。
● 練習描述性地書寫和記錄。
● 學會如何記錄實地札記（field notes）。
● 知道如何區辨細節（detail）和繁瑣（trivia），寫出細節，但避免細
　節被淹沒在繁瑣之中。
● 使用嚴謹的三角驗證法（triangulation）來確認觀察的資料。
● 報告研究者個人視角（personal perspective）的長處與限制，此一報
　告端賴研究者的自我認知和自我揭露。

　　訓練研究者成為敏銳、熟練的觀察者，是一件極其困難的事情，因
為很多人認為他們自己是「自然」觀察者，無需學習太多的東西。接受
訓練成為一個熟練的觀察者，和受訓成為熟練的統計人員，具有同樣嚴
密的過程。人們不會「自然地」懂得統計學---正如人們不會「自然地」
瞭解如何進行系統化的觀察研究。二者都需要訓練、實踐和準備。

　　為觀察活動進行審慎的準備，和嚴格的訓練一樣重要。我曾經花費
了很多時間和付出了很多心力，想使自己成為一名訓練有素的觀察者，
但我深信如果當時我出席了槍擊的那次科學研討會，我記錄的觀察將不
會比那些缺少訓練的觀察者更為精確，因為我並不會對所發生的一切做
好進行觀察的準備。缺乏這一準備過程，對於所見情形的觀察，只不過
是一個普通參與者之我見，而不是透過一個科學觀察者的精準眼光來為
之。

　　準備應包括心智（mental）、體能（physical）、智能

（intellectual）和心理（psychological）等幾個面向。Pasteur曾說：「在觀察的領域裡，機遇只垂青那些已經準備好的人。」心智的準備，是如何在觀察歷程中集中注意力。在我看來，觀察需要全心全意地投入。我必須「開啓」我的注意力，「開啓」我的科學之眼，以及聽覺、味覺、觸覺和嗅覺等感覺機制。人們對於一個科學觀察者所寄予的希望，不是讓他們立即就能夠進行系統性的觀察，正像人們不會期待一個世界級的拳擊選手在某一街角進行他的冠軍衛冕戰一樣。運動員、藝術家、音樂家、舞蹈家、工程師和科學工作者需要經過充分的訓練和心智上的準備，才能夠獲得最優異的成績表現。由未經訓練、未做準備的觀察者所做出的自發性觀察，是非常不精確的，絕不能作爲觀察法潛在品質的指標；正如不能將社區居民的業餘表演，視爲專業演出水準之指標一般。

那麼，這一序言部分有兩點特別關鍵。第一，對於觀察的通俗智慧顯示，選擇性知覺是真實存在於日常事件的參與觀察中。第二，熟練的觀察者能夠透過密集的訓練和周密的準備，提高觀察的精準性、真確性和信度。本章重點在幫助研究者從普通水準的觀察技能，提升到系統性且嚴謹的觀察。

直接觀察的價值

我常被學生問及：「訪談的方式不是和觀察的方式一樣好嗎？你真的需要實地去觀察一個方案，然後才能做評鑑嗎？難道你無法藉由與方案中參與者訪談來獲得你所需要的資訊，而不必親自去到那裡看嗎？」

我常舉出自己的親身經驗來回答這個問題。那是一項關於領導力的培訓方案，由我和另兩位同事協同評鑑。我們是此方案的參與觀察者，而這個形成性評鑑的目的，在於對一個總結性評鑑進行全面性追蹤研究之前，能幫助該方案的成員與基金會澄清與改善方案的設計。在我們完成這一項爲期六天的領導力培訓方案之後，我們聚集在一起討論各自的經歷。我們的第一個結論是：如果不親身體歷此一方案，我們永遠也無法瞭解它。它與我們的期望、人們所告知我們的情況或者官方的方案描述，都有極大的出入。如果我們在沒有參與方案的情況下設計追蹤研究的話，我們可能會完全遺漏那些重點，或提出了一些並不妥當的問題。爲了能夠掌握方案的語言、瞭解意義的細微差異、欣賞參與者經驗的變

異、捕捉正式活動之外所發生的事項（休息時間、用餐時間、夜間聚會
與晚會等），以及去感受這個閒適幽居的環境，任何東西都無法代替這
項參與方案的直接經驗。

　　觀察資料的首要目的是描述（describe）被觀察的場域（setting）、
在這一場域中所進行的諸多活動、參加這些活動的人們，以及由被觀察
者的觀點來看所觀察事項的意義。描述必須真實、準確、而且要詳盡，
但不能贅述那些無關的瑣事。觀察報告的品質，可藉由觀察是否能夠引
領讀者進入和理解所描述情景的程度，來加以判斷。評鑑研究中觀察資
料的價值，是使用者能夠透過方案中所發生的事項，與方案中參與者或
相關人員對所發生事項之描述，以及記錄其如何反應的描述性資訊，來
理解方案的活動和影響。

　　自然式觀察通常發生於實地（field）之中。對於俗民誌學者而
言，實地指的是一個文化場域。對於質性組織發展學者而言，實地是
指一個組織機構。對於評鑑研究者來說，實地就是其所研究的方案。
有許多詞彙可用以說明實地本位的觀察，包括參與觀察（participant
observation）、實地觀察（field observation）、質性觀察（qualitative
observation）、直接觀察（direct observation）及實地研究（field
research）。「這些名詞指的是在一個不斷發展的社會場域之中或其周
遭，其目的是在這一場域中進行質性分析。」（Lofland, 1971:93）

　　直接的、親自接觸方案和觀察方案，對研究者來說有幾個優點。首
先，透過直接觀察方案的實施和活動，研究者能夠更深入地瞭解方案實
施時所處的完整背景脈絡。瞭解方案的完整背景脈絡，是整體觀點所必
須具備的。

　　其次，方案的第一手經驗能使研究者對新經驗保持開放性，以發
現為導向，並且歸納其發現之意義。由於觀察者透過實地觀察來瞭解事
實，不必再像以前那麼依賴對方案的預先認識，無論那些預先認識來自
於書面的方案紀錄或是口頭報告。

　　從事觀察之實地工作的第三個優點是，研究者有機會接觸到參與
者和工作人員例常不太注意的事情。為了讓受訪者得以在訪談中提供資
訊，研究者必須相當清楚報告中所期待獲得的資訊。因為所有的社會體
系都包含了日復一日的例行公事，早已置身其中的參與者往往會將這些
例行公事視為理所當然，而無法覺察到重要的細微差異，只有尚未對這

些例行公事習以爲常的觀察者，才會明顯覺察其細微之處。

參與觀察者也能夠發現其他任何人都不曾真正注意到的事情。我們所參與的領導力培訓方案的一個精彩場面是在最後的晚會上。每當訓練結束後的晚上時間，參與者會聚集在一起，準備將笑話、歌曲，和幽默故事組合爲一個可在晚會上表演的活動，來捉弄工作人員。工作人員雖然期待這一個高潮活動，但他們並未參與這些準備工作。連續兩年，每一梯次的受訓成員都會組織這樣一個最後的晚會，既向工作人員表示敬意，也捉弄一下工作人員。工作人員認爲，這一活動可能是以前的參與者所流傳下來傳統，或者這是參與者聚會的必然結果。我們知道這兩種解釋都不正確。真正的事實是這樣的，在方案工作人員不知情的情況下，參與者所下榻飯店的女老闆策畫了這一個在晚會上捉弄工作人員的活動。第二天晚餐之後，工作人員按慣例離開餐桌去開會時，飯店的女老闆會告訴參與者這些被期待的活動。她甚至拿出了過去晚會上拍照留念的相冊，而且提供了笑話大全、服裝、音樂、或其他的東西。這位六十歲的婦女在方案的一個最重要的歷程中扮演了一個主要工作人員的角色---而工作人員對此卻一無所知。所幸我們親自到那兒參與觀察，才揭曉了這一個秘密。

直接觀察方法的第四個價值，在於研究者能夠瞭解到一些方案參與者或方案工作人員不願意在訪談中談及的事情。受訪者可能不願意在敏感的題目上提供資訊，特別是對一個陌生人。透過直接經驗和觀察方案，研究者能夠得到除此方法之外不可能獲得的資訊。實地觀察的第五個優點，是觀察使得研究者能超越其他人所進行的選擇性知覺。訪談呈現出受訪者本身的瞭解，這些理解包括重要的、實際上是關鍵性的資訊。然而，研究者仍有必要記住受訪者總是報告自己的知覺---選擇性知覺。實地觀察者也會有選擇性知覺。藉著對方案中的資料進行自己的覺察---一種學習、訓練及自我覺知---研究者能夠表現出一個更綜合性的觀點，來省視所研究的方案。

最後，經由第一手的經驗以接近方案，能夠使研究者將個人的知識和直接經驗作爲資源，從而有助於瞭解和詮釋所評鑑的方案。省察和檢討是實地研究的重要一環。觀察者的印象和感覺成爲資料的一部分，試圖用在瞭解方案和其效果上。觀察者吸收資訊，然後形成自己的看法和印象，這甚至是最詳細的實地札記所不能及的。

由於〔觀察者〕在許多日常情況下，會觀看和聆聽他所研究的人們，而不只是舉行一場孤立且正式的訪談而已，他會建立起一種不斷增長的印象，其中很多深植於潛意識層次，為資料的分析與詮釋提供了一個廣泛的基礎。這一豐富的資訊和印象，使他能敏銳的察覺到訪談中有可能遺漏的一些細微之處，促使他不斷提出一些嶄新且不同以往的問題，並帶進接下來的觀察中去尋找答案。（Becker & Geer, 1970:32）

觀察本位之評鑑及應用研究

先前對實地研究優點的檢視，雖相當直截了當，但也許仍有些抽象。此刻我們要考慮如何進行實地工作的細節，但為了闡述直接觀察在真實世界中的轉變，且增強其重要性，讓我提供一個兒童故事世界的觀視角度。許多有趣的、或懸疑的童話故事和寓言中，都有國王卸下華麗的王袍後喬裝成平民百姓，這樣他們就可以自由自在地出入於尋常百姓之間，真實地瞭解王國中所發生的事情。我們現代的國王和政治人物當要接近民眾時，較有可能會帶著一隊攝影記者跟隨著他們，進行實況報導，不太可能會秘密變裝且微服出巡。此時，這個體察民情的任務就落在應用研究者和評鑑者的身上，經過適當喬裝打扮和入境問俗的態度，使他們得以在人群中自由出入，有時是秘密地，有時是公開地，但主要目的都是為了能夠更深入地瞭解這個真實的世界。如此他們才能將這些深入瞭解到的資訊報告給現代的國王，以提升制定和執行政策的智慧，且對方案的決策有所啟發。至少這是一個夢想。這個夢想能否落實，涉及到許多有關從事實地工作的重要決定。現在就讓我們來談一談這些決定。

實地工作之變異

© 2002 Michael Quinn Patton and Michael cochran

觀察方法的變異

我們不該停止探索，
即使所有探索的終點將會抵達出發之處，
我們仍將是第一次知道這個地方的究竟。

-- *T. S. Eliot* （1888-1965）

　　觀察研究係以多種方式探索世界。要決定何種觀察方法適用於特定的評鑑或行動研究，其判準相當不同於從事基礎社會科學研究的決定。這些差異出現於下列諸環節當中，包括應用性研究的性質、評鑑的政策、多數評鑑專案契約的性質、研究者需對資訊使用者承擔的績效責任等。因此，雖然實地方法根源於人類學和社會學傳統，但是將這些方法應用於評鑑目的上，仍需要加以調整。下面這一節將討論評鑑之實地方法與基礎研究之實地方法間的相似性和差異性。

觀察者涉入的變異：參與者或旁觀者，或兩者皆是？

　　區辨觀察策略的首要也是最基本的區分，是有關觀察者在所研究場域中作爲參與者的程度問題。這不僅僅是參與和不參與之間的簡單選擇。參與的程度是一個連續向度，從完全進入場域作爲一個完全參與者（full participant），到完全脫離這一場域成爲旁觀者（onlooker）。這連續向度的兩極端之間具有極大的變異。

　　這也不僅僅是觀察者一開始就做好在研究中參與多少的決定而已。參與程度會因時因地而異。在一些實例中，研究者可能在開始之時以一個觀察者的身分出現，然後逐漸成爲研究歷程中的參與者。在其他實例中，研究者可能開始就要成爲一個完全參與者，以便體驗一下開始進入方案中的感受，然後在研究階段逐漸減少參與，直到最後從一個旁觀者的立場扮演臨時觀察者的角色。

　　完全參與觀察是綜合性的實地策略，在於它「同時結合了文件分析、對受訪者和報導者進行訪談、直接參與和觀察，以及內省」（Denzin, 1978b:183）。從另一方面來看，如果研究者作爲一個旁觀者進入方案中，對方案活動進行直接的觀察，觀察的歷程即與透過訪談蒐集資料的歷程有所區隔。在參與觀察中則沒有這樣的區隔。典型的人類學實地工作者透過他們親聞目睹的實地札記資料，與非正式、自然訪談和報導者所描述的資訊綜合起來（Pelto & Pelto, 1978:5）。因此參與觀察者應用了多元化且彼此重疊的資料蒐集策略：參與觀察者完全投身於經驗所研究的場域（參與），同時努力透過親身體驗、觀察，並與其他參與者討論所發生的事項，來理解此一場域。

　　在我自己透過參與觀察所評鑑的領導力培訓方案中，我完全參與所有方案的活動，此一領導力培訓之舞台即爲我從事評鑑之實地。如同其他的參與者一般，隨著時間進展，我和一些人發展出較爲接近的關係，我們一起享用餐點及徹夜暢談。假如活動允許的話（例如：團體討論），有時候我會在活動中做詳細的筆記；其他時候我則是等待晚一點再記錄到我的札記上（例如：用餐後）。假如情況突然變得相當富有情緒性，例如在會心團體中，我會爲了確保我做筆記的舉動不會擾亂他們，會完全地參與並停止做筆記。但也不像其他參與者，我會參與工作人員的會議，知道工作人員如何看待正在進行的事情。大多數的時間我

是以參與者的身份，完全地沈浸在方案經驗中，但我總是會覺察到身為評鑑觀察者的額外角色。

研究者是否可能成為方案參與者的程度，部分取決於方案的性質。在以兒童為服務對象的人群服務和教育方案中，研究者絕無可能以兒童的身份來參與方案；然而研究者很有可能以志工、家長，或方案工作人員的身分來參與此一方案，進而發展出一個局內人視角（insider perspective），以有別於研究者之局外人視角（outsider perspective）。性別也可能造成參與觀察的阻礙。男性不可能參與只有女性參與者的方案（例如：受暴婦女庇護中心）。從事實地工作的女性，在未開化的國家可能不被允許去接近只准男性參與的聚會或慶典。服務特殊族群的方案，也可能自然地限制了研究者成為完全參與者的程度。例如，一個沒有任何藥物依賴問題的研究者，在生理上和心理上都不可能成為一個藥物依賴方案的完全參與者，儘管研究者確有可能以當事人身份進入該項方案。參與此類處遇方案，確實可能對方案帶來重要的洞察和理解，然而，研究者必須避免產生已經完全參與的錯覺。這一點可藉由一位曾在監獄裡從事參與觀察的學生之經驗來加以說明。

犯人：小伙子，你在這裡做什麼？
學生：我在這裡是想瞭解一下監獄的生活到底是個什麼樣子。
犯人：你這是什麼意思---「瞭解監獄生活是什麼樣子？」
研究者：我來這裡的目的是讓我能夠以一個局內人的身分來體驗一下監獄生活，而不僅僅是從外面研究裡面的生活究竟是什麼樣子。
犯人：小伙子，你可真讓我嚇了一跳。你要從監獄裡體驗......？小伙子，你真混，你覺得你在這裡待夠了就可以回家，是不是？
研究者：是啊。
犯人：那麼，你就永遠不會知道在監獄裡的生活是什麼樣子。

社會、文化、政治及人際因素都會限制在參與觀察中參與的性質和程度。如果方案中的參與者互相都很熟悉，他們可能會抗拒一個方案外部人員試圖成為他們緊密圈子中的一員。在社會學家和一般民眾之間若存有社會地位的差異，那麼他們將會很難接近這些一般民眾；類似如此，許多情況下，研究者是受過良好教育的中產階級，然而，社會福利方案的參與者則多屬經濟上弱勢且未受教育者，方案參與者可能會抗拒任何另有所圖的「完全」參與觀察。方案工作人員有時會抗拒額外的負

擔，例如在資源有限的情況下，研究者的參與將會使方案工作人員和參與者的比例變得不平衡。因此在方案評鑑中，完全參與的可能性和可欲性，取決於方案的性質、政治背景脈絡、以及研究問題的性質。例如，成年人培訓方案可能很容易讓研究者完全參與其中。犯罪者治療方案則較不可能開放參與觀察。因此，研究者在協商觀察研究中的適宜參與程度時，必須靈活、主勤、積極、且應變力強，特別是因時間限制而必須迅速進入場域中時，更是如此。可以花費較長時間投入研究場域的社會科學家，會有更多機會從事較完全的參與觀察。

如同上述實例所顯示的，完全參與於研究場域中---有時稱爲「在地化」（going native），是相當罕見的，尤其是從事方案評鑑時。參與的程度及觀察的性質，沿著可能性的連續向度而有所變異。理想的方式是根據參與者的特徵、工作人員和參與者的互動性質、方案的社會政治背景脈絡，以及意圖使用者所需要的資訊等，來設計和協商參與的程度，以產生最有意義的資料。類似這樣，在應用性及基礎性研究中，研究的目的、範疇、時間長度及研究場域等，均會支配可能從事參與觀察的範圍及類型。

最後須注意的一點：研究者對於投入方案的計畫和意圖，可能與實際上會發生的情況有所不同。Lang和 Lang（1960）報導說，兩位研究觀眾行爲的科學家，在Billy Graham的福音傳道大會上作爲參與觀察者，竟宣稱其基於「上帝的決定」，而置其觀察者身分於不顧，走上前去參加Graham牧師的福音運動。這些便是真實世界實地工作者所甘冒的職業風險（或者獲益，這要看你從哪個角度來看）。

局內人及局外人視角：主位 V.S 客位方法

某一研究場域的局內人，對於該場域的觀點和發現，經常會與從事研究的外部研究者大異其趣 （Bartunek & Louis, 1996）。

俗民語意學者（Ethnosemanticist） Kenneth Pike（1954）創造「主位」（emic）及「客位」（etic）這兩個詞彙，來區分人類學者所報告的分類系統，如該分類系統係奠基於（1）由某一文化中人們所使用的語言（language）和類別（categories），即稱爲「主位取向」（emic approach）；不同於（2）由人類學者基於其對重要文化區分的分析，而

建立的類別，即是「客位取向」（etic approach）。先驅的人類學者如
Franz Boas及Edward Sapir主張，唯一有意義的區分是由一個文化中的人
們所創造出來的，就是從主位視角而觀之。然而，當人類學者轉而聚焦
於比較研究，致力於跨文化分析（cross-cultural analyses）時，文化之間
的區分，即必須基於人類學者的分析視角，此即是客位視角。客位取向
指涉「立足於某一特定文化之外，來省視其分離獨立的事件，及事件之
間的相似性和相異性」（Pike, 1954:10）。人類學家對於主位vs客位取向
之相對優缺點，有著長期的論辯（Pelto & Pelto, 1978:55-60; Headland,
Pike, & Harris, 1990），然而，隨著時間的進展，我們愈來愈瞭解到兩個
取向都有其價值，且有其不同的貢獻。即便如此，兩個取向之間的緊張
關係仍然持續存在著：

> 今日，也許由於對文化多樣性的最新體認，在普遍價值和相對價值之間
> 的緊張關係，對於西方俗民誌學者仍是一道難解的習題。在實務上，這個問
> 題變成是：觀察所依循的價值觀為何？可能的選項是俗民誌學者的價值觀，
> 或是被觀察者的價值觀---亦即，以現代的說法是，客位或者主位？….此處
> 還涉及一個較為深入且更為基本的難題：當他者（the other）的價值觀並非
> 研究者所擁有的價值觀時，如何可能瞭解他者？這個難題使得俗民誌學者更
> 為苦惱，尤其當西方基督教的價值觀不再被確認為真相時，也不再能作為有
> 效觀察的基準標記。（Vidich & Lyman, 2000:41）

在方法論上的挑戰，是研究者在實地工作期間和結束之後，如何持
平地來運用這兩個視角，且清楚自己及讀者對於如何管理此一緊張狀態
的觀點。

參與觀察者盡可能地在所研究的場域中分享其生活和參與活動，以
對所發生的事項發展出一個局內人的觀點，亦即主位視角。這意味著參
與觀察者不僅看到正在發生的事，而且要感受到當他就是這一場域或方
案中的一份子時所有的感受。人類學家Hortense Powdermaker（1966）
將參與觀察的基本假定描述為：「傳統上，人類學者為了想瞭解一個社
會，會將自己融入其中，盡可能地以該文化成員的身份學習去思考、觀
看、感受，和行動，同時，仍維持本身是來自另一文化的訓練有素的人
類學者。」（p.9）

作為研究場域或方案中的局內人，強調了參與觀察的參與部分。同
時，研究者仍維持其身為局外人的明察秋毫。結合參與和觀察，一方面

作為局內人來瞭解此一場域,另一方面又要對局外人來描述此一場域,確實是一項莫大的挑戰。

　　對多數研究者來說,獲得作為一個局內人的理解,只是踏出了第一步而已。他們接下來要能夠基於兩個不同團體的視角來從事思考和行動,其一是他們所生活其間的團體,以及其二是他們所研究的團體。他們也要有能力設定一個同時位於二者之邊緣的位置,使之得以覺察和描述這些彼此複雜交織的關係、系統和組型,那是局內人可能因當局者迷而無法在意識層次上加以覺察的。社會科學家已能體認到,局外人不會知道其中的意義或組型,而局內人則會因過於涉入其中而遺忘這些組型存在之事實。……實地工作者最後從此一緊張關係中所產生出的能力,是依據其精妙思維、能力和訓練,來轉換其觀點。他們的任務是去理解他們所經驗和所學習到的,然後以能夠充分闡述的詞彙,將其經驗和學習傳達給其他人。 (Wax, 1971:3)

由誰來從事研究?---單獨和團隊 VS 參與和合作取向

　　局內人視角的終極目標,包括透過合作式或參與式研究,讓局內人作為協同研究者(coresearcher)。實地工作的協同合作形式、參與式行動研究,以及評鑑之增能取向,均愈形重要且廣為研究者所採納,以使「協同合作程度」(degree of collaboration)成為質性研究設計的一個面向。參與式行動研究(participatory action research)有其長期發展和相當卓絕的歷史(Kemmis & McTaggart, 2000; Whyte, 1989)。女性主義研究的協同合作原則,包含研究者和被研究對象之間的聯繫和平等關係,透過參與研究的歷程強化其意識覺察和研究者的反省思考,而且產生能對女性自由解放有所貢獻的知識(Olesen, 2000; Guerrero, 1999a:15-22; Thompson, 1992)。在評鑑中,Cousins和Earl(1995)倡導參與式和合作式取向的評鑑,以增進研究發現的應用性。增能評鑑(empowerment evaluation)經常使用質性方法 (Fetterman, 2000a; Fetterman, Kattarian, & Wandersman, 1996),包括使用評鑑的概念和技術,以增進自主自決,並協助人們學習研究和報告其自身的議題和關注重點。

　　這些取向的共通點在於其研究風格,研究者或評鑑者作為催化者(facilitator)、協同合作者(collaborator)和教師(teacher),以支持那些參與其研究的人們。即使從參與歷程中所產出的研究發現另有用

處，一項附加的課題，是要增進參與者對其自身生活和所處情境的控制感、自由度和省思。第四章討論了這些取向如何從事質性研究的實例，可被應用於支持組織或方案發展及社區改變等議題。

　　協同合作的程度乃沿著一個連續向度而有所變異。在一個端點上是單獨從事實地工作者，或是一個專業人員團隊，特徵是研究人員完全主導控制整個研究的進行。另一個極端則是與研究場域中的人們協同合作，將他們稱爲「協同研究者」，讓他們協助研究設計，參與資料的蒐集和分析。沿著連續向度的中間段落，則是部分或階段性（不同於連續性）的協同合作。

外顯性和內隱性觀察

　　一項有關觀察資料之效度和信度的傳統考量，是觀察者對所觀察對象的影響效應。當人們知道他們正在被觀察時，他們的行爲就會有相當大的變化，相對地，當他們沒有覺察到正在被觀察時，他們的行爲就不會變化。因此，內隱性觀察（covert observation）比諸外顯性觀察（overt observation）更可能捕捉到真實發生的情形。

　　已有許多研究者對於進行內隱性研究的倫理和道德議題，表達了廣泛的見解。Mitchell（1993:23-35）將之稱爲「私密性之論辯」（the debate over secrecy）。連續向度的一端是Edward Shils（1959）絕對反對各種形式之內隱性研究，包括「任何私密行爲的觀察，無論技術上是否可行，一旦沒有徵得被觀察者的明確和完全的同意，即不被允許」；他認爲，任何研究計畫的目的都應完全地揭露出來，除非觀察者在觀察的一開始就詳細說明其研究問題，否則即使是參與觀察法亦是「在道德上令人反感的…操控」（Shils, 1959，引自Webb等人, 1966）。

　　在連續向度的另一端是Jack Douglas（1976）的「調查式社會研究」（investigative social research）方法。Douglas論述道，傳統的人類學實地方法是建立在社會共識觀點的基礎上所進行的，將人們視爲基本上是互相合作、互相幫助、且願意讓這世界中其他人瞭解且分享其觀點。與此相反的，Douglas則採用了一個社會的衝突派典，相信在探求真相的歷程中，任何及一切內隱性研究方法都應該被看作是可接受的選項。

　　這個調查式派典所奠基的假定是，這個社會生活中充斥著興趣、價值、感受和行動的大量衝突。研究者所接觸的所有的人，皆有充分的理由對其他人隱瞞他們正在做的事，甚至是欺騙他們，這是理所當然的。研究者不再信任他人，或期待他人回報其信任；取而代之的是懷疑他人，且期待他人也如此懷疑他。衝突是生活中的現實；懷疑是生活的指導原則……這對所有人而言都是一場戰爭。沒有人會毫無理由將任何東西給予任何人，特別是「真實」……

　　所有正常的成年人都應該知道，在社會現實中要去詢問人們正在發生什麼事，存在著至少四項主要難題，而如果研究者想要避免被欺騙、愚弄、利用、哄騙、欺詐等等，你就必須解決這些難題。這四項難題是：（1）錯誤的資訊（misinformation）；（2）推諉（evasions）；（3）謊言（lies）；（4）裝腔作勢（fronts）（Douglas, 1976:55, 57）。

　　正如參與的程度在實地工作中是一個變異性的連續向度，而不是一個「全有或全無」的命題一樣，如何公開實地工作之研究目的亦然。研究方案中告知參與者其正在被觀察的程度，以及告知研究目的的程度，均可以從完全公開到完全不公開，而在這個連續向度的中段亦有著大量的變異（Junker, 1960）。學科本位的倫理守則（如美國心理學會和美國社會學會）一般而言均會譴責欺瞞和內隱式研究。同樣地，為了保護人類參與者，機構審查委員（Institutional Review Board, IRB）會亦強烈限制使用這些內隱性方法。他們現在都拒絕接受對研究參與者欺瞞研究目的的作法，不像早期心理學研究所做的那樣。其中一個最惡名昭彰的例子，是Stanley Milgram的「新天堂實驗」，以研究一般民眾是否會遵循權威人物的指令。他要求這些平民百姓操作行為改變電擊器，用高達450瓦數的電擊，來幫助學生學習，而不管隱身牆面另一邊的學生如何尖叫和抗議。真正的研究目的，參與者直到實驗結束之後才被告知，是以美國平民百姓為對象來複製納粹監獄中監獄管理員的行為（Milgram, 1974）。

　　IRB也拒絕接受未告知觀察者或未能取得觀察者同意的研究計畫。就如最聲名狼籍的「塔斯克吉實驗」（Tuskegee Experiment）。大約40年前，由美國公共健康服務所贊助的醫生與醫學研究者，對阿拉巴馬州的塔斯克吉鎮上黑人從事梅毒研究，研究者並取得這些被研究黑人的同意，卻讓這些已罹患梅毒的黑人未接受任何處遇，以記錄這項疾患的發展進程（Jones 1993）。其他受到內隱性研究者不當對待或忽視的故事，多如牛毛。在1940年代晚期與1950年代早期，一名攻讀營養生物化

學的博士研究生，對麻塞諸塞州一所學校的男性學生，定期供應滲入放射性物質的麥片粥早餐來研究學童的反應，但並未取得這些學生和家長的同意。1960年代，美國軍隊也偷偷地在Minneapolis市上空，施放一些具有潛在危險性的化學物質，來測試一般民眾的生物反應。居住在美國Dakotas原住民保留區的原住民兒童，也曾在未經同意之下被注射肝炎疫苗，來測試兒童的健康情況。在1960年代和1970年代，在Philadephia的科學家曾利用一所監獄的囚犯，從事皮膚和藥物反應等測試，但並未告知他們潛在的危險性。

因等待IRB的審查許可而延宕從事實地工作時程的博士研究生，必須記住他們是在爲前人所做的欺瞞和內隱觀察付出代價。那些最可能遭致不當對待的人，也就是社會中最容易受傷害的人---兒童、窮人、有色人種、病人、低教育程度者、監獄或庇護所中的男性和女性，以及孤兒院或矯正學校的學童。過去，人類學研究者也曾接受殖民政府的委託，對當地民眾進行控制。而現今，保護人類參與者的程序，已是以尊重來對待所有人們的一種宣誓和踐諾。無論如何，我們必須從過去歷史和背景來學習，並有所警惕，這意指研究者必須充分地告知和保護同意參與我們研究的人們，無論他們是無家可歸的人（Connolly, 2000），或是企業財團的總裁（Collins, 2000）。

不過，並不是所有的研究與評鑑都會經過IRB的審查，所以揭露的類型和揭露多少，仍是一個相當具有爭論性的議題。特別是當研究試圖要去揭露內部儀式和極端團體的運作時，或是揭露那些足以影響公共福利的權威團體，如企業財團、工會組織、政治組織（政黨）或其他有權有勢的團體時，其爭論更大。例如Maurice Punch（1985, 1987, 1997）曾研究荷蘭的一所商業學校，寫下其在貪污腐敗的公民營機構組織中從事俗民誌研究的挑戰。

在實地工作中，研究者典型的欺瞞手法，就是爲了要成爲所研究團體的一份子，假裝其與研究團體共享了相同的價值和信念。社會學家Richard Leo也曾掩飾其自由政黨和社會主義觀點，而假扮成保守黨員，和警察人員建立信任關係，以獲得同意進入警方的審問調查室（Allen 1997: 32）。社會學家Leon Festinger（1956）曾經掩飾其專業，謊稱其相信某教派的神秘預言，以滲入這個世界末日教派來從事研究。社會學家Laud Humphreys（1970）也曾經假裝是同性戀者，在公園中對同性戀

行為蒐集資料，來完成其博士論文。人類學家Carolyn Ellis（1986）假裝只是去Chesapeake Bay拜訪朋友，實則研究該地的漁業文化。她對於當地的負面描述激怒了當地人，最後，她只好為其欺騙行為而道歉（Allen 1997）。

　　傳統上，學術性實地工作中，研究者對於觀察之內隱程度的決定，乃在追求真相和其專業倫理之間，取得平衡。在評鑑研究中，資訊使用者有權決定要使用何種方法，所以觀察者本身並不需決定觀察的程度和觀察目的應否揭露的程度。然而，方案評鑑的複雜性，使得對於觀察之內隱或外顯性質的決定，有了許多不同的層次。有些時候，唯有方案或評鑑的資助單位完全清楚觀察的程度和目的。有些時候，方案工作人員會被告知將有某些評鑑人員會參與方案，但當事人則完全不知情。在其他情況下，研究者可能會向方案參與者透露方案參與的目的和性質，並請他們在對工作人員保密的過程中合作。此外，其他情況下，與方案有較緊密關聯的人可能知道觀察正在進行著，但是與方案關聯較疏遠的政府官員則對觀察一事一無所知。有時，情況變得相當錯綜複雜，以至於研究者也弄不清楚哪些人知道，而哪些人不知道。當然還有一些典型的情況，所有相關人員都知道研究正在進行著，也知道誰是研究者---而研究者卻不知道其他人均對此瞭如指掌。

　　在稍早曾提及社區領導力培訓方案的參與觀察中，我的兩名同事和我都同意工作人員的觀點，儘量少讓別人瞭解到我們的評鑑角色，並將我們自己描述為「教育研究者」，對研究這一方案十分感興趣。我們不想使參與者認為他們當時正在被評鑑，因而擔心我們的判斷。我們的重點是評鑑這個方案，而不是評鑑參與者，但是為了避免增加參與者的緊張情緒，我們只好藉著自稱為「教育研究者」來粉飾我們的評鑑角色。

　　我們與工作人員對此所作的謹慎協定和排練，在方案主持人開始（在這個為期六天方案的一開始）介紹我們的角色時就破功了。方案主持人告訴參與者---大約十分鐘---我們只是參與者，不必擔心我們對他們的評鑑。但是他希望團體裡的人不要擔心的話講得時間越長，那些人就越是擔心起來。當他感到他們擔心的時候，他更強烈地想消除他們的疑慮。我雖然繼續自稱是「教育研究者」，但自此之後，參與者卻把我們看作是評鑑者了。我們完全參與的角色過了一天半才恢復過來，凶為參與者從個人的層次上已對我們有了瞭解了。

試圖保護參與者，卻產生了事與願違的惡果，使我們加入團體中變得更為困難。然而，這一經歷使我們察覺到我們繼而要觀察的東西是整個一個星期中很多方案活動的一個組型，而研究發現的主要重點是：工作人員對參與者的過分保護和紆尊降貴表示關心的態度。

基於此及其他的評鑑經驗，我建議方案評鑑應完全的公開化。人們很少會真正被錯誤的或不完全的解釋所欺騙，或消除疑慮。試圖施些詭計或玩弄些小把戲，簡直是一種冒險的行為，而且一旦詭計被揭穿了，就增加了研究者從事評鑑的壓力。隨著時間的進展，方案參與者會首先將研究者看作是普通人，而不是評鑑者。

研究問題的性質，決定了該告訴哪些人觀察正在進行中。在工作人員和方案參與者都急於擁有資訊以改善方案的形成性評鑑中，資料蒐集的品質，可能會因公開請求方案相關的每一個人的合作，而有相當大的提升。事實上，形成性評鑑的接納性和有用性，可能取決於先前的公開和協商後的同意。另一方面，如果方案資助者有理由相信某一項方案聲名狼籍、漏洞百出、且/或對參與者具有相當負面的影響，此時，就有必要採用外部的、內隱性評鑑來，來發現方案中實際發生了些什麼。在此情況下，我所偏愛的完全公開策略可能就既不適切也不實用了。從其他角度來看，Whyto（1984）已經闡述過「在社區場域中，堅持扮演內隱性角色，一般而言是很有問題的。」

最後，還有關於保密的議題。那些倡導內隱性研究的人，通常主張在隱匿姓名、地點和其他識別資訊的情況下進行內隱性觀察，以保護被觀察者不受到任何傷害或懲罰。因為基礎性研究者有興趣的是真相／真實，而不是行動，這就更容易在學術研究時保護報導者或研究場域的身份。然而，在評鑑研究中，即使參與者的身分可以不為人知，但很少能隱藏方案的身份，而且這樣做很可能會損害了研究發現的實用性。

評鑑者和決策者必須依照他們自己的良心、評鑑目的、政治現實和倫理敏覺力，在每一個案例中去解決這些問題。

觀察時間長度的變異

觀察研究之變異所遵循的另一個重要向度，是資料蒐集所花費的時間長度（duration）。在實地研究的人類學傳統中，一個參與觀察者要

花費至少六個月的時間，甚至經常是數年以上，生活在所觀察的文化場域當中。Napoleon Chagnon（1992）對住在委內瑞拉與巴西邊境雨林的Yanomami Indian族人從事的實地工作，更花上四分之一世紀的時間。為了對整個文化與次文化有一個全面性的理解，的確是需要花上很長的時間，特別是在Chagnon的案例中，他記錄了部落生活的改變，以及對這些遺世獨立族人生存的持續性威脅。然而，其長期參與所研究的人們，所帶來的效應，卻是相當具有爭議的（Geertz, 2001; Tierney, 2000a, 2000b），這議題稍後另行討論。此處的論點是：基礎性與應用性社會科學領域的實地工作，目的在於揭露社會生活的錯綜複雜性和基本組型---真實的、覺知的、建構的和分析的。這類研究都需要投入很長的時間。

教育的研究者Alan Peshkin提供了一個很好的例子，那是一位盡忠職守的實地工作者，在數個不同的研究場域中各生活一段時間，以研究學校與社區的關係。他的實地工作場域包括：美國原住民社區，加州一個多元種族城市裡的一所高中，伊利諾州郊區的學校，一所基本教義派基督教學校，一所專收菁英學生的私立寄宿學校（Peshkin 1986,1997, 2000b）。為了蒐集資料，他和太太一起在他所研究的社區居住至少一年以上。他們在當地購物、參與教會活動，與當地政府官員、教師和學生都建立了密切友好的關係。

相對的，評鑑與行動研究典型上要在較為短暫的時間達成較為特定的目標：產生有助於行動的資訊。為了要有用，評鑑發現必須要有時間性。決策者不可能等待數年以上的時間，讓實地工作者在不同研究場域蒐集可以堆積如山的實地札記。許多方案評鑑必須在有限的時間和資源條件等壓力下，如期完成。所以，觀察的時間長度，必須取決於與使用者所需之資訊有關、且在所設定的期限內可利用的時間和資源。本章稍後，我們會提供一位評鑑研究者觀察經驗的描述，瞭解到他以兼職身份觀察一項為期八個月且每週40小時的方案，但他僅利用每週六小時的時間來觀察這項方案的情況。

另一方面，有些長期持續性的評鑑研究，即使要花上多年時間來累積資料檔案，以作為基礎性研究的資料來源，也可能會需要每年提出年度報告。例如Patricia Carini（1975, 1979）在佛蒙特州North Bennington的一所學校所進行的傑出研究工作。她與學校工作人員協同合作，蒐集學校學生的詳細個案資料，前後十二年間，累積了大量有關個別學生學

習歷史的詳細紀錄和學校方案性質的檔案文件。她的資料包括：學生作品的影印版（完整的作業、圖畫、紙張等）、班級課堂觀察、教師和家長觀察，以及相片。運用一個內部資訊系統來組織這些資料，可超越每季或每年的官式報告，而建立一個資料的知識檔案，來記錄這些經年累月的發展和改變。

在連續向度的另外一端，是短期的研究，僅觀察方案的一小部分，有時甚至僅是一兩個小時而已。有時方案評鑑會要求到數個方案現場進行現場訪視（site visit），即是此類短期觀察的實例。本書第一章即呈現對一個兩個小時的父母親職教育團體所進行的觀察紀錄，媽媽們在該團體中討論著她們養育兒童的實務和擔憂等。這是明尼蘇達州二十個此類方案現場的現場訪視之一，研究者需向該州立法單位報告這些革新的方案如何操作和執行。每一次現場訪視不會超過一天，經常僅需半天而已。

有時候一整個方案可能只進行很短的時間，足以使研究者能參與完整的方案，例如，領導力培訓方案只進行六天，再加上另外三次為期一天的追蹤場次。

有關觀察期間之時間長度問題，取決於研究的目的和所詢問的問題，並非典型的參與觀察一定要歷時多長時間。實地研究可能會是一個相當浩大的工程，由一個團隊的人在數年時間內同時參與多個研究場域，來進行跨場域的比較。有時候，對於某些研究而言，長期實地工作是相當基本且必要的。其他時候，為了其他的目的，如短期的形成性評鑑，方案工作人員邀請一位研究者以旁觀者身份參與一次工作人員會議，提供一些回饋和意見，也會是相當有幫助的。

當學生問我需要利用多長時間來觀察一個方案才能作出色的評鑑之時，我的回答同Abraham Lincoln在一次與Douglas的辯論會上的想法一致。一個聽眾在發現Douglas和Lincoln的身高有明顯的差異時，調侃地問道：「Lincoln先生，請告訴我們，你認為一個人的腿應該要多長才好呢？」

Lincoln回答道：「只要能碰到地面就夠了。」　　　　.

實地工作時間應該要長得足以完成工作---回答所提出的研究問題，並且完成研究的目的。

觀察焦點的變異

上述三個部分已經討論了觀察的各項變異：觀察者參與研究場域的程度、對研究目的作說明的明確程度，以及觀察的時間長度。影響上述每一個向度的主要因素是研究的範圍和焦點。研究的範圍可以很廣泛，可以包括該場域中的所有層面；或也可以很狹隘，只研究所發生事件中的一小部分。

Parameswaran（2001）想要訪談閱讀西方愛情小說的印度年輕女性。因此，她的實地工作焦點很小，但是當她將訪談發現放入背景脈絡中來理解時，她發現她：「主動地參與這些報導者的生活，已超出訪談其閱讀小說的範圍」。她是怎麼做的呢？

> 我和一群女性在咖啡店裡一起吃午餐和點心，一起去看電影，應邀到她們家吃晚餐，陪她們一起去購物等。我參加女性日常生活中的會談，在日常生活的現場訪談我的報導者，像是大學校園、家中和餐廳等。我拜訪二手書商、書店和租書店，觀察書店店員和年輕女性之間的社會互動。為了能深入洞察女性的小說閱讀和其日常社會中的表述經驗，我也訪談年輕女性的父母、兄弟姊妹、教師、書店經理和她們經常光顧的租書店商等。（p.75）

俗民誌的實地工作傳統，強調了理解整個文化系統的重要性。一個社會的各個社會中不同的次系統是相互依存、密不可分的組成部分，以至於經濟系統、文化系統、政治系統、親屬關係系統，以及一些其他特殊的次系統，才能透過其相互關係而得以理解。實際上，由於研究人員的特殊興趣和需求，多將大量時間花費在研究者視為重要的事情上，所以實地工作和觀察亦傾向於聚焦於社會或文化的某一特殊部分。因此，一項特定的研究可能會呈現對某一特殊文化的整體性概觀，進而對這一文化的宗教系統提供較為詳盡的報導。

方案評鑑的研究焦點，有著相當廣泛的可能性。思考研究焦點的個方式，是依順序來區分不同的方案歷程：（1）參與者進入方案的歷程（方案的外展範圍、新成員招募和接案晤談），（2）方案定向和社會化的歷程（方案的初始階段），（3）方案所實施的基本活動（服務傳遞系統），以及（4）方案結束後的一些持續性活動，包括追蹤活動和對參與者的影響效應。只觀察這些方案成分中的一個、一些成分的組合，或

者所有的這些成分，都是可能的。要研究方案的哪一部分？以及研究多少？很顯然會影響下列的幾個議題：觀察者作爲參與者的程度、誰會知道評鑑或研究目的，以及觀察的時間長度等。

第五章討論了有關研究範圍和焦點的決定必然涉及深度和廣度之折衷問題。形成研究問題時，第一個折衷就會出現。此一難題在於決定是深入研究一個或幾個問題、還是不深入但研究很多問題，何者是可欲且可行的。況且，在逐漸顯明的研究設計中，焦點也會隨著時間而改變。

實地工作的變異向度：概述

我們可以採用五個主要向度來描述實地工作的變異。前一節所討論到的這些向度都摘述在表例6.1中。這些向度可用於幫助設計觀察研究，並決定實地工作所要涵蓋的範疇。它們亦可被用於組織一份研究報告或學位論文的研究方法章節，以記錄一個研究之實地工作是如何開展的。

觀察的內容：一個既知的架構

我供養了六位誠實不欺的知客，他們教導我所有我所知道的事：
他們的姓名是What和 Why和 When，
還有How，和Where和 Who。

-- Rudyard Kipling

美國國家太空總署的科學家David Morrison（1999）注意到在天文學、地理學及行星學中，在產生理論之前必須先行觀察，而且「這個領域的期刊從不要求學者在發表研究結果之前要先陳述假設」（p.8）。

新近的實例是，哈伯太空望遠鏡研究團隊鎖定一望無際的太空中一個小區域，進行長期的觀察。當被觀察的星體看起來較為黯淡且更為遙遠時，他們也可以據以推論宇宙初期的形成和歷史。研究者並未被要求建立假設，因為這是絕無僅有的機會，看到前人所未曾看到過的部分，同時也讓自然界來示現她的實況。

在許多其他的科學界中，其文化要求研究計畫和學術期刊的書寫必須要提出且考驗假設。但我懷疑這真的是科學研究程序或方式？或者，這只不過傳統所加諸於學術的人為結構而已。（Morrison, 1999:8）

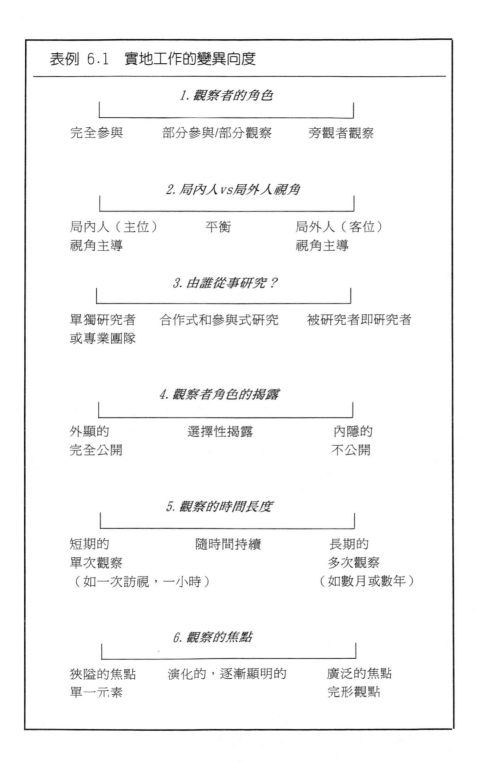

表例 6.1　實地工作的變異向度

1. 觀察者的角色

完全參與　　　部分參與/部分觀察　　　旁觀者觀察

2. 局內人vs局外人視角

局內人（主位）　　　平衡　　　局外人（客位）
視角主導　　　　　　　　　　　視角主導

3. 由誰從事研究？

單獨研究者　　合作式和參與式研究　　被研究者即研究者
或專業團隊

4. 觀察者角色的揭露

外顯的　　　　　選擇性揭露　　　　內隱的
完全公開　　　　　　　　　　　　不公開

5. 觀察的時間長度

短期的　　　　　隨時間持續　　　　長期的
單次觀察　　　　　　　　　　　　多次觀察
（如一次訪視，一小時）　　　（如數月或數年）

6. 觀察的焦點

狹隘的焦點　　演化的，逐漸顯明的　　廣泛的焦點
單一元素　　　　　　　　　　　　完形觀點

開放式自然觀察的部分價值，在於讓我們有機會看到那兒有些什麼可看的，而不會被假設和其他先決概念遮蔽了雙眼。純粹觀察，正如Morrison如此優美地描述，是絕無僅有的機會，讓我們可以看到前人所未曾看到過的部分，而且看到這個世界所要示現於我們的是什麼。

這是個理想。然而，我們並不可能觀察所有的一切。人類觀察者並不是攝影機；即使攝影機還必須設定到正確的方向，才能攝錄下正在發生的事情。而且無論是人類觀察者或攝影機，都必須調整焦距、鎖定焦點。在實地工作中，這個焦點是由研究設計和研究問題的性質來決定。然而，一旦進入實地，觀察者就必須組織整理所經歷的複雜現實，如此，觀察才能得心應手。

經驗豐富的觀察者經常採用「既知概念」（sensitizing concepts）來引導實地工作的進行。質性社會學家和符號互動論者Herbert Blumer（1954）是最早提出以既知概念來引導實地工作的學者，特別注意到在被研究的人們之間流傳的一些字詞和意義。更廣泛來說，「既知概念是一個起點，可以用來思考資料的分類，尤其是對那些社會研究者尚未有特定想法的資料，可提供一個研究的初步引導」（van den Hoonaard, 1997:2）。在社會科學領域中，既知概念包括鬆散操作的概念，如受害者、壓力、污名和學習組織，可提供一個研究的初期指南，使實地工作者得以探究在一個特定的研究場域或情況下，這些概念如何被賦予意義（Schwandt, 2001）。

本節開頭所引述的Rudyard Kipling 關於「六位誠實不欺的知客」一詩，構成了一個相當基本且具有洞察力的既知架構（sensitizing framework），界定了良好描述的核心元素。在社會科學研究中，「團體歷程」（group process）也是一個常見的既知概念，經常作為評鑑成果的探究焦點。親屬關係、領導力、社會化、權力，以及類似的概念，都是既知概念，因為它們提示我們如何來組織觀察資料的方法，和決定所要記錄的內容。質性方法論學者Norman Denzin（1978a）曾闡述這些既知概念如何引導其實地工作。

觀察者從那些既知概念轉移到立即的社會經驗世界，並讓那個世界去形塑和修正其概念性架構。依此方法，他便不斷地在較為一般性的社會理論範疇和當地人們的生活世界之間移動。此一取向體認到社會現象在呈現規律性的同時，也依循時間、空間和環境而變異著。那麼，觀察者就要尋找不斷重

複出現的規律性。他採用衣著和身體空間的儀式性組型，來作為自我形象的指標；他運用特殊的語言、符碼和方言，來作為團體界限的指標；他探討其研究對象所珍視的社會物件，來作為聲譽、尊嚴和尊重階層的指標；他研究質問和貶抑的時間點，來作為社會化策略的指標；他試圖進入其研究對象封閉的互動世界，去檢視其私下的與公開的行動和態度之相對特徵。（p. 9）

「既知概念」提醒我們：觀察者不能完全空空如也地進入實地之中。雖然質性研究的歸納性質，強調研究者虛心接受在實地工作中所學一切的重要性，擁有某些方法來組織經驗的複雜性，仍是相當必要的。表例6.2 呈現出一些常見於方案評鑑或組織研究中的既知概念。這些常見的方案概念和組織面向，將有計畫且複雜的介入活動，分解成可區分的、可管理的和可觀察的元素。表例6.2中的這些實例只是廣泛既知概念中的九牛一毛而已，闡述了一些組織研究議程的方式，有助於引導研究者從事初步的觀察，找出在特定方案場域或組織中，有哪些事例、互動和會談的段落，可用來闡述這些既知概念。經驗豐富的評鑑者和企業組織顧問，早已內化了許多這類的既知架構，而無須在正式的書面研究設計中列舉出這些概念。然而，經驗較為不足的研究者和學位論文研究生，在正式研究設計中，最好先準備好一份重要既知概念的正式清單，然後即可應用這些概念來協助組織和引導實地工作。至少在研究初期是很有幫助的。

對於既知概念，還有一項要注意的事：當它們變成是流行文化的一部份時，往往也喪失了其原始的意義。地理學家Philip Tuwaletstiwa曾提到一則觀光客遊歷美國原住民地區的故事。他無意中聽到一位觀光客說：「很興奮能聽到這個有關印地安原住民族的傳說」，他的太太問到：「power places是在哪裡呢？」

「告訴她，那是我們將電視插上電源的地方。」他說道。（引自Milius, 1998:92）

過度使用既知概念可能會變成什麼都不知道了。

表例 6.2　既知概念之實例

背景評鑑	組織面向
背景脈絡（context）	宗旨/願景
目標（goals）	參與和決策的中心化/去中心化
輸入資源（inputs）	外部界限關係：開放/封閉
新成員招募（recruitment）	工作、產品、決定的例行性/非例行性
接案晤談（intake）	領導力
實施（implementation）	溝通組型
歷程（processes）	組織文化
輸出產物（output）	階層：垂直/平行
成果（outcome）	權威組型
產品（products）	正式/非正式網絡
影響（impact）	酬賞/懲罰，誘因/阻力
方案理論 （program theory）	成功和失敗的資訊/故事
邏輯模式（logic model）	統整的程度
覺知的	競爭性/合作性
資產 (assets)	
障礙 (barriers)	
長處 (strengths)	
弱點 (weaknesses)	
誘因 (incentives)	
阻力 (disincentives)	

資料來源

詩人David Wagoner（1999）告訴那些意圖觀察現代世界卻害怕迷失的人，應遵循美國原住民長者給害怕於森林中迷路的年輕人的建議：

迷路
立定站直。你面前的樹林和身後的草叢
都不會迷路。而你所安在的地方，稱為
這裡。
你必須信賴它，就像它是一位有力量的陌生人。
你必須請求允許認識它，而且被它所知。
森林正在呼吸。你聽！他在回答你，
我創造了這個你所置身的地方，
如果你離開它，你終會再一次回到
這裡。
不會有兩棵相同的樹木，
不會有兩株相同的樹枝，
如果你不明白樹林或草叢對你示現什麼，
你確實是迷路了。立定站直。
森林知道你在哪裡，
你必須讓它找到你。

質性研究中的「什麼」（what）和「如何」（how）是緊密關連的。資料來源（source of data）係從研究問題而來。知道我們所要闡述的是什麼，有助於我們決定用來闡述的資料來源。接下來，我們所要呈現的是一些奠基於方案評鑑之既知架構的實例，引導我們如何蒐集觀察的資料。這些策略亦可用於其他各類研究場域中。

研究場域

要描述一個場域，像是方案場域（program setting），需起始於方案所進行的物理環境（physical environment）。對於場域的描述應該盡量詳細，使得讀者能在腦中形成對該場域的視覺圖像。書寫場域的描述時，觀察者不能像小說家一般，應盡量避免使用詮釋性形容詞

（interpretive adjectives），除非它們是引述自參與者自身對於環境之反應與覺知的描述中。例如像是「舒適」、「漂亮」和「引人入勝」等這類形容詞，便是詮釋性形容詞，而不是描述性形容詞（descriptive adjectives）。純粹描述性的形容詞，包括

色彩（「一個被漆成藍色的房間，房間的一端有塊黑板」）、
空間（「一個四十英呎長、二十英呎寬的教室」），以及
用途（「四周由書牆圍起、中間有許多書桌的圖書館」）。

新手觀察者可以練習寫下對某一場域的描述，然後與其他人分享其對觀察場域的描述，詢問他們能否想像出該場域的樣子。其他有用的練習，例如兩個人同時觀察且描述同一個環境，然後彼此交換其描述，特別指出是否使用了描述性形容詞，而不是詮釋性形容詞。栩栩如生的描述可提供充分的資訊，使讀者不必去推測觀察者的意思。例如只是報告「一個擁擠的房間」是不夠的，需要更充分的描述，觀察者應當報導的是：

這個房間的一面牆邊放置了一張三人座沙發。緊接著沙發，靠著牆邊擺了六把椅子；沙發對面的門邊，沿著牆放了三把椅子。有20個人在這個房間裡，都站立著，人們之間的空間非常狹小。無意中聽到幾個參與者說：「這個房間真是太擁擠了。」

此類描述性書寫需要關注到細節和訓練，以避免使用模糊的詮釋性詞彙。但此類書寫也可能單調乏味。隱喻（metaphors）和類比（analogies）可用以強化描述，幫助讀者透過共享的理解，來對所描述的環境產生更佳的感覺。我曾見評鑑過一個在美國大峽谷舉行的荒野教育方案。表例6.3呈現我試著用文字來捕捉我對大峽谷的初次印象。請注意穿插在描述中的隱喻。當然，在這類情況下，一張相片會勝過千言萬語，這也是為什麼質性實地工作愈來愈重視攝影技術的原因。此一摘錄目的在於提供對於物理環境的感知，而非文學意向，除非你曾經到過那兒或看過圖片，否則那兒的地理景觀是超乎尋常經驗之外的。

表例 6.3　結合描述與隱喻來提供空間感之實例

荒野方案之背景脈絡：從大峽谷Bright Angel Point之所見

我們從旅棧沿著一條柏油小徑，來到四分之一英哩外的Bright Angel Point，也許這是大峽谷（Grand Canyon）上最受歡迎的觀光景點，因為它相對上較容易抵達。藉著相機捕捉這個壯麗景觀的每一方位全貌，浸淫在這片由本國腔調和外國語言所交織而成的汪洋中，我們等待著攀上峽谷邊緣，環視這個由岩石所構築而成的極其壯觀的Ottoman Amphitheater神殿：Deva, Brahma, Zoroaster，以及遠處的Thor。每一座神殿都高高聳立於Tonto Platform這個波浪形灰白色平台的半英哩之上，界定了這個有著八英哩深險降坡的Bright Angel峽谷，將內峽谷隱藏在這條狹長的隙縫之間，看起來像是以黑色的墨水，來勾勒出神殿的根基。每一座都開始於陡峭的紅色岩壁，形成盛大的基石，以支撐著一連串壯闊的沈積岩屋脊，the Supai。這些連綿成片的屋脊，被少數沙漠綠色植物所裝點著，筆直向上立起，像是裝飾著羽毛的弓箭，直穿入白色的沙岩臺座，the Coconino。每一座神殿上都有一個暗紅色的頁岩顛峰，像是神殿的冠冕一般。萬古以來的日侵月蝕，卻將每一座神殿雕塑得各異其趣，像是訴說著他們共同的地質歷史。我分別地仔細研究每一座神殿，想要將他們彼此之間的差異深印在腦海之中。然而，地層的勻稱之美，卻將之融合成單一的、巨大的整體，半英哩之高，數英哩之遙。在我身後，我聽到一位參與者邊喘著氣、邊輕聲地說：「這真是美極了！太令人震撼了！」

場域的物理環境對於該環境中所發生的事情是至關重要的。房間裡牆面的情況、可供使用空間的大小、使用空間的方法、燈光的性質、人們在空間裡的組織方式，以及方案參與者對物理場域的詮釋性反應，都是非常重要的資訊，有助於瞭解方案的實施，及其對參與者的影響。

觀察者常犯的一個普遍錯誤，是認為物理環境理所當然。因此研究者可能會報導某項方案係在一個「學校」中進行。該研究者對所觀察的「學校」已有了一個心理形象，但是，各個學校在規模、外觀及鄰里場域等都有甚大的差異。甚至於學校內部陳設也各有千秋。其他諸如刑事司法場域（criminal justice settings）、健康場域（health settings）、社區心理健康方案，以及任何其他的人群服務活動等均然。

在早期兒童教育方案進行現場訪視的過程中，我們發現設施的吸引力（牆上貼滿孩子們自己做的裝飾和多姿多彩的圖片、排列整齊的學習教材、井然有序的教師區域）和其他方案特徵（家長的投入參與、工作人員的職業道德、方案目標與行動理論的澄清）之間，有著極為緊密的

關係。一個吸引人、井然有許的環境，與一個積極參與、井然有序的方案，是相當一致的。在觀察、同時帶領工作坊時，我發現椅子的擺放方式也會影響參與程度。一般而言，將椅子擺成一個圓圈，要比將椅子擺成一排排的講座形式，更容易能引發討論。很多飯店的會議室的燈光暗淡，如果人們在裡面坐上很長時間，必然會感到疲倦。物理環境顯而易見影響參與的人們和方案的效果。

我作為參與觀察者的荒野培訓方案中，也是一個物理環境影響方案的有趣實例。在野外舉行「實地研討會」（field conference）的公開目的，是使人們擺脫他們日常生活場域，從被大量的由人為建築和現代工業社會設備所包圍的城市環境中解放出來，而荒野環境則不像一般人群服務方案環境那般制式化。在歷時一年的方案進行過程中，參與者遇到了四種不同的荒野環境：新墨西哥州荒野中的秋季森林、亞利桑那州高富山的冬季沙漠、猶他州峽谷地區春季河流景觀，以及夏季的大峽谷嶔崎嶙峋的岩石地形。評鑑的焦點之一，是觀察參與者對這些不同環境---森林、荒山、河流和大峽谷沙漠等所提供的機會和限制，如何做出反應。

除此之外，天氣和季節變化都使環境產生了更大的變異。方案活動顯然受到是否下雨、降溫、刮風和有無遮風避雨處等的影響。在這個方案的歷史上，天氣的不確定性被視為方案的一部份，提供了參與者所要去因應的自然挑戰。但方案的理論也期待參與者在每天傍晚的團體討論中，能有深度的投入和參與。在一場為期十天的冬季「實地研討會」中，天氣不尋常地陰冷而潮濕，參與者顯得悲苦難堪，使得團體討論的舉行愈來愈困難，於是只好大幅減少團體歷程所費的時間，並且加快了團體討論的速度。方案工作人員學習到，他們必須更清楚地預測物理環境的各種可能變異情況，做好處理這些變異的準備，並將參與者納入這一計畫過程中，如此才能增強他們在艱困的環境下仍繼續參與此一歷程的決心踐諾。

人文、社會環境

正如物理環境的變異一樣，社會環境（social environment）也不斷地變異。人類互動的方式產生社會生態的群聚型態（social-ecological constellations），影響參與者相互之間的行為表現。Rudolf Moos（1975）對方案的社會生態觀點作如下的描述：

社會氣候觀點認為環境有獨特的「個性」，恰恰像人類一樣。人格測驗評量人格特質或需求，並提供有關人們行為表現特點的資訊。社會環境可以準確而詳盡地描繪出來。有些人相較於其他人顯得更具有支持性，同樣地，一些社會環境也要比其他的社會環境更加具有支持性。某些人似乎有一種控制其他人的強烈需求；與此相類似，一些社會環境極其僵化、專制，而且有相當高的控制性。秩序、清明度和結構，對於很多人來說都是重要的；與此呼應，很多社會環境也極為強調秩序、清明度和控制。（p. 4）

在社會環境的描述中，觀察者尋找人們將自己組織成團體和次級團體的方法。互動的組型、互動的頻率、溝通組型的方向（從工作人員到參與者，以及從參與者到工作人員）的導向，以及這些組型的改變，在在告訴我們有關社會環境的情況。人們如何組成團體，也是可加以闡述的。男性團體、女性團體、男性和女性間的互動，以及與來自不同背景、不同種族、不同年齡者之間的互動，提醒觀察者注意方案社會生態中的各種組型。

決策組型（decision making patterns）應當是方案社會環境中極為重要的一環。誰為即將進行的活動做出決定？決定在什麼程度上公開，以使參與者覺察到決策的歷程？工作人員怎樣傳達這些決策？對這些問題的回答是描述方案社會生態的重要一部分。

觀察者對於社會環境的描述，不必與參與者所表達出對環境的覺察相同。事實上，所有參與者不可能以同樣的方式來覺察所處的社會環境。通常觀察者必須以引號的方式特別的標示出參與者的評論，包含了評論的來源---誰說了什麼？---從而使這些觀察的描述，與研究者自己的描述和詮釋區分開來。

歷史的視角

歷史資訊（historical information）有助於理解社會環境。方案、社區或組織的歷史，是研究的重要背景脈絡。傑出的質性社會學家William Foote Whyte，有時被稱為社會學實地研究之父，指出了歷史研究乃是其實地工作的關鍵一環。

當我開始祕魯的研究方案時，我認為歷史對於瞭解其目前的景況只有很小的價值。我只是很同情那些有興趣收集祕魯每個村落至少五十年歷史資料的秘魯研究者。

幸運的是，有些祕魯人不僅是提供五十年的歷史資料，在某些案例中，甚至可以獲得某個村莊或地區的五百年歷史資料。很多蠻荒地區的資料可能只有歷史學家會對其感到興趣。想要瞭解Mantaro Valley的相關爭議，我們必須回溯到Peru的佔領時期。而在Chancay Valley，我們得追溯到Huayopampa從Pacsros分化出來的開端，再往前倒推一世紀以上的時間。

想要紀錄與瞭解一個方案的內容，必須要鑽研其歷史。這個方案是如何被創造的？剛開始的經費來源為何？誰是原始方案鎖定的服務對象？隨著時間推移，預期目標與成果出現了什麼改變？且以什麼方式改變？工作人員的組織型態在這段時間中又有什麼樣的變化？在方案歷史的不同時期，方案是如何被管理的？方案曾經遭遇過哪些危機？如果方案是一個大型組織情境中的一環，與此方案相關連的組織歷史為何？外在的政治與經濟環境隨著時間推移產生了什麼改變？這些改變又如何影響方案的發展？人們會如何述說有關這個方案歷史的故事？這些問題的架構，探索了方案的歷史，以便能夠釐清其背景脈絡。

在1990年代時，我評鑑了一所在1960年代所建立的「免費」公立高中。如缺乏其建立之歷史背景脈絡，我們很難瞭解這個方案的現狀。學校對其自身、課程和政策等的形象，都是在早期發展階段就已經代代相傳了下來。因此1990年代的實地工作，必須依靠追溯學校在1960年代的歷史記憶與傳奇才能達成。

計畫中的方案活動和正式互動

大多數的方案評鑑，至少都會將觀察聚焦於計畫中的方案活動（planned program activities）。方案中進行什麼活動？參與者和工作人員在方案中做些什麼？參與者會經驗些什麼？這些問題是研究者需帶入方案場域中，以記錄方案的實施歷程。

觀察這些活動，要找到一些活動單元（units of activity），如：開始階段、中間階段和結束階段---諸如一堂課、一個諮商場次、住宿機構的用餐時間、某種會議、外展方案中的家庭訪視、諮詢，或者註冊程序等。注意其進展的時間順序，聚焦於這些活動是如何開始的？開始時有

誰在場？說了些什麼話？參與者對於這些開場白有何反應？

這些基本的描述性問題，在整個觀察的序列中指導著研究者去觀察：誰參與其中？工作人員和參與者做些和說些什麼？他們如何做這些事情？活動在哪裡進行？事件何時發生？參與者從事有計畫的活動時，出現了哪些變異？參與這些活動的感受是什麼呢？（觀察者可記錄下他自身的感受作為觀察資料的一部分。）行為和感受在活動的過程中如何改變？

最後，觀察者尋找結束階段。某一特殊活動結束之時有哪些訊號？那時有誰在場？說了些什麼？參與者對活動的結束有何回響？活動這一部分的實施與其他方案活動和未來計畫有什麼關聯？

為了管理實地札記的目的，每一個活動單元都必須被視為一個獨立的事件。第一章中兒童早期親職教育方案就是對一個單一場次的觀察實例。每一個被觀察的事件或活動，都被視為一個獨立事例、活動、互動或事件的微型個案，來加以書寫。當到了分析的階段時，研究者再從這些獨立的活動單元個案中找出共通組型或主題，但是在實地工作的初期階段，觀察者必須要忙著記錄這些獨立的活動單元，而不需要急著尋找跨活動的組型。

觀察與記錄正式的方案活動，將構成評鑑計畫性方案實施歷程的核心要素，但是想要完全瞭解方案及其對參與者的影響，觀察者不應只侷限於正式的、計畫中的活動。下一節將要討論如何觀察發生於正式、計畫活動之間或週遭的事情。

非正式互動和非計畫的活動

如果觀察者在計畫中的、正式的方案活動結束之時，立即離開且不再觀察，他將失去大量的資料。某些方案會在活動之間保留「自由時間」（free time），或非結構性時間，以使參與者有機會消化正式方案活動中的內容，同時也讓參與者有必要的喘息空間。極少方案或機構能夠將參與者時間的每一分鐘都做好詳細的規劃。

在非正式互動和非計畫性活動的期間，可能非常難以組織觀察，其原因在於參與者極易在一些小團體內流連徘徊、來來去去、進進出出，有些人獨自坐在一旁、有些人埋頭書寫、有些人取用茶點，所有的人都

在進行著這些看似隨意的行動。那麼，觀察者要怎樣才能夠在這個階段蒐集資料呢？

　　這一情形絕佳地說明對資料保持開放性和機會取樣的重要性。研究者不可能會預料到這些非計畫性時間內會發生什麼事，所以觀察者只能去觀看、聆聽、和尋找可深化觀察的機會，記錄人們所做的事，非正式互動的性質（如有哪些明顯的次團體），以及人們對彼此說些什麼。最後這一點尤其重要。在非計畫性活動期間，參與者才有絕佳的機會交流其觀點，相互分享他們在方案中所經歷的一切。在某些案例中，研究者只需傾聽其他人自然而然的談話，就可和一個人或一小群人進行非正式訪談。此時，研究者可詢問一些平常的、會話性的問題：

> 那麼，你對今天早上所發生的事情有何感想？
> 你清楚他們究竟試圖要做些什麼嗎？
> 你認為今天的這個場次怎麼樣？
> 你認為今天所進行的這些活動，符合我們所參與的這整個方案目標嗎？

　　此類問題應該以輕鬆的、會話式態度來提問，不具干擾性，也不會千篇一律，以至於每一次有人看到你走過來就知道你打算要問些什麼，而竊竊私語：「趕快準備好，那個人又要來問一些沒完沒了的問題了。」而且，當在進行非正式或會話性訪談的時候，請確定你確實是依照著倫理守則來處理知會的同意和保密性等議題（請參見本章稍早有關外顯性和內隱性實地工作的討論）。

　　參與者如何說事情的方式，也應該要和他們說些什麼，一起記錄下來。在一個為期兩天的工作坊的第二天上午休息時間，我也到洗手間加入其他人的行列。當大家都在排隊等著使用洗手間時，第一個小解的人大聲嚷嚷：「我認為這個方案就是這樣。」他如廁之後，轉過身來對著站在他後面的人說：「現在輪到你對它撒尿了。」這一自發性的群體反應，比回答正式訪談的問題，更具有說服力；也比在問卷上勾選「非常不滿意」的表達，更有深度的震撼力。

　　方案內外所發生的一切都是資料。當一個場次結束時，所有人都默不作聲，這個事實就是資料；當一個場次結束時，參與者馬上就分道揚鑣，這一事實也是資料；當人們閒聊的內容都是一些與方案毫非關聯的話題，這一事實仍然是資料。在很多方案中，參與者最有意義的學習，

常發生於非結構性時間中與其他人互動的結果。為了想要捕捉方案的全貌，觀察者必須對於非正式時段中所發生的事隨時提高警覺。當其他人都在休息時，觀察者仍在工作。勤奮的實地工作者是沒有休息時間的。這樣說也不盡然。你必須調整自己的步調，照顧好你自己，否則你的觀察將只是一團混亂而已。因此，你不訪試試在正式場次中小歇片刻，以便在其他人休息時間能夠賣力工作（蒐集資料）。

在我所從事觀察/評鑑的荒野教育方案中，參與者一開始就要求更多自由的、非結構的時間。當我們沒有去爬山或露營時，我們花了許多時間在做正式的討論和團體活動。參與者希望擁有更多自由時間來書寫日記，或省思。更重要的是，他們希望擁有更多時間和其他參與者有非正式的互動。當我從事觀察時，我相當尊重這種一對一個別互動的隱私，從不試圖去竊聽其談話內容。然而，我會觀看這些互動，透過參與者的身體語言和臉部表情，推測有些認真而嚴肅的人際交流正在發生著。然後，我會尋找自然而然的機會，和這些參與者之一進行會話式訪談，告訴他們我注意到他們互動的密度，詢問其是否願意與我分享發生了什麼事，以及他們賦予此一互動的重要意義。大部分參與者都很感謝我扮演著記錄方案進展及其對參與者之影響的角色，也都很開放地與我分享。基於這些非正式訪談和觀察所得，我提供給工作人員一些形成性的回饋，使他們瞭解到自由時間的重要性，有助於減輕工作人員自以為有責任要規劃好所有方案時間的壓力感。

參與觀察必然結合觀察和非正式訪談。觀察者在尚未與參與者檢核其觀察內容時，必須謹守絕不能假定自己知道這些事項對參與者的意義。在荒野方案的一段非結構時間之後，緊接著相當密集的團體活動，有大量的人際交流與分享，我決定特別注意一位拒絕參與團體的年長男性。在這個星期內，他利用了一切可利用的機會到處向別人訴說他對方案沒有好印象，不相信方案會對他帶來什麼影響。當每天活動結束時，他立即取走他的背包，拿出他的書寫工具，走到一個僻靜地點去埋頭書寫，一直到一個小時後的晚餐時間才回來。在那段時間裡，他聚精會神地寫作，沒有人打斷他。他雙腿盤起，筆記本放在大腿上，頭和雙肩低垂對著筆記本，令人清楚地感覺到他非常投入、全神貫注地做他致力要做的事情。

當我觀察他時，我懷疑他是在發洩他對方案的怒氣和不滿，所以我

很想弄清楚他所記錄下的東西。我雖然考慮了幾種偷偷摸摸的辦法，想把他的筆記本弄到手，最後還是放棄了那些做法，因為仔細想來這些做法都會侵犯到他的隱私，是不道德的行為。我決定尋找個自然的機會和他聊一聊他所寫的東西。在營火晚會的時候，我走到他身邊，和他聊了一小會兒天氣，然後開始了下面的對話：

> 如你所知，我努力記錄人們在方案中的經驗，其中之一便是這一個星期裡人們所做的一些不同的事情。工作人員也曾經鼓勵大家要寫日記。我注意到你在晚飯之前寫得相當投入，如果能知道你對寫作的看法，以及寫作與你在方案中的整個經驗有何關聯，對我會有很大的幫助。
>
> 他猶豫了一下，翻動了一下他飯碗裡的食物，然後說道：「我對方案並沒有信心，或者我也不知道我所寫的與方案有什麼關聯，但是，我會告訴你我在寫些什麼。我在寫......」他因為聲音嘶啞而停頓了一下，「我在給我十幾歲的兒子寫信，想告訴他我對他的感受，想就一些事情和他談一談。我不知道是否會將這封信寄給他，因為這封信大部分是寫給我看的，而不是寫給他看的。但是，對我來說，最重要的事情是想一想我在家庭的時間，以及它對我的重要性。我與我兒子的關係一直不太好，事實上，關係一直都很糟，所以我給他寫了封信。就是這些。」

這一簡短的對話體現了他參與方案的一個極為不同層面，以及這項方案對於他個人生活的影響。之後，我們還繼續進行了幾次會談，他並同意成為這項方案對家庭影響的實例。雖然直到那時之前，對於家庭的影響，並非該項方案的預期成果之一，卻成為方案對於好幾位參與者的重要影響層面。

方案的在地語言

在第二章裡，Whorf的假設（Schultz, 1991）提醒我們：語言（language）具有塑造我們覺知與經驗的力量。身為一位保險研究人員的Whorf被派去調查倉庫爆炸案的肇事原因。他發現貨車司機進入「空的」倉庫時，會抽著香菸或雪茄。而倉庫卻常隱藏著某種看不見但具高易燃性的瓦斯或氣體。他訪談那些貨車司機，才發現他們將「空的」倉庫聯想成是「無害的」。Whorf的任務是要將司機們將「空氣中沒有東西」的覺知，轉變成具有潛在危險性的覺知。

　　人類學的通則，強調研究者若無法瞭解某一文化中人們所說的語言，即不可能瞭解此一文化。語言是組織我們世界的方式，藉以塑造我們所見、所知及所注意的事物。人們對許多事物具有特殊的詞彙，來告訴其他人某一文化中重要者為何。因此，愛斯基摩人有很多詞彙來描述雪，而阿拉伯人有很多詞彙來描述駱駝。同樣地，藝術家會擁有很多詞彙來描述紅色和各種不同顏色的畫筆。

　　Roderick Nash（1986）在他的經典研究《荒野與美國心靈》（*Wilderness and the American Mind*）中，追蹤歐裔美國人對「荒野」的覺知是如何轉變，以及此一轉變如何影響其看待沙漠、森林、峽谷和河流等景觀的文化、經濟與政治視角。在不同的時空與文化背景下，其對「荒野」的認知與詮釋亦不大相同。第八世紀的英雄Beowulf曾因其進入蠻荒之地的勇氣而被人津津樂道；而在新約基督教派的傳統，荒野被視為充滿不受控制的邪魔，必須要被馴化；東方文化和宗教則在強化人們對荒野的敬愛，而非恐懼。Nash相信啟蒙運動提供了思考荒野的嶄新方法，並以嶄新的語言來形塑已轉變的思考模式。

　　同樣的現象也可在組織、機構和方案中觀察到，語言形塑了經驗，因此是實地工作的一項重要焦點。方案工作人員會發展出自己的語言，來描述他們工作中所遇到的問題。與學習障礙學生工作的教育者，有著複雜的語言系統來區分不同程度與種類的學習遲緩，當文化和政治的敏感性改變時，語言也隨之變化。在刑事司法體系工作的人，有專業的語言來區分各種類型的罪犯。實地研究任務的一部分，就是學會研究場域或方案的「在地語言」（native language），注意到這些在地語言在意涵和使用情況下的變異情形。觀察者的實地札記應當精確地包括參與者自己所使用的語言，以使讀者能夠體會「在地」方案語言的風格和意義。

　　在我所評鑑的荒野教育方案中，語言是相當重要的。這些參與者語言表達能力強、受過良好的教育，而且花了很多時間在方案中進行團體討論。方案工作人員瞭解到詞彙如何形塑經驗。他們希望參與者能將在荒野裡的這段時間視為一個專業發展的學習經驗，而不是來度假的，因此，工作人員決定將荒野中的聚會稱為「實地研討會」（field conference），希望參與者將此一方案看做是在「實地」中舉行的「研討會」。然而，無論工作人員如何努力，參與者從沒有真正採用這個說法，他們幾乎是普遍性地將在荒野的這幾個星期稱為「旅行」

（trips）。到了第二個星期，工作人員也開始使用「旅行」，而不再是「實地研討會」了。更有趣的是，在那個星期裡，計畫中的方案活動進行得並不順利，再加上惡劣的天氣，「研討會」更是無關緊要了。工作人員的語言，無疑反映了此一變化。

其他語言也隨之出現，來闡述參與者的經驗。一個參與者說他來到荒野「解毒」（detoxify），而回到他日常生活世界是「再度中毒」（poison of retoxification）。團體伙伴便立即採用了「解毒」和「再度中毒」來對比荒野這段時期和一般城市文明生活的差異。這一語言一直被延用下來，成為方案文化的一環。

在荒野中的討論，經常會對方案活動的物理環境提出省思。參與者擅於創造隱喻和類比，來對照他們的城市工作生活和他們在荒野中的經驗。在一整天的徒步旅行之後，就可聽到參與者談論他們學會如何「調整工作中的步調」，或者「調整我所負擔的責任包袱，使得負荷量更平衡一些」（指涉調整背包重量的經驗）。在山上攀岩時，參與者會談到「在工作上缺乏支撐物所甘冒的風險」（指涉攀岩時，有人會在下方用安全繩索來撐攀爬者）。他們還會討論如何「找到立足點和攀附點」，來比喻返家後可能的改變，或是如何「在機構中爬上陡峭抗力牆的頂點」。他們甚至用數字來說明機構中的抗力係數，來對應於各種攀岩的難度係數。在大河之上，參與者的語言裡充滿了類似的詞彙：「隨波逐流」、「學習監控專業發展，就像是監控目前的流速一般」，以及「試圖找到跨出生活漩渦的途徑」。

由於語言有力地形塑著我們的知覺和經驗，大多數參與者希望能夠知道岩石形成的說法、峽谷的風速和河流的流速，如同《沙漠獨行者》（*Desert Solitare*）作者Edward Abbey（1968）所說的，人類具有將自然界擬人化的傾向。所以，我也對於荒野中的用語如何形塑我們的經驗，燃起了相當大的興趣（Patton & Patton, 2001）。

準確捕捉參與者的語言，是傳承人類學的「主位」傳統：記錄參與者自己對於經驗的理解。觀察者必須學習參與者的語言，以信實地以參與者自己的詞彙來再現他們，同時真實地再現參與者的世界觀。

非語文溝通

　　社會和行為科學工作者曾經詳細報導了人類群體裡語文（verbal）和非語文（nonverbal）溝通的重要性。觀察者在記錄參與者語文的同時，也不可忽視非語文形式的溝通。在教育場域中，非語文溝通包括學生如何被教師注意到，或教師如何接近學生，例如在空中揮手等。在團體場域中，坐立不安、或到處走動，這些舉動都透露出參與者的注意力或投入程度。參與者的穿著打扮、情感表達、坐在一起或分開等，都是有關社會規範和組型的非語文線索。

　　荒野方案再次提供了很多實例。擁抱顯然是一種非語文溝通方式，當成員情緒沮喪時提供支持，或者在成員克服某些艱困的挑戰時表示慶祝。但是次團體對於擁抱次數與舒適程度，是有差異的；且不同的實地研討會場次，擁抱次數也有所不同。當團體感覺在「旅行」時，跟他人的步調格格不入且彼此甚為疏離時，甚少出現擁抱的情形。當人際連結的程度愈來愈深入時，經常可見大家肩併著肩圍繞著營火，且高唱著團體的歌。隨著時間推移，藉由觀察參與者彼此之間肢體接觸的次數與性質，即可解讀團體的進展；而當團體中參與者彼此間有著許多擁抱和連結時，他們也會報告了顯著的個人改變。

　　有次我在評鑑一個國際性的發展計畫時，觀察到三個地主國已經發展出一套精妙的手勢和訊號，是美國工作人員未曾見過的。在會議中，地主國們照常彼此聯繫，而且組成一個團體，使用這些非語文訊號進行溝通。在獲得他們的同意之下，我詢問了當地人員關於手勢的問題。他們告訴我，美國人員堅持主張每個與會的人要有公平的立足點，為了維持開放的氣氛，美國人員要求他們在會議期間不能使用自己的語言。然而當地人想要結合為一個團體，來對抗美國人員的勢力，所以既然他們無法使用自己國家的語言，他們便發展了一套精巧的手勢來相互溝通。

　　Parameswaran（2001）描述了她如何藉由解讀非語文線索，來瞭解受訪者對其研究主題的可能反應，她的受訪者是閱讀西方愛情小說的印度年輕中產階級女性。由於某些互動的口語形式只提供了少許線索，因此她必須仰賴身體語言（body language）的解讀，來獲得諸如敵意、反對、贊成或是開放的態度。在這些年輕女性之中，咯咯笑、眼神閃爍、熱情的互動、低垂的雙眼及直接瞪視，都成為實地工作如何進展的線索。

研究者要小心為之。非語文行為很容易被錯誤詮釋，尤其是在跨文化研究時，更是如此。因此，只要是可能或時機恰當時，觀察那些顯著的非語文行為，而且隨後要直接詢問他們，找出這些非語文行為的真正意義。我就曾經與荒野方案中的參與者，證實了擁抱的重要性，當他們感受到團體有所進展時，他們就使用擁抱作為表達的機制。

非干擾式觀察

正在被觀察，會使得人們因集中自我意識而產生焦慮，特別是當觀察是方案評鑑的一部份時，更是如此。人們在受到觀察或評鑑的情況下，其行為表現會與未被觀察時有相當大的差別。

即使在研究者是好意，且努力爭取合作，一旦研究對象知道他正在參與一項學術研究，就可能會混淆了研究者的資料……研究者要及早注意到的是，覺察到正接受測驗的本身，並不會污染了研究對象的回答。這是一個可能性的問題。但在任何研究中，一旦受試者覺察到他自己作為研究對象的身份，偏差的可能性會是很高的。（Webb et al., 1966:13）

由於擔心被觀察者的反應，使得一些社會科學家建議採取本章稍早提到的內隱性觀察。另一項選替性策略，即是尋找蒐集「非干擾式測量」（unobtrusive measurement）（Webb et., 1966）的機會。非干擾式測量，是在被觀察者並不知情且不影響所要觀察事項的情形下進行的。

Robert L. Wolf 與Barbara L. Tymitz（1978）在其對美國自然歷史博物館的自然式探究中，使用了非干擾式測量。他們尋找「磨損點」（wear spot）作為特別展覽區域使用情形的指標。他們判斷磨損的地毯指示了博物館中特別區域的人數。這樣具有創意的評鑑，藉由尋找物理線索而知道許多有關方案的事情。灰塵滿佈的設施或是文件檔案，可能表示這些東西幾乎沒有被使用過。學校裡被學童們大量利用的地區---也就是磨損得愈厲害者---看起來與那些很少被碰過的地方是截然不同的。

在一個為期一週、有三百人參加的員工訓練方案中，我要求廚房有系統地記錄每天早、中、晚餐消耗了多少咖啡。若不考慮每日的時間（參與者可以在他們想喝咖啡時站起來去取咖啡），在那些我認為特別無聊的研習課程裡，咖啡的消耗量就會相當高；而生動而深入的研習課

程中，可以看出消耗的咖啡量要少得多。

在荒野方案評鑑中，一項非干擾性的指標是筆記本的厚度，稱做「學習日誌」（learning logs），讓參與者書寫其自我省思的日記。所有參與者在第一次實地研究會開始時，都會拿到這本學習日誌，鼓勵他們記錄個人的省思和寫日記。剛開始，這些三孔活頁文件夾裡幾乎沒有什麼紙張。參與者每次回到荒野時須把「學習日誌」帶回來（這項方案歷時一年，包含四個不同的旅程）。加入筆記本的紙張多寡，顯示日誌使用的程度。

國家森林局（National Forest Service）和土地管理局（Bureau of Land Management）的人員，使用一種非干擾式測量來「評鑑」隊伍經過某地區時的荒野習慣。例如猶他州的河流San Juan，沿著河流的峽谷是極易被破壞的環境。使用這塊地區的規矩基本上是「只留影像、只留足跡。」這意指所有的垃圾，包含人類的廢棄物與排泄物，都必須帶走。由於順流而下需要花上數天的時間。藉由觀察隊伍所帶走的垃圾數量與類型，可以得知許多有關不同隊伍的荒野習慣，以及他們對河川規矩的遵守程度。

有創意的觀察者，瞭解事情的變化是可以從物理與社會環境中學習而來，他們會找尋機會將非干擾式觀察融入實地工作中，從而表現出一種「對多元方法研究、三角檢證、資料蒐集的玩樂遊戲、將外顯事項作為自陳報告之測量工具的融會貫通」（Webb與Weick 1983:210）。

一個非干擾式實地工的有力實例是Laura Palmer（1988）對華盛頓特區越戰退伍軍人紀念館所保存的信件與紀念品的研究，一項她稱為「內心的砲彈碎片」（Shrapnel in the Heart）的研究。關於她實地工作的「非干擾」部分，Palmer選取了紀念館內所保存文件的細目，歸類與分析細目的類型和資訊的內容。在某些案例中，由於確認的資訊包含在信件或是物件中（相片、嬰兒鞋、工藝品），她也就能夠透過深入的調查工作，去找到遺留這些東西的人們，並且與他們訪談。他們的故事，在她研究的內層部分，結合了許多對物件栩栩如生的描述，對於越戰倖存者生活的影響，提供重大且有力的洞察。從某個意義來看，她對於信件、日記、相片以及資訊的分析，可以看作是一項非傳統且具有創意的文件分析形式，也是另一項實地工作的重要策略。

文件

紀錄（records）、文件（documents）、工藝作品（artifacts）及檔案（archives）---這些傳統人類學裡所稱的「素材文化」（material culture）---構成了許多組織與方案的特別豐富的資料來源。檔案策略（archival strategies）與技術，即是實地研究的工具錦囊之一（Hill, 1993）。在當代的社會裡，各類實體都會留下書面文獻與工藝作品，可作爲實地工作探勘的痕跡。家庭會保留相片、孩子的學校作業、信件、代代相傳的舊聖經、有污漬的嬰兒鞋，以及其他蘊含情感的物件，豐富了家庭個案研究的資料。自殺者所留下的字條，透露出他在社會中感到絕望的狀態（Wilkinson, 1999）。青少年幫派或其他青少年在公眾場域塗鴉的壁畫。各式各樣的組織所製造堆積如山的官方與私人紀錄。的確，一項引人入勝的分析策略，即在於比較可見於公眾文件中的官方說法（手冊、傳單、會議紀錄、年度報告），以及觀察者在方案中實際上聽到或看到的私人備忘錄。當事人檔案（client files）是另一項豐富的個案資料來源，以補實地觀察及訪談 不足。例如，Vesneski 與Kemp（2000）在華盛頓州的兒童福利決策之研究中，蒐集了超過一百個「家庭研討會」中討論受暴或受虐兒童家庭時，用來作爲家庭處遇計畫的接案表單和計畫書影本，並加以編碼和分析。

在一項方案評鑑或組織實地工作的最初時期，研究者獲得具有潛在重要性的文件與紀錄的管道，可能是需要透過協商的。理想的狀況包括，取得對當事人的例行紀錄、工作人員來往的信件、財務與預算的紀錄、組織的規定、章程規約、備忘錄、報表，以及其官方或非官方的文件資料。這些類型的文件提供研究者許多無法觀察到的資訊。它們會顯示出方案尚未開展前所發生過的事情，它們會包含研究者無法得知的私下交換，它們可能也會顯示出研究者未知的目標或決定。

在評鑑一個慈善基金會是否達成其宗旨時，我檢視了十年內的年度報告。每份報告是經由專業設計、精美的印刷以及廣泛的宣傳---而且每份報告所陳述的基金會宗旨，都稍有不同。結果是基金會理事長所書寫的年度介紹，都只是從記憶中來陳述其宗旨。出版品的設計人例行地從理事長的文件中將「宗旨說明」拷貝出來，並以粗體字來強調它。年復一年，焦點一直在改變中，直到經過了10年之後，所陳述的宗旨已經有

了重大的改變，而官方理監事會卻毫無所悉，也未曾認可過。進一步調查這些年間所舉行的理監事會紀錄，更發現事實上理監事會從來不曾採用過宗旨說明，這對於所有相關人員都是一件相當令人吃驚的事情。

就如同這個例子所顯示的，文件被證實是相當有價值的，不只因為可以透過它們而獲得直接的學習，而且也可以激發直接觀察與訪談研究可進一步探索的重點。如同研究者在觀察期間所獲得的所有資訊一般，方案紀錄的保密性，特別是當事人紀錄，一定要特別重視。最後的報告中，是否要直接引述方案紀錄或文件中的內容，取決於文件是否為公眾記錄的一部份，以至於可以在不違反保密原則的情況下來出版。在某些案例中，研究者如果能獲得文件保管者的許可，且承諾維護保密性，從私人文件中所獲得的一些資訊即可以直接地引述。

方案紀錄可提供一個隱身於幕後來觀看方案過程及其如何演變的機會。在荒野方案的評鑑中，方案工作人員使我有權取得他們的檔案。我發現許多資料是其他方案參與者所無法取得的：像是一些詳細描述了方案技術人員（領導荒野旅行者）與計畫主持人（負責管理整個方案的人）之間在概念上和財務上爭議的信件。如果完全不知道那些爭論的話，將不可能全然瞭解實地工作人員與執行人員之間的互動性質。對於方案財務的意見不合，成為方案期間一個主要的溝通障礙。與這些相關人員的訪談，則透露出他們對於衝突的性質、強度及可能的解決之道具有相當不同的覺知。雖然參與者對工作人員之間的爭論漸有所悉，但大部分的人其實並不清楚衝突的源頭，以及其對方案實行所造成的阻礙。

我對檔案的檢視，也顯示出荒野教育方案在邏輯上的複雜性。參與者（大學院長、方案主持人、行政人員）在機場由小巴士接送，前往了舉辦實地研討會的荒野。參與者皆拿到了在荒野生存的必要設備。在每次實地旅行之前，人員必須分別打電話或寫信給每位參與者，與他們交換實地旅行的需求和擔憂。從那些第一次來到荒野的參與者的信中，顯示出他們對自己正要面對的情形所知非常有限。一個老煙槍，在十天Gila荒野健行的第一天就問道：「沿途中有地方可以買到香煙嗎？」這真是完全搞不清楚狀況！但是在一年的實地旅行結束時，他已經戒煙了。他的信件提醒了我在事前與事後觀察的重要性。

如果我沒有翻閱這些信件，我可能就錯估了方案工作人員準備為期一週的荒野活動所須花費的時間和心力程度。在實地研討會之前的工

作，包括要去解釋一旦實地旅行不如預期時工作人員會做的處理方式。準備工作如此繁重，而事實上沒有一件是方案參與者所能察覺與瞭解的，也難怪工作人員有時會感到心力交瘁，難以打起精神投入實際的荒野經驗中。

學會如何使用、研究和理解文件和檔案，是質性研究所需要的技巧錦囊中的一環。對於文件和素材文化的廣泛討論和詮釋，請參閱Hodder（2000）。

觀察未發生的事項

前面一節描述了研究者在場域或方案中可能觀察到的事項。觀察活動、互動、人們所說的話、他們的所作所為、以及物理場域的性質，是實地工作中經常採用的綜合性方法。此外，觀察未發生的事項，也是很重要的。

推測未發生事項的荒謬可笑，一個蘇非（Sufi）教派的故事似乎可以做很好的闡述。在一次蝗災中，一個凡事總是看到光明面的既聰明又愚蠢的人Mulla Nasrudin，從一個村莊走到另一個村莊，鼓勵人們去觀察大象因為沒有翅膀而帶來的幸運。「你們沒有理解到你們是多幸運阿！想像一下如果這是大象在我們頭頂上飛行的話，會是什麼樣子。這些蝗蟲還算不上什麼哩。」

觀察大象沒有翅膀，確實是一項資料。但除此之外，大象還沒有魚鰭、爪子、羽毛或者葉子等等。顯然，一個人冒險涉足於觀察未曾發生的事項，那麼他便可以在這個未發生事項的領域內指出近於無限多的東西來。未發生事項的清單可能多如牛毛。因此，我在這裡謹慎地提到觀察者的任務包括注意未發生的事項。

如果社會科學理論、方案目標、實施設計，和/或研究計畫建議有某些事項應該發生或期待會發生，那麼，觀察者就可特別註記那些事項並未發生。如果一個缺水的社區，並沒有發生水權的衝突，人類學者就可以報告並解釋這個社區為何沒有發生衝突。如果一個學校中實施的方案，根據其經費補助的要求和目標，應該要提供學童探索社區的機會，但這些被期待的社區探索活動卻沒有發生，那麼研究者即應注意到這些未發生的社區活動。如果研究者只報導發生的事情，在讀者的頭腦中就

會留下一個問題：社區探索活動是否舉辦了呢？還是，只是研究者沒有觀察到？同樣地，如果一個刑事司法方案應該為犯罪少年提供一對一諮商，而實際上並沒有，研究者即應註記該方案並未提供諮商。

在觀察早期兒童方案時，一個中心的牆上完全沒有張貼孩子們的畫作，就相當引人注目，尤其是當其他中心的牆上點綴著滿滿的五顏六色的兒童畫作時，空白單調的牆面確實令人好奇。當我指出這一點時，尷尬的工作人員解釋他們原先是計畫要粉刷已污黑不堪的牆壁，他們只是忘了要處理這個議題，因為他們理解到他們似乎已經習慣那樣了。

因此，當觀察者對於某一現象的基本知識和經驗，顯示某些特殊的活動或因素的缺乏或未發生，是特別值得注意的，即可將那些未發生的事項記錄下來。這顯而易見需仰賴判斷、常識和經驗。卓越的質性方法論者 Bob Stake（1995）堅稱：

> 要成為質性研究者的首要條件之一，就是經驗。增加尋常觀看和思考的經驗。質性研究者的經驗之一，是知道有什麼可以導向有意義的理解，辨認出什麼是良好的資料來源，且有意識或無意識地檢驗由眼睛所見的真確性，以及其詮釋的堅實性。它有賴敏覺力和懷疑態度。許多方法論知識和研究者的性格，會在同事和良師益友的批判檢驗下逐漸成形。（pp.49-50）

對於未發生事項的顯著意義，做出明智的判斷，可能會是研究者的重要貢獻之一，因為諸如此類的回饋能提供給方案工作人員未曾想過要獲得的資訊，而且，他們可能也缺乏注意到此類未發生事項的先備經驗和覺察能力。例如，沒有出現於工作人員之間的衝突，是典型的值得注意的事件，因為工作人員衝突是很常見於任何方案中的。與此相類似，若政府行政人員沒有出現衝突，也值得注意，因為憑我自己的經驗，這種衝突實際上是司空見慣的。

在很多此類案例中，對於未發生事項的觀察，僅僅是一個對已經發生事項的相反方向的重新省視。然而，這些重新省視會引起人們的注意，而最初的觀察可能就做不到這一點。例如，如果研究者觀察一個在多種族社區所進行的方案，所陳述的方案目標，包括工作人員必須敏銳覺察少數族群的特殊需求、興趣和文化組型等，但是並未特別指出方案工作人員理想的種族組成。那麼，如果研究者觀察到方案工作人員全部都由白人所組成，這時候就適合指出工作人員全部都是「白種人」，沒

有其他膚色人種參與其中，這項重點和方案的地域和性質有關。

對工作人員互動和決策歷程的觀察，也爲研究者提供了注意已經發生和未發生事項的機會。如果隨著時間推移，觀察者注意到方案計畫歷程從未包括參與者有系統的或者直接的參與，那麼，研究者可能適宜指出此一方案中缺乏基於經驗之參與，藉以表明參與者在方案計畫歷程中參與的重要意義。

我所評鑑的荒野教育方案中，即包括很多對於那些未發生事項的重要觀察。在荒野中的六個實地研討會上都沒有出現嚴重的肢體傷害情形，對於某些人認爲此一方案無可避免涉及此類風險而言，這無疑是個重要資訊。此外，從沒有一個參與者拒絕和別人分享他們的工作，爲了使大家都能夠在荒野中生存下去，大家一起生活也一起工作。這一觀察來自於和技術人員的討論，他們經常在荒野場域和犯罪青少年一起生活和工作，而每次做飯、清潔以及有關責任的不均等，常常是引發團體衝突的重要原因。但我所觀察的團體，從來不必去處理一或兩個不合群的人，這是一項特別值得注意的事實。

也許對於未發生事項的最重要觀察，來自於對工作人員會議的觀察。隨著時間推移，我注意到工作人員對於一些重要議題，總是會舉行會議來做決定，但從來沒有做出任何決定，這是一種決策的組型。有時工作人員以爲他們已經做出決定了，但會議結束後並沒有關於決策的結論，也沒有分派後續的責任。很多隨之而來的執行上的失敗，和工作人員間的衝突，都可以追溯到在工作人員會議上模擬兩可和不同的意見並未獲得有效的解決。工作人員在聽到我對發生及未發生事項的描述之後，變得更能明確和有效地做出決定了。因此，觀察未發生的事項也是極其重要的。

類聚式或階層式個案研究

個案研究被期望去捕捉到單一個案的複雜性。一片葉子，或是一根牙籤，都有其獨特的複雜性———但是我們甚少將這些納入個案研究中。我們對於所研究的個案，都具有相當特殊的興趣。我們會去尋找它在背景脈絡中的互動細節。個案研究即是研究單一個案的特殊性（particularity）和複雜性（complexity），在其所處的重要情境下，來瞭解其活動。（Stake, 1995: xi）

　　歷時數個月之久的實地工作，可能會產生一個描述村莊、社區、鄰里、組織、或方案的單一個案研究（single case study）。然而，單一個案研究亦像是由許多較小的個案所組成的---包含特定的個人、家庭、組織單元，和其他團體等的故事。關鍵事例和特定活動的個案研究，像是慶典，也可能會在一個較廣泛的個案中出現。質性分析歷程，典型上主要是呈現特定個案，及跨個案的主題分析（thematic analysis across cases）。識此之故，實地工作即能將個案研究以類聚式（nested）或階層式（layered）來加以組織，這意味著必須採取類聚式個案取樣（nested case sampling）方式。

　　讓我簡短地回顧個案研究在質性研究策略上的中心位置。第一章舉出了許多奠基於個案研究上頗具知名度和影響力的典籍，例如：《追求卓越》由Peters and Waterman所著（1982），Angela Browne的重要著作《當受虐婦女殺人時》（1987），和Sara Lawrence-Lightfoot在《尊重》一書中呈現了六個詳盡的個案研究（2000）。第二章則提出以「**獨特的個案研究**」作為質性研究的一項策略主題。第三章回顧理論視角，多是以個案為基礎來歸納的。第四章回顧了質性研究對於捕捉和報告參與者在方案中改變的個別化成果的重要性。為了闡明這個論點，在荒野教育方案中，我們的評鑑團隊應用從實地工作所蒐集的多元資料來源，來建構參與者的個案研究。這些多元資料來源包括：（1）透過訪談蒐集參與者的情況，及其對於這一年實地研討會的視角等背景資料，（2）觀察他們在實地研討會中的經驗，（3）在荒野旅行中與參與者進行多次非正式和會話式訪談的資料，（4）在不同時間舉辦的多場正式團體訪談（焦點團體）的資料，（5）從他們願意分享的日誌和個人書寫摘錄出來的段落，以及（6）在每一次實地旅行和整個方案結束之後，與參與者進行追蹤電話訪談，瞭解方案對於個人的影響。

　　讓我們先在這兒暫停一下，注意質性文獻上對於專門術語的混淆。例如：社會學家Hamel, Dufour, 和 Fortin（1993）詢問：

　　然而個案研究是一個方法嗎？或者它是一種取向呢?…...個案研究使用多種不同的方法。這些可能包括訪談、參與的觀察，和實地研究。他們的目標是從社會學的視角去重新建構和分析一個個案。如此，將個案研究定義為一種取向可能更為適切，雖然如「個案方法」一詞所建議的，它確實是一個方法。

　　無論所使用的名詞或詞彙爲何，個案研究取決於清晰地界定所研究之標的，也就是，這個個案。但這也是相當複雜的。當實地工作中包含了不只一個研究標的或分析單元時，個案研究可能必須在這個全面的、基本個案取向上，來加以分層或類聚。William Foote Whyte（1943）的經典研究《街角社會》（*Street Corner Society*）長期以來被公認爲是單一社區個案研究的典範（如Yin, 1989），即使他的研究中包含了好幾個低收入青少年的故事（個案研究）。

　　荒野方案也說明了個案研究如何分層和類聚。這個歷時三年的荒野方案構成了一個全面性、可被稱爲「鉅觀的」（macro）個案研究。最後的評鑑報告呈現出關於這項全面性方案的歷程和成果的結論，以及一個歷時三年荒野教育方案的個案實例。然而，在表例6.4中顯示了這個全面性個案研究實則類聚了數個個人的個案研究，以記錄個人的經驗和成果；每一個歷時一年之參與者世代的個案研究，以及每一場獨立實地研討會的個案研究。從實地工作和分析中再加以區分出來的，則有特殊事例的個案研究，例如：一位參與者終於克服心中恐懼、用繩索從懸崖上降落的情緒淨化經驗，全體成員注視著和鼓勵她，這一緊張的過程整整花費了45分鐘之久。其他微型個案則包括了不同的分析單元。一場一整天的健行可能是一個個案。每天傍晚的團體討論可以是一個個案（三年期間，我們記錄了超過80場的團體討論）。工作人員會議是不同的分析單元，因而也是不同系列的個案研究。識此之故，廣泛的實地工作典型上包含了由許多不同分析單元所組成的許多微型的（mini-）、微觀的（micro-）個案研究（個人、團體、特定活動、特定時間區段、關鍵事例），所有的分析單元一起組成一個全面性的個案研究，在這個例子中，即是荒野教育方案的最後評鑑報告。第五章曾探討了個案研究的不多樣化分析單元和取樣策略。（參見表例5.5的分析單元和表例5.6的立意取樣策略）。

　　因此，實地工作即被認爲是從事一連串多元層次和類聚的個案研究，經常處理交叉和重疊的分析單元。一個最後的個案研究應該受到特別的關注，那就是觀察者的經驗和反應。讓我們探討這一項議題。

觀察自己

醫生，要醫治自己。觀察者，要觀察自己。

-- Halcolm

在第二章，我提到了在後現代質性研究中，聲音/語式（voice）和視角（perspective）或反思（reflexivity）被視爲是核心策略主題之一。反思一詞已經進入了質性研究的殿堂，強調自我覺察（self-awareness）、政策/文化意識（political/cultural consciousness），以及擁有個人的視角。反思提醒了質性研究者觀察她或他自己，注意或意識到她或他自己本身視角和語式的文化、政治、社會、語言學與意識型態的源頭，而且經常不同於實地工作中受觀察或受訪談者的視角和語式。反思需要自我省察（self-reflection），事實上，批判性的自我省察和自我認知，並願意去思考作爲一位觀察者和分析者，她/他這一個人如何影響其在實地中所看到、所聽到、所瞭解到的事項。因此，在實地工作中，觀察者也必須觀察自己，以及自己與他人的互動，就如同觀察他人一般。

爲了延續上述觀點，我引述Parameswaran（2001）的文字來佐證。她將她接受美國教育後以一位女性主義學者身份回到其土生土長的印度從事實地工作的經驗，所寫成一篇很棒的自我省察論述。

由於我的父母比起我很多其他朋友的父母，是公平且開明的，我的成長歷程比起許多中產上流階級印度人，有了更多的覺察，這使得我的生活也顯然有別於大多數印度人。雖然我所詢問的是一些對我與同階層女性特有的限制規定，我仍然沒有足夠的語言來對這個父權體制或國家主義提出系統性的女性主義批判。對我而言，女性主義一直被建構成是一種不幸的疾病，這對高度西化、有智識、且有些脫離現實的印度女性而言，無疑是一大衝擊…從印度到這個相對激進的美國，我似乎流離失所，這也促成了我作為一位女性主義者和有色人種女性的政治發展。

表例 6.4　實地工作中的類聚式、階層式和重疊的微型個案研究：以荒野教育方案評鑑為例

　　荒野教育方案評鑑闡明了個案研究何以經常是類聚式和階層式的。歷時三年的荒野方案評鑑構成了一個全面性、鉅觀的個案研究而在此一全面性方案評鑑中，類聚式和階層式則是多個不同的微型個案，其分析單元彼此重疊、相互交錯，有助於組織和架構此一實地工作。

鉅觀的個案研究：三年方案的最後評鑑報告

類聚式、階層式和部分重疊的微型個案研究

36個人的個案研究，記錄個人經驗和成果。

各個獨立的實地研討會個案研究，例如：在 Gila 荒野的十天，或在 Kofa 高山的十天。

一整年團體世代的個案研究，和所形成的次團體。

工作人員會議和計畫場次的個案紀錄。

特殊事例的個案研究，例如：一位參與者終於克服心中恐懼、用繩索從懸崖上降落的情緒淨化經驗，全體成員注視著和鼓勵她，這一緊張的過程整整花費了45分鐘之久。

計畫中活動的微型個案，例如：一天的健行或溪流泛舟。

每晚的團體討論構成一個個案（歷時三年，N=80）。

觀察者經驗和反應的個案研究：反思的個案研究。

　　基於這個背景及其實地工作的爭議性焦點（年輕印度女性對西方愛情小說的閱讀），她界定出數的省察性問題，來指引其在實地工作中的反思性研究。

　　在地學者的親屬角色如何形塑其在實地中的社會互動？深厚的姊妹情誼如何導致女性主義俗民誌研究者難以維持批判性的距離，以討論女性報導者的偏見觀點？

　　她將個人探究放進這些問題之中，省察她自己的實地工作經驗，成為一個反思研究的典範。

　　許多年前，印度哲學家J. Krishnamuriti（1964）對於自我認知（self-knowledge）曾提出一些見解。雖然他省察的重點是在終身學習的重要性上，而非實地工作的反思；不過他的精闢見解提供了一個較大的脈絡，讓我們得以思考如何來觀察自己，而且他的忠告也同樣適用於方法論真確性的反思。

　　當你觀察自己，以及自己和同學、老師、周遭所有人的關係時，自我認知就發生了；當你觀察他人的習慣，他的手勢、他的穿著打扮、他的說話方式、他的輕視或奉承，以及你的回應時，自我認知就發生了；當你觀看發生在你身上的事或關於你的事，觀看你自己如同從鏡子中看到自己的臉一般，自我認知就發生了……現在，假如你省視這面關係的鏡子，正如同你注視著一面普通的鏡子一般，自我認知便永無止盡。它就像進入無邊無際、深不可測的海洋一般……；假如你能夠觀察你是什麼，且隨之律動，然後你將發現能走的路是無限地寬廣。這旅程永無止盡，充滿著神秘與美麗。（Krishnamurti, 1964:50-51）

　　我瞭解Krishnamurti所說的「這旅程永無止盡」，對正在準備學位論文的畢業生，或是面臨最後論文報告期限的研究者而言，無疑是不小的打擊。但是，記住，他將論文或評鑑報告視為一個終身學習的旅程，不只是一個階段而已。大多數的學位論文和評鑑都被合理地期待要對增加知識有所貢獻，而不是要創造重大突破；因此，反思實地工作中的自我認知，也是這個自我認知終身旅程中的一個階段而已。但是，那是一個重要的階段，而且顯然地，在質性研究中，致力於反思已是愈來愈重要的核心主題。

　　此處的重點是，觀察者終究要處理真確性、回應性、和觀察歷程

如何影響所觀察事項等議題，而且觀察者本身的背景和特質也可能侷限其觀察和理解等。這些方法論的範疇均取決於批判性反思（critical reflexivity）的程度。這些議題我們將在後面關於分析與可信度的章節中作更深入的討論。

回顧資料來源

本章對於觀察和實地工作資料來源的探討，始於建議使用**既知架構**作為引導實地工作之有用工具，可以用來激發研究者思考有關實地工作之可能性。其他的現象和觀察範疇，會有不同的既知架構或概念。接下來即摘述這些觀察和研究之課題：

- 方案場域／物理環境的描述。
- 社會環境的描述。
- 捕捉歷史性視角。
- 描述計畫中的實施活動，以及結構性互動。
- 觀察非正式互動和非計畫的活動。
- 記錄參與者的特定在地語言。
- 觀察非語文溝通。
- 尋找非干擾性指標。
- 分析文件、檔案、紀錄和工藝作品。
- 指出值得注意的未發生事項。
- 以實地工作中相互交錯或重疊的分析單元，建構類聚式和分層式個案研究。
- 觀察自己：研究者之反思。
- 記錄個別化和共通性的成果。

實地工作中的創造性

沒有任何檢核清單，可用以指導實地工作的一切層面。參與觀察者需經常不斷地對值得注意的事項作出判斷。想要觀察到所有事項是不可能的，所以某些選擇的歷程即是必須的。在研究設計階段所做的計畫，

一旦出現重要的新機會和資料來源時，即應該要有所修正，使之更為適切。這就是彈性（flexibility）和創造性（creativity）的益處。創造性可以透過勤學來加以實踐（Patton, 1987a）。有創意的實地工作，意指將個人每一個部分都投身於經驗和理解正在發生的一切。有創意的洞察力來自於直接投入於研究場域之中。

我將在本章稍後及分析的章節中，另行探討如何詮釋實地札記的創造性議題。目前先行指出創造性在自然式探究中，扮演了相當重要的角色。

進行實地工作：資料蒐集歷程

一旦我們已經釐清了研究的目的，也聚焦了主要的研究問題，且選擇應用觀察之質性方法來蒐集資料。現在就是進入實地的時候了。那麼就讓我們開始完成實地札記這項艱鉅的任務吧！

實地札記

做實地札記（field notes）有很多種可供選擇的方法：用於書寫的材料、記錄實地札記的時間和地點、觀察者自己發明的符號速記法，以及儲存實地札記的方法。做實地札記的方法和程序，不可能會有放諸四海皆準的規定，因為不同場域有不同的處理方式，且實地工作的精細組織完全因個人風格和工作習慣而異。唯一別無選擇的是，要做實地札記。

盒子之內

那些想要更具有創造力的研究者，總是被告誡要「跳出盒子之外思考」。這似乎假定，研究者已在盒子之內學習到了所有的可能性。在轉移到盒子之外以前，務必確信你已知道了這個盒子。觀察它，深深地看進它的內在。找出盒子的歷史，它如何成為這個盒子。它裝載了什麼？從中被取走了什麼？檢視每一個角落。仔細看它的下方、看它的上方，看它的每一邊。知道這個盒子，瞭解這個盒子。學習盒子所要教給我們的知識。思考盒子的內在。唯其如此，你才是真的準備好要「跳出盒子之外思考」。

——摘自Halcolm的《盒子指南》（Boxing Guide）

在實地工作中，觀察者的基本工作就是做實地札記。實地札記是「稍後進行質性分析的最重要決定因素，實地札記為觀察者提供了『存在理由』。如果他沒做實地札記，他倒不如別進入實地場域。」（Lofland, 1971:102）

實地札記包含對已經進行之觀察的描述，包括觀察者認為值得注意的一切內容。你千萬不要相信自己將來都能回憶得起來。如果它在你作為一個觀察者的意識層次中是重要的，如果它是有助於你理解情境、場域、進展情況等等的資訊，那麼，這些資訊就應當盡快地記錄進實地札記當中去。

實地札記是描述性的。札記應當標明日期，而且應當記錄下列基本資訊，如：觀察的地點、在場的人員、物理環境狀態、社會互動情形，以及所進行的活動等。實地札記包括那些能夠使觀察者在後續的分析中可重新回到觀察情景的描述性資訊，並且能夠使研究發現的讀者透過閱讀報告來經驗所觀察的活動。

表例6.5中闡述了一些不同類型的描述性實地札記。左邊的是模糊的、過度概括的實地札記，右邊的是對同一觀察所做的詳細的、具體的實地札記。

這些例子說明使用一般性詞彙來描述特定行動和情境的難題。諸如「很差」、「生氣」，和「不安」等並不是描述性的詞彙，此類的詮釋詞彙掩蓋了真正進行的事件，而不是顯示情景的細節之處；這類詞彙對於未曾親臨實地的人來說，幾乎是沒有任何意義的。除此之外，在實地札記中使用這類語詞，而沒有附帶的細節描述，意味著實地工作人員主要是在記錄詮釋，而不是在描述。特別明顯的是那些必須透過與其他事情比較才能顯出意義的語詞。例如，「穿得很差勁」的說法，必須要有「穿著得體」的參照架構，才能指出什麼樣的衣著可稱得上是「差勁」的。在實地工作中，學會描述性、具體化和細節化是最重要的技巧。

實地札記要包括人們所說的話。直接引述（direct quotations），或者盡可接近直接引述的回憶，都應當包含在其中。這些紀錄包括觀察期間人們所說的話，以及正式訪談和會話式訪談中受訪者的回應。這些引述提供了「主位視角」---局內人的視角---這是「大多數俗民誌研究的中心所在」。（Fetterman, 1989:30）

表例 6.5　實地札記之比較

模糊概括的札記	詳細具體的札記
1. 新的當事人不安地等待她即將接受的接案訪談。	1. 起初，新的當事人僵直地坐在接待處旁邊的椅子上。她拿起一本雜誌信手翻閱著，並沒有真正細讀其中的內容。她放下雜誌，看了一下手錶，將裙子向下拉了一拉，重新又把雜誌拿起來，然後又放下雜誌，拿出一支煙點燃，開始抽起煙來。她用眼角瞥了一下接待處的服務人員，然後又低下頭看看雜誌，然後又抬頭看看房間裡面等候的另外兩三個人。她的目光迅速地從人們身上轉移至雜誌上，再到香煙上，又挪動到人們身上，然後又回到雜誌上，但是避免與其他人的目光相遇。當最終喚到她的名字時，她跳了起來，彷彿受了驚嚇。
2. 當事人對工作人員抱持著相當的敵意。	2. 當資深工作人員Judy告訴她，她不能做她想做的事情時，她開始向Judy大吼了起來，控訴她不能主宰她的生活。她說：「我很想揍你這個潑婦一拳，而且你最好去下地獄。」她把拳頭在Judy面前晃了晃，然後衝出房間，留下Judy一個人站在那裡目瞪口呆，看來受了不小驚嚇。
3. 下一個進來接受測試的學生穿著很差勁。	3. 下一個進屋的學生，穿著打扮與前面三個學生有很大不同。前三個學生的頭髮梳理整齊、衣服乾淨筆挺、色彩搭配極佳。這個新學生卻穿著膝蓋上有破洞的褲子，褲襠上也岔開了縫。法蘭絨襯衫滿是皺褶，一角掖在褲子裡，另一角露在外面。頭髮亂亂蓬蓬，雙手看起來好像剛弄過汽車引擎一般髒污不堪。

　　實地札記也包括觀察者自己的感受、對經驗的反應，以及對所觀察事項之個人意義和重要性的省察。不要欺騙你自己，以為這些感受只須透過閱讀對所發生事項的描述就能夠重新想得起來。感受和反應應該在經驗的當下，當你還在實地中時，就記錄下來。記錄下這些感受的性質和強烈程度。在自然式探究中，觀察者自己的經驗也是資料的一部分。進入研究場域和接近場域中人們的目的之一，是使得觀察者有機會去經驗這一具體場域，從而瞭解這一場域中的情況。如果觀察沒有在實地札記中記錄場域情況的資訊，那麼到場域中去的目的就失去了意義。

最後，實地札記要包括觀察者對場域中正在發生事項及其意義的洞察、詮釋、初步分析，以及形成中的假設。即使觀察者帶著學術意圖進入實地工作中，但絕不能將先入為主的概念和早期判斷強行加諸於所經驗和觀察的現象之上。此外，觀察者也不能僅僅成為實地工作的記錄機器。洞察、想法、靈感---還有判斷力---應該在從事觀察和記錄實地札記之前就已準備好了。觀察者並不是早早就坐下來開始努力進行分析，或做出判斷；相反地，我們智慧的本質是，那些我們所經驗事件的意義、原因、重要性，會自然出現在我們的腦海之中。這些洞察和靈感是實地工作資料的一部分，它們恰恰應當像觀察者的感受一樣得以記錄下來。我偏好將詮釋以括號或其他符號象徵標示出來，以使之與描述有所區分。詮釋應當讓人看起來就像是詮釋。但是洞察則是十分珍貴的，觀察者不可輕忽它們，以為稍後會再回憶起來。

然後，實地札記還包括持續蒐集的資料，包括對所經驗和觀察事項的描述，對所觀察人們話語的引述，觀察者對所觀察事項的感受和反應，以及產生於實地的洞察和詮釋。實地札記是建構個案研究、及從事跨個案主題分析的基本資料庫。

就程序而言，何時該做實地札記，取決於觀察的類型和研究者參與其中的性質。在評鑑一個親職教育方案時，工作人員將我介紹給參與方案的家長們，解釋評鑑的目的，並向家長保證不會有人會被指認出來。然後，我開始做廣泛的實地札記，完全沒有參與討論。在每場次的討論之後，我立刻檢視我的札記，補充一些細節，確定我的記錄是有意義且可理解的。相反地，在荒野教育方案中，我是個完全參與者，全力以赴參加一整天的健行、攀岩和泛舟。每天晚上我都疲憊不堪，很少能夠在眾人皆睡時獨自醒著做實地札記。我只能在每晚臨睡前很快地記下一些基本重點，然後利用其他人都在書寫日誌的時間加以擴展，但某些較廣泛的紀錄則在一整週的實地研討會後才得以完成。在評鑑領導力培訓方案時，我是一位參與觀察者，工作人員私下告訴我不要在團體討論時做筆記，因為這樣會使他感到很緊張，即使多數其他參與者也都在做筆記。

在所觀察的活動中是否公開做筆記的程度，取決於觀察者的角色和目的，以及參與觀察的階段。如果研究者被公開認定是一個短期的、外部的、非參與的觀察者，參與者可能會期望他或她寫下正在進行的事項。如果，從另外一個方面看，研究者所從事的是一個長期的參與觀

察，這個過程的最初期必須致力於建立參與觀察者的角色，所強調的是參與，此時最好暫緩公開做筆記，直到實地工作者的角色在團體中完全建立起來時才實施。這時，公開做筆記是很有可能的，因為團體成員已經對觀察者有了較多瞭解，且已建立起某種程度的信任和共融了。

荒野方案評鑑包括在一年之中的不同時間，與參與者一起進行三場為期10天的旅行（實地研討會）。在第一次實地研討會中，我從未公開做過任何筆記，唯一記錄的一次是當其他人也在書寫日誌的時候。在第二次實地研討會期間，只要做筆記不會影響我的參與，我就會在討論進行當下公開記錄我的觀察。到了第三星期，我感覺到我已經可以在任何想做筆記的時候就做筆記，沒有其他人會注意到我正在做筆記的事實。因為在那時，我自己已是一個參與者了，我的參與角色比我的評鑑角色更加重要。

此處的重點是觀察者必須採取適當的策略來記錄實地札記，掌握寫作和記錄的時機，使他們能夠在完成工作的同時不至於影響他們的參與和觀察。在此一限制之下，**實地札記的首要原則是立即書寫**，在方案條件許可下，盡可能迅速、且經常地做實地札記。書寫實地札記是個嚴謹且要求極高的工作。Lofland（1971）相當強而有力地描述了此一嚴謹性：

> 我可不要欺騙讀者。實地札記的書寫，要求個人的紀律和時間。要將札記書寫延宕到其他天，或者跳過一天或多天，這實在太容易了。實際上書寫札記的時間，可能要像觀察的時間那樣久，或者更久。事實上，一個最重要的原則是，期待和規畫與觀察等長的時間來書寫札記。當然，這並不是一成不變的，但是有一點無法逃避。在某些場域中閒盪的樂趣，也必然會遭遇到將所看到者訴諸於紙筆———以及未來之應用性———的嚴謹要求。（p. 104）

觀察、訪談以及文件紀錄：匯集成多元視角

實地工作不僅只是單一的方法或技術。實地工作意味著研究者須進入實地（方案正在進行的場域）中進行觀察、與人們進行交談、同時蒐集方案的文件紀錄。多元化的資訊來源皆可加以利用，而不能仰賴單一的資訊來源來提供綜合而全面性的視角。藉由結合觀察、訪談、和文

件分析，實地工作者就能夠利用不同的資料來源，來檢驗和交叉檢核研究發現。每一種資料類型和資料來源都各有其優缺點，結合使用資料類型---三角檢證法---提高了方法的效度，因為一種方法的優點可以補償另一種方法的缺點（Marshanand & Rossman, 1989:79-111）。

觀察的有限性，包括觀察者可能在自己不知情下影響所觀察情境；方案工作人員和參與者一旦知道他們正在被觀察時，行為表現就不會是其典型的模式；觀察者的選擇性知覺也可能會扭曲了資料。觀察也只能將焦點侷限於外部行為---觀察者看不到人們內在的思維。除此之外，觀察資料也常常受限於少數幾個實際上被觀察到的活動樣本，研究者需要蒐集其他的資料來源，來找出所觀察的活動究竟是典型表現或非典型反應。

訪談資料的限制，則在於受訪者的回應很可能會因其個人偏見、生氣、焦慮、意識型態等而有所影響，或者研究者也可能由於未能覺察到受訪者在接受訪談當下的情緒狀態而影響訪談的進行。此外，回憶的錯誤、受訪談對訪談者的反應，以及受訪者的自說自話等，也會影響訪談資料的品質。

觀察對訪談中所報告的事項，提供了一次檢驗機會；另一方面，訪談則有助於觀察者超越外部行為的框架，去探索人們內在的感受和思考。

文件和紀錄亦有其限制，常會是不完全或是不正確的。方案所建立的當事人檔案常在品質和完整度上受到質疑，有時某些個案會有極其詳細的記載，而其他個案可能一無所有。文件分析也提供了一個從舞台幕後來省視方案的機會，尤其是那些無法被直接觀察到的事項，或是訪談者在缺乏文件所提供的資訊導引下，可能無法詢問適切的問題。

藉由使用各種不同的資料來源和資源，研究者能夠擷取每一種資料蒐集類型的優點，減少任何單一方法的缺陷。此一實地工作之混合方法與三角檢證取向，，亦基於實用主義的觀點（Tashakkori and Teddlie, 1998），這是我在荒野教育評鑑中為了瞭解工作人員之間的溝通問題而採取的作法。我再一次於此詳細說明之。

如前所述，此一方案中有兩類工作人員：（1）行政性人員需負責管理這整個方案，負有行政責任；以及（2）技術性工作人員，負責荒野技巧訓練、實地後勤和安全工作。這些技術人員對於領導荒野旅行具有

廣泛豐富的經驗，且有能力催化團體的歷程。在旅行中，技術人員和行政人員之間的職責界線經常被搞混，有時候，這些模糊界限甚至引發了衝突。我觀察到在第一次旅行的早期，衝突就已經出現了，但是當時我無法得知隱藏在這些差異背後的背景脈絡。透過訪談，和尋常的聊天，我才知道所有的工作人員，包括行政人員和技術人員，在荒野教育方案進行之前就已經彼此認識了。事實上，我發現這個方案的行政主持人曾經是技術人員大學時代的教授，然而，是由技術人員將這位主持人引介到荒野中，以荒野作為經驗性教育的環境。每一位工作人員在訪談中都談到這些先前關係如何影響到這項方案的操作，包括在規劃階段就已經出現的溝通困難問題。這些衝突部分已記錄在彼此往來的信件和備忘錄中。閱讀他們的檔案和信件，我才深深瞭解到不同工作人員對於方案的不同假定和價值觀的差異。**但是若無訪談，文件紀錄就無從理解，而訪談的焦點則來自於實地觀察。**綜合而言，這些各異其趣的資訊和資料來源，使我看到了工作人員間關係的完整圖像。透過在個別工作人員與團體會議之間反覆工作，我能夠運用這一資訊來幫助工作人員，致力在最後的實地研討會中改善他們的溝通方式。所有這三種資訊來源，使我對情境的理解起了關鍵的作用，並促使我能有效地提供回饋以改善方案。

實地工作和觀察的科技

人類學實地工作者的經典形象，是某個人在一個非洲茅草屋裡縮成一團，傍著黯淡昏黃的燈籠，長篇累牘地振筆疾書。然而當代的研究者擁有許多革新的科技，只要審慎使用，會讓實地工作更加有效率和更具有綜合性。

首先要談的是配備電池的**錄音機或口述機**。對於一些人來說，包括我自己，以口述機記錄實地札記可節省下了大量的時間，同時提高了報告的全面綜合性。學習口述記錄需要練習、努力，以及對早期嘗試的檢討。錄音機也必須謹慎使用，避免讓它干擾或阻礙了方案的進展歷程或參與者的反應。錄音機對於私下記錄實地札記，甚為有用，但它也可能會使任何觀察者進入的日常會話無疾而終。

可攜式電腦是愈來愈重要的實地工作工具，有利於書寫實地札記，自不待贅言。**相機**也是實地工作的標準配備，拍攝相片有助於回憶起發

生過的事，且生動地捕捉研究場域的情景。數位攝影技術，和印刷及影印技術的進步，可相當經濟地在研究和評鑑報告中複製相片，也促成數位相片的普遍性。

在荒野教育評鑑中，官方上我扮演了團體攝影師的角色，為所有參與者拍攝相片。這使得拍照變得合情合理，也讓其他人不必到處帶著自己的相機，特別是有時相機很有可能會受損。在分析歷程中檢視這些相片，幫助我重新回憶起我書寫的札記中沒有完全記錄下來的某些活動細節。我非常仰賴運用相片，增補對於一些關鍵事件發生地點的描述，例如，我對於現代社會成年禮的書寫（Patton, 1999a）。

錄影機是另一項創新的科技，已經成為隨處可見的日常用品了，以致有時可以輕易使用而不會造成干擾。例如，在一個工作人員培訓方案的形成性評鑑中，我使用錄影機來為工作人員提供視訊回饋。將班級活動、訓練課程、治療互動和其他觀察標的，用錄影機攝錄下來，會比一位勤做筆記的評鑑人員，來得更不具干擾性。我們曾經很成功地攝錄下「幼兒教育中心」媽媽和孩子們一起玩耍的情景。當然，使用這類設備必須與方案工作人員和參與者協商，但是有創意地、謹慎地使用這些創新的科技產品，確實大大地提高實地觀察的品質，和觀察紀錄的應用性。而且由於使用錄音機、相機和錄影機等的舒適性，使研究者作為參與者來觀察方案時，愈有可能使用這些科技產品，而不至於干擾方案的進行。此外，有時候因研究或評鑑目的而拍攝的錄影帶，也可能用於後續或未來的培訓、方案發展、公共關係上，更能控制其成本費用，而更增加其實用效益。

視訊科技（visual technology）將成為實地觀察的重要利器，尤其是當觀察者可妥善運用這些科技設備時---當然，還有許多要學的，而不只是按下相機的快門或錄影機的開關而已，特別是如何在一個大型實地工作情境中，統整且分析這些視訊資料（Ball and Smith 1992）。此外，對視訊科技不利的因素也一一浮現，因為現在不只是可用影片來捕捉影像，而且還可改變和編輯影像，於是影像也就可能扭曲失真了。Douglas Harper（2000）在其廣泛探討質性研究的「視訊方法」（visual methods）中下了一個結論：「現在數位影像可以被創造和/或被改變，使得影像和真實之間的連結也永遠被切割開來了」（p.721）。這表示，使用和報告視訊資料時，可信性議題也同樣受到關切，如同其他類型資

料一般。

也許，觀察者可利用於實地工作的科技產品中的極致是**隱藏式速記機**（Stenomask），一個附屬於可攜式錄音機，但在肩帶上隱藏著微型的掩聲麥克風。隱藏式速記機的把手裡有麥克風的開關，使觀察者在活動進行之時可對著錄音機講話，而在場的人們則不會聽到口述。它的使用侷限在外部的旁觀者觀察時，下列這一段敘述對此有充分的說明：

在蒐集資料之前都有兩個程序 --- 其一是對研究對象的定向說明，使觀察期間有愈多其他人可能出現於環境中......在這個階段中，觀察者進入參與者的生活空間，盡可能精確地記錄參與者的實際行為表現。他們帶著隱藏式速記機，跟隨研究對象，操作機器，記錄下來。這些活動的目的，是使環境中的研究對象和其他人習慣於觀察者的出現，從而將因其出現而產生的影響減少至接近於零。在此期間，觀察者的主要原則是完全不做反應。這點已經反覆多次地闡明過，如果觀察者能持續地抗拒來自研究對象和其他人的各種社會刺激（儘管仍時會發生），戴著面具、忙於觀察工作、保持沉默，而不做出任何反應，那麼研究對象和其他人很快會停止給予觀察者任何刺激，而開始真正地接受他或她作為一個在環境中出現、會四處走動、但完全無反應的部分，也許有點像一把旋轉椅。（Scott & Eklund, 1979:9-11）

誠然，隱藏式速記機非常適用於公開的、旁觀者的觀察。實地工作人員整天帶著一個速記機跟著研究對象進進出出的這一形象，與傳統的人類學者從事參與觀察，並努力在非正式實地訪談中隱密地做筆記，形成鮮明的對比。記錄實地札記和攜帶著隱藏式速記機，可能都會造成類似的干擾，人類學者Carlos Castenada在其實地工作中已說明了這一點。下面的一段話是Castenada（1973）與其印地安原住民的主要報導者Don Juan有關巫術和本土藥物的訪談。當Castenada討論到與Don Juan合作的興趣時，這個年輕的人類學者記錄：「他只是怔怔地看著我」。

「你在口袋裡搞些什麼名堂？」他皺著眉問我：「你在玩你的黃竹手杖嗎？」

他指的是我在風衣的大口袋裡放著一個小型速記機，用來做札記。

當我告訴他我正在做的事時，他開心地大笑起來。我說我不想因為在他面前做筆記而干擾到他。

「如果你想寫的話，就儘管寫吧」他說：「你不會打擾我的。」（pp. 21-22）

　　無論研究者是否利用一些現代科技設備來做實地札記，或僅僅是書寫下正在發生的事項，仍必須建立起一些追蹤觀察內容的方法。此外，紀錄系統的性質必須配合參與觀察者的角色和研究目的，以及審慎考慮資料蒐集歷程如何影響所觀察的活動和人們。這些議題和程序必須在實地工作的初始階段（進入階段）就處理好。

實地工作的階段

　　迄今，本書似乎將實地工作描述成一個單一的、統整的經驗。當然，若是實地工作進行順利的話，即會遵循一定的連續性，透過可辨認的階段來省視實地工作的演變，可能是有用的。在參與觀察的文獻中，經常討論到的有三個階段：（1）進入階段（the entry stage），（2）資料蒐集的例行常規階段（routinization of data-gathering period），（3）以及結束階段（the closing stage）。以下各節即一一來探索這些階段，並以評鑑研究來作為主要的實例。

進入實地

　　人類學者的報告有時會呈現實地工作早期階段的圖像，使我想起Franz Kafka的小說《城堡》（*The Castle*）中的人物。小說中的主角是個到處遊手好閒的陌生人K，除此符號之外別無任何身份，他也居無定所，但當他到達城堡時，他忽然很想成為那個世界中的一分子。他努力想要接觸城堡中那個沒有臉孔的領導者，卻無功而返，使他感到沮喪和焦慮。他無法弄清楚這究竟是怎麼一回事，無法看破這一切的混沌模糊和非人性的本質。他開始懷疑自己，更氣憤他所受到的待遇；接著他充滿了罪惡感，因無力突破進入城堡的各種曖昧模糊程序而自責不已。然而，他仍下定決心要弄清楚城堡的那些無法理解的規範。他始終相信城堡裡有一些規則---他也確實發現了一些規則---相信它們一定可彼此串連起來，具有某種意義，可顯現出底涵的邏輯。他相信一定有某種方法可與那位領導者取得聯繫，並滿足其需求，從而找到能夠使他被接受的行為組型。如果他能弄清應該做些什麼，如果他能理解那些規則，那麼，

他就會高高興興地去做一些他應該做的事。這就是進入實地所要做的嘗試。

進入評鑑研究的實地，包括兩個分離的部分：（1）與把關者（gatekeeper）協商有關實地工作的性質，以及（2）真正投身進入實地場域開始蒐集資料。這兩個部分是緊密相連的，與把關者之協商，將確立研究者怎樣扮演觀察者的角色，以及被觀察者如何界定此一角色的一些規則和條件。在以基礎性或應用性研究為目的的傳統學術性實地工作中，係由研究人員單方面來決定從事實地工作的最佳策略。在評鑑研究中，研究者必須將意圖使用者的視角和興趣納入考量。無論何者，與那些控制實地入口的把關者之間的互動，基本上要有相當的策略，在保有研究的統整性和研究者之興趣的同時，找出怎樣做才能進入該實地場域。其難易程度，取決於實地工作的目的，及對研究的可預期或實際上的抗拒程度。在實地研究者預期彼此能合作的情況下，進入實地可能與能否建立起信任和共融關係，有甚大程度的關連。在連續向度的另一端是那些可預見相當阻力甚或敵意的研究場域，在此情況下，進入實地即與能否「滲透場域」（infiltrating the setting）有關（Douglas, 1976:167）。但有時候，進入管道完全被封鎖了。像是一位博士研究生與一個學校區關於她進入實地的協商嘎然而止，而她在先前以與學校人員建立了良好的關係，協商也似乎進行得相當順利。稍後她才得知，由於社區民眾的反對，她根本就不得其門而入。原來，當地社區在20年前曾因接受一位大學研究人員進入，而有了極為糟糕的經驗，所以仍然對所有的研究滿懷猜疑。

人類學或社會學研究的進入歷程，與評鑑研究的進入歷程之主要區別，在於實地工作者可以自由地編造任何關於研究目的的故事。在學術性研究上，研究人員只代表他們自己，只要他們的研究依循其學科所要求的倫理守則，他們可以說任何他想說的話，來說明其為什麼要做這項研究。通常的說明不外是「*我之所以在這裡，是因為我想更加瞭解你們，學習你們的生活方式，因為來自我文化的人們，希望能知道更多關於你們的事。*」即使人類學者承認此類說明對其他文化中的當地人來說，根本沒有意義，但這一直很常見的最初說明方式，直到研究者能與當地人建立了彼此互惠的關係，觀察歷程的本身才會被確立與接受。

然而，評鑑研究者和行動研究者，不僅是從個人或專業的利益來

進行實地工作。他們更是為了一些決策者和資訊使用者，來從事實地工作。此時，評鑑研究者、資助單位和意圖使用者即應謹慎思考如何呈現這項實地工作。

由於「評鑑」（evaluation）這個詞對於很多人來說包含否定的涵義，接受評鑑可能是相當負向的經驗，因此我們最好能找到適合的詞彙來描述實地工作。在我們作為旁觀者、非參與觀察者的一項方案評鑑中，我們向方案參與者和工作人員介紹我們的角色，如下所述：

> 我們來這裡充當本州立法人員的耳目。他們無法到處去訪視所有的方案，所以他們請我們來到這裡，為他們描述你們所執行的事項，使他們更加瞭解他們所資助的各項方案。我們並非到此評斷特定方案的好或壞，而是代為瞭解他們所通過的法令如何落實在方案的執行上。這也是你們向立法人員傳達你們的想法和觀點的好機會。

在許多場域中，使用其他詞彙都比「評鑑者」（evaluator）一詞威脅要小得多。有時可將實地工作描述為「文件紀錄」（documentation），另一個社區本位研究者偏好的用語是「歷程史家」（process historian）。此外，在荒野教育方案中，我是一個完全參與觀察者，而工作人員描述我的角色是「社區紀錄員」（keeper of community record）。該方案的工作人員解釋他們之所以邀請我參加此方案，乃因為他們想要找一個客觀、公正的觀察者，對於方案的歷程和成果不會有直接的自我涉入，來持平地觀察或描述一切，因為他們既忙碌，又過於投入，以至於不能客觀看待事情。我們一開始即同意所有的參與者和工作人員都能看到這份社區紀錄。

在這些案例中，自動改變描述身份的詞彙，並不會使進入過程變得更順利和容易一些。本章稍早所述，在評鑑一個社區領導力方案時，我們試圖被視為「教育研究者」，但每個人都幾乎立即就清楚我們的真正身份是「研究者」---而這就是參與者對我們的稱呼。不論上述故事裡所使用的詞彙為何，實地工作的進入階段始終是「最重要但也最不舒服的階段」（Wax, 1971:15），這是一個觀察者與研究場域中的人們互相適應的階段。Johnson（1975）指出兩個原因，來說明為什麼進入階段既重要但又很困難。

　　首先，成功的進入實地是從事研究的前提要件。簡言之，沒有進入，就沒有研究……關於研究者進入經驗的報告，似乎只描述了研究者可能遭遇到的無止境的偶發事件，從參與者歡喜地接納，到參與者被強行迫地灌輸。但是，還有更微妙的原因，說明為什麼研究者進入研究場域這件事是如此地重要。這涉及到最初進入場域和其後蒐集到的資料效度之關係。最初進入實地的協商方式，可能與該被場域中成員如何界定此項研究，有著決定性的影響。這些社會性定義則取決於成員是否信任社會研究者的程度。而觀察者和成員之間的信任關係，有助於產生客觀的報告，保留行動者之視角及其與社會情境的統整性。（pp. 50-51）

　　觀察者必須學會如何在新的場域中行動，場域中的參與者亦在決定如何對觀察者行動。相互信任、尊重和合作是建立關係和互惠溝通的決定因素（Jorgensen, 1989:71; Gallucci & Perugini, 2000）。觀察者從中獲取資料，被觀察者也在尋找值得他們合作的東西，從被觀察的過程中感到某些事的重要性，在與觀察者的互動或協助完成任務的過程中，獲得有益的回饋和樂趣。這一獲得進入管道的**互惠模式**（reciprocity model），被認為是使參與者能在研究中合作，且促成相互交流的原因。

　　相對於進入管道的協商互惠模式，則是Douglas（1976）所描述的滲透法（infiltration approaches）。很多實地場域並不開放給未以相互合作為基礎的觀察。Douglas（1976:167-71）曾經闡述了多項滲透策略，包括「如蟲般蠕行進入」，「用鐵撬撬開觀察的大門」，顯現出「神聖的謙恭」讓成員感到罪疚而提供協助，或者扮演一個不可能傷害任何人的「沒骨氣的蠢蛋」。他也建議使用一些誤導的詭計，將人們的注意力從真正的研究目的轉移開來，這也是「階段性進入策略」，使得被某一團體拒絕進入的研究者，得以研究另外一個團體作為開端，直到有可能進入研究者真正關注焦點的團體為止。例如，研究者以觀察學校裡的孩子們開始，但其真正想要觀察的對象是教師或者行政人員。

　　通常獲得進入管道的最佳方式是「已知贊助者法」（known sponsor approach），觀察者利用另一個人的法定地位和信譽，來建立自己的法定地位和信譽。例如，組織研究應找到組織的領導人，社區研究應找到當地政府行政主管或村里長等。當然，重要的是要確信「已知贊助者」的確是法定地位和信譽的來源，因此需要事先評量這個人確實可以帶來正向和有益的月暈效應。例如，在方案評鑑中，利用方案行政人員或資助者作為已知贊助者，或許會增加方案參與者和工作人員更多的猜疑和

不信任。

實地工作的初始階段可能相當令人挫敗，使得研究者更是自我懷疑。實地工作者可能會徹夜難眠，憂慮白天所犯的某一錯誤、失言或失禮。有時會感到尷尬，覺得自己相當愚蠢，對整個方案的目的產生疑問。一個受過社會科學訓練的人，並不意味著他對學習適應新情境的痛苦具有免疫力。另一方面，實地工作的初始階段也是一個令人興奮的時期，能夠很快學到新東西，因接觸到許多新刺激而使感官更為敏銳，同時可以檢驗研究者的社會能力、智力、情緒和體能等。實地工作的進入階段，既充滿樂趣，也令人痛苦。

研究者藉著與參與者同時參與方案，並從事觀察，可減少讓研究者「像一個疼痛的拇指般紅腫醒目」的可能性。在傳統的實地工作中，人類學者不能夠重新變成兒童去經驗其社會化歷程；然而，在方案初始階段就進入參與和觀察，研究者常常能夠體驗到與一般參與者之經驗相同的社會化歷程。此一參與時機，使得研究者和眾多初學者站在同一個起跑點上，大幅減少了研究者知識和參與者知識之間的落差或扞格。

然而，與其他參與者一同開始參與方案，並不能保證研究者的平等身分。有些參與者可能會猜疑，研究者作為一個初學者所經驗到的真正困難是冒充的---即研究者在演戲，只是裝作遇到了困難。在我參與的荒野教育方案的第一天裡，我們有了第一次整理裝備的經驗。工作人員開始解釋道：「你的背包是你的朋友」。我打開背包，並以不正確的方式調整了一下我的「朋友」。結果，當我們剛一開始出發時，我發現我腰間固定背包的帶子太緊了，我的「朋友」使我雙腿寸步難行，我不得不數次停下來調整我的背包。由於這些耽擱，同時也由於我面臨背包重量和攜帶的困難，我終於落在隊伍的最後面。第二天早晨，當團體成員決定誰應當拿地圖走在團體前面並學會看地圖時，一個參與者馬上叫出了我的名字：「讓Patton來做吧。那樣的話，他就不能待在團體最後面來觀察我們其餘的人了。」我不管怎樣抗議都無法說服參與者，我落在隊伍最後面真的是因為我遇到了麻煩（沒有和我的背包建立好「朋友」關係）。他們仍堅持我是將落在隊伍最後面作為一個策略位置，藉以觀察團體中發生的一切。撇開實地工作的性質不談，進入階段比之任何其他時間，更應記住觀察者也是在被觀察的。

你所說和所為

實地工作者的行動比他的雄辯更具說服力。研究者必須先規劃好如何呈現自己和其角色功能的策略,但是無論研究者如何陳述其角色,參與者的反應將很快地以這個人的實際作為來做判斷,而可能與角色的陳述背道而馳。

在建立研究者的可信性時,文字相對於行為的相對重要性,部分取決於觀察者在該場域中預期停留的時間長度。對一些直接的旁觀者來說,實地工作者可以只在一項方案中待上幾個小時或者一天時間。此類案例中的進入問題,與觀察者預期在方案中參與較長時間的情境,有相當大的差異,人類學家Rosalie Wax寫道:

> 所有的實地工作者都必須考慮如何向一群人解釋他們的出現和他們的工作。他們想,「我應該怎樣自我介紹?」,或者「我應該怎樣解釋我在這裡做什麼?」如果實地工作者計劃做一個迅速、有效的調查,類似的問題更是極為重要。一位訪談者自我介紹的方式、他所使用的精確詞彙,可能意味著第一流的工作和失敗的工作間之差別……但是,如果實地工作者預期從事各種不同的參與觀察,發展並保持長期的關係,從事一個能擴展自身理解的研究,他能做的最佳事項就是放鬆,且記住:最敏感的人並不相信一個陌生人告訴他們的話。從長遠來看,他的地主會判斷並信任他,並非因為他對自己的身分及其研究說了些什麼,而是透過他的生活和行動的風格、透過他對待他們的方式來決定的。從較近期時間來看,他們將接受或容忍他,是因為某一親屬、朋友,或他們尊敬的人將他推薦給他們。(Wax, 1971:365)

William Foote Whyte(1984:37-63)曾經摘錄並總結數個社會研究中所使用的進入策略,包括Lynd對於中部市鎮的研究,W. Lloyd Warner對於Yankee City的研究,Burleigh Gardner在南方的實地工作,Elliot Liebow在Tally的街頭閒晃, Elijah Anderson在黑人社區的實地工作,Ruth Horowitz對於Chicano社區的研究,Robet Cole在日本的實地工作,以及 Whyte自己在 Cornerville的經驗。他們均依據當地場域的需要來調整進入策略,從努力獲得被接納的過程中學習,最後改變其原有的計畫。這些來自實地工作先驅前輩的實例,論證了謹慎關注進入策略的重要性,而且也提供許多不同的方法。下一節將呈現由Joyce Keller所完成的一個具體實例。

一個進入的個案實例：兼職觀察者

序言：前一節呈現了單一次旁觀者觀察和長期參與觀察者之間的對照，但在這兩個極端之間仍有許多中段區域。在這一節裡，Joyce Keller，明尼蘇達社會研究中心的資深工作人員，描述了她作爲兼職觀察者進入實地工作的經歷。由於時間和資源的侷限是評鑑研究中司空見慣的事情，所以很多情境需要兼職觀察者效勞。Joyce的省思探討此類特殊進入的難題，與其時而在場、時而不在場的角色有關。

有一個詞能夠、至少是初步地描述我在最近一個評鑑工作中的角色，那就是：曖昧不明。我以既不是一個參與觀察者、也不是一個局外人的角色，來進行一個簡短但密集的任務。爲期七個月中，我大約每星期有六個小時在某教育場域中觀察一個由23個專業人員組成的團體之發展。起初，曖昧不明的只是我這一方面：我究竟要做什麼？由於這個團體一開始即忙著確定他們的角色，幾乎沒有時間來考慮我的角色。後來，隨著我漸漸習慣於自己的任務，團體成員對我的功能的好奇心開始增長。

在他們的眼裡，我幾乎沒有什麼作用；在大多數的時間裡，我都妨礙了他們的私下談話，在他們看來我沒有產生任何有益的作用。從另一個方面來看，他們看起來很關心我在思考的事情。他們中有些人---大多數人---開始對我很友善，當我在場時和我打招呼、當我沒有趕上小組會議時為我說明。他們最終對我的看法與我對自己的看法相同：既不是團體中真正的一分子，也不是一個分離、可移除的勢力。

在他們每一週四十個小時的工作中，我大約只花六個小時來觀察他們的互動，顯而易見地，這意味著我錯過了許許多多的真相。我需要對何時該出現、如何選擇團體或小組聚會和活動，培養起一種覺察力。同時，我還有其他的工作契約，這限制了我所能支配的時間數量。「隨機應變」是我安排每個星期時間的方法；其他的，只好「輪班」了。

在我扮演的曖昧不明、極具彈性的角色時，我所遭遇到的危險是，我很快發現在時程安排的改變上，我並沒有被納入優先考慮通知的名單之內。當我牢牢記住某個小組將於星期二上午十點鐘在某一地點聚會，我會在趕到那裡時看不到一個人。後來，我才發現他們在星期一就將聚會改到星期三下午了，沒有人作爲代表來通知我一聲。我沒有想過這些改變是否事先計畫好的要將我排除在外；相反的，成員們的疏忽看起來相當真實，他們只是把我給忘記了。

另一個導致我陷入困境的突然改變是政策和程序。對於活動進展方式的踐諾或者要處理的問題，在我看來，都被忽視了。我開始瞭解到雖然這一不穩定性在某種程度上是方案本身所固有的，但其他方向上的改變係出自於我沒有參加的計畫中的聚會，而在他們的聚會之後，我也未能獲悉其結果。因

此，把握現在對於我來說，變成是一個優先的考量，否則就更增加我的曖昧感受。此外，如果我沒有一定程度的自信，我早就會覺得在錯誤時間或錯誤地點去參加聚會是我的錯，或者假設這個團體以前做出的某一個決定仍然有效。

我是在這個團體的形成階段，開始進行觀察。如果我是在團體完全成立之後開始的，那麼，困難就更大得多了。儘管如此，很多團體成員相互之間已經很熟稔了，所有人都已在同一所學校中任職了一段時間，他們對於一起要完成的事情比我瞭解得還要多，我對這項方案的瞭解只是在獲得許可下閱讀過促成他們一起工作的計畫提案。我也發現這一計畫案與他們實際進行的方式，幾乎完全不同。

由於幾個月來扮演觀察者角色，我意識到我必須保持公正的這個困難地位。我不能讓團體成員有任何我去親近他們領導者的想法，也不能期望領導者相信我不會將任何隱私洩露給團體成員而能坦誠、直率地和我交談。當我發現很容易與一些團體成員建立友誼關係時，我必須很不情願地婉拒了工作以外社交活動的邀請。

當我第一次與團體見面時，我竭盡全力去熟悉成員的名字和面孔。我會在很多的聚會上做札記，不僅記錄下所談的內容，同時也記錄下誰在說這些話。在第一次聚會上，每個人包括我自己都佩帶著自己的姓名牌。但是幾天之後，他們彼此都非常熟悉了，並且拿掉了他們身上的姓名牌，只有我還在為名字瞎忙著。能夠叫出每一個成員的名字、問候他們是很重要的，瞭解每個人的一些背景也是如此。在中場休息時間裡，我會到處走動，並盡可能多與各個成員進行短暫的交流，想辦法記住他們的名字、來自何處，這些可讓我對他們在團體中的行為表現有所瞭解。

起初，團體成員對他們聚會中的每一分鐘都充滿了熱情。這一熱情稍縱即逝，因為並沒有人自願擔任秘書的工作。我當時很失望，如果這些聚會都能被記錄下來，如果我能夠採信這些紀錄，我就只需要集中精力觀察他們的互動情形，就不必追蹤記錄他們的互動內容了。因為我明顯地在做札記，我注意到了（也忽視了）一些建議，也許我能夠......

在我開始意識到什麼要記錄或者什麼不必記錄之前，我做了大量的札記。當我比較放鬆而可以注意聚會的基調時，我對團體的理解就增進了。我不得不意識到作為兼職觀察者，我不可能理解別人所說的一切。我的決定常常是跳過聚會的這一部分，或者記錄下提示我自己待以後澄清的問題。

避開領導人和團體成員都覺得敏感的問題，是一種必須學會的藝術。我更加認真地注意互動，而且多數時候意識到我的確如此，我常常對某一特殊的個人或是情境的覺察產生疑問。有一次，我發現一個成員跳上電梯和我一起上了兩層樓，但他並不是想去那裡，只是想私下問我對另外一個成員的看法。我的回答是「我認為她是一個非常有趣的人」，或者一些類似的不具傷害性的應付，而我看到他的表情卻是緊緊皺起眉頭。因為他所問起的那個婦女，在我們剛參加的聚會上，舉止表現極其古怪。

　　與每一個成員的深入訪談是從我從事觀察後的第四個月開始，這是為我的理解填補很多鴻溝的轉機。由於那時我對人員和方案都有了充分的瞭解，我將訪談時間掌握得相當好。他們開始信任我，同時他們仍然非常關注計畫案本身（這類關注隨著計畫案接近尾聲且無望在第二年獲得補助而漸漸消失）。我的訪談刻意設計得簡單且開放，想要得知他們在整個經驗中的得與失。

　　在訪談所有成員的六個星期左右時間裡，新資訊的數量不斷減少；隨著時間的流逝，我的表現也無疑地在遞減之中，因為我不斷重複同樣的問題，用來提問的策略和參與者的回應也聽過無數次了，我很難保持生機勃勃和興趣盎然。

　　無論如何，訪談顯然是兼職觀察者必要的工具。逐漸地，團體成員填補了我資訊中的漏洞，他們所不斷提及的特殊情境和情況，增進了我原本只是模糊不清的覺察。在參加小組聚會時看起來消極被動、沉默寡言的成員，在聚會之外卻常常被其他成員誇讚為非常能幹且富有創造力。訪談也使我意識到由於時間限制，我因只能看到整體圖像的一部分而導致的錯誤概念。

　　作為兼職觀察者，對於我來說是個嶄新的體驗。坦白說，這種評鑑模式可能永遠不會是有利或受歡迎的。但從另一方面來看，它能呈現隨著時間改變的互動圖像，並不是任何「快速攝相」（snap-shot）的評鑑方法所能完成的；而其所適用的情況，也顯然不適合於採用完全參與觀察者的角色。

實地工作的例行常規

「今天你從閱讀中學到了什麼？」Halcolm問道。
「我們學習到『千里之行始於足下』。」學習者回答道。
「是啊，起點是很重要的。」Halcolm微笑地回答。
「但是我覺得很困惑」學習者說道。
「昨天我讀的書上說，每一個的終點，都有上千種不同的起點。」
「啊，這也對，從終點來看一件事，也是很重要的。」Halcolm肯定地說。
「但是哪一個才是比較重要的呢？是起點？還是終點？」
「世上那些自以為是的人，會自我欺瞞說：第一步是最艱難和最重要的，
　而最後一步則是最偉大且難能可貴的。」
「當然啦，每段旅程都有第一步和最後一步；但就我的經驗來說，最終決
　定旅程的本質和恆久價值的，還是介於起點和終點之間的每一步。每一步
　都有其價值和重要性。作為一位學習者，在整個旅程中都要用心於當下。
　記住，在整個旅程中都要用心於當下！」

-- Halcolm

　　在第二階段中，實地工作者已經確定了所扮演的角色和目的之後，

需轉而聚焦於高品質的資料蒐集，且以所觀察到的事項為基礎，在浮現任何可能性之後，隨之進行機會式的探究。每一步都是一個學習的機會。觀察者不必忙於適應新的實地場域，可以真正開始去觀看正在發生的事項，而不是僅是到處逛逛而已。正如Florence Nightingale所說的：「只是瞧一瞧病人，並不是觀察」。

　　將第二階段描述為「實地工作的例行常規」（routinization of fieldwork）可能是過於誇張的說法。在逐漸顯明的研究設計和持續深入的探究中，人類的例行常規傾向，產生了上至天文下至地理的嶄新發現和洞察，同時也對其他人和自己有著持續不斷的疑問。維持高品質、隨時更新的實地札記，需要嚴謹的訓練和紀律。開放性和堅持力也是必須具備的，以持續地探索、更深入地觀看、更寬廣地發掘且精細地聚焦，隨時跟著研究和資料的帶領向前邁進。實地工作有時是智力上的挑戰；有時是心神恍惚和遲鈍；更多時候，是情感上的雲霄飛車。第九章之後的附錄9.1，「一位文件紀錄者的視角」（A Documenter's Perspective）提供了參與觀察者對於從事學校評鑑和捕捉實地工作中之瞬息萬變的省思。

　　在實地工作的過程中還可能會對所研究的人們產生了強烈的情感連結。隨著你愈來愈瞭解人們的行為、理想、憂慮，和感受，你可能會發現你自己愈來愈認同他們的生活、他們的希望以及他們的痛苦。這種認同感（sense of identification）和連結感（sense of connection），可能是已經建立了共融、信任和互惠關係的必然和邏輯結果。對於我來說，這一覺醒的認同，包含著對於我與允許我進入其生活的那些人有多少共同之處的認識。在實地工作的期間，有時我感到與被觀察的人們距離遙遠；然而，有時我強烈地感覺到一種我們共有的人性感受。然而，實地工作者對場域中人們的認同感或研究者對方案中參與者的認同感，這是相當令人驚異的經驗，因為社會科學研究者經常在教育、經驗、信心和收入上，與參與者有相當大的距離。這些差異有時使得研究者對方案世界感到驚奇，正像人類學者對於異族文化感到驚奇一樣。

　　有時候，實地工作者必須面對他或她自己對所觀察人們的感受和觀點。實地工作歷程的一環，是建立觀察者和被觀察者之間關係的理解。當其發生時，實地工作相關人員可能會相當吃驚，正如Joseph Conrad《黑暗之心》（*Heart of Darkness*）中的聲名狼藉人物Marlowe一樣。

Marlowe曾經跟隨Kurtz這個歐洲象牙貿易商沿著一條深河北上進入Congo，Kurtz向那裡部落的土人們將自己描述為一個人類之神。他利用此一身分索取象牙，但是為了維持他的身分，他不得不和土人們一起完成將人類當作祭品的古老儀式。Marlowe被他自己文化中的種族主義所糾纏住，一開始非常懼怕黑暗的叢林和叢林中的土人，可是當他看到那些看似野蠻的儀式時，他發現自己漸漸對他們產生認同感，甚至開始懷疑他們並不是沒有人性的。他漸漸意識到他自己和他們之間的聯結：

> 他們吼叫、跳躍、轉圈、做著鬼臉，但令你恐懼的是你對於他們是人性的想法---和我們是一樣---你對自己與這些粗野熱情的野蠻人之間有著遙遠血緣關係的想法。醜陋，是的，簡直是醜陋之極；但是如果你有足夠的人性，你就會承認在你心中對這個可怕地坦白的想法，存在著一絲微弱的回應，疑惑著那一定具有某種意義。那是你---如此遠離前半輩子的你---能夠理解的。為什麼不呢？（Conrad, 1960:70）

在這個段落中，Conrad記述了他遭遇到未知且不同於吾等的其他人類時，出於預料之外的體認和強烈情感的覺醒。在許多情況下，那是由於我們共同的人性---無論我們能否完全覺察得到---使得實地工作成為可能。作為人類，我們有著驚人的能力，可以成為其他人經驗中的一部分，透過觀看和省思，我們能夠逐漸理解那些經驗。

當實地工作漸次進展，人類關係的錯綜複雜網絡，會以各種方式糾纏著參與觀察者，使得觀察者面臨某種緊張關係，一則期望更深度地浸淫於場域中以便學得更多，二則需要保持某些距離和特定的視角。參與觀察者並不能免疫於觀察場域的政治動力。幾乎所有場域都有某些次級團體中的人們，會與其他次級團體發生衝突。這些派別或派系可能會擁護或者反對參與觀察者，但是他們很少持中立的態度。在Parameswaran（2001）訪談印度年輕女性的實地工作中，她透過父母和老師來引介她給她所訪談的女性。她發現她自己處在媽媽和她們的女兒、老師和學生、書店老闆和顧客這些代間分裂的中間。她不能冒險地疏遠或過於接近這些重要卻相抗衡的團體，因為他們都會影響她實地工作的進程和最終的結果。

在評鑑中，研究者也常常介在相抗衡的團體和相衝突的視角中間。譬如，在一個方案中，工作人員和/或參與者之間常常處於分裂的狀態，

研究者經常在此微妙關係下傾向於靠攏某一次級團體。事實上，研究者也可能會想要成為某一次級團體的一分子，以便進一步觀察和理解那一個次級團體。這一聯盟如何出現，以及其他人如何詮釋，都會大大地影響評鑑的進展。

我的經驗使我明白：期望與每一個團體維持同等的關係---親近的或有距離的---是不切實際的。實地工作者是具有自己的個性和興趣的人類，會很自然地被某些人所吸引。事實上，抗拒這些吸引力，可能會阻礙觀察者自然地扮演自己的角色，以及更完全地融入場域或方案。體認到這一點，觀察者將會面臨不斷的決定諸如人際關係、團體參與，以及如何與相關人員維持不同的關係聯繫，而不失去自己對於那些經驗的觀照。

也許，方案評鑑中經常經驗到的基本分裂狀態，是工作人員和參與者的區隔。雖然很多方案都極力減少工作人員和參與者之間的差異，但在那些因方案中的責任而領取薪水的人（工作人員）和那些方案所提供服務的主要接受者（參與者）之間，幾乎總是存在這一區隔。從社會學的角度來看，工作人員和參與者確實是有差異的，之間的距離會導致衝突與不信任。參與者會將研究者視為工作人員或行政人員，甚至是經費的資助者。如果觀察者想要作為一個參與者去參與且經驗這項方案，那麼他就需要做出特殊的努力，必須是真實的和有意義的參與，能夠被其他參與者接受甚至是信任。另一方面，工作人員和行政人員也會懷疑研究者與資助單位或董事會之間的關係。

參與觀察者對於可能經驗到的糾結的關係網絡，絕不能過於天真，要深思實地工作、資料品質和整個研究會是如何被這些糾結的關係所影響，然後要好好去協商，找出因應的方法。

Lofland（1971）曾經指出參與觀察者可藉由公開地向研究場域中一個大型團體靠攏，來減少其對研究的猜疑和恐懼，但同時也要避免捲入該團體內部的爭論之中。

因此，在醫學院中的已知觀察者只與學生們站在同一陣線上，而非力圖廣泛深入地參與學院本身和所有的學生活動。在精神病院裡，已知觀察者主要將自己侷限於精神病人當中，並與工作人員保持距離。如果想要同時與二者廣泛接觸，兩個陣營裡的人可能都會對觀察者產生了懷疑。（pp.96-97）

相對於Lofland的忠告，我發現自己在荒野教育方案評鑑中的角色，始終處在被視為一名完全參與者和一名對方案負有指導責任的完全工作人員之間搖擺。在方案早期的實地研討會中，我扮演了完全參與者的角色，盡可能明顯地與參與者站在同一個陣線上，而與工作人員保持距離。然而，隨著時間的推移，我與工作人員之間的個人關係有增無減，我愈來愈和工作人員靠攏了。這也與評鑑本身重心的改變甚為一致，實地工作的早期階段傾向於描述參與者的經驗，實地工作的後半段旨在描述工作人員的工作，並提供形成性的回饋。

然而，我自己和團體成員對於我扮演參與者或是工作人員的程度，總是有一種緊迫感。我發現當工作人員愈來愈重視我的觀察技巧時，我就必須更加有意識地、主動抗拒他們想使我更鮮明地扮演工作人員角色的期望。他們偶爾也會利用我作為報導者，試圖引誘我談論某位特定的參與者。我這種曖昧不明的角色問題，從未完全獲得解決。我猜想這種曖昧不明的狀況，可能是實地工作情境和經驗中所固有的。

當從事合作式或參與式研究時，管理實地關係涉及到不同類型的動力。此一研究設計下，實地工作場域中還有其他人作為協同研究者，研究者需花費大量心力去催化協同研究者之間的互動，支持他們資料蒐集的努力，持續地訓練他們從事觀察和訪談，統整不同參與觀察者所記錄的實地札記，以及監控資料的品質和一致性。這些協同合作的管理責任，會減少主要研究者投入於實地工作的時間，也會影響場域中的其他人如何來看待這項研究和實地工作主持人。在某些案例中，合作式研究的管理責任需由參與者即協同研究者來承擔，而主持人主要扮演技巧和歷程訓練師和諮詢顧問的角色。這些角色上的釐清和分工，是從事合作式或參與式研究所必要的。然而，合作式研究是一項相當具有挑戰性的工作，也經常令人感到挫敗。但是一旦順利完成了，此類合作式的三角檢證無疑增加了研究發現的可信性，而對所有參與其中者也會帶來莫大的酬賞，尤其是學習到深度的洞察力和嶄新的研究技巧。

關鍵報導者

許多實地工作的重要支柱之一，是運用**關鍵報導者**（key informants）作為資訊的來源，提供研究者所無法觀察到或經驗到的資

訊，而且對於觀察者所實際目睹的事項提供解釋和說明。**關鍵報導者**是那些對於研究場域具備極其豐富的知識，且能清楚表達其知識的人---這些人的洞察力，特別有助於觀察者理解正在發生之事項，以及為什麼會這樣。選擇關鍵報導者必須謹慎小心，以避免引起敵意或者個人間的對立。事實上，實地工作者如何公開其與報導者的關係，或公開到什麼程度，涉及到對於其他人可能反應及此類反應如何影響研究的策略性思考。因此，沒有必要正式宣布關鍵報導者的「名額」已經開放或是額滿，關鍵報導者單純只是某個人或一群人，而研究者可能要花相當多時間和他們相處。

關鍵報導者需要經過訓練之後才能扮演好其角色，並不是要非常正式，而是如果他們能瞭解研究的目的和焦點，所要探討的議題和研究問題、以及研究所需要的資訊類型，他們所提供的資訊就會更有價值。人類學家Pelto和Pelto在談到他們的實地工作時，指出了這一點。

> 我們注意到人們以口語表達其文化資訊的意願和能力皆有所不同。結果，人類學者經常發現在任何社群中只有一小部分的人才是稱職的關鍵報導者。關鍵報導者的一些能力，可藉由實地工作者的協助而系統化地開發出來，他們訓練報導者以人類學者所使用參考架構來將文化資料加以概念化......關鍵報導者逐漸學會了人類學者扮演訪談者角色時的行為規則。（Pelto & Pelto, 1978:72）

訓練和使用報導者的危險是，研究者會過於依賴他們，而忽略他們的視角必然是有限的、選擇性的、帶有偏見的這個事實。報導者所提供的資料，也反映了他們的覺察，而不是真實。從關鍵報導者取得的資訊，應該在實地札記中清楚標明出來，以使研究者的觀察和報導者的觀察不會彼此混淆。

對於觀察者無法直接接觸的次級團體，關鍵報導者特別有助於提供極為有用的資訊。在荒野教育方案的第二年裡，一個由女性佔多數的參與者組成並自稱為「烏龜」的次級團體，想要與那些已有豐富荒野經驗、且多數為男性的參與者區別開來，因為後者總想要以最快速度健行、爬上最高的山峰，或者顯示他們的勇往直前。由於我曾經歷第一年的荒野經驗，我很難成為「烏龜」隊的親密戰友。因此，我只好與「烏龜」隊的一員建立了報導者的關係，他願意告訴我關於團體裡發生的細節。如果沒有這一關鍵報導者，我就會遺漏「烏龜」參與者的許多經

驗，以及這個方案對他們的意義等重要資訊。

　　參與任何場域，必然涉及到個人對社會關係的選擇，以及對團體聯盟的政治性抉擇。然而，實地中對於策略性決定的強調，不應被詮釋為是一場令人驚心動魄的棋賽，無論下棋的人或是棋子，都是被操控來完成某些終極目標。實地工作既有令人興奮的時候，也有令人沮喪的時候，主導要旨是努力工作、長時間觀察、記錄最新的實地札記、大量的訓練、專注於細節，且專心致力於每日生活的這個現實世界。實地工作的例行常規，即是專心致志的努力，和全力以赴去蒐集資料。好吧，讓我們說實話吧：實地資料的蒐集是件辛苦至極且幾乎不見榮光的工作。

結束實地工作

　　　　好的，這個主題———以及你的耐性和我的時間———已經快接近尾聲了。

　　　　　　　-- *Alice B. Toklas* 寫給 *Elizabeth Hansen* 的信中，1949

　　在人類學和社會學的傳統學術性實地工作中，經常很難預測實地工作會持續多長時間。決定實地工作時間長短的主要因素，是研究者自己的資源、興趣和需求。評鑑和行動研究一般而言有較為特定的完成報告時限，載明於研究契約之中，影響實地工作可利用的時間和資源。

　　在其一節中，我們檢視了許多在實地工作期間形成的複雜關係，諸如與關鍵報導者、地主及贊助人等的關係，決定了進入管道的取得、協助解決問題且克服困難。在合作式研究中，與協同研究者的關係，也會更加深化。長期參與任何一個場域之中，會形成友誼和同盟關係。當實地工作進入尾聲，會需要一個出口或退出的策略。實地工作的結束階段，甚少受到關注，Show（1980）稱此為「參與觀察研究中被忽略的難題」。

　　銅板的一面是退出（disengagement），而另一面則是再度進入（reentry）回到自己的生活或另一項耗費心力的計畫案。當我在非洲Tanzania從事學術研究時，我的團隊為了進入實地作了充分的準備和彼此支持，以避免遭遇文化衝擊。在數個月浸淫於這個農業社會、社區導向且步調緩慢的環境之後，當研究結束時，由於並未做任何準備來回到美國這個高度商業化、物質化和步調快速的文化環境，我們反而遭遇到相

當大的文化衝擊。

人際之間、跨文化、退出和再度進入等議題，在實地工作的尾聲，都必須受到高度關注。與人們關係也在改變中，從進入階段開始衍化、歷經中間階段，進入尾聲，每個階段皆有變化。而實地工作者與資料的關係和投入研究歷程的程度，亦然。這個研究歷程中投入情形的改變，是此處所要討論的焦點。

當愈接近資料蒐集的完成階段，對觀察場域的知識愈來愈豐富，愈需要注意到焦點的微調，並驗證觀察的組型。對所觀察到的事項，提出可能的解釋和詮釋，愈常會在實地札記中出現。這些解釋的一部分來自於其他人的提供，有些則直接出自於觀察者。簡言之，觀察者尚未離開實地之前，分析和詮釋就已經開始了。

第九章將深入探討分析的策略。現在，我只希望讀者能體認到一項事實：資料蒐集和分析是一起在實地工作中流動著，通常並沒有一個限定的、可預測的時間點，區隔資料蒐集的結束和分析的開始。隨著觀察者對資料的品質和意義愈來愈有信心，而且對研究場域了然於胸，覺察到已經接近尾聲了，額外的資料蒐集就會變得愈來愈有選擇性和策略性。

當實地工作接近尾聲時，研究者更加關心已有資料的驗證（verification），而對於新資料的產生就不那麼熱衷了。在自然式探究中，研究者宜避免將先前預設的分析類別強加諸於資料之上，讓場域中的經驗引導研究者思考，有哪些顯著的主題和面向得以來組織所經驗和所觀察的內容。這些從實地工作中歸納地產生且逐漸顯明的想法、主題、概念和面向，在結束階段可以被深化、進一步檢驗，並加以驗證。

Guba（1978）曾經將實地工作描述為在發現模式（discovery mode）和驗證模式（verification mode）之間來回飄盪，就像是「海浪」一般。研究的漲潮和退潮，包含進入和退出的各個階段，從研究者開放地吸收新知、產生資料、機會取樣，到檢驗這些資訊、微調其概念化理解、轉變想法，且驗證解釋。

一旦實地工作進行得很順利，觀察者對資料所帶來的理解愈來愈有信心，相信資料的說服力。Glaser和Strauss（1967）將建立紮根理論（grounded theory）視為實地工作的成果，描述了當實地工作邁入尾聲、資料組型逐漸顯現、形成整體圖像時，傳統實地觀察者所常見的感受。

　　隨著資料蒐集和分析不斷地交織，研究如何結束即愈來愈清晰可見。當研究者確信他的概念架構已形成了一個有系統的理論，可合理而正確地說明所研究之主題，其敘述形式可能被其他人使用於研究相似的領域，同時他可以充滿信心地發表他的研究結果，那麼他已經接近了研究的尾聲……

　　為什麼研究者信賴他所知道的呢？……這些是他的覺知，他的個人經驗和他自己努力所得的分析。一個實地工作者知道他所知道的，不僅僅因為他已浸淫於實地之中，而且因為他已經謹慎地發現和提出了假設，更是因為他「深入骨髓地」感受到此一最終分析的價值。他已和部分分析共處了長達數月之久，檢驗分析的每一步驟，直到他已經確立了這個理論為止。除此之外，只要他已參與了研究對象的社會生活，那麼他就會一直透過分析與其共處，不僅透過觀察和訪談來檢驗他們，而且透過日常生活來理解他們。（pp. 224-25）

　　以紮根理論的表徵來作為結束，具現了學術研究的理想典範。在評鑑研究「依循合約」的真實世界裡，由於時間、資源和報告時程的侷限，可能不允許實地工作如所期待，研究者可能在對資料蒐集和分析具備充分的信心之前，就不得不作個結束了。無論如何，我發現實地工作中有一種「柏金森定律」（Parkinson's Law）：當時間快到了，研究者感覺到愈來愈大的壓力要去理解事情，於是某些秩序也會開始從觀察中浮現出來。這時，研究者可一邊慶賀這個愈來愈清明的瞭解，一邊仍維持懷疑論者的批判之眼，持續對研究者個人充滿信心的結論提出質疑。

提供回饋

　　在從事方案評鑑的實地工作時，不同於理論導向的、學術性實地研究，評鑑觀察者也必須關心提供回饋（providing feedback）、作判斷和提出建議等問題。因此，當實地工作接近尾聲，研究者也必須開始思考該提供給誰什麼回饋？以及如何提供回饋？等問題。

　　給予回饋可能是實地工作驗證歷程的一個主要部分。我個人偏好為參與者和工作人員提供語文的、非正式的描述和分析，且將他們的反應作為資料的一部分。實地工作互惠性（reciprocity），可能是同意要提供給參與者關於所觀察到的描述性資訊。我發現參與者和工作人員渴望得到這種資訊，並對此津津樂道。我發現從他們對於我的描述和分析的反應中，可以學習到很多東西。誠然，要想報告所觀察到的每一件事是不可能、也是不明智的。除此之外，在實地工作末期所提出的非正式回

饋，相當不同於研究人員在離開實地後才進行的系統性和嚴謹的分析。但是正式的、系統化的分析可能要花費大量的時間，所以當研究者還在實地中時，至少可以分享一些初步研究發現，而且從聽到這些初步研究發現的人所出現的反應，來進一步學習。

在形成性評鑑中，掌握回饋的時機可能是一項頗大的挑戰。當評鑑的目的之一，是提供可建議來改善方案時，方案工作人員常常焦慮地想要盡快得到這些資訊。評鑑觀察者可能感覺到在時機尚未成熟前（對於資料組型的信心尚未浮現前）就報告研究發現，不啻是莫大的壓力。我在荒野教育方案的評鑑中，曾經體驗過這項難題。第一年，我們在每一場為期十天的實地研討會結束後，與工作人員會面討論我們所觀察到的事項，且分享對於觀察事項的詮釋。在第一次的回饋時段中，工作人員回應道：「我真希望你在那一週中就告訴我們這些事，那時我們還可以做些什麼來因應的。為什麼你不早說呢？我們在那時、在那裡就可以應用你所學到的這些事來改變這項方案了。」

我努力解釋我是在會議之前一兩個小時，與協同研究者坐下來重新檢視我們的實地札記，且一起討論它們的意義時，才弄清楚我們所觀察到這些事項的涵義。然而，不管我怎麼解釋，有很長一段時間，方案工作人員還是對我們有一種不信任感，不時要嘲笑我們，問我們下次什麼時候可以早點告訴他們到底從觀察中學到了什麼。在這個歷時三年的方案中，掌握回饋時機的議題出現過好多次。隨著他們愈來愈重視我們的回饋，他們希望在每一次實地研討會中愈早知道愈好。在第二年的第二次實地研討會期間，由於一系列綜合性因素的影響，使得方案的進行與工作人員的期望有著相當大的落差，以至於研討會後的評鑑回饋時段，工作人員表現得異乎尋常的沮喪，指責我對所發生事項的分析沒有早一點與他們分享。由於我堅持要等資料組型變得清晰之後，詮釋才得以浮現出來。再一次，我發現他們更加深了對我的不信任感。

必須持續為方案實施提供形成性回饋的觀察者，在對所觀察事項尚無充分信心且未能提出重要組型之前，應意志堅定地抗拒要求分享發現和詮釋的壓力。然而，觀察者常常會陷入兩難困境中：在分析組型尚未確立之前，就提出報告，可能導致工作人員不適當地採取介入行動；另一方面，提供回饋的時間太遲，一旦功能不良的組型變得根深柢固，就很難再做改變了。

在持續性的觀察和提供回饋之間，我還沒有找到一個理想的平衡點。掌握回饋時機是一個判斷問題和策略，取決於觀察者和方案工作人員間關係的性質，以及回饋的性質---特別是工作人員會覺知為負向的或正向的回饋性質及其平衡。當觀察者和工作人員之間仍充滿相互猜疑，關係仍不穩定且未達成長期信任關係時，我建議觀察者只能給予較少的回饋，而不是較多。正如社會關係中常常出現的，錯誤的負向回饋會被牢牢記住，且經常被一再提起。另一方面，工作人員也可能完全採用這一回饋，成為自己的見解，同時不再信任觀察者的洞察，這也是檢驗回饋成功與否的試金石。一旦給予回饋，觀察者的角色就隨之轉變了。接受回饋的那些人很有可能更加意識到他們的行為和語言正在被觀察，因此增加了觀察者對所參與情境的影響。

回應性的問題存在於任何仰賴觀察的研究中。當研究者準備離開實地，人們對研究者即將離開有所反應，研究者對此一場域的影響，更可能顯而易見。由於此一影響是投入自然式探究者的主要關注議題之一，本章最後一節即探討觀察者如何影響其觀察場域的問題。

觀察者和所觀察事項：聚合和分離

觀察者如何影響所觀察事項的這個問題，如所有社會科學面向一般自然而然。物理學中的「希森柏格測不準定理」（Heisenberg Uncertainty Principle）指出用來測量電子的速度和位置的工具，會改變測量的精確性。當科學家測量電子的位置時，它的速度就改變了，而當測量的重心移至速度時，就更難準確測量出電子的位置了。觀察的歷程影響所觀察的事項。這些是真正的影響，而不僅是知覺或測量上的錯誤。物理學世界都會因觀察者的干擾而改變，社會世界因實地工作者的干擾而改變者，豈不更大得多？

觀察的影響效應，依據觀察的性質、研究場域的類型、觀察者的性格和程序，及許多無法預期的情況，而有所變異。在包含自然式探究的實地工作中，觀察者對所觀察事項的影響，更是錯綜複雜。實驗主義者、調查研究者、成本效益分析師和實施標準化測驗的心理學家，他們資料蒐集的程序都會對情境發生影響。這不是這些影響是否真正存在的

問題，而是，該如何監控這些影響，並在詮釋資料時將這些影響納入考量。

自然式探究的優點，在於觀察者是情境中的一部分，能夠個人地理解正在發生的事項。實地工作者必須探討和省思其研究如何干擾場域，而此一干擾如何影響其研究發現。但那並非易事，例如人類學者Napoleon Chagnon花費近四分之一世紀的時間，研究住在委內瑞拉和巴西邊境熱帶雨林中與世隔絕的Yanoman印地安人。他研究死亡率，藉由分送鋼製器具（包括斧頭）給印地安人，作為勸說印地安人告訴他有關他們已故親人的方式，然而這觸犯了部族的禁忌。Brian Ferguson，另外一個以研究Yanoman印地安人聞名的人類學者，他認為Chagnon的實地研究擾亂了部落間的關係，引發戰爭，且引入了疾病。Chagnon否認這些指控，但承認透過贈予報導者如珠子和魚鉤等禮物、利用個人彼此間的仇恨、當大人不在旁時賄賂孩童等，以交換部族的秘密或資訊。他發送火柴盒來交換血液樣本，用於族譜的研究。他的實地工作所造成的長期影響，已成為人類學界有關靈性的爭議性議題（Geertz, 2001; Tierney, 2000a, 2000b）。

干擾程度之連續向度的另一端，是刻意將「干擾活動」（intrusions）納入研究設計，將質性研究架構為一種有意圖的介入形式。例如，在合作式和參與式的研究形式中，場域中人們成為協同研究者，本來就會期待會受到參與的影響。參與和協同合作的歷程，被設計成要催化出對參與者及協同合作者的影響，超越任何可能產生的研究發現。在參與評鑑研究的歷程中，參與者能有機會學習研究的邏輯，及以資料為基礎的推理訓練。學會界定研究問題、決定評判準則、資料蒐集、分析及詮釋等技巧。獲得這些研究技巧及思考方法，會對他們帶來長期的影響，比僅是使用評鑑研究發現來得更為深遠。此一「從歷程中學習」，即是參與式和合作式研究經驗的成果，稱為「歷程之運用」（process use）而非發現之運用（finding use）（Patton, 1997a）。

雖然無法精切得知協同合作會如何影響協同研究者，或充分預期觀察者會如何影響觀察的場域，但二者皆顯示出有必要謹慎思考觀察者與被觀察事項之間的相互關連性。然而，為觀察者參與研究場域之程度、實地工作的可見性和開放性，以及時間長度等來做出決定，則是可行的（參見表例6.1），來預測可能產生的情況，以及發展因應的策略。例

如，在我扮演參與觀察者角色的許多專業發展方案中，參與者被期待隨著方案演進，逐漸增加對課程的掌控。若我完全參與於此類決策歷程，我可能就會影響方案的發展方向。預料到此一可能問題，並與方案工作人員探討可能的影響，我決定不去主動參與此類參與者主導的決策歷程。這些方案基於參與和增能展權的哲學觀，要求每位參與者表達他們的興趣，並致力於實現他們想要的結果。在我扮演評鑑觀察者角色時，我必須收斂自己，不將增能展權的哲學觀外顯出來，將我對該團體的影響限制在一定的範圍內。我將我的投入侷限在一定程度上，讓我不會顯得退卻不前，且同時又盡可能將影響減至最小。

另一個例子是評鑑社區領導力培訓方案時，我是參與觀察者三人小組的一員，完全參與小團體的領導力訓練活動。當我們參與的團體應用了錯誤的概念，或做錯了練習活動時，我們也跟著參與者那樣做，而不去糾正他們。如果我們只是參與者，而不是參與觀察者，我們可能就會提出糾正和提供解決策略。因此，我們的角色傾向於較為被動消極，以做到不去主導這個小團體的進展。這是我們在進入實地之前的設計階段就已預料到的，也彼此都同意採用此一策略。

觀察者的角色和影響，可能會在實地工作的過程中有所改變。荒野教育方案的早期，我在參與者主導的討論中，做了很少的紀錄。而稍後，特別是第二年的最後一場實地研討會中，我變得積極投入於這個方案的未來發展方向。

觀察者與被觀察者間關係及觀察者影響所觀察現象的報告，在許多已出版的方法論論述中受到廣泛的討論。在方法論的論述（或是學位論文的研究方法章節中），觀察者需呈現有關其實地工作如何影響場域和人們的資料，以及觀察者對這些現象的理解視角。如Patricia Carini（1975）所解釋的，這些論述體認到在自然式探究中，研究發現無可避免會受到觀察者觀點（point of view）的影響。

觀察者的觀點即是資料的中心，而且在其陳述或揭露其所持之觀點時，研究的資料也逐漸顯現。事實上，觀察者在此被建構為資料的一環，他的思考與其對意義的建構，緊密交織成資料的一部份。基於此一假定，觀察者與研究現象間的關係即須納入考量。此一相關性可以許多方式來加以陳述：對立、認同、接近、相互滲透、孤立等，不勝枚舉。所有這些都意味著研究者如何建構其與現象世界的關係，乃是其觀點的作用。意即，關係既非被給

予,也不是絕對的,而是取決於其個人視角。此一視角可能改變,也是事實。研究者唯一的人性需求,是他能在與他有關的事件關係中,採取某種立場。(pp. 8-9)

此處,Carini說明了觀察者和被觀察事項之間有著相互依存的關係。在資料蒐集之前,實地工作者宜先規劃好他所期待的相互依存性,並設想好因應策略。然而,計畫趕不上變化,觀察者必須努力去觀察自己,觀察並且記錄他們的觀察對所觀察人們造成了哪些影響,更重要的是,省思他們在場域中經驗到的改變。這意味著,維持觀察和省思之間的平衡,並處理好投入(engagement)和抽離(detachment)之間的緊張關係。

Bruyn(1966)在其參與觀察之經典著作中,指出參與觀察的一個基本前提是「參與觀察者的角色既需要抽離,也需要個人涉入。」(p.14)可以肯定的是,在此一情況下,既存在緊張關係,也是模糊不清的。在任何特定情況下,如何扮演好參與觀察者角色,同時取決於觀察者,以及所觀察的現象。

因此,我們可以觀察到,科學家的傳統角色一開始就是一個中立的觀察者,在其檢視一個現象時,他保持不受動搖、不曾改變、且無動於衷。參與觀察者的角色則需要在社會情境中分享人們的感受,以至於他自己會有所改變,並在某種程度上改變了他所參與的情境。……影響是雙方面的,既影響觀察者,也影響其所觀察之人事物。一方面,參與觀察者尋求利用此一改變,將這些改變記錄下來作為研究的一部分;另一方面,藉著調整其進入團體中生活的態度,將這些改變減到最少。(Bruyn, 1966:14)

無論研究者採取參與觀察者或是旁觀者的角色,都會使得所觀察的場域產生或大或小的影響。同樣地,所蒐集資料的性質,亦取決於觀察者的角色和視角。正如觀察者的出現會影響所觀察的人們,觀察者也同樣會受到影響。

實地工作的個人經驗

社會科學程序和個人能力及情境變異的相互交錯,使得實地工作成為高度的個人經驗(personal experience)。Rosalie Wax(1971)在她

建構主義者Rashomon的天堂：多元化和多樣化視角

《從事實地工作》（*Doing fieldwork*）一書的結尾中，提到實地工作如何改變了她：

　　一位同事曾經建議我得去省思從事實地工作對於我這個人所帶來的改變。我仔細反省思考，結果相當令我驚訝。因為我所理解到的是，我並未被我所遭遇的、令我高興或煎熬的事改變太多；也沒有被那些我曾經做過的事改變很多（儘管它們使我增強了自信心）。真正使我發生不可逆轉且無法重來的改變，是我所學習到的事。更具體地說，這些不可逆轉的改變，包括以該情境中正確的（儘管有時是痛苦的）事實，來取代迷思的或意識型態上的假定。（p. 363）

實地工作並不適合每一個人。有些人，像Henry James，會發現「無知和無限是觀察的樂趣」。其他人會發現觀察研究絕不是令人愉快的事。有些學生會將他們的經驗描述為：冗長乏味、令人害怕、無趣、且浪費時間；而其他學生則會經驗到挑戰性、振奮愉悅、個人學習，和知識上的領悟。不止一次，同一個學生會同時經驗到冗長乏味和振奮愉悅，恐懼和成長，無趣和領悟。不管用什麼形容詞來描述任何特殊個人的實地工作，我們可以肯定一點：觀察的經驗，為觀察者提供了經驗與行動，而省思則增強此一相互關連性。William Shakespeare給予我們這項保證。

> Armado：你如何買到這一項經驗？
> Moth：我用了觀察所累積的每一分錢。

成為所觀察世界的一部份且與之分離

觀察的個人性和視角依存性，同時具有優點及缺點。優點在於個人涉入可獲得第一手經驗及瞭解；缺點在於個人涉入帶進個人的選擇性知覺。深度投入自然式探究，需承擔風險，也會獲得益處。在現象的裡裡外外，充分省思此一投入狀態，使實地工作者戴上反思的冠冕，讓觀察者成為被觀察的對象---即使只是自我觀察。

所以我們重述本張開頭所引述的Halcom的箴言：

> 走到世界當中去。生活在人們之間，像他們那樣地存在著，學習他們的語言，深入他們的日常生活。去體驗世界、感受世界、觀察傾聽、接觸和被接觸、記錄下你們的所見所聞、人們的思維方式，以及你們的感覺。
> 置身於世界當中，觀察，以及讚嘆，體驗和省思。要想理解一個世界，你們必須成為那個世界的一部分，同時與之保持距離，既是其中的一部分，又與之保持距離。
> 那麼去實踐吧！回來時告訴我你們的所見所聞、你們所學到的一切，以及你們所瞭解的東西。

實地工作的指導原則

　　那些想在本章尋找特定實地工作規則和明確程序的讀者，可能會大失所望了。回顧這一章，重要的主題似乎是：**你的所作所爲取決於情境、研究的性質、場域的特徵，以及你作爲觀察者的技巧、興趣、需求和觀點**。然而，觀察研究的進行，也並不是沒有方向可循的。表例6.6提供了實地工作的十項指導原則（請注意，這些僅是指導原則，不是規範命令），摘述本章所探討的重要議題。除了這些看似簡單實則複雜的建議處方之外，重點仍然是研究者的所作所爲，甚大程度取決於情境變項、研究者的能力、以及質性研究策略性主題（第二章表例2.1）所涉及的判斷。

　　考量了自然式實地本位研究的指導原則和策略性主題，且將從事實地工作的情境限制和變異情形充分納入設計上的考慮之後，只剩下質性研究的核心踐諾必須再次確認。此一核心踐諾（core commitment）是由1975年諾貝爾生物與醫學獎得主Nicholoo Tinberger在其受獎演說所提出的：「觀看和懷疑」（watching and wondering）。Tinberger解釋，雖然他既不是生理學家也不是醫生，但是透過「觀看和懷疑」，他對於自閉性的瞭解上獲得了重大的突破。他在觀察中發現，當時自閉性的臨床研究並無法在臨床場域之外獲得支持。於是，他的「觀看和懷疑」，使他看到了臨床上並未標定爲自閉症的正常個體，在許多不同情況下也會表現出被臨床研究所描述爲自閉症者的所有行爲。他還指出被診斷爲自閉症的兒童，也可能在臨床場域之外，以非自閉症的方式來做出行爲反應。透過在各種不同的場域中觀察人們，並觀看各式各樣的行爲表現，他能夠對醫學和科學做出重大的貢獻。他的研究方法論便是：「觀看和懷疑」。

表例 6.6　實地工作的指導原則

1. 設計實地工作必須清楚界定觀察者的角色（參與的程度）；局內人（主位）和局外人（客位）視角的選擇；和協同研究者合作的程度和性質；觀察者角色的揭露和解釋程度；觀察的時間長度（短或長）；觀察的焦點（狹隘或寬廣）。（參考表例6.1）

2. 做實地札記要是描述性的，致力於厚實、深入、和豐富的描述。

3. 保持開放性，從不同的視角去蒐集各種資訊。跟隨機會的指引和立意取樣，來深化其理解。允許設計具有逐漸顯明的彈性，讓新的理解得以開啓新的研究路徑。

4. 藉由蒐集不同類型的資料，進行交叉驗證和三角檢證：觀察、訪談、文件紀錄、工藝作品、錄音和相片。使用多元的和混和的方法。

5. 採用引述，以人們自己的話語來再現他們。以參與者自己的話語，來捕捉他們對其經驗的看法。

6. 明智地選擇關鍵報導者，並謹慎小心地運用他們。從他們的視角中萃取出精華的智慧，但應切記他們的視角是有選擇性的。

7. 熟悉實地工作中的各個階段，及其策略。

   a. 在進入階段，建立信任和共融的關係，記住觀察者同時也在被觀察和被評鑑。

   b. 注意在實地工作中的關係，以及關係在實地工作過程中發生改變的方式，包括與場域中地主和資助者的關係，以及在合作式和參與式研究中與協同研究者的關係。

   c. 在實地工作成為例行常規的中間階段中，保持警覺和嚴守紀律。

   d. 當實地工作接近尾聲時，重心放在將資料彙集成有用的綜合描述。從產生各種可能性，轉而驗證已浮現的組型和主題。

   e. 在實地工作的各個階段，都要嚴守紀律，認真地做好詳細的實地札記。

   f. 在評鑑和行動研究中，提供形成性回饋，作為實地工作驗證歷程的一部分。小心掌握提供回饋的時機，觀察它的影響。

8. 只要是適當且可行的話，盡可能投入地充分經驗這個場域，同時維持一個由實地工作目的所指引的分析式視角。

9. 力求描述，而非詮釋或判斷。

10. 自我省察，且實踐反思。在實地札記和研究報告中，陳述你自己的經驗、想法和感受。思考且報告你的觀察如何影響了所觀察的人事物，以及你自身如何受到你的參與和觀察所影響。深究且報告你自身視角的起源和影響範圍。

國家圖書館出版品預行編目資料

質性研究與評鑑/Michael Quinn Patton原著；吳芝儀、李泰儒 譯
- -初版- -
嘉義市：濤石文化，2008【民97】
　　　面；　　　公分
參考書目：面
含索引
譯自：Qualitative research & evaluation methods, 3th ed.
978-986-84387-1-2　（平裝）

1.社會科學　2.質性研究　3.研究方法

501.2　　　　　　　　　　　　　97017882

質性研究與評鑑
Qualitative Research & Evaluation Methods -- 3rd edition

原　　　著 ：Michael Quinn Patton
譯　　　者 ：吳芝儀、李奉儒 譯
出　版　者 ：濤石文化事業有限公司
責 任 編 輯 ：徐淑霞
封 面 設 計 ：白金廣告設計
地　　　址 ：嘉義市台斗街57-11號3F-1
登　記　證 ：嘉市府建商登字第08900830號
電　　　話 ：(05)271-4478
傳　　　真 ：(05)271-4479
戶　　　名 ：濤石文化事業有限公司
郵 撥 帳 號 ：31442485
印　　　刷 ：鼎易印刷事業有限公司
初 版 一 刷 ：2008年9月
I　S　B　N ：978-986-84387-1-2
總　經　銷 ：揚智文化事業股份有限公司
電　　　話 ：(02)2664-7780
定　　　價 ：新台幣800元
E-mail　　 ：waterstone@pchome.com.tw
http://www.waterstone.url.tw/

濤石文化

濤石文化